国家哲学社会科学规划项目

国家社会科学基金项目（编号：17BYY046）

傅敬民 著

中国应用翻译批评
及其标准研究

Pragmatic Translation Criticism
and Its Criteria in China

上海外语教育出版社

外教社 SHANGHAI FOREIGN LANGUAGE EDUCATION PRESS

图书在版编目（CIP）数据

中国应用翻译批评及其标准研究 / 傅敬民著.
上海：上海外语教育出版社，2025. -- ISBN 978-7
-5446-8384-5

Ⅰ. H059

中国国家版本馆 CIP 数据核字第 2025R8A113 号

出版发行：**上海外语教育出版社**
（上海外国语大学内） 邮编：200083
电　　话：021-65425300（总机）
电子邮箱：bookinfo@sflep.com.cn
网　　址：http://www.sflep.com
责任编辑：王晓宇

印　　刷：上海商务联西印刷有限公司
开　　本：635×965　1/16　印张 20.5　字数 333 千字
版　　次：2025 年 5 月第 1 版　　2025 年 5 月第 1 次印刷

书　　号：**ISBN 978-7-5446-8384-5**
定　　价：**85.00** 元

本版图书如有印装质量问题，可向本社调换
质量服务热线：4008-213-263

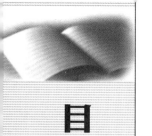

目录

中国应用翻译批评及其标准研究

第一章

绪论：走进应用翻译批评的世界

　　长期以来,尽管翻译已成为热点论题,它似乎还是那么神秘,既难以为人理解,又缺少一套揭示其本质和发生方式的综合理论。(Bell, 2005：11)

　　当概念从客方语言走向主方语言时,意义与其说是发生了改变,不如说是在主方语言的本土环境中发明创造出来的。在这个意义上,翻译不再是与政治斗争和意识形态斗争冲突着的利益无关的中立事件。实际上,它恰恰成为这种斗争的场所,在那里客方语言被迫遭遇主方语言,而且二者之间无法化约的差异将一决雌雄,权威被吁求或是遭到挑战,歧义得以解决或者被创造出来,直到新的词语和意义在主方语言内部浮出地表。(刘禾,2008：36)

　　批评是人类生存与发展的一种状态。"无论我们是否是专家,我们都在以自己的方式作为批评家而存在,我们会毫不犹豫地评价呈现在我们眼前的东西。"(毛崇杰,2002：3)翻译批评是随着现代翻译研究发展而衍生出的一种翻译研究形态,是翻译研究的重要领域。许钧对翻译批评做了狭义与广义的划分。广义的翻译批评就是"理解翻译和评价翻译,是以阅读为基础,在读者与文本之间通过'对话-理解'模式进行的评价活动。从阅读出发,翻译批评涵盖着鉴赏、阐释和评论三个层面"(许钧,2019:235)。狭义的翻译批评指"依据与翻译研究相关的理论和某种相对具有普遍意义的标准,对翻译作品和翻译现象进行理性的反思和评价,属于一种创造性和科学化的认知活动"(许钧,2019:235)。将翻译现象纳入翻译批评的范畴,本身就已然在原有的基础上发展了翻译批评的内涵,将翻译批评的焦点拓展到翻译作品之外更为广阔的社会、文化、制度等层面,显示出人们对于翻译批评的认识在不断发展。这种发展观并非一种进化论理路,并不意味着翻译研究进行到一定阶段必然会产生翻译批评。

严格地说,翻译批评的发展基于三个方面:其一源自翻译研究自身的需要,是翻译理论针对翻译实践的应用所产生的结果;其二源自翻译行业发展的需要,源自纷繁复杂的翻译实践领域(包括翻译教育培训领域)的诉求;其三得益于其他学科的发展,是多学科发展的产物。翻译批评在借鉴融合了诸多学科研究成果的基础上,推进了自身的演化。其中所涵盖的学科主要有语言研究、文学研究、社会研究、文化研究、历史研究等。翻译研究与这些学科的关系,与其说是相互依赖,不如说是相互发展。梳理其发展,我们可以发现若隐若现的若干印记:实证主义、文学批评、文本主义、主观主义等。王宏印(2006:33 – 35)认为,西方翻译理论和批评传统①大体经历了三个阶段——语文学批评传统、结构主义批评传统和解构主义批评传统,并且认为现代翻译批评具有三大趋势——聚焦读者反应、以文化批评为重点和以描述性翻译批评为基本方式。实际上,当下的翻译

---

① 本书所说的"传统"并非一个单纯在时间上沿袭的历史概念。钱锺书(1994:2)认为,"一时期的风气经过长时期而能持续,没有根本的变动,那就是传统"。本书所说的"传统",基本上遵循这一定义。不过,关于中国翻译传统究竟应该如何划分,有不同的说法。比如,"'中国传统翻译思想'既包括从汉末到本世纪六七十年代翻译家和学者提出的有关翻译理论和方法的论述,还指近年来发表的一些在理论上沿袭和发展古代、近代翻译思想的文章和专著"(杨晓荣,2012:360)。另外,"何谓中国传统译论?这一基本的理论问题首先需要一个简明的界定。为此,我们的尝试性界定是:凡在中国现代译论产生以前,在中国学术领域内产生的关于翻译的一切理论,都属于广义的中国传统译论。但是,这一极为简单的界定需要几点说明:1. 典型的中国传统译论,乃是以中国传统文学、美学、文章学、文艺学、语言学为其理论基础和基本方法而形成的翻译理论。2. 传统译论的时间划界并不起自中国翻译史上最早的翻译实践,其下限也不是政治史或社会学史意义上的历史分期的现当代,而应以译论本身的逻辑演进为根据。3. 因此,中国传统译论并不排除受到外来文化的影响,如佛经和西学的治学方法的影响,但这些影响并没有大到足以改变其传统的翻译理论形态和性质的程度。4. 总而言之,中国传统译论是指在翻译论题上、研究方法上、表述方式上,以及理论特质和精神旨趣上都表现出浓厚的传统国学味道的译论,以有别于别国的译论"(王宏印、刘士聪,2002:8 – 9)。有关"传统译论"及"传统翻译思想"等概念,可参见王秉钦,2018:7。

已然成为众多人文社会科学的研究对象,或者说,当下的翻译研究已然借鉴融合了诸多人文社会科学的理论与方法,由此,翻译批评也呈现出"众声喧哗"的态势。但在这喧哗中,我们不妨走进应用翻译批评的世界去看看。

第一节　应用翻译批评及其研究:被遮蔽的领域

2003 年,迈克尔·克罗宁(Michael Cronin)出版了以《翻译与全球化》(*Translation and Globalization*)为名的翻译研究专著。2013 年,莫里·索弗(Morry Sofer)在其《译者手册》(*The Global Translator's Handbook*)一书中称,"一切皆为翻译"。2012 年,劳伦斯·韦努蒂(Lawrence Venuti)出版了一本新书,名为《翻译改变一切》(*Translation Changes Everything*)。当然,诸如此类的著述还可以列出很多。从它们的书名来看,翻译已然成为我们生活中举足轻重的行动、行为、事件或者现象。在当今社会中,翻译研究已经不再像过去那样,小心翼翼地游离于学术的边缘,或者蜷缩在其他学科的角落里,任由其他学科将它随意挂在自己的学术大树上。翻译研究由原本隐身的、被遮蔽的状态,在 21 世纪一跃成为学术的焦点,备受诸多学科的青睐。恍惚间,翻译已然成为人文社会科学的宠儿。全球范围内接连不断地有以"翻译"的名义举办的各类会议。每年出版的与翻译有关的著述汗牛充栋,数不胜数。全球有多少人在学习和研究翻译? 其具体数字恐怕难以确定。但是,众多人文社会科学都将翻译纳入自己的研究视野,确是不争之实。[①] 在此背景下,翻译研究经过几十年的发展,已经由前学科、学科逐渐演变为一门跨学科乃至泛学科的研究。翻译研究涉及语言、文化、历史、主体等多方面因素,因而很难基于某一学科来解决其中的所有问题。就此而言,翻译研究必然具有跨学科属性。但是,作为一门独立的学科,翻译研究显然比较稚嫩,说它"羽毛未丰"一点也不为过。那么,一门学科还没有成熟,还处于"羽毛未丰"的发展时期就演变为泛学科,这无

---

① 2016 年由约翰·本杰明出版社(John Benjamins Publishing Company)出版的《越界:翻译研究与其他学科》(*Border Crossings: Translation Studies and Other Disciplines*),以及 2019 年由劳特利奇(Routledge)出版的《翻译研究中的移界》(*Moving Boundaries in Translation Studies*),这两本书可以为翻译研究的跨界做很好的注脚。

疑不利于其自身的发展：不仅在学科疆界、研究方法等方面难有学科的独特性，而且其独立学科地位也难免摇摇欲坠。

这不禁使人要问：翻译研究为什么要成为独立学科？在回答这个问题之前，首先要回答：人们为什么要研究翻译？这是一个既简单又复杂的问题。说它简单，是因为任何事物都可以成为研究的对象，翻译作为一种历史悠久的社会现象，它本身就具有研究的价值。所以，自从翻译出现以来，就应该伴随着相关的研究，至少是伴随着相关的论述。说它复杂，是因为直到今天，关于翻译的定义，学界都还没有达成共识，而且一直到20世纪中期，它都是其他学科的"继子"，没有自己独立的学科地位。

詹姆斯·霍尔姆斯（James Holmes）在1972年发表的那篇著名论文《翻译研究的名与实》（"The Name and Nature of Translation Studies"）中指出：

> 当一个或一组新问题进入学界的视野之时，就会有一批来自相关学科的研究者，带来他们在各自领域已证明是卓有成效的范式和模式。但这些范式和模式又会产生新的问题，带来下面两种结果的一种。在某些情况下，这些问题可以在一个范式或模式范围内得到说明、分析、解释，或至少得到部分的解决，这样它也就衍生成为成熟的研究领域的合理分支。但在另一些情况下，依靠已有的范式或模式并不能得出充分的结论，这时，研究者就开始意识到，需要寻求解决问题的新方法了。……围绕着翻译与翻译作品相关的现象，聚集着如此复杂的问题，在我看来，这清楚地表明，目前的翻译研究即属于上述第二种情况。（转引自谢天振，2008：203-204）

这可以视为翻译研究学科建设征程的正式启幕。50多年过去，检视当下的翻译研究，翻译研究拥有属于自己的研究范式或模式吗？已经寻求到解决翻译研究问题的新方法了吗？在某种程度上，以上两个问题可能进一步引申出其他两个问题：翻译研究必须拥有属于自己的研究范式吗？解决翻译问题必须要依赖新的方法吗？事实上，当下的翻译研究已经深入人文社会科学的各个领域，翻译似乎已经成为各个学科关注的话题。关键问题在于：依靠已有的范式或模式是否能够或者已经解决了翻译的问题？至少在笔者看来，大量的翻译问题依然悬而未决，甚至有诸多领域还未得到开垦。

翻译作为人类迄今为止最为复杂的现象之一,无论哪种理论或者范式信誓旦旦地声称具有关联性、综合性、普适性,但其实都很难独自解决翻译的所有问题。毋庸置疑,任何不同的范式都会基于自身的认知意向对翻译做出某种"先定假设",并由此对翻译进行条理化分析研究。问题在于,不同学科所感兴趣的话题,必然要基于它们各自的学科立场来建构其分析框架,而这类分析框架无疑具有自身的独特性,仅能够认识到翻译的某个方面,引导人们认识其他分析框架未能发掘的问题。因此,任何范式或者分析框架都难以彻底认识翻译的所有本质。更何况,人文社会科学不可避免地具有主体性以及主体间性。由此而言,翻译理论需要立足自身的学科立场,建构自身的概念体系、话语体系。如果翻译研究自身不能开辟出属于自己的研究领域及研究方法,那么,翻译研究的独立性和独特性将永远只是一句空话。

现代意义的翻译研究,肇始于语言学。语言学对于翻译的基本假设是:语言潜在的基本结构,对所有人来说,都是普遍的、共同的。从事翻译就是要穿越两种语言表面的分歧,把它们之间相似的东西、归根结底共同的存在根源揭示并发挥出来。1953 年,苏联翻译理论家 A. V. 费道罗夫(A. V. Fedorove)出版《翻译理论概要》(*Introduction to Translation Theory*),在世界范围内率先旗帜鲜明地运用现代语言学理论研究翻译,他认为翻译研究属于语言学的下属研究领域。以此为开端,在罗曼·雅各布森(Roman Jakobson)、J. C. 卡特福德(J. C. Catford)、尤金·奈达(Eugene Nida)、彼得·纽马克(Peter Newmark)等一大批学者的努力下,翻译研究实现了 20 世纪 50 年代以后的语言学转向。在此过程中,文本类型学翻译研究、功能主义翻译研究、多元系统翻译研究、目的论翻译研究、阐释学翻译研究等都得到迅猛发展,最终促使翻译研究成为振兴比较文学研究的切入口,进而促成了翻译研究的文化转向,促使翻译研究冲破了传统的语言学学科垄断和辖制的尴尬,使得翻译研究作为一门独立的学科蹒跚于人文社会科学领域,在多元的人文社会学科体系中占据了一定的位置。

然而,翻译研究虽然实现了以"翻译研究"的名义集结多学科从事翻译研究的话语地位,但作为翻译研究对象的"翻译"是否还能成为我们达成意义共识的基础?"何为翻译"之问,在当下似乎比过去的任何时刻都显得更为紧迫。西奥·赫曼斯(Theo Hermans)认为,"译者是在一定的翻译概念和翻译期待的语境中进行翻译的"(转引自谢天振,2000:13)。那么,有关翻译的论述呢? 不也需要在一定的翻译概念和翻译期待的语境下进行吗？因此我们可以看到，有人指责道："显然，翻译理论须是综合的和实用的，应尽力描述和解释翻译的过程和结果。而目前的情况是，大部分翻译理论集中于对翻译结果的探讨，将翻译过程排斥在外，只是通过描述和评价翻译结果进行逆向推理得出对翻译过程的规范性评判。"(Bell, 1991：13)然而有人又认为，"最近兴起了一种以翻译过程为中心的新的研究方法……目前还没有，并且大概永远也不会有直接观察大脑活动的方法"(Kussmaul, 1995：7)。翻译研究究竟应该研究什么？如何研究？目的何在？对于这些问题，我们显然还没有达成共识。

进一步的问题是，对于"翻译"以及"有关翻译的论述"，我们是否有必要达成共识？如果没有必要达成共识，那么，我们各自所谈论的东西又是否需要以"翻译研究"的名义集结为共享的学科？如果有必要达成共识，其理由何在？其路径又是怎样的？显然，迄今为止的大多数以"翻译研究"为名的研究，并不具有翻译研究学科性质，而是以"跨学科""学科交叉"为名义的泛翻译研究，是一种"贴标签的游戏"。事实上，这种看似无功利性的贴标签游戏，不过是"瞒天过海"的障眼法而已。"语言关系总是符号权力的关系，通过这种关系，言说者和他们分别所属的各个群体之间的力量关系转而以一种变相的形式(transfigured form)表现出来。"(布迪厄、华康德，1998：189)"更确切地说，对于概念而言只存在系统的定义，而且概念就是被设计成以系统的方式，并以经验为依据来进行工作的，这对研究者来说是一个永久性的启示。"(布尔迪厄，1997：140)对于研究来说，任何概念都只是工具，而不是目的。概念的意义只能在关系中产生，适用于概念的东西也同样适用于关系。其中的道理，对于翻译研究而言，也是成立的。

毋庸讳言，传统的翻译研究关注译文的忠实以及如何实现忠实，即关注翻译的实践维度。这种研究理路以原文优先于译文为前提，翻译只是作为一种原文的衍生品而存在，因而将翻译先天地置于从属的位置，判断翻译的正当性价值观念体现于"对/错""忠实/偏离"等符码。在现代翻译研究的语境中，这些符码却在不同程度地失效，代之以"适切性""可接受性"等概念。与此同时，原本对于翻译理论普适性的诉求也在弱化。随着对翻译问题的探讨不断深入，人们越来越认识到其中的复杂性，因而难以用某一理论概括其全部具体性。理论具有开放性和发展性，是因为任何理论都无法超越时代的限制，越是贴近现实的理论，越具有生命力。以相关理论为依据而展开的翻译批评，同样如此。

作为翻译研究的一种形态，翻译批评总是在不同的主题维度间摆动，既呈现出时代的差异，又彰显了历史的延续。回顾我国应用翻译批评史，其间的主题维度呈现多维视角，概括起来，有四个方面：1）原文与译文的关系；2）译者；3）翻译方法与策略；4）翻译语境。与此同时，应用翻译批评的主题也可以归纳为四个中心：文本中心、主体中心、读者中心、语境中心。一部翻译批评史，就是一部纠缠于这些维度和中心的历史，几乎任何一种批评都可以归入某个维度或中心，所呈现的，无非是其中的倾向而已。而笔者将这类倾向视为翻译规范的某种形态。

　　我们可以看到，尽管翻译研究的跨学科属性已经得到了公认，翻译研究作为学科也已经相对独立，然而，就翻译研究作为一个独立的学科而言，其地位似乎依然是那么岌岌可危，不仅被其他学科边缘化，即使就其自身而言，也似乎并没有构建出一个可以进行共同对话的平台。针对翻译中的诸多问题，翻译研究系统内也未能达成共识。有关应用翻译的话题就是其中之一。

　　认识只能从自身的视角去理解外在与自我，翻译批评也不例外。鉴于人们关于应用翻译的认识还远未形成共识，其他相关话题，如应用翻译研究、应用翻译批评等，也自然遭到悬置。冷静地考察一下翻译实践、翻译批评以及翻译理论研究的现状，也许，我们可能会产生某种遗憾。因为，我们很容易就会发现，一切与翻译有关的研究，包括翻译批评，其实都还处在学术及体制的边缘，至少就目前的情势而言是如此。尽管研究场面显得很喧嚣，但由于缺失系统深刻的理论阐述，翻译研究游离于学术边缘的现状并未得到有效改观。

　　这似乎本身就是个令人困惑的现象。人们在谈论着各种话语的翻译——科技话语、政治话语、新闻话语、法律话语，也在不断探讨翻译教学与培训、翻译行业、翻译本地化、翻译项目管理、翻译出版机构、翻译政策与法规等等，但是，对于这些话语究竟应该归属怎样的话语系统，人们却莫衷一是，所持观点暧昧不清。因此，迄今为止，应用翻译、应用翻译理论、应用翻译史、应用翻译批评等依然在翻译研究中没有得到应有的关注和地位。

　　有人认为，无论是文学翻译还是科技翻译、法律翻译、医学翻译，都属于翻译的范畴，大可不必在文学翻译和非文学翻译之间划出边际，也大可不必再细分各种翻译类型。也有人认为，翻译的问题其实都已经包含在文学翻译中了，文学翻译研究完全可以统摄整个翻译研究。当然也不乏有人认为，翻译研究本身就是无病呻吟，翻译研究完全没有必要独立出来成为一个自洽的学科,翻译的问题完全可以由其他学科来代劳。

的确,有人戏称,所谓的学科分类,其本身就是为了研究者申请课题、领取薪酬而设置的体系。这种表述中所蕴含的意义,无非是说研究本无学科边际,任何人都有研究任何一种问题的自由,任何一个问题自然也有被任何一个研究者作为研究对象的自由。但问题是,如果事实果真如此,那么,为什么要划分自然科学、人文科学和社会科学呢? 为什么要划分哲学、文学、语言学、心理学、历史学、社会学呢? 为什么鲜有人质疑这些学科的学科性却要对翻译研究作为一门独立的学科横挑鼻子竖挑眼呢? 这个现象,真的很奇妙!

其实,任何研究都包含研究者的目的和旨趣,都不可避免地带有研究者的主观性。人们总是按照自身的需要去规划行为、设定目标,"人依据其自身创造的参照体系,不断地重建和重新诠释其生存世界中先存的、现实的和未来的一切关系网络"(高宣扬,2005:32)。任何研究的吊诡之处在于:研究者以为是在创造性地进行结构性研究,实际上却是先在地被结构化的研究。因此,所谓的坚持批评的客观性,无非是人们的梦想而已。当然,也有人说,人总是要有梦,要有追求,明知道不可能达到目的,也要有追求的勇气和信心。对此,我只能哑然失笑。因为,批评是基于历史的。那么,什么是历史? 历史是客观的吗? 有人说,历史就是用文字在历史书籍中记载的事实。那么,你怎么知道那是事实? 语言能客观地反映事实吗? 历史书籍的撰写人难道可以不带任何偏见地记载历史吗? 韦勒克(1991:xv)认为,"任何历史都不可能没有一种思想倾向、某种对未来的预感、某种理想、某种标准以及某种事后的聪敏"。而且,历史是不能割裂的,如果我们只是截取某个特定历史时期来谈论,显然会忽略许多有延续性、承继性的内容。理论是建构性的,也具有互文性。本书并非历史研究,并不意欲对应用翻译批评做系统完整的文献梳理,而是出于自身研究的需要,截取佛经汉译这个具有较长变迁历史的翻译现象进行考察。截取绝不代表这段历史可以与其他历史割裂开来。研究者如何截取历史时期并通过怎样的研究方法得到怎样的结果? 这些结果是否合理? 运用的研究方法是否得当? 截取的历史时期是否具有真正科学的代表性? 诚然,这些问题很难由研究者来做出恰当的判断,应该交给其他研究者或批评者来代劳。而笔者所能做的,就是按照课题预设的研究目的、理论基础与方法,选取相关论题,依据自身的能力展开有限的研究。毕竟,任何研究,只要是个体性或项目化的研究,都无法摆脱其局限性,只能在有限的范围之内针对特定的问题尝试提出相应的解决路径。"弱水三千,只取一瓢饮",这是自身能力有限;"繁华三千,只为一人饮尽悲欢",这恰恰是自身心甘情愿。

第二节 应用翻译批评何为?

2015年对于中国翻译界注定是个喧嚣之年。那年3月,"何为翻译?——翻译的重新定位与定义"高层论坛在广东外语外贸大学召开;那年4月,中国译协召开第七次会员代表大会暨第七届理事会会议;那年9月,以"亚太地区翻译的明天"为主题的第八届亚太翻译论坛在西安顺利召开;……然而,2015年中国翻译界最轰动一时的事件,莫过于由诗人、作家冯唐重新翻译的泰戈尔诗集《飞鸟集》在出版后不到半年,就被出版社从销售书架上撤下。一部八千字,费了3个月,支付了8万稿费,销售不到半年就卖出5万册,出版时被称作"最具诗意和韵律"的译作,就这样下架了。无知如我者,直到下架了,才知道该译本的存在。下架成为超越翻译的事件,一时间激起千层浪花,译者、读者、学者纷纷介入笔战,众多媒体争相载文。

先来看冯唐怎么说:"我大概1997年考的托福,考了满分。……至少英文基本过关。中文呢,我出了两本小说、三本杂文集、一本诗集、一个短篇小说。……两门语言我都懂,我自己还写点诗,我觉得至少我有一个拿起笔来翻译的自由和权利。"(凤凰书品,2017:6)相信任何人看了这样有里有面的翻译资格简历,都不会怀疑冯唐翻译诗歌的资格。而且,冯唐并不是一个不负责任的译者,他有自己的翻译理念:

> 我想尝试一下翻译的另一种方式,尤其是翻译诗的另一种方式。有人说诗意是在翻译中失去的,翻译要求"信、达、雅",很多人把"信"放在第一位。我就想为什么几乎百分之百的人都把"信"放在第一位?我为什么不能把"雅"放在第一位?也就是说,诗意为什么不是在翻译中加进去的?……我固执地认为,诗应该押韵。诗不押韵,就像姑娘没头发一样别扭。不押韵的一流诗歌即使勉强算作诗,也不如押韵的二流诗歌。我决定,我的译本尽全力押韵。……在翻译《飞鸟

集》的过程中,我没百分之百尊重原文,但是我觉得我有自由平衡信、达、雅。人生事贵快意,何况译诗?(凤凰书品,2017:22)

那么,为什么他翻译的《飞鸟集》会下架呢?因为他注重"雅"?因为他不忠实于原作?据说都不是,而是迫于舆论。而综合舆论来看,主要的指责归纳起来有三条:"语句粗俗""亵渎了泰戈尔""暴露了译者本人的恶趣味"。①

如果真的如某些评论所说有以上三个问题,下架该诗集自然合情合理。抱着好奇心,笔者将该诗集找来读了读,平心而论,就我的能力而言,除了觉得其中的几个众所周知的用词较为"时尚"之外,实在没有发现译文有什么问题。后来又看到一篇报道,提及黄友义的评价:

翻译就像作者一样,都希望有自己的特色,冯唐翻译的时候,他一定也希望翻译出自己的特色来……因此,我觉得翻译作为一种再创作,要允许译者推陈出新,有他自己的特色。从这个角度看,我认为,冯唐用一些大家不熟悉的、过去没用过的这种表达方式,是可以理解的。

……译文要符合原著的特色,特别要符合原文创作时当时和当地的文化因素,然后还要考虑如何跟今天的读者阅读习惯接轨。今天的读者身处互联网时代,大家的语言更丰富,也更简练。并且,不管你是否承认,现在的语言经常带有发泄的色彩,这些因素也得考虑进去。所以,我认为不要因为他用了几个词,就彻底肯定或否定他做翻译的努力。(张锐,2016)

这完全与笔者的看法一致。或者说笔者完全认同黄先生的观点!

本来这件事对于笔者来说就到此为止了。可这个时候笔者又收到另外一家出版社寄来的一套赠书——《莎士比亚全集·英汉双语本》(以下简称《全集》)。该全集于 2008 年由外语教学与研究出版社立项,由辜正坤主持翻译,共计 39 册,2015 年出版其中的 12 册悲剧,2016 年出版其余的 27 册。辜正坤教授担任主编并翻译了多个剧本,许渊冲、彭镜禧、罗选民、傅浩、刁克利、孟凡君等知名学者也参与了翻译,可谓工程浩

---

① 出版社方面给出的下架理由是"逾越了翻译的底线","对泰戈尔作品的读者形成了冒犯"。(明清史研究辑刊,2022)

大,盛况空前。

但问题来了。一部由冯唐翻译的仅八千字的译作,引起如此广泛的关注与争议。而辜正坤主持翻译的《全集》则明显感觉清冷许多,除了一些必要的报道以及赞誉之外,相关批评似乎集体失语。

冯唐翻译《飞鸟集》和辜正坤主持翻译《全集》,同样都是名人名著翻译,为什么会在社会效应方面出现如此巨大的落差? 为什么对于冯唐的《飞鸟集》批评之声喧嚣不已,但对于辜正坤主持翻译的《全集》却出现集体性批评缺席? 难道仅仅因为冯唐在翻译《飞鸟集》时用了"骚""裤裆""哒"这些夺人眼球、让人浮想联翩的词语而辜正坤等人却在翻译中循规蹈矩? 用翻译规范理论的话语来说,是否因为冯唐违反了规范而辜正坤等译者遵循了现存的规范?

显而易见,我们的翻译批评出了问题,偏离了翻译批评的功能和目的。早在 1950 年,董秋斯就提出:"我们目前的翻译批评,至少有三个重点:1. 译者和翻译书出版者的作风;2. 影响比较大的经典文献和供多数人学习用的理论书;3. 比较难译的文句。"(董秋斯,1984:27)即使在今天,强调这三个翻译批评重点也是有现实意义的。而如果参照这三个重点审视当下的翻译批评,我们是否会感到一些失望? 现在的翻译批评领域,实在太缺乏敢于直面翻译问题进行正面批评的人,以前还有一些对译文质量进行批评的论述,如今,这类批评也越来越少。一方面,这类批评在学术圈里被认为是雕虫小技;另外一方面,这样的批评容易得罪人。于是,事不关己高高挂起。许多名义上的翻译批评,都在空谈理论,论争翻译批评的必要性和现实意义,建构各种所谓的翻译批评理论体系,恰恰忘记了翻译批评与翻译之间的关联与互动关系以及推动翻译质量整体提高的核心功能。

由此产生的问题是,翻译批评难道只能"破帽遮颜过闹市""躲进小楼成一统"吗? 真的只能作为学术研究的附庸而存在吗? 相信很多人都不会认同这样的观点。

再回过头来看冯唐和辜正坤的翻译现象,我们似乎还可以再进一步追问:究竟谁应该对这样的结果感到欣慰? 辜正坤及其翻译团队吗? 历时七八年,皇皇 39 册译本,其中所经历的艰辛和磨难,恐怕只有亲身经历过的人方能感受。然其结果,却未能得到翻译批评界的积极响应。是因为辜正坤及其翻译团队的名头太大,因而无人敢说三道四,还是因为翻译得实在无可挑剔? 相信这两方面的原因都有。但更为可怕的原因,恐怕是翻译批评的伦理规范出了问题,对于翻译批评应该承担的责任缺乏应有的认识。

或许,冯唐更应该感到欣慰。我们且不去管他的翻译是否文雅,单就所引起的关注而言,冯唐就应该为自己的翻译感到欣慰。翻译的目的是什么?不就是为了让读者看的吗?那么,如果冯唐因为在翻译时运用了"裤裆""骚"而被万千读者所关注,译本从而被人阅读,他的翻译目的不是已经达到了吗?至于读者作何反应,本来就不是冯唐所能控制的。冯唐只是个译者,尽管他在翻译之初以及翻译过程中也可能已经考虑过这样翻译的后果。诚然,按照功能目的论的观点,翻译之前要制定翻译纲要(translation brief),明确翻译目的、读者对象、翻译策略等,但是,难道译者就没有自我表达的自由吗?《飞鸟集》本来就是诗歌集,属于文学翻译的范畴。一般来说,文学翻译应该倡导译者的创造性,但怎么会导致译本下架呢?这是翻译批评之幸还是不幸?如何解释这一现象?由此引发与本书相关的问题:我国的翻译批评具有怎样的传统?遵循着怎样的翻译规范?这是一个文学翻译批评的问题还是应用翻译批评的问题?显然,它已经超越了文学翻译批评的范畴,已然不只是关涉译文的正确与否了。它可能涉及社会对翻译的认知,涉及翻译批评自身的伦理规范,涉及如何发挥翻译批评的功能以及对话语权的争夺。

译者都有自由表达自我的意志,有其既定的目标,但译者是否一定具备实现自我目标的可能?[①] 显而易见,译者依靠自身的努力是不够的。翻译处于复杂的环境,诸多影响译者的因素,都非译者所能控制,都外在于译者,是译者必须面对的社会现实。冯唐翻译《飞鸟集》,作为译者,其初衷只是为了"尝试一下翻译的另一种方式,尤其是翻译诗的另一种方式"。辜正坤(2015:vi)主持翻译《全集》,其目的"就是用真正的诗体翻译莎士比亚的诗体剧文"。二者的翻译目标看似不同,其实都是一样的,都是为了实现某种翻译目的。但是,读者会以怎样的目的阅读他们的译文呢?译者能够决定读者的阅读期待吗?或许,译者期待与读者期待才是翻译中最大的冲突。这种冲突,可能是应用翻译批评应该给予更多关注的地方。

---

① 赫曼斯曾提醒我们:"我们应该牢记,翻译发生时,它通常都是一种特定的、受限的翻译,并常常是通过机构传播的翻译。译者从来都不'只是在翻译'。他们是在一个对翻译有着特定观念及期待的语境内翻译,不论他们在多大程度上认为这些观念及期待理应如此,或者注定如此。译者在这个语境中做出选择并采取立场,因为他们需要达到某些目的,追求某些个人的或集体利益,维护某些物质和象征筹码。"(转引自谢芙娜,2018:76)

第三节 中西应用翻译批评简述

从一般意义上来审视翻译批评,中西翻译研究中都积累了丰富的翻译批评资料。西方的翻译批评话语源远流长。(Robinson,1997;Lefevere,1992;刘军平,2019;王东风,2021)西塞罗(Cicero)的《论最佳演说家》(*The Best Kind of Orator*)反对"词语对词语"(word for word)的硬译,开自由译(free translation)之先河,为西方的翻译理论奠定了基础。[①] 这一思想后来被哲罗姆(St. Jerome)发展为"意义对意义"(sense for sense)的翻译策略。不过,西方翻译研究自古罗马复兴古希腊文明之后,经历了始自 12 世纪和 14 世纪的两次文艺复兴,其中的翻译论述并未形成系统的理论,局限于经验散论。西方有自觉理论意识的翻译批评当属"翻译三原则"(Tytler,2007),其后很长一段时期都没有提出重要翻译批评理论。直到 20 世纪中叶以后,苏联的一批代表性学者,[②]如 A. V.费道罗夫、E. M. 巴尔胡达罗夫(E. M. Barkhudarov)、B. H. 科米萨罗夫(B. H. Komissarov)等,基于现代语言学相关理论展开了翻译研究,推动了那个时代的苏联翻译理论建设,同时也在翻译批评方面做出了有益的贡献,尤其是对"翻译等值"问题的研究,使得"等值"(equivalence)理论逐渐成为西方翻译批评的规范性因素,对现代西方翻译批评理论发展影响巨大。自 20 世纪 70 年代后,欧美从事翻译批评的学者,大部分都是在批评等值理论的基础上展开翻译批评,建构各自的翻译理论的。德国著名的功能主义翻译理论奠基者卡塔琳娜·莱斯(Katharina Reiss)基于功能理论系统地质疑了等值理论,提出基于功能主义的"文本类型""语言因素"和"超语言决定因素"三种批评路径。不过,莱斯并不完全排斥等值概念。朱莉安·豪斯(Juliane House)则在莱斯的理论基础上进一步发展,提出功能-语用模型的翻译质量评价体

[①] 一般认为,西塞罗的核心翻译思想见诸下文:"我不是作为一名译者,而是作为一位演说家来翻译的。我(在译作中)保留了与原作相同的思想和形式,或者说'思维方式',但使用的是符合我们讲话习惯的语言。在翻译过程中,我认为无须作词语对词语的翻译,只需保留原作语言的总体风格和气势。因为我认为不应该把作品内容像数钱币似的数给读者,而应当让读者感受到它们的分量。"(转引自王东风,2021:8)

[②] 对于俄苏的翻译理论,目前我国的译学界重视不够。我们现在谈论西方翻译理论,往往着重于欧美译学理论。但从现代翻译研究的起源来说,20 世纪 50 年代的俄苏翻译研究的确是非常繁荣的。而且,我国 20 世纪五六十年代的翻译研究,在很大程度上也是借鉴了苏联的翻译研究成果。(关于俄苏翻译研究,可参阅吴克礼,2006;蔡毅、段京华,2000)

系,而后又在 1997 年运用韩礼德的"场域""模态""主旨"等语域概念修正了该模型。也有学者从语言学视角切入翻译错误分析,建构独立的翻译批评标准,如威尔斯(Wilss, 2001)强调翻译批评的正面与负面功能,指出必须以语言学为基础建立翻译批评的分类标准,以确保系统地描写、解释和评价译作,并且首次系统地论述了翻译批评的方法论问题,他指出:由于缺乏一套系统严密的方法论参照框架,翻译批评很大程度上依赖批评者的假设,缺乏系统的思考,流于自发性或怡情性行为。纽马克在《翻译教程》(*A Textbook of Translation*)一书中也专辟《翻译批评》一章,认为"翻译批评是一种联结翻译理论与翻译实践的重要纽带"(Newmark, 1988:184),并且基于文本分析、译者目的、译作与原作比较、翻译评价、译作在目的语文化中的作用等五个议题提出了翻译批评框架。贝尔曼(Berman, 1995:45)运用阐释学指出翻译批评自身的方法论应当"建立在有关语言、文本和翻译的明确的理论基础之上",并且提出了道德标准与诗学标准。凡此种种,经由多年的评介后,对于我们认识翻译批评以及建构翻译批评话语体系都有借鉴意义。芒迪(Munday, 2012)运用评价理论分析了翻译批评和译者主体立场在译文文本建构中的作用,为翻译批评提供了参照依据。朗斯·修森(Lance Hewson)的《翻译批评探索——以〈爱玛〉与〈包法利夫人〉翻译为例》(*An Approach to Translation Criticism—Emma and Madame Bovary in Translation*, 2011)基本可以代表西方译界最新翻译批评理论研究成果,不仅较全面地梳理了西方现代翻译批评历史,而且对翻译分析、翻译评价和翻译批评进行了界定,提出了翻译文本批评模型和方法论标准,强调翻译批评对于翻译实践的重要意义。由此而言,翻译批评的研究路径不断拓宽,已经从原来的以原文文本为中心扩大到译文读者、社会文化、伦理道德、诗学等多元化层面。

　　本书旨在探讨我国的应用翻译批评,基于翻译规范理论来建构我国的应用翻译批评标准,因而,我国自身的应用翻译批评传统构成本书重点关注对象。"中国翻译传统在理论方面不强,而在翻译评判方面却积累了比较丰富的经验。"(王宏印,2006:41)纵观我国翻译史,历经佛经汉译批评、《圣经》汉译批评、科技翻译批评、社会科学翻译批评以及现代的多元翻译批评,我国翻译界积累了极为丰富的翻译批评话语资料。(马祖毅,2004;王宏印,2006;张柏然、刘华文、张思洁,2008;陈福康,1992;许钧,2003;郑意长,2010;等等)我国就翻译标准也提出了多种观点:"五失本""三不易"(道安)、"八备"(彦琮)、"信达雅"(严复)、"宁信而勿顺"(鲁迅)、"善译"

（马建忠）、"神似"（陈西滢、傅雷）、"化境"（钱锺书）、"信达切"（刘重德）、"等效"（金堤）、"三美"（许渊冲）、"多元互补"（辜正坤）、"和谐"（郑海凌）等。对于翻译批评本身的研究，更是层出不穷。董秋斯、季羡林、杨自俭、焦菊隐等前辈都对此有过精辟论述。以"翻译批评"为主题词在中国知网上查询，相关文献超过 32 万篇。而在 1980 年至 2009 年期间，中国出版翻译批评类著作达到 50 部。（穆雷、蓝红军，2012）21 世纪以来，继许钧发表《翻译的危机与批评的缺席》（2005）后，先后有六本专著问世。（杨晓荣，2005；王宏印，2006；文军，2006；吕俊、侯向群，2009；肖维青，2010；刘云虹，2015）另外，《翻译论》（许钧，2003）、《翻译学概论》（许钧、穆雷，2009）也有专章论述。这些专著及论述视角各有千秋，对于翻译批评的学科定位、批评对象、批评类型都做了较为全面且深入的探讨，为中国翻译批评话语体系的建构提供了大量有益的理论视角和知识基础。

应用翻译批评是翻译批评的分支。但应用翻译批评并非一个仅相对于文学翻译批评而提出来的概念。[①] 它是应用翻译及其相关研究不断发展的结果。当然，它首先得益于翻译批评的发展，尤其是文学翻译批评的发展，而翻译批评的发展又建基于翻译史、翻译理论与实践的发展。本书在研究过程中，秉持了翻译研究由翻译理论研究、翻译史研究和翻译批评研究辩证统一、关联互补的观点。翻译批评以翻译理论、翻译史的研究为基础，同时，翻译批评也促进了翻译理论和翻译史研究的发展。

翻译理论与翻译实践相互促进的同时，也产生了相互抵牾的现象。面对翻译环境的变化，面对翻译中的新问题、新冲突，如何进一步完善翻译理论与翻译实践的关系？这不仅需要翻译理论本身做出回应，同时也需要第三方即翻译批评来进行观照。在中西翻译史中，翻译批评实际上一直存在。在西方翻译研究话语中，关于忠实于原文还是以目标读者为导向，先后出现过《圣经》翻译批评（如贺拉斯［Horace］、哲罗姆、马库斯·法比尤斯·昆体良［Marcus Fabius Quintilianus］、威廉·廷代尔［William Tyndale］、约翰·德莱顿［John Dryden］、马丁·路德［Martin Luther］等人围绕直译-意译的争论）、围绕诗歌翻译展开的文学翻译批评（如马修·阿诺德［Mathew Arnold］与弗朗西斯·纽曼［Francis Newman］的诗歌翻译之

---

① "对于概念而言只存在系统的定义，而且概念就是被设计成以系统的方式，并以经验为依据来进行工作的，这对研究者来说是一个永久性的启示。"（布尔迪厄，1997：140）"应用翻译批评"这一概念也是存在于应用翻译研究之中的概念。

争)以及围绕翻译理论展开的翻译理论批评(如翻译是科学还是艺术的争论)。在我国的翻译史中,也出现过佛经汉译批评(文质之辩)、《圣经》汉译批评(如译名之争①)、翻译策略批评(如宁信而勿顺和宁顺而勿信之争)。然而,真正理论意义上的翻译批评以及翻译批评研究,得益于西方翻译理论尤其是德国翻译理论在 20 世纪 70 年代的发展。虽然我国在 20 世纪 50 年代初就有董秋斯倡导开展翻译批评以及翻译批评理论建设,而且也不乏零星的翻译批评话语,但是在 20 世纪 90 年代之前并没有形成相应的理论体系化翻译批评和翻译批评研究。

较之于文学翻译批评,应用翻译批评研究相对比较薄弱,对于应用翻译批评及其标准的定位还不够确定。大部分所谓的翻译批评,实则是文学翻译批评。这一事实中西皆然。这与翻译研究承继了文学翻译研究传统不无关系。而这恰恰是本书力图破解的难题。实际上,对于应用翻译批评及应用翻译批评标准,即便在非文学翻译研究领域人们也未达成相应的共识。文军(2006)以科学翻译批评涵盖除文学翻译批评以外的所有翻译批评类型。肖维青(2010)则提出文学翻译、人文社科学术类、科技商贸产业类和变译作品等四种翻译批评类型。方梦之(2013)以应用翻译研究方法论和价值论来指涉翻译批评及标准,该观点集中体现于黄忠廉、方梦之、李亚舒合著的《应用翻译学》(2013)中,该书在价值论和方法论子系统中分别列举了"应用翻译标准论"和"翻译批评方法论"。

在中西翻译批评发展历程中,有关翻译批评标准的问题如影相随。诚然,所谓的翻译批评以及翻译批评标准,都是现代翻译研究发展的产物,无论是西方翻译批评还是中国传统译论,都缺乏现代意义上的翻译批评及其

---

① "译名之争"或"圣号之争"(Term Question)是《圣经》汉译史上争论最多且最大的议题,贯穿整个《圣经》汉译史,前后共发生三次大规模的论争,时间跨度将近 300 年。第一次由 17 世纪的利玛窦翻译引起。利玛窦在《天主实义》等著述中随意地用"天""天主""上帝"等词语来译"造物主",由此引起在华耶稣会总长龙华民(Nicolas Longobardi, 1559—1654)等传教士的不满,引发译名争论,教皇本笃十四世与康熙之间的矛盾也卷入其中,最终导致"礼仪之争",致使康熙皇帝颁旨驱逐背叛了"利玛窦规矩"的在华传教士。第二次肇始于 1847 年的第三次《委办译本》委员会第三次会议,由美国传教士裨治文率先发难,提出废弃马礼逊译本中的"上帝"一词,认为"神"字是汉语对 God 的唯一正确译名。第三次则肇始于 1877 年《万国公报》。第三次译名虽然为中国人黄品三发起,实际上也是英美两大教会之间的冲突与较量。尤思德认为,译名问题显示的是意识形态的冲突:支持"上帝"者(英国传教士)相信中国文化有能力以它自己的词条用语接受基督教的信息;另一方面,支持"神"者(美国传教士)认为中国文化是彻底非基督教的,只有创新词条,然后赋予基督教渗透中国思维的新意思,才有可能接受基督教的信息。(详见尤思德,2002:72-74;李炽昌,2008:1-17)其实,翻译究竟用目的语中的传统词语还是另外创造新词,一直是争论的核心话题,并非局于宗教翻译。

标准理念。翻译批评只是作为翻译研究的一种形态客观地存在于翻译研究的话语体系之中。而且,翻译批评的标准意识自萌发以来,往往以翻译标准为旨归。[①] 这其实源自翻译批评局限于翻译文本的传统,是翻译批评混同于翻译质量评估的延续。因此,"忠实""通顺""适切""可读性""接受度""等值""正译""善译""信达雅"等都演化为翻译批评的标准。20 世纪 90 年代,翻译规范研究异军突起,颠覆了翻译批评传统中对文本批评标准的依赖,并且试图以描写性翻译批评来弥补规约性翻译批评之不足。然而,就现有的翻译规范研究而言,即便以翻译规范作为翻译批评的标准也仍然未能规避局限于翻译文本的桎梏。有鉴于此,本书基于对翻译规范的研究,拓展其中的内涵,拓展翻译规范与应用翻译批评标准之间的理论与应用空间,从而基于修正后的翻译规范概念建构应用翻译批评标准体系。

第四节　应用翻译批评话语的异质性与系统性

由翻译批评逐渐发展成为翻译批评话语,不是一蹴而就的,而是一个不断探索、不断深入的过程,一个由碎片化、随感式向系统性、科学性转化的过程,一个以话语实践方式不断建构话语体系的过程。"话语"这一概念,在不同的学科领域有其不同的意蕴。本书的话语,具有社会学性质,指的是系统地谈论某一事物的论述,是"对主体或者目标的谈论方式,包括口语、文字以及其他表述方式"(费尔克拉夫,2003:59)。它有一系列含义:

　　1) 话语既是一种表现形式,也是行为方式——以这种形式,人们有可能对这个世界产生作用,特别是与这个世界彼此产生作用。

[①] "译书的标准应就所译书籍的题材和性质而有所区别,所以翻译批评的标准也应随之而不同。"(赵少侯,1984:70)这可能是我国目前最早明确提出以翻译标准作为翻译批评标准的论述。而且与焦菊隐一样,它强调了翻译批评标准与翻译题材和性质之间的关联。胡德香则明确指出其中所存在的概念混淆问题——"不分译者标准与评价或批评标准,把译者所遵循的翻译原则和标准与评价译文的标准混为一谈",她认为,"研究翻译批评,首先应该把译者标准和批评标准严格区分开来"(转引自刘云虹、许钧,2015:119)。不过,胡德香将翻译标准视为译者标准,"适用于译作的生产环节,由译者控制"(转引自刘云虹、许钧,2015:119)这种观点非本书所认同。

　　2）在话语与社会结构之间存在着一种辩证的关系,更一般地说,在社会实践和社会结构之间存在着这样的关系,后者既是前者的一个条件,又是前者的一个结果。一方面,在最广泛的意义和所有的层次上,话语是被社会结构所构成的,并受到社会结构的限制,受制于社会层次上的阶级和其他关系,受制于诸如法律或教育等特色机构所特有的关系,受制于分类系统,受制于各种规范和各种习俗——它们既有话语的性质,又有非话语的性质,等等。特殊的话语事件根据它们由此产生的特殊的社会领域或机构框架而发生变化。另一方面,话语在社会意义上是建构性的。(费尔克拉夫,2003:59-60)

这里的话语建构性,在诺曼·费尔克拉夫(Norman Fairclough)看来,主要表现在三个方面:通过命名或称呼建构社会身份、建构人际社会关系和建构知识及信仰体系。因此,"社会的话语建构并不是来自人们头脑中思想的自由飞舞,而是来自社会实践,后者牢牢地植根于并定向于真实的、物质的社会结构"(费尔克拉夫,2003:61)。与此同时,本书也参照了米哈伊尔·巴赫金(Mikhail Bakhtin)、路易·皮埃尔·阿尔都塞(Louis Pierre Althusser)等西方学者的意识形态话语理论,认为话语构成特定历史条件下群体性语言认同方式,潜在地规范和支配着不同群体的言语、思想、行为方式的内在逻辑或超逻辑。

　　探讨翻译批评话语,不可避免地会涉及互文性的问题。在某种意义上,大部分翻译批评都涉及互文性问题。"互文性"这一概念由朱莉娅·克里斯蒂娃(Julia Kristeva)于20世纪60年代末创造,指的是文本是由以特定方式连接的其他文本所建构起来的。这些特定的方式会随社会环境而发生变化,并以此来表明历史与文本的关系。一方面,任何文本都吸收了过去的文本,并且是基于过去的文本而建立起来的;另一方面,新的文本回应并重构过去的文本,进而预测未来的文本。就互文性的指向而言,它指向文本的生产能力,强调新文本对过去文本的改变与重构,而这种改变与重构无疑受制于特定的社会因素,因而,互文性概念本身包含着可能性和制约性。从另外一个角度来说,所谓的互文性兼具"水平的"(horizontal)和"垂直的"(vertical)两个向度。水平的互文性突出了文本的共时性,而垂直的互文性则与历史性连接在一起。无论是水平的还是垂直的互文性,都伴随着各种各样的变量,影响着新文本的生产与传播。就此而言,考察翻译批评话语的形成与发展,离不开共时性和历时性这两个维度。

强调话语的互文性,实际上还凸显了话语的异质性和模糊性。这两个特征表明,无论是从当下还是从历史的视角考察,翻译批评话语都充满着斗争性和不确定性。因此,虽然本书基于系统观来审视我国的应用翻译批评话语,但在研究过程中也深受皮埃尔·布迪厄(Pierre Bourdieu)的文化社会学影响,即批评话语在某种程度上构成一个场域,场域之中以及场域之间也为争夺不同的象征资本而斗争,以求获得占据宰制性地位的话语权。话语霸权是任何一种话语都具有的倾向。只要是话语,就要赢得他人的理解和认同,并且要为此而不惜与其他话语进行激烈的斗争。与此同时,不同的话语形态共存也是现实。纵观翻译批评历史,我们可以看到,基于不同理论的翻译批评话语此起彼伏,而且此消彼长。透过此消彼长的翻译批评话语,我们所看到或者认识到的翻译批评,不仅反映了翻译理论与翻译实践之间的关系,而且在某种程度上建构了翻译理论与翻译实践之间的关系:不同的翻译批评话语基于不同的理论建构起与翻译实践之间的关系,呈现出不同的翻译批评话语形态,一个自洽独立又与其他系统密切关联的翻译批评话语系统。

近代翻译研究自肇始以来,其翻译批评话语就呈现为文学翻译批评的性质,这可以从我们对中华人民共和国成立以来我国翻译思想史的研究窥见一斑。除了少量的文献从科技或者科学的视角探讨晚清民国时期的翻译之外,绝大部分都是从文学翻译的角度审视这段历史的翻译现象。[①] 这也导致今日"翻译批评类的论文和著作在没有明确指示的情况下一般都约定俗成地以文学翻译作品或现象为考察对象"(许钧,2009:233),并且认为"翻译批评是一门实证性的知性审美认知活动","它隶属于翻译学这一较大的学科,是文学批评的继续和发展"(王宏印,2006:46),其中包含了实践性、实证性、知性和审美性这四个特性。有鉴于此,王宏印进一步将翻译批评划分为三个类型:为理论的批评、为创作的批评和为翻译的批评。

这种以文学翻译批评统摄翻译批评的话语形态,尽管在当代翻译批评话语中不再像过去那样居于绝对的支配性地位,但仍然具有很大的话语力,为许多从事翻译研究的学者所推崇。在近年来出版的《翻译批评研究》一书中,作者刘云虹(2015:39-40)认为:

---

① 郑意长(2010:6)认为:"虽然近代翻译活动异常繁盛,但1949年之前对该阶段翻译思想的研究却寥寥无几。即便有,研究者也大多是从文学史的角度出发,相关成果也多以文学史或小说史论文或专著之中的一个组成部分的小说存在。"

翻译批评与文学批评有着千丝万缕的联系,虽然二者在研究对象上有所不同,文学批评的对象是原创作品,而翻译批评的对象是具有再创造性质的翻译作品;文学批评的主要目的在于通过对作品文化内涵的阐释,揭示现实生活的意义、价值和趋向,引导人们的精神走向,促进社会的进步与人的发展,而翻译批评的首要任务是促进翻译质量的提高,保证翻译事业的健康发展。然而,就本质而言,翻译批评与文学批评可以说是一致的,都是从主体出发而对文本的接受和评价行为。

其实,此处的"翻译批评的对象是具有再创造性质的翻译作品",与刘云虹在后文的主张并不一致。因为在接下来的讨论中,刘云虹(2015:41)明确指出:

翻译不仅是一种静态的结果,更是一个动态的过程,一个包含了原作、原作者、译作、译者以及读者在内的相互关联、相互影响的系统。翻译批评的对象不应限于文本,从原文文本到翻译文本的单一模式远远无法承载翻译批评的全部内涵,对翻译本质、过程、作用、影响的关注以及对翻译现象和实践的解读与评判是翻译评判不可或缺的重要维度。

显而易见,刘云虹在此非常明确地强调:"翻译批评的对象不应限于文本。"①这应该是刘云虹对于翻译批评的真实认识。这种认识在其界定"翻译批评"时显得更加明确:"翻译批评是对翻译活动的理解与评价,即从特定的历史文化背景出发,以翻译理论及其他相关理论为基础,依据一定的标准,对翻译作品、翻译过程和翻译现象进行分析、阐释与评价。"(刘云虹,2015:41-42)问题在于,翻译批评的文学翻译情节总是挥之不去。

对于翻译研究中的文学情结,其实许多学者都做过有益的反思。杨晓荣(2005:15-16)认为,"原因也许是人们认为文学作品内涵丰富,特别是在翻译中,涉及的因素特别多,要译'好'也最不容易,因此这方面的研究比较有价值,研究者的兴趣也高。同时,由于外国文学作品的阅读面极广,

---

① 许钧(2003:396-397)指出:"对翻译批评中的'翻译'两字的理解缺乏宏观的视野,往往把翻译只看作'翻译文本',把翻译批评局限在'文本批评'的范围内,面对历史发展长河中的翻译活动,对某一历史时期的重大翻译现象和翻译事件缺乏关注。"这是我国译学界,尤其是文学翻译研究领域较早提出超越文本研究翻译的论述。遗憾的是,该论述当时并未引起我国译学界的足够重视。

文学翻译及其批评所承担的'教化'责任也十分重大"。而孔慧怡(2005：11)也曾经对这一文学情结做过精彩的论述：

> 直到目前为止，在中国有关翻译的话语都带有极强的文学偏向。造成这个现象，有几个显而易见的原因。翻译活动首先进入中国知识主流文化是通过 19 世纪末兴起的小说翻译运动，①这个运动的顶峰是 20 世纪的头十年。由于小说翻译运动以民族自强革新为目标(或口号)，扎根于一股力量庞大的爱国主义，所以文学翻译也因此打进了意识形态的中心位置。同时，中国传统文化一直标榜文学的地位，此传统深入人心，对于文学性的文本(包括翻译文学)在文化体系中保持优越地位，实在大有助力。……最后一个因素，是中国翻译研究建基于 1980 年代初，此时，在国际翻译研究方面兴起了一股新风气，起主导作用的是一群有比较文学背景的研究者，而翻译研究的话语亦自此出现一大转变。这个国际风气大概加强了中国学者的信心，认为聚焦于文学翻译是正确的做法。因此我们可以说，在中国翻译研究这个领域，文学翻译的中心性是由多方面的支持建立起来的，包括 20 世纪中国的社会及文化经验，中国传统文化对文学的一贯抬举，政府意识形态和政策，以及在某一时期国际学术圈子的文学偏向造成等等。

孔慧怡(2005：12)还指出了一点："中国大陆的翻译学者大多出身于外语系，工作单位也多半是外语系。"外语系，在我国的学科分类中属于"外国语言文学"，因而天然地与文学有不解之缘。有鉴于此，基于应用翻译的应用翻译研究以及应用翻译批评，长期在翻译研究中处于边缘地位，并且作为一种具有异质性的研究形态，就不言而喻了。且不论应用翻译研究的内容，只就其学术范式、语言表述而言，也往往由于缺乏诗意、审美性

---

① 吴莎、屠国元(2007：40)在分析近代翻译与意识形态关系时认为，"甲午战争的失败把中华民族的生死存亡摆在每个人的面前，富有爱国思想的知识分子认识到：救国必先强民，要教育群众，实行根本的改革，必须寻找一种可用的工具。此时的意识形态可归纳为'开民智、求变革'，其目的是为了唤醒全体国民，进行思想和现代意识启蒙。小说因为其易普及性被选作变革工具，成为资产阶级改良派医治'社会病'的良方"。显然，晚清时期的这种小说翻译观，对于我国后世的小说发展具有重要影响。比如陈平原(2005：40)就认为，"没有晚清开始的对域外小说的积极介绍和借鉴，中国小说不可能产生如此脱胎换骨的变化"。其实，当时梁启超就力主以"政治小说"的翻译来开启民智、影响社会政治斗争。这种以小说为救国利器的思想，对于中国翻译文学研究是有利的，推动了中国文学的发展，提升了文学翻译的地位，但也阻碍了对应用翻译研究的拓展。——引者

等而遭到诟病。

但是,同样如孔慧怡(2005:12)所指出的那样,"文学偏向掩盖了一个事实,就是在中国悠久的翻译经验中,文学不是最重要的组成部分"。佛经汉译、《圣经》汉译、明清之际的科技翻译、清末民初的社会科学翻译,都不能简单地归为文学翻译。更何况,一方面,在现代社会,自然科学、社会科学、商务等领域的翻译显然占比较大。另一方面,诸多翻译的问题,比如国家翻译实践、国家翻译能力、翻译技术发展等,都已非传统文学翻译研究所能解释。问题是,对于任何一个社会来说,文学翻译偏向所带来的影响是深远而且广泛的,因为"文学偏向也给人一个错觉,以为用于文学翻译的研究话语同时也可以应用于其他形式的翻译活动。最重要的问题是,从史学观点来看,文学偏向妨碍了研究者寻找各类型翻译活动的共同点,以至让大家认为中国翻译史上各时期、各类型的活动是互不相干的"(孔慧怡,2005:12)。

如果从另外一个视角来审视我国翻译研究中的文学翻译情结,也许不无裨益。那就是我国现代翻译研究中的西方情结。我国的现代翻译研究发展深受西方翻译研究的影响,这是历史事实。而西方的翻译研究,无论是古代的西塞罗、贺拉斯、哲罗姆等提出的代表性译论,还是17、18世纪的翻译活动及其研究,都弥漫着浓重的文学研究气息,尤其是有关诗歌翻译的研究,如德莱顿、皮埃尔-丹尼尔·于埃(Pierre-Daniel Huet)有关诗歌翻译的论述,纽曼和阿诺德围绕荷马史诗的翻译所展开的争论,①对于欧洲翻译研究都具有十分深远的影响。阅读西方现代翻译史,在很大程度上就是了解其文学翻译史。历史上,推动翻译研究不断发展的主要动力,基本上都来自文学翻译。

在笔者看来,这种以文学翻译批评涵盖翻译批评的话语形态,已经不能满足当下应用翻译迅猛发展的要求,而且也不利于翻译研究作为一门独立学科的发展。其实,我国传统的翻译批评话语并不缺乏依据翻译体裁而设定不同翻译批评标准的认识。② 我们知道,翻译的问题不只是语言的问

---

① "阿诺德和纽曼的这场论战,在西方翻译史上具有重要地位。它不仅是一次翻译批评的盛宴,还是一场有关翻译策略的大讨论。整体而言,他们两人在翻译立场上代表了两种对立的翻译观——归化与异化。……他们的争论影响了19世纪至20世纪对文学翻译,特别是对诗歌翻译的思考,对欧美翻译理论的发展产生了深远的影响。"(王东风,2021:58-59)

② 早在1951年,赵少侯就提出:"译书的标准应就所译书籍的体裁与性质而有所区别,所以翻译批评的标准也应随之而不同。"(赵少侯,1984:70)而在晚清民国时期,不少有识之士也认识到翻译非文学文献的重要性,谈及文学翻译与非文学翻译之差异。

题,更不是两种语言之间的简单转换。因此,翻译研究已然超越了传统译学局限于技术层面探讨的桎梏,在发展传统的翻译问题研究如翻译方法、策略、教育等问题的同时,也把研究视野拓展到历史、文化、社会以及权力、意识形态层面,关注翻译与国家发展、人类命运共同体的构建等宏大叙事,国家翻译实践、国家翻译能力、翻译与国际传播、翻译与各种话语体系建设、翻译与知识形成等问题正逐渐演变为翻译研究的核心问题,而翻译技术、翻译职业化、翻译政策制度建设等,也不再是其他学科的专属领域,成为翻译跨学科研究视角下的拓展领域。在此语境下,有见识的学者已然认识到:"尽管翻译批评对文学作品的关注由来已久并有相当的道理,但文学翻译作品并不能成为翻译批评和翻译研究的全部内容,也不应该把翻译批评等同于文学翻译批评。事实上,在翻译的历史中,非文学翻译作品有十分重要的地位,并对社会交流与发展发挥了强大的推动作用,特别是对中国近代社会的发展产生过深远的影响。"(许钧,2009:233)从笔者的认识来看,翻译批评不仅不能只是局限于文学作品,而且还不能只是局限于文本翻译批评。[1] 至少就文学翻译批评与应用翻译批评的区别而言,应用翻译批评不能局限于翻译作品,而是必须将批评的触角延伸至文本以外,进而拓展到与应用翻译密切相关的社会文化空间。笔者认为,我们应该对文学翻译批评和应用翻译批评做出相应的区分并予以同等的重视。与此同时,应用翻译批评应该在关注应用翻译文本之外,关注翻译的社会性、文化性、制度性、行业性等话题,将与应用翻译有关的各个层面都置于应用翻译批评系统内予以考察,真正地走进应用翻译批评的世界,并在此广阔的世界里建构相应的标准,从而建构较为全面的应用翻译批评系统,从异质性发展为系统性的应用翻译批评话语体系。

---

[1] 文本翻译批评将翻译批评视为批评者与文本的阅读关系,是一种对话-理解模式。

第
二
章

作为系统的
应用翻译批评话语

我国从事翻译工作的历史是很久的,虽然没有成系
统的翻译理论,却有不少片段的经验和零星的意见。我
们从古到今的翻译工作能多少有些进步,不能不归功于
这些经验和意见。但是,因为这些经验和意见是片段
的,散碎的,未经过整理和总结,不能构成一个完整的体
系,因而留下若干漏洞和未解决的矛盾。这些漏洞和矛
盾有时会把初学者领上一条错路,简直变成了陷阱。
(董秋斯,2021:609)

人们在认识事物的时候,往往具有对事物进行分类的倾
向。任何分类的标准,其本质都是人为的。对于翻译的类型
以及翻译批评的类型,人们有不同的分类。① 最为普遍的分

---

① "根据不同的划分标准,翻译批评可以被分为多种不同的类型。例如,依据翻译作品的体裁划
分,翻译批评包括文学翻译批评和科学翻译批评;依据批评主体的身份划分,翻译批评包括读
者批评、译者批评和专家批评;依据批评的目的划分,翻译批评包括'为理论的批评'、'为创作
的批评'和'为翻译的批评';依据批评的层次划分,翻译批评包括鉴赏、阐释和评论;依据翻译
批评对象划分,翻译批评包括译者批评、过程批评、译作批评和影响研究;依据翻译的定义范
围划分,翻译批评包括对狭义的、严格意义上的翻译批评和对编译、摘译、改写等广义上的翻
译的批评;依据翻译方向划分,翻译批评包括对外译汉作品的批评、对汉译外作品的批评和对
回译作品的批评。"(许钧,2009:233)

类有两类：文学翻译批评和非文学翻译批评。而分类的依据则多种多样，或基于翻译批评的功能，或基于翻译批评所属的系统，或基于翻译批评者的个人旨趣。凡此种种，不一而足，但都难逃相关理论之左右。

一种类型的事物具有构成一种事物系统的可能性。而对于一种类型事物的认识与思考，也同样具有构成一种观念系统的可能性。尼克拉斯·卢曼（Niklas Luhmann）认为，既然社会学家所关注的，是作为理论思考和分析基本模式的一般系统的建构，既然这样的系统普遍地存在于社会时空结构中，那么社会学家就应该首先考虑可以应用于各种具体实践分析的一般系统理论。在他看来，"一般系统理论的概念构成和逻辑条件越是简单化，它的使用范围就越广"（高宣扬，2005：638）。而且，"系统理论指涉真实世界。系统概念指涉现实中存在之客体，因此引发检验有关现实之陈述的责任"（Luhmann，1995：12）。有鉴于此，笔者立足于卢曼的系统理论，把不同类型的翻译批评都视为一个个系统，其中，应用翻译批评是一个具有特定功能的系统，而相应的应用翻译批评标准也是具有自身功能的系统。

毋庸置疑，现实中的系统，由于涉及因素众多，"特别是由于受到作为系统的经验事件同环绕着它的各种非系统因素之间的复杂相互关系的影响，使任何一个具体系统的界定成为一件非常困难而复杂的问题"（高宣扬，2005：638）。任何批评都是特定的批评者或者批评群体针对特定翻译行为、活动、事件或者现象的理性实践，与社会、文化、历史紧密相连，而且都带有各自的立场、动机和目的。现代翻译批评普遍认为，凡是科学的批评必然是基于相关理论展开的，理论随时代的发展而发展，因而翻译批评也必然随时代而发展。不同时期的翻译批评赋予批评不同的内容，不同的批评在不同的历史时期发挥了不同的功能，不同的翻译批评在历史的演进中形成延续性话语系统。应用翻译批评系统的形成与发展既有其内在的动力，也有外在的因素。在我国漫长的翻译实践中孕育了丰富的翻译批评话语，其中也蕴含了各种各样关于翻译的思考、观点乃至思想，推动了我国具有本土特色的翻译研究的发展。笔者力图运用社会学的系统理论来审视我国应用翻译批评话语体系的建构历程。

第一节　应用翻译与应用翻译研究

概念分析在翻译研究中扮演着重要角色。探讨我国应用翻译批评话语,首先关涉两个基本概念:应用翻译、应用翻译研究。

在汉语语境中,"应用翻译"本身就是一个充满歧义的概念。其中的歧义分别由"应用"和"翻译"本身的歧义性引起,同时也由该词语与其他词语的结合所产生的外延意义引起,相关词语如应用翻译研究、应用翻译批评及应用翻译批评标准等。

钱锺书(1984:696)在《林纾的翻译》一文中,开篇就说:

> 汉代文学学者许慎有一节关于翻译的训诂,义蕴颇为丰富。《说文解字》卷六《口》部第二十六字:"囮,译也。从口、化声。率鸟者系生鸟以来之,名曰'囮',读若'讹'。"南唐以来,"小学"家都申说"译"就是"传四夷及鸟兽之语",好比"鸟媒"对"禽鸟"所施的引"诱","讹"、"譌"、"化"和"囮"是同一个字。"译"、"诱"、"媒"、"讹"、"化"这些一脉通连、彼此呼应的意义,组成了研究诗歌语言的人所谓"虚涵数意"(manifold meaning),把翻译能起的作用、难于避免的毛病、所向往的最高境界,仿佛一一透示出来了。

对于"翻"字,钱锺书引释赞宁《高僧传三集》卷三《译经篇·论》:"翻也者,如翻锦绮,背面俱花,但其花有左右不同耳",认为"中国古人也说翻译的'翻'等于把绣花纺织品的正面翻过去的'翻',展开了它的反面"(钱锺书,2021:779)。钱先生对于"翻译"二字引经据典地考证,引出他对于文学翻译最高标准的认识:"文学翻译的最高标准是'化'。把作品从一国文字转变成另一国文字,既能不因语文习惯的差异而露出生硬牵强的痕迹,又能完全保存原有的风味,那就算得入于'化境'。"(钱锺书,2021:778)至于"翻译"与"化"之间究竟有多少关联,不同的人有不同的认识。至少就应用翻译批评而言,其标准显然非一个"化"字了得。当然,钱锺书所讲的化境,本来就是奔着文学翻译说的,我们也无须把它硬套到应用翻译上来,给自己扣上一个莫名其妙的紧箍咒。

孔慧怡①曾对"译""翻""翻译"等概念做过颇有启发性的研究,认为"译"字的确立源于政府外交活动,"早期古籍中的'译'字,全部与政府翻译工作有直接关系。……既可以指译音,也可以指译义"(孔慧怡,2005:20)。而源自佛经汉译的"翻"字作翻译解,"在南北朝的佛教圈已经出现,但在应用的比例上仍不如'译'字流通"(孔慧怡,2005:20)。而且"翻"字与"译"字有两点区别:"1. 不作名词使用;2. 只代表译义,不代表译音。这两点都显示,'翻'字着眼于语际转换过程,特别是语意的传达。"(孔慧怡,2005:21)"到了唐代,'翻'字的使用量明显提高,不但和'译'字达到相辅相成的程度,而且在佛学圈中有时比'译'字用得更多。"(孔慧怡,2005:22)而"翻译一词在主要佛教典籍中出现,似乎以《出三藏记集》为先"(孔慧怡,2005:22),"到了清代,翻译一词已完全确立,既用作动词,亦用作名词,政府官员和外国驻华使馆译者皆以'翻译'为职衔,是其站稳主流地位的最佳佐证"(孔慧怡,2005:23)。孔慧怡有关"翻译"的历史考证,对于我们理解其中所蕴含的传统含义具有重要的参考价值。

　　2011 年,《四川大学学报(哲学社会科学版)》第 6 期刊载过曹明伦的一篇论文《中国当代译论对佛教典籍的失察和误读》,其中针对"翻译"二字之并用始于何时进行了考证。曹明伦(2011:55)指出:"若非要考证'翻''译'二字联袂始于何时,我们可以这样说:据有文字记载的资料,早在公元 384 年(前秦建元二十年),中国人就开始用'翻译'二字来指称翻译活动了。"②这一论述显然将"翻译"一词的历史又推前了很多年。

---

① 孔慧怡在其《重写翻译史》中,详细地列举了古代文献有关"翻""译""翻译"的出处,颇为不易,功莫大焉。

② 即便据二手资料,《中国翻译简史》中也征引过南朝梁时慧恺言"翻译之事殊难,不可存于华绮";《翻译论集》中也征引过唐代道宣语"观夫翻译之功,诚远大矣"。前者出自慧恺之《摄大乘论序》,后者原见于《续高僧传》卷四篇末之"论"。而若据赞宁《译经篇》,"翻译"二字之并用也非"零星可见",而是触目皆是,因为在《译经篇》三万言中,"翻译"一词共见 24 处,如"自汉至今皇宋,翻译之人多矣""至五年丁巳,奉诏于菩提院翻译""与玄奘法师翻译校订梵本"等。其实,若真去追溯"有记载的历史源头","翻""译"二字连用的情况在更早的典籍中也比比皆是。由近及远追溯,我们可看到在唐代释道宣所撰《续高僧传》前四卷五万余言中,"翻译"一词共见 30 处,其中常被引用的文句有"观夫翻译之功,诚远大矣""乃著《辩正论》以垂翻译之式""人人共解,省翻译之劳"等等。在南朝梁僧慧皎所撰《高僧传》前三卷中,我们可读到竺法兰"少时便善汉言。愔于西域获经,即为翻译",支谦"以大教虽行,而经多梵文,未尽翻译,已妙善方言",竺佛念、竺叔兰等人"妙善梵汉之音,故能尽翻译之致",等等。尽管较前述所举之文,这里提供的确证早了 400 余年,但笔者以为还不能称其为"第一确证"或"最早的确证",因为至少在《僧伽罗刹集经后记》中就有"佛图罗刹翻译,秦言未精"之字样。

　　依据孔慧怡和曹明伦二位对"翻译"的考证,我们基本可以了解该词语的来龙去脉。即便如此,我们还是无法消除"翻译"一词在不同语境下所产生的歧义。毕竟,古代文献中的"翻译"与现代汉语中的"翻译"相比,其含义已然发生诸多变迁。① 实际上,随着时代的发展,由翻译而起的活动、现象愈加复杂多样,赋予翻译的含义愈加宽泛,比如在翻译服务行业勃兴、机辅翻译以及人工智能翻译迅猛发展的时代背景下,"翻译"可能并非指代直接参与不同语言的文本转换行为,译后编辑、翻译项目管理、翻译软件开发、翻译质量评估乃至翻译批评等,都是"翻译"概念的新时代衍生品,由此也导致人们对于"翻译"概念的把握愈加困难,进而导致在谈论所谓的"翻译"之际各执己见,甚至南辕北辙。在此语境下,所谓的"翻译研究""搞翻译"以及各类与翻译联袂的词语,往往让人不知所云。所以,贝尔(Bell,2005:11)认为,尽管目前翻译已成为热点论题,但"翻译"一词的歧义性,成为翻译研究长期停滞的主要原因。

　　如果再加上"应用"一词的歧义性,"应用翻译"这一概念的含糊性就显得更为复杂。

　　《现代汉语大词典》(2000:1374)对"应用"的解释极为简单:1)使用;2)适应需要,以供使用,也指直接用于生活或生产。第二种解释给出了"应用文"和"应用科学"两个例证。所谓"应用文",指的是"应用于日常生活、工作、学习的实用性文章,如书信、通知、申请书、公文等"。对于"应用科学",词典并没有将其作为具体条目给出解释。但我们可从《不列颠简明百科全书》对"应用心理学"的定义中得到相关启示:"应用心理学,心理学分支,研究如何将科学心理学的发现和方法应用于解决人类行为的实际问题。"(《不列颠简明百科全书》编辑组,2008:79)以此类推,其他学科也基本上遵循这样的表述。

　　我国翻译研究领域对于"应用翻译"这一概念的运用,根据特定的语境有三种含义:

　　第一种是基于文本类型的实用翻译,即"以传达信息为目的(同时考虑信息的传递效果)。它特别区别于表达有较强情感意义和美学意义的文

---

① 方梦之(2019:8)指出:"'翻译'是一个多义词,用英文可区别出它的不同含义和不同用法,主要有以下五义:一、翻译过程(translating)。二、翻译行为(translate/interpret,例如:他正在翻译一篇文章。)。三、翻译者(translator/interpreter,例如:请个翻译来。)。四、译文或译语(translation/interpretation,例如:他的翻译不地道。)。五、翻译工作或(事业)(translation,例如:他干什么的? 搞翻译工作的。)。"

学翻译"。(方梦之,2011:126)在很多情况下,这类应用翻译又被称为"非文学翻译""实用翻译"或"特殊文本翻译"。

第二种是基于应用性翻译功能和方法的语用翻译。《中国译学大辞典》对语用翻译做了以下界定:

> 1. 卡塞格兰德(Casagrande,1954:335)对翻译的四种分类之一。在这种翻译中,主要目的是"尽可能有效地、正确地翻译信息",关注的重点是"信息的内容本身,而非信息的美学形式、语法形式或文化语境"。2. 语用翻译也可以说是一种翻译观。这种翻译亦是一种等效翻译观(何自然,1996),它更多地探讨口头语言、修辞性和艺术性语言的翻译,解决翻译中的理解与重构、语用和文化因素以及原作的语用意义(pragmatic force)的传达及其译作中的得失问题。(转引自方梦之,2011:134)

由此而言,语用翻译是与翻译功能密切相关的。

第三种则是基于研究类型。霍尔姆斯(Holmes,2000)的翻译研究框架包含三个部分:描写翻译研究、理论翻译研究和应用翻译研究。他认为这三者的关系是辩证的:"翻译描述提供基本数据,翻译理论在这些数据上建立,这两者所提供的学术发现又在应用翻译研究中投入使用。"(转引自谢天振,2008:216)毋庸置疑,霍尔姆斯有关翻译研究整体建构的"路线图",对于现代翻译研究影响巨大,以至于在西方翻译研究领域所谈论的应用翻译研究,就是 applied translation studies,即将描述翻译研究和理论翻译研究的成果应用于与翻译有关联的问题的研究。

不过,我国以方梦之为代表学者的应用翻译研究,与西方所谓的应用翻译研究有所不同。方梦之曾指出,霍尔姆斯的应用翻译研究是"运用翻译学的原理来研究与翻译相关的领域,原则上它不属于翻译的本体研究,是应用性质的研究。这与我们这里所说的应用(文体)翻译(理论)是两种概念。……我们所说的应用翻译研究实际上是应用文体翻译理论研究"(方梦之,2013:82-83)。其实,西方的应用翻译研究局限于理论的应用研究,而方梦之的应用翻译研究则侧重于实用文体的翻译问题研究。诚然,如果综合地审视方梦之的研究范畴,我们可以发现,他的"应用翻译研究"体系,显然并非完全拘泥于应用文体翻译研究,而是超越了应用文本翻译研究范畴。①

对于应用翻译研究,有些学者偏爱使用"应用翻译学"这一概念来指称,并将其解读为"应用翻译+学""应用+翻译学""应用+翻译+学"三个不同层面。他们认为,"就狭义而言,应用翻译学是'应用翻译+学'的研究,专指应用文体的翻译研究。……'应用+翻译学'指翻译学基本理论在翻译领域和非翻译(学)领域中应用的研究。……'应用+翻译+学',指其他学科在翻译(学)中应用的研究"(黄忠廉、朱灵慧,2017:10)。这一解读,无疑发展了"应用翻译学"概念,但是用"应用翻译+学"的研究专指应用文体的翻译研究,还是没有囊括"应用翻译"在当今翻译研究话语体系中的应然与实然,无法解答"应用翻译"与"应用翻译学或研究"的关系。

笔者认为,无论是应用翻译研究还是应用翻译学,都并不只是作为一个与文学翻译相对的概念,不能简单地概括为"非文学翻译"。与翻译史研究或翻译理论研究等系统一样,应用翻译研究也是一个系统。它实际上在多元系统②中构成一个独立自洽的系统③,并且与其他系统维持着既模糊又清晰的边界。系统内部要素都是相互关联的,离开要素之间的关联,系统无从建构,应用翻译研究系统也不例外。正是在此意义上,笔者将应用翻译研究视为一个系统的综合体,该综合体包括四个关联的子系统:1)应用翻译文体研究;2)相关理论的应用性研究;3)应用型翻译问题研究;4)应用翻译研究的元理论研究。

1. 应用翻译文体研究

将文本划分为文学与非文学,是对文体问题的最基本分类形式。"雅

---

① 方梦之(2013:397)指出:"应用翻译理论研究是整个翻译研究体系的有机组成部分,其理论范畴主要包括四个方面:宏观理论、中观理论、微观理论及特殊研究,特殊研究中又可分分类研究、术语与术语库、翻译的地方化与全球化等。"同时,方梦之历来不主张用 practical translation 或 applied translation 来指称"应用翻译",而是采用 pragmatic translation studies。这里的 pragmatic 不是语言学意义上的语用概念,而是取"务实、实用"的含义,其意指也远远超越了应用文体翻译及研究。

② 本书所说的"多元系统"与伊塔玛·埃文-左哈(Itamar Even-Zohar)的多元系统理论有所不同。对于埃文-左哈而言,多元系统是具有层次性的结构,从文学系统可以分解出翻译文学系统;而且不同的系统由于所处位置的不同而占据主要或次要、经典或非经典、中心或边缘的地位,发挥不同的功能。"作为一个系统,翻译文学自己本身也是有层次的,从多元系统的观点来分析,从中心阶层的有利位置常常能够观察到系统中所有关系。"(谢天振,2008:224)本书所说的"多元系统",除特别指出之外,往往注重并列关系,不同的系统占据各自的位置,并没有主次之分。

③ "所谓系统,实际上就是以整体的观点来看待和处理被观察的各种事物,也就是将被观察和被认识的现实事物和历史,看成为由许多相互联系和相互制约的因素所组成的整体。"(高宣扬,2005:598)

各布森(1960)认为,文体是区分文学文本与非文学文本的重要标志。"(转引自 Boase-Beier,2011：1)在翻译研究中,由于涉及原文文体和译文文体,文学翻译与非文学翻译具有区别于一般性文体研究的翻译学特征。翻译的文体问题很早就引起了翻译研究的关注。方梦之(2019：284)认为："研究应用翻译,说到底是研究这一特定文体在翻译过程中的理解与表达,在两种语言代码的转换过程中,译者必然要重视其文体特征。"不过,文体学本身发展较为缓慢,因而翻译研究在这方面也相对滞后于在其他方面的研究,往往囿于语言学、文学研究视角,缺乏翻译研究领域的文体学体系建设。

翻译研究针对文体翻译的探索,挥之不去的阴影就是如何忠实地再现原文文体。这种翻译受制于原文、忠实于原文的观念,尽管不断地遭受质疑,但在翻译研究中长期占据主流地位。直到 20 世纪 70 年代文化翻译转向的出现,人们才逐渐摆脱原文文体的桎梏,将更多的目光投向目的语中的译文文体。文体翻译研究为应用翻译研究提供了一定的理论基础,使得"在 20 世纪 90 年代,翻译的主体已经不是文学语篇,而是科技、医学、法律和政务性语篇"(Bell,2005：13),进而产生了一批针对科技文体、商务文体、广告文体、新闻文体、法律文体等方面的专项应用性研究。但也正因为文体翻译涉及面太广,不仅操作性较为复杂,而且对于不同文体之间的边际较难界定,在翻译研究的应用性方面有所局限,因此,文本类型研究开始逐渐取而代之。"应用翻译的文本类型枝权丛生,文类细分是它的一项基础性研究,也是应用翻译区别于文学翻译研究的一个重要方面。"(方梦之,2019：28)从某种意义上讲,翻译的文本类型研究其实是对文体翻译研究的进一步精细化发展。因为,在文体翻译研究视野中,应用文体翻译并没有得到精细化分类,虽然在文体翻译研究中也不乏文本体裁的分类,但往往流于粗线条,比如文学文体、科技文体、公文文体、新闻文体等,而且对文学翻译的关注甚于应用翻译。而文本类型翻译理论,虽然诸多学者对文本的分类有所差异,总体而言还是突出了应用翻译的文本类型的细分特点,传统中依据文体进行的一些粗线条划分方式,逐渐淡出翻译研究视域,比如"科技翻译"。研究表明,"我国科技翻译的研究峰值,处于 1986 年至 1990 年……1990 年之后,国内以'科技翻译'为研究主题的论文呈现锐减态势"(单宇、范武邱,2017)。但这并不意味着文体翻译研究从翻译研究视域中隐身,也并非指文本类型理论是文体翻译研究发展到一定程度之后的必然产物。

其实,文本类型理论和文体翻译理论几乎同时产生,大致都是 20 世纪 70 年代的产物。文体翻译研究使人们关注的焦点从词语、句子转移到语篇、篇章,而文本类型翻译理论则使得人们开始关注目的语译文、译者风格等。与此同时,文本类型理论遭遇各种质疑:"1) 研究文本类型对理解翻译过程有何助益? 译者在翻译实践中如何处理不同文本? 译者的专业化是否同时以科目内容和文本类型为条件? 2) 源语和译语的文本类型在哪些方面、多大程度上相同? 原文和译文之间能观察到哪些异同?"(Trosborg,2012:vi)甚至有学者认为,划分文学翻译与非文学翻译毫无必要。因为,"仔细想来,区分文学翻译与非文学翻译,讨论时自然有其方便之处,但是如果循此逻辑,每换一种具体对象就要换一种理论,翻译理论的应用性研究自然是繁荣了,但每种理论的'可适性'也未免太低了吧"(潘文国,2019:4)。不过,这种质疑与争论,其实并不是对分类的彻底排斥,只不过是研究立场不同而已。毕竟,不同时期翻译研究会更加青睐特定的一些应用文本类型,比如近年来逐渐成为热点的政治话语、外交话语、军事话语,但应用文体、文本类型翻译研究作为一个整体,是应用翻译研究不能回避的话题,甚至是应用翻译研究永恒的话题,而且,对于应用翻译研究的分类问题,还有许多方面有待进一步发展完善。

2. 理论的应用性研究

谈论理论的应用性研究,涉及两个关键问题:1) 哪些翻译研究理论成果可以,以及如何应用于应用翻译研究;2) 哪些来自其他学科的理论可以应用于翻译研究。一方面,翻译理论的应用性研究很难划分出文学翻译研究和非文学应用翻译研究的边际。因为,任何完备的学科体系都包含了知识论、认识论、方法论和价值论。翻译研究学科体系中也必然存在着一些统辖文学翻译和非文学翻译的一般性翻译理论,即霍尔姆斯所谓的"翻译研究纯理论"或者方梦之所指的"专门理论"。毕竟,"文学翻译和应用翻译可说是连理枝,兴衰与共。……任何事物都不会孤立存在,任何范畴都存在于某种研究体系之中"(方梦之,2019:76)。许多概念和原理为文学翻译和应用翻译所共享,如"翻译等值""翻译标准""翻译策略""翻译思维""翻译地位""译者身份""翻译价值""翻译质量评估"等。潘文国(2019:3)认为,"由于传统的'文章'包罗万象,从经书到诗词歌赋再到各种实际应用文字,因此,传统译论讨论的对象并不限于文学翻译,甚至主要不是文学翻译"。因此,"在中国传统的译论里,本来就有着处理非文学翻译的方子"(潘文国,2019:4)。但这并不能抹杀文学翻译研究和非文学翻译研究各自的理论能产性。诚然,许多翻译理论都源自文学翻译研究,[①]而后再应用于其他文体或文本类型的翻译研究,比如异化和归化理论、文化翻译理论、翻译主体性研究、翻译史研究等。同样,非文学翻译研究也发展出许多可反哺文学翻译研究的理论,如翻译技术研究、翻译教学研究、翻译能力研究、翻译策略研究等;甚至有些概念和理论为应用翻译研究所特有,如本地化翻译研究、翻译项目管理研究等。因此,方梦之在修正霍尔姆斯翻译研究路线图的基础上,将翻译研究划分为"理论研究"和"应用研究"两大块,理论研究包括"一般理论""描写理论"和"专门理论",专门理论涵盖了"文学翻译理论"和"应用翻译理论"。正因为如此,我们将"翻译理论的应用性研究"纳入"应用翻译研究"话语体系之中,彰显文学翻译与应用翻译的"连枝"关系,凸显文学翻译理论和应用翻译理论之间互相促进、互相渗透的辩证关系。

笔者认为,对于文学翻译理论和应用翻译理论,应该等而视之,不能片面地以文学翻译研究或者其他研究来替代应用翻译研究,"特别在科技高度发达、人际交往频繁的当代,铺天盖地的语言产品中应用翻译占了绝大部分。重视和加强应用翻译的研究势所必然,应用翻译研究在译学体系中应该占有一席之地"(方梦之,2019:76)。实际上,我国应用翻译理论研究,在典籍翻译研究、翻译史研究、翻译批评研究、语料库和翻译技术研究等方面,已经取得较为客观的研究成果,有些方面可能已站在国际前沿。然而,其中的问题也很明显:1)套用国外翻译理论观照本国现实问题时往往断章取义,未能系统地汉译国外相关翻译理论经典著述,进而批判地应用于中国实际翻译问题;2)流于昙花一现地提出新概念、新理论,未能对所提出的概念和理论进行系统深入的研究和持续科学的完善;3)热衷于发掘我国本土传统翻译理论资源,未能将发掘出来的有关理论观照当下现实问题做应用性探索;4)跟风扎堆式地聚焦于某些理论的应用,偏废其他理论的应用性研究;5)应用其他学科理论成果进行翻译研究的多,但是将翻译理论应用于其他学科研究的少。

值得注意的是,应用翻译研究中的理论应用研究,不能局限于翻译理论的应用。翻译理论的应用研究,由于霍尔姆斯的翻译研究框架,在翻译

[①] 翻译研究落后于文学研究,是国际学术界的普遍现象。系统的翻译研究肇始于语言学将翻译纳入其研究范畴。但对翻译研究作为独立学科的诉求则来自文学翻译研究。而文学翻译研究遵循了文学研究的路径。

研究中得到了极为普遍的认同。但笔者认为,翻译研究的理论应用,本身就涉及跨学科的问题。因此,应用翻译研究的理论应用,实际上涉及不同学科的理论。任何来自其他学科的理论,只要有益于应用翻译研究,能够实现应用翻译研究的功能,都可以借鉴与会通。

3. 应用型翻译问题研究

翻译无论是被视为交际活动还是社会现象,实际上都是作为社会事实而存在的,其中的诸多问题并非语言文体问题,也并非只是历史文化问题。因此,无论是语言学还是文化研究都难以分析其中所存在的问题。笔者将这类问题归为翻译研究的应用型问题。应用型翻译问题研究不同于应用文体翻译研究,也不同于翻译理论的应用性研究。文体或文本类型翻译研究,关注应用型文体,如法律文体、科技文体、商务文体等不同的文本类型的翻译问题;翻译理论的应用性研究,聚焦于翻译学科理论或者其他学科理论应用于应用型文本或应用型翻译问题的研究,比如运用文化理论探讨译文以及翻译过程中的社会、政治、历史、意识形态、权力、地缘、经济、全球化等因素的关系;而应用型翻译问题所指向的,既不是应用型文本,也不是翻译理论如何应用,而是与应用型文本翻译过程密切相关的活动或者现象。

文学翻译研究和应用翻译研究,在许多问题上是重叠的。这种重叠的特征,促使玛丽·斯内尔-霍恩比(Mary Snell-Hornby)提出了翻译研究的综合法。综合法分为六个层次:第一层次将翻译研究分为三类,即文学翻译、一般语言翻译、特殊语言翻译;第二层次由"基本的文本类型的原型学,涵盖从《圣经》至现代科技用语等译者主要关心的对象";第三层次列出"与翻译紧密相连的非语言学学科";第四层次"指出了制约翻译过程本身的重要因素和原则",侧重源语文本,为设想的翻译提出主要标准等;第五层次"指出了与翻译相关的语言学领域";第六层次"列出了与翻译的某些领域明确相关的语音要素"(Snell-Hornby, 2006: 34)。尽管斯内尔-霍恩比一再强调,她的翻译研究综合法基于原型学,"主要关心由各种关系组成的网络"(Snell-Hornby, 2006: 38),但实质却是基于语言学和文本类型学,根本没有给翻译技术、翻译管理等现代翻译问题留有研究空间,甚至连翻译教学、译员培训也不在其"综合"范围内。所以名曰"综合",其实斯内尔-霍恩比的方法并没有体现出翻译研究的综合性。

事实上,任何针对翻译的研究,无论是文学翻译研究还是应用翻译研究,都可以归结为翻译产品研究和翻译过程研究。从这两个层面出发,巴斯内特（Bassnett，2004）曾基于文学翻译提出了四种类型的研究问题：翻译史研究、目的语文化中的翻译功能研究、翻译的语言对比研究、翻译诗学研究。前两种类型着重于翻译功能研究，后两种类型强调翻译过程中实际发生的翻译问题。（Bassnett，2004：16-17）这种分类虽然源自文学翻译，但毫无疑问，在很多方面也是应用型翻译问题，比如翻译史、翻译功能、语言对比等。

方梦之在借鉴国外相关翻译研究理论及研究成果的基础上提出应用翻译理论分类模式，在"层级功能"的观照下以"一分为三"的理论方式划分应用型翻译问题，并在"一分为三"的基础上增加了特殊研究，从而建构起一个较为全面的应用翻译研究话语体系。其中，宏观理论所涉及的问题有四，即本体论、方法论、价值论和认识论；中观理论观照的问题包括翻译策略、翻译方法、翻译模式；微观研究针对翻译技巧；而特殊研究"作为应用翻译外围研究"，"本身是一个开放性的系统，随着翻译研究的发展而发展"（方梦之，2019：87），包括了"分类研究以及术语和术语库、翻译技术、本地化、翻译管理等"，并认为它们"与本体紧密相连、不可分割。只有不断深入地研究这些特有范畴，才能推动译学的这一分支学科的发展"（方梦之，2019：93）。毫无疑问，运用"一分为三"另加特殊研究来建构应用翻译研究框架，清晰地呈现出应用翻译研究的理论层次："宏观理论（翻译原理）衍生出中观的翻译策略、模式或框架，中观理论引发翻译技巧，翻译技巧用于实践。"（方梦之，2019：80）"特殊研究下的每一个子项本身可能有宏、中、微研究之分。"（方梦之，2019：81）毋庸置疑，"一分为三"所包含的研究范畴，许多并非应用翻译研究所特有，也适合文学翻译研究，甚至可以对翻译研究的理论作整体性观照。而且，强调特殊研究的开放性也非常重要。因为，不同的时代会产生不同的问题，比如，在当下的人工智能翻译时代，就出现了前所未有的译者伦理问题，因为机器翻译、人工智能翻译往往无法确定译者，即无译者（translatorless）。在此语境下，谁该为译文负责就成为新的应用型翻译问题。至于克里斯蒂安·诺德（Christiane Nord）的"忠诚"概念，也必然受到新的挑战，因为诺德（Nord，2005：166）认为，"忠诚是个人际范畴，指的是人与人之间的社会关系"。

特别需要指出的是，在针对翻译型问题进行研究时，并没有必要区分笔译或者口译。因为，在我们看来，口译的问题主要还是应用型问题，虽然在口译中也会碰到文学翻译问题，比如口译中译者如何处理说话人所引用的诗歌，但总体而言，口译还是属于应用翻译研究的范畴。

4. 应用翻译研究的元理论研究

就现状而言,国内外的应用翻译研究均呈现蓬勃发展的态势,已经在翻译研究中颇有分量。但这只是从研究规模和分量上讲,如果从应用翻译研究的元理论来看,其中被遮蔽的问题马上就原形毕露了。因为,在应用翻译研究这把大伞之下,人们心安理得地依据自身的偏好,或者为了各自的目的从事着各自的应用翻译研究,建构各自的概念体系或者理论体系,却并不关心应用翻译整体话语体系的建构。在应用文本翻译研究、翻译教学研究、典籍翻译研究、翻译技术研究、文化翻译研究等不断向纵深发展的同时,应用翻译研究的元理论却显得相对滞后。

所谓"元理论研究",就是对理论研究的研究。"一门学问的元理论或元学问是这门学问的自身反思、自我认识,它主要研究这门学问的学科特征与判别标准(包括这门学问作为一门学问必须具备的条件、必须满足的要求),它所特有的目标、任务、问题、方法,它的根据与确证,它的体系框架,它的功能、功用,它的发展变化以及与其他学问的划界、关系。"(刘永富,2002:1)在社会学中,布迪厄发展了"社会学的社会学",反思社会学存在的问题,为社会学的繁荣发展做出了重要贡献。"我们躬逢盛世,翻译内容空前繁杂,翻译的数量、品种、影响、辐射力都远远超过任何历史时期,翻译教育规模史无前例。我国不但是翻译大国,也是翻译研究大国。在这样一个新的历史时期,我们要'善于提炼标识性概念',建构自己的译学话语体系,在国际译学界发出响亮的声音。"(方梦之,2019:372)在新的研究范式交替呈现,各色理论轮番登场之际,许多传统的研究问题被悬置起来,外围研究遮蔽了本体研究,翻译理论的应用性研究在喧嚣的语境下似被重重迷雾遮蔽,有必要在进一步发展完善应用翻译文体研究的基础上,着力加强应用翻译研究的元理论构建。

第二节　应用翻译批评与应用翻译批评研究

什么是应用翻译批评? 要回应这一提问,在前述区分"应用""翻译"以及"应用翻译研究"的基础上,需要弄清楚什么是批评。

对于很多人来说,批评是个不太受欢迎的词。人们总是喜欢听到别人的赞美、夸奖,而不愿意被人指责、贬损。所谓"忠言逆耳",就因为"忠言"往往都不是赞美、夸奖的。但是,在现实生活中,"批评"又是不可或缺的。如果一个人总是被赞美所包围,他就不可能真实地生活,而往往生活于虚假之中。对于人是这样,对于事物也是一样。但是,批评是否等同于指责?有人说,批评不一定要指责,不一定要贬低,可以平心静气地通过分析、解释来达到批评的目的。但这种行为本身不是批评,而是沟通、评论。评论不等于批评,指责也不等于批评。

批评(criticism)是人类认识不断深化发展的结果,是人类认识进步的体现。它构成人类话语或者文字世界的一部分。它不仅是反思的(reflective)、比喻的(figural)、历史的(historical),而且还具有实践性、主体性特征。"无论我们是否是专家,我们都在以自己的方式作为批评家而存在,我们会毫不犹豫地评价呈现在我们眼前的东西。"(毛崇杰,2002:3)任何学科的发展,都必然要经历而且保持批评的视野,将批评纳入自身学科体系内。翻译研究作为现代新兴学科,在吸收、借鉴其他学科的基础上先天地具有批评视野。一方面,"大凡一件事,有人开始做,就有人开始评。有文学创作发生,于是有文学批评。由于有翻译活动发生,翻译批评随之而来"(王克非,1994:33)。另一方面,翻译批评是基于一定的理论针对有关翻译的活动、现象或者事件展开的理性话语实践。所基于的理论不可能凭空捏造,必然一方面以自身的历史传统为基础,另一方面依赖借鉴、吸收其他学科的研究成果、研究方法。无论是立足于历史传统,还是借鉴与吸收其他学科的研究成果,不可能完全地取"拿来主义",必然运用批评的眼光进行"扬弃"。

我们可以发现,翻译批评在很大程度上借鉴了文学批评的理论与方法。王宏印(2006:15)曾借用梁实秋关于"批评"一词的考证,认为其考证"明确而深刻":"考希腊文'批评'一字,原是'判断'之意,并不含有攻击破坏的意思。判断有两层步骤——判与断。判者乃分辨选择的工夫,断者乃等级价值之确定。其判断的标准乃固定普遍的,其判断之动机,乃为研讨真理而不计功利。"(转引自王宏印,2006:15)接着,王宏印(2006:15)进一步阐述道:

> 由此派生的 kritikos 一词作为"文学批评家"最早出现于四世纪,以区别于"文法学家"。在古典拉丁文中 criticus(批评家)一词的地位高于 grammaticus(文法学家)。不过,批评家的工作也包含了经文与

字词的诠释工作。古希腊的哲学家亚里士多德和罗马时期的修辞学家昆体良都在从事今日英语中所谓的 literary criticism（文学批评）工作。文艺复兴时期的人文主义者伊拉斯谟把"批评术"（ars critica）用作"阐释的工具"，稍后的人们则把"批评"用于"经文的编订"。伍沃尔在 1602 年的著作《博学论》中，把批评分为"鉴定"（judium）和"校订"（emendatio）两部分。前者判断作品的真伪，后者订正文字的讹误。

韦勒克（2009：1）在《近代文学批评史》第一卷前言中写道：

> "批评"这一术语，我将广泛地用于解释以下几个方面：批评不仅是关于个别作品和作者的评价，"裁决性"批评，实用批评，文学趣味的迹象，而且主要是指迄今为止有关文学的原理和理论，文学的本质、创作、功能、影响，文学与人类其他活动的关系，文学的种类、手段、技巧，文学的起源和历史这些方面的思想。

有鉴于此，许钧（2003：403）指出："从广义上讲，翻译批评就是'理解翻译与评价翻译'；从狭义上讲，翻译批评是对翻译活动的理性反思与评价，既包括对翻译现象、翻译文本的具体评价，也包括对翻译本质、过程、技巧、手段、作用、影响的总体评析。"

吕俊、侯向群（2009：10）曾明确提出要区分翻译批评和翻译批评学。他们认为，从翻译批评至翻译批评学（研究），经历了从语言、文本转向文化、社会、历史的过程："人们开始把批评的目光从语言文字及文本层面转入到文本形成的过程和背后，关注译文文本形成的原因以及作用于其上的各种力量和所施加的影响，关注它的社会价值与文化意义，分析它对人的自由和解放以及人的自我完善的作用与意义。"由此促使人们从学理上开展翻译批评研究，即翻译批评学。所谓"翻译批评学"是"对翻译批评的研究，即以翻译批评为客体对象的。它是对翻译批评的一般理论、原则与规律的研究，是一种理论性活动。而翻译批评则是一种实践性活动，它是以具体译文文本或具体翻译现象为客体对象的。……翻译批评所涉及的理论是翻译理论，而翻译批评学的理论是评价理论"（吕俊、侯向群，2009：15）。吕俊、侯向群（2009：19）同时还强调："翻译批评学正式运用评价理论对翻译活动中合规律性与合目的性的统一关系的揭示与认识。"显然，将实践性的翻译批评与理论性的翻译批评研究或者翻译批评学区分开来，

"摆脱了翻译批评那种以特定文本或现象为评价对象的具体层面,就可以把原来无法进行比较的翻译活动放在一起比较"(吕俊、侯向群,2009:19),对于认识翻译批评的性质无疑具有有益的启示。然而,其中也存在一些值得商榷之处:1)翻译批评是否属于实践性领域;2)翻译批评的客体是否只是包括"具体译文文本或具体翻译现象";3)翻译批评所涉及的理论是否只是翻译理论;4)翻译批评学的理论是否只能是评价理论。

　　针对以上四个问题,从我国目前的情况来看,学界似乎还未能达成一致的看法,相关的定义也较多,兹将我国近20年有关"翻译批评"的论述简要地列举如下:

　　1)方梦之(1994:346)认为翻译批评是"一种具有一定实践手段和理论目标的精神活动,是从一定的价值观念出发,对具体的翻译现象(包括译作和译论)进行分析和评价的学术活动,是审美评价和科学判断的有机统一"。

　　2)林煌天(1997:184)认为翻译批评即"参照一定的标准,对翻译过程及其译作质量与价值进行全面的评价"。

　　3)王恩冕(1999:7)认为"所谓翻译批评,是指根据有关理论和观点对翻译思想、翻译活动和翻译作品进行分析和评论,以提高翻译者的整体素质和翻译的整体质量,是翻译研究的组成部分"。

　　4)周仪、罗平(1999:146)认为"翻译批评就是对译品的评价。评价的内容包括:(1)译文是否忠于原作;(2)译文是否流畅;(3)译文是否再现了原作的艺术手法和风格"。

　　5)郑海凌(2000a:19)认为"翻译批评是按照文学翻译的审美原则,根据一定的批评标准,对具体的翻译现象(译本或译论)进行科学的评价活动"。

　　6)邵成军(2003:60)认为,"翻译批评是对译文、译事、译者、译评等所进行的评论"。

　　7)许钧(2003:403)则指出,广义的翻译批评就是"理解翻译与评价翻译"。狭义的翻译批评是"对翻译活动的理性反思与评价,既包括对翻译现象、翻译文本的具体评价,也包括对翻译本质、过程、技巧、手段、作用、影响的总体评析"。

　　8)杨晓荣(2005:3)认为"常规意义上比较完整的翻译批评应是:依照一定的翻译标准,采用某种论证方法,对一部译作进行分析、评论、评价,或通过比较一部作品的不同译本对翻译中的某种现象做出评论"。

9）王宏印（2006：46）将翻译批评界定为"一门实证性的知性的审美认知活动"。

10）吕俊、侯向群（2009：16）对翻译批评和翻译批评学进行了区分，认为前者是"以翻译理论为指导，以特定译文文本或翻译现象为客体对象的，具体性或个别性的，实践指向的应用性活动"。

11）温秀颖（2007：38）认为，"严格意义上的翻译批评是以一定的翻译理论和翻译批评理论为背景和基础，对各种翻译现象、翻译作品和翻译思潮进行分析、阐释和评论的科学认识活动"。

12）肖维青（2010：29）认为，翻译批评是"批评者运用翻译研究以及其他相关理论，或者参照一定标准和尺度，对具体的翻译现象（包括译作、译者、译事、译论和翻译过程等）进行的分析和评价"。

13）刘嫦（2011：152）区分了广义的翻译批评和狭义的翻译批评。前者是"理解翻译与评价翻译，是对整个翻译现象的批评，包括原作、译作、译者、翻译过程、读者、社会效果、文化接受等等"；而后者则是"对翻译活动的理性反思与评价，立足于原作译作的细读和比较"。

14）方梦之（2011：77）认为翻译批评是对"具体的翻译现象（包括译作和译论）进行分析和评价的学术活动，对译本或译论的艺术价值或科学价值进行判断，对其不足之处进行理论上的鉴别"。

15）刘云虹（2015：41-42）认为，"翻译批评是对翻译活动的理解与评价，即从特定的历史文化背景出发，以翻译理论及其他相关理论为基础，依据一定的标准，对翻译作品、翻译过程和翻译现象进行分析、阐释与评价"。

由此可见，学界对于翻译批评的界定各有千秋，有的基于翻译批评的对象范畴，有的基于翻译批评的功能、作用与价值，有的则基于翻译批评的理论、方法与手段。

学界广泛引用过纽马克的那句名言："Translation criticism is an essential link between translation theory and its practice."（Newmark，2001：184），但是人们很少注意到纽马克的一个细节，即他将 translation theory 置于 translation practice 之前，突出了翻译批评运用理论的重要性，而且这里的 theory 是个单数，并没有用复数，因此也可以看出纽马克所秉持的运用某一理论针对具体翻译实践展开批评的观点。

综合目前译学界对于翻译批评的认识，基本上存在三种较为普遍的观点：

一种观点将翻译批评视为对翻译产品或者翻译过程的批评。上文引述的杨晓荣在 2005 年出版的《翻译批评导论》中给翻译批评下的定义侧重对翻译产品（文本）的批评："翻译批评主要针对具体的译作或与译作有关的某种翻译现象所发的评论，批评与评论在此基本同义。……常规意义上比较完整的翻译批评应是：依照一定的翻译标准，采用某种论证方法，对一部译作进行分析、评论、评价，或通过比较一部作品的不同译本对翻译中的某种现象做出评论。"（杨晓荣，2005：3）赵巍、薄振杰（2008：76）甚至认为，"翻译批评要使自己不同于文学批评或文化批评，只有突出自己的区别性特征——文本对照"。这种将翻译批评聚焦于翻译文本或者文本对照的观点，显然缩小了翻译批评的范畴，未能涵盖翻译技术、翻译教学、对翻译批评理论的批评等范畴。方梦之于 2004 年主编的《译学辞典》，将"译论"包括在翻译批评的客体之中，肖维青（2010：29）认为这是"相当前卫的一步"，并在此基础上提出翻译批评是"对具体的翻译现象（包括译作、译者、译事、译论和翻译过程等）进行的分析和评价"。显然，肖维青对翻译批评的认识，在方梦之的基础上又有所拓展，但并未摆脱霍尔姆斯的应用翻译研究框架体系的桎梏，将翻译批评、翻译教学和机辅翻译并置于应用翻译研究之下，而没有将翻译批评与翻译理论、翻译史并列起来，也远未能发掘出翻译批评的客体范畴。

　　第二种观点将翻译批评等同于文学批评或文学翻译批评。这种观点，不仅见之于王宏印的专著《文学翻译论稿》，而且散见于其他论文，比如郑海凌在其《谈翻译批评的基本理论问题》一文中，开篇就说："翻译批评是文学翻译学研究的范畴之一。"甚至认为，"翻译批评是文学翻译里的一个概念。'批评'一词是从文艺学里借用的"（郑海凌，2000a：19）。我们暂且不去深究"批评"一词是否源自文艺学，但将翻译批评直接等同于文学翻译，值得商榷。[①] 诚然，文学翻译研究包含着文学翻译批评，但就翻译批评来说，文学翻译批评只是翻译批评系统下的子系统。就目前翻译发展来说，量大面广的应用翻译批评无疑会在未来的翻译批评中占据更大的份额。

　　第三种观点是将翻译批评与翻译评价或者翻译评论直接挂钩，甚至互相换用。司显柱（2004：46）曾指出："无论国内还是国外，在谈论翻译批评时，人们常常对与此概念相关的几个术语即翻译批评（translation criticism）、

[①] 据《韦氏大学英语词典》（Merriam-Webster's Collegiate Dictionary，1994），criticism 最早见于 1607 年，criticize 最早见于 1643 年。当然，王宏印对西方批评概念做过非常详细而且深入的研究，他引用过梁实秋的一段话："考希腊文'批评'一字，原是'判断'之意，并不含有攻击破坏的意思。……其判断的标准乃固定普遍的，其判断之动机，乃为研讨真理而不计功利。"（转引自王宏印，2006：15）若此论可靠，"批评"一词源自文艺学或可存疑。

翻译评估（translation assessment）和翻译评价（translation evaluation）不加定义，不做区分，互相换用。"实际上，这几个概念之间在研究性质、研究对象、研究目的及研究方法方面是有区别的。"翻译批评统摄了翻译评价和翻译评估，即翻译批评是'种'，翻译评估和评价是'属'。"（司显柱，2004：46）从逻辑学的视角区分翻译批评与翻译评价、翻译评估，并不具有科学性。任何翻译批评都是在描述、分析的基础上具有评价性的（evaluative），否则就不能称其为批评。① 从另一方面来说，评价或者评估只是翻译批评的功能之一。王宏印（2006）指出，翻译批评除了评价功能之外，还有导读功能和导引功能。或许我们还应该在这三种翻译批评功能之外再加上预测功能。（关于翻译批评的功能，本书接下来还会进一步论述。）而且，在某种程度上，翻译批评与翻译评价或者翻译评估的最大区别就在于：翻译批评既可能是反思性的（retrospective），也可能是前瞻性的（prospective）。而翻译评价或者翻译评估则只能是反思性的，并不具有前瞻性。当然，翻译批评的前瞻性、预测性，完全有可能是基于翻译评价或者评估的结果，无论该结果是肯定的（positive）还是否定的（negative）。

毋庸讳言，学界还存在其他观点，比如将翻译批评等同于翻译错误分析（error analysis）、翻译评论（review）等。沃尔弗拉姆·威尔斯（Wolfram Wilss）将翻译错误分析和翻译批评视为应用翻译研究的两个不同分支。但本书认为，错误分析及翻译评论只是翻译批评的一种类型或者方法而已，都属于翻译批评以及翻译批评研究的范畴。我国有些学者对于挑错式的翻译批评以及随感式的翻译批评颇有微词。其实大可不必如此。若要真正促使翻译健康发展，翻译批评应该给挑错式的错误分析、随感式的评论留有一席之地，将此二者纳入翻译批评研究中来。

本书认为，翻译批评是具有具体目的的对象化活动。翻译批评也是功能多样性、主体评价性活动，更是理论与实践相结合的活动。因此，对于翻译批评的认识，不能局限于片面，而是应该将其视为一个整体的系统。（请参阅本章第三节。）本书基于前面对应用翻译研究的探讨，认为应用翻译批评系统的内容包含以下四个方面：

第一，关于应用文体翻译实践的批评。这种批评以应用文体翻译实践或者现象为对象，主要针对应用（文体）翻译过程中的翻译活动、翻译行为、翻译现象或者翻译事件展开研究、进行批评，既包含翻译产品，又涵盖

---

① 需要指出的是，虽然批评具有评价性，但本书并不认为翻译批评研究一定要基于评价理论。

翻译过程。批评形式包括文本对比、错误分析、译者主体性(主体间性)、翻译行为等,具有应用翻译本体性批评,其批评内容属于方梦之所构建的应用翻译研究体系中的微观层次,注重翻译技巧,聚焦翻译的语言层面、意义层面、文体层面等。批评的目的直接关系到源语文本在译语中的再生,或者说,以"促进和保证其对象的价值即翻译的价值的实现为根本目的"(刘云虹,2015:67)。这方面的批评,往往为翻译理论所轻视,认为它是"雕虫小技""挑错式""随感式"的,而忽略了它作为翻译批评的基础性特征。实际上,开展这方面的批评极有必要,对于提高、监督、引导翻译实践、提高翻译质量具有重要的意义,在翻译教学方面也具有很强的实践意义。

第二,针对与应用文体翻译有关的其他活动或者现象展开的批评。围绕着应用翻译实践,存在诸多外部关联要素,对这些要素的研究与批评,是保证翻译实践顺利进行的外部条件,属于应用翻译的关联性批评研究。随着人们对于翻译的认识不断深入,翻译所涉及的范围越来越广,这方面的研究也越来越多。但是,对这方面研究的批评却不尽如人意,而且也常常被排除在翻译批评的对象之外。之所以不尽如人意,往往是因为人们将批评的视野过于集中于隐藏在翻译背后的力量,比如翻译目的、翻译意识形态、翻译权力等,换句话说,也就是过于关注操控译者翻译行为的因素。而对于其他翻译外部条件,诸如翻译教学(译员培训)、翻译技术、翻译本地化、翻译服务行业、翻译职业化、翻译政策等因素,尽管也予以相应的关注和研究,但是从批评的视角进行研究,却显得相对乏力。

第三,针对各种理论在应用(文体)翻译方面的应用性研究展开的批评。这与霍尔姆斯所说的应用翻译研究既有相似之处,也存在差异。霍尔姆斯所谓的"应用翻译研究",指的是纯翻译研究(包括理论翻译研究和描写翻译研究)的成果在其他翻译领域的应用,是与描写翻译研究、理论翻译研究并列的翻译研究分支。其中的关系既是单向的:"翻译描述提供基本数据,翻译理论在这些数据上建立,这两者所提供的学术发现又在应用翻译研究中投入使用。"(转引自谢天振,2008:216)同时又是辩证的:"一个分支为另外两个分支提供材料,又利用另外两者接下来所提供的发现。"(转引自谢天振,2008:216)认识到这种辩证的关系,对于开展翻译理论的应用性研究极其关键。但是,霍尔姆斯所说的应用翻译研究只涉及翻译教学、翻译辅助、翻译政策、翻译批评,而且强调翻译研究成果的应用。而本书所说的理论在应用(文体)翻译方面的应用性研究,则包含了前述第一和第二两种内容,即不仅包括翻译理论在翻译实践及其与翻译有关因素的研究上的应用,而且也包括借鉴融合其他学科研究成果的应用。相应地,本书所说的针对翻译理论在应用(文体)翻译方面的应用性研究所展开的批评,其内容也是如此。翻译批评必然是在一定的理论指导下展开的,因此,翻译批评从翻译研究的视角来看,必然属于理论的应用性研究范畴。但是,当我们从翻译批评的视角来看待翻译理论的应用性时,我们就不能满足于翻译理论在翻译教学、翻译辅助、翻译政策及翻译批评上的应用,而是将与翻译有关的所有方面视作翻译批评的对象。所以,一方面,翻译批评的理论是多元的,另一方面,翻译批评的对象并非只局限于霍尔姆斯所界定的四个领域。

第四,关于应用翻译批评的批评。翻译批评是评价性的、反思性的,但同时也是综合性的、建构性的。翻译批评的理论本身并未能形成完整的系统,至少就现有的状态而言,迄今未能建构起系统的翻译批评理论话语体系,基本游离于翻译研究辖下的各个领域之间。而各个领域相互竞争,都意欲取得话语的主动权。(芒迪,2007)许钧在其《翻译论》中提到过安托瓦纳·贝尔曼(Antoine Berman)的"大写的批评"概念,认为"大写的批评"着重于"肯定性",而翻译批评的肯定性具有两层含义:"第一层是针对翻译批评的自身理论建设而言,即翻译批评首先要'肯定'自身,这就是要让翻译批评成为'一种自省的、有其自身主体特点的、产生自身方法论的评论形式;它不仅要产生出自身的方法论,而且还试图将该方法论建立在有关语言、文本和翻译的明确理论基础之上。……'"(许钧,2003:404)的确,我们在对翻译有关的活动以及现象进行批评时,总是在肯定这个,否定那个,却忽视了对自身的批评,尤其在对翻译批评自身体系化建构方面更是力有不逮,从而使得翻译批评长期游离于翻译研究的边缘。因此,应用翻译批评本身存在的问题,也应该纳入翻译批评的对象,即翻译批评的元批评。唯有如此,翻译批评方能区别于其他翻译研究,真正彰显翻译批评之魅力。

第三节 系统性:应用翻译批评话语诉求

应用翻译批评话语具有系统性建构的诉求并不表示现实中的必然建构。建构一个系统,在某种程度上就是区分该系统与其环境及其与其他系统的界限。只有明确系统与其环境、系统与其他系统之间的界限，系统的建构与存在才有可能。（Luhmann，1995）但是，"环绕着系统的环境，从来都是非常复杂又是活生生的关系网络"（高宣扬，2005：638）。我们知道，翻译批评由来已久，漫长的翻译实践和理论发展历史为翻译批评提供了复杂的环境。它起初只是以一种自发的（spontaneous）、逸闻趣事式的（anecdotal）漫谈形式而存在，至少迄止 1982 年，在威尔斯与他人合作将其德语版专著《翻译学：问题与方法》（*The Science of Translation: Problems and Methods*）翻译成英语之际，系统性翻译批评还未形成，长期处于各抒己见、自行其是（presumption）的状态。（Wilss，2001：216）即便在 20 世纪末，"绝大部分的译评都是漫谈式的经验分享，或是资深译员用较为权威的态度口吻评谈功过；这些文章固然大有启发和鼓励的作用，而且读来趣味盎然，可是它们通常没有按既定的方法进行，更谈不上系统性的理论架构"（周兆祥，1996：3）。这种并不基于相关理论的漫谈式译论，大多数呈现为点评式、随感式，读来似有所悟，却"时时有种把握不住的感觉：有时是一种横说竖说的任意纵横，有时是一种隐约其后的强固学理，不可把捉的'灵心妙识'转瞬即逝"（肖维青，2010：271）。实际上，翻译批评"面对的将是自身的一个系统，该系统以翻译过程、译作以及读者为考察对象，阐述的是译者与其译作之间，以及译作与它的读者、与目的语语言文化之间已产生的或将产生的关系"（许钧，2003：409）。这种以相应的关系为基础构建系统的翻译批评，正是本书所要达到的目标。其实，任何系统的存在都不可避免地取决于它同环境的复杂关系。① 因此，建构应用翻译批评系统以及应用翻译批评标准系统，都不可避免地会遭遇如何处理关联性关系的问题。翻译的复杂性蕴含于翻译的关系，翻译批评系统的复杂性源自翻译批评所关联的关系，翻译批评标准同样也面临各种复杂的关系。其中包括翻译批评与所处环境的关系，翻译批评作为系统与其他系统的关系以及翻译批评系统内部各子系统的关系。简而言之，翻译批评系统的结构只有在其所处的关系中才有可能存在，也只有在该关系脉络中才能得到有效的理解。

---

① 卢曼认为，"一个系统的最重要标志是它同世界的复杂性的一种关系"（转引自高宣扬，2005：621）。正是由于这种关系的存在，在建构一个系统时就不能不考虑到，在选择建构系统的各种手段之际，还存在着制约关系的规范性导向。毕竟，环绕系统的复杂环境，并非作为固定的、自我区分化的存在为系统设置条件，而是始终以其紊乱无序、难以预测的自我运动方式影响系统，从而使得其与系统之间的关系时常模糊不清，进而为系统的建构和发展制造出重重障碍。

随着翻译研究的不断深入,"翻译研究已经冲破了任何单一学科的制约,发展成为一门既独立又多个学术领域相关的崭新的边缘性交叉性学科"(张美芳,2005:12)。这一看法,基本上已经成为译学界共同的认识。与此同时,系统也只有从复杂的环境中将自身排解出来才能彰显其独特性,发挥其特有的功能。"环境本身并无反思或行动的能力"(Luhmann,1995:17),一种学问能够成为独立的学科,不仅可以提高这门学问的地位,对于从事这门学问研究的人也多有益处。这不仅仅是功能主义的主张,也是学科发展的事实。但是,学科在独立之后的发展,所面临的情境往往更为复杂,学科内部的各种关系,学科自我认同与他者认同之间的张力,显然比学科独立之前更为紧张。在成为学科之前,翻译研究或者翻译批评可以率性而为,但是,作为一门学科,自然要遵循学科的规律。就应用翻译批评而言,人工智能翻译与应用翻译理论,应用翻译批评与全球化、人类命运共同体,应用翻译批评的学术旨趣与应用翻译行业、教育发展等之间的张力,这些都是传统翻译批评所未曾面临的复杂关系。而系统则是产生和协调系统自身所蕴含的各种关系的存在。系统面临的环境,不仅具有历史性、文化性、社会性,而且更为棘手的是具有关系性。因为,任何看起来简单的事物,一旦放置于复杂的关系之中,就变得复杂起来。系统只有通过区分系统内外的关系才能得以建构。翻译批评研究话语系统之所以要建构,一个重要原因就在于它有区别于其他系统的诉求,要通过系统的边际界定来确定自身的环境,使自身具有其他系统无法替代的独特性。与此同时,它又不能不考虑外在的环境,将自己策略性地委身于环境,[①]否则它也不可能得以存在和维持。(Luhmann,1995:17)复杂的环境使得诸多的可能性变得不确定,增加了系统建构的难度。然而,环境的复杂对于系统而言未必完全是坏事,它既带来难度,也能产生动力,促使系统不断地完善自我,加强自身的自律性和独特性。

因此,原本松散无序的翻译批评,不满足于传统中"案本-求信""挑错""随感"式处境,20 世纪 70 年代以降,西方的一些译学学者就开启了建构翻译批评研究话语系统的历程。这里所谓强调其话语,是为了突出延续性,将翻译批评视为"特定语境中的交际事件"(廖七一,2020:8),这些翻译批评是不能还原为语言或言语的,具有历史的不可逆性,旨在表明已然有很多话语系统的存在,比如外交话语系统、政治话语系统、军事话语系

---

① 原文为"Attribution to the environment (external attribution) is a strategy of systems."。

统、学术话语系统等。在翻译批评领域,也出现了各种各样的话语,如生态翻译批评、译者行为批评、语料库翻译批评、文学翻译批评、应用翻译批评、文化翻译批评、翻译教学批评等。问题是,"科学知识不是纯粹而简单的知识积累,对科学理论进行构思、表述和组织的那种方式受到一些前提或预设的指挥和控制"(莫兰,2002:234)。相对于翻译研究的其他分支而言,如翻译理论、翻译史、翻译教学等,翻译批评研究在理论视角、内容对象以及研究方法等方面显得凌乱且系统性不足,"一直是翻译研究中最薄弱的环节"(刘云虹,2015:37)。在理论视角方面,我们并未对建构翻译批评话语系统的动机和目的做出科学有效的阐述。人们通常认为,建构翻译批评话语系统旨在服务于翻译(质量)。所以,所谓的翻译批评,常常与翻译质量评估混为一谈,而在内容对象方面,也在以下六个方面未能达成共识:1)翻译批评研究的性质、目的及功能;2)翻译批评(研究)的标准;3)翻译批评研究与翻译其他领域(如翻译实践、翻译教学、翻译理论)之间的关系;4)文学翻译批评研究与非文学翻译批评研究的异同;5)翻译批评研究史;6)翻译批评研究人才队伍建设。至于与应用批评及其研究目的密不可分的方法论,也似乎未见有所创见。

问题的存在并不代表我们只能身陷矛盾的泥潭而无所作为。人文社会科学,本来就是你方唱罢我登台的场域,研究旨趣、路径本来就应该呈现出多元性,不同的研究,发挥不同的功能,促使人们认识事物的不同面相,由此不断地逼近事物的真相,减少环境的复杂性以及其他干扰因素,实现系统内各因素的沟通,明晰系统与其环境及其与其他系统的边界。况且,选择翻译这种复杂的现象作为研究对象,无论是理论建构还是批评话语建构,事实上都难以给予终极性阐述,更不用说提出什么普适性的研究范式。尽管在翻译中事实上的确存在一些具有普适性的规范,如翻译的明晰化(explicitation)。

长期以来,翻译批评在无序与探索中走过,似乎也可以这么走下去。但最终的结果,显然会导致翻译批评成为翻译研究中的流浪儿,致使所谓翻译研究的翻译理论、翻译史、翻译批评三足鼎立成为一句空话。而要使翻译批评有所建树,离不开对翻译批评展开系统研究。系统理论是从系统同环境的区别出发的。问题在于,系统的建构并非在环境中自然出现,其系统性研究并不是各学派或者研究范式的累加。作为单个系统,不可能包罗万象,只能面对复杂的关系实现其中有限的功能和目的。系统具有自身的要素,发挥特有的功能。

就此而言,任何系统的建构都必须建基于明确的目标取向或者动机,对自身的要素及其功能有清晰的认识。如前所述,建构翻译批评研究话语系统,其目的在于满足区别于其他系统的诉求。那么,为什么要建构区别于其他系统的应用翻译批评系统? 为什么不能在其他系统,比如翻译理论系统或者文学翻译批评系统中存在与发展?

事实上,对任何领域进行系统的建构,都并非要维护该领域原来的样子,而是要对该领域加以改变和重塑,重新整合与处理其中的关系。已有的系统必然有其存在的结构与功能,而建构新的系统,无论是在原有系统上的创新,还是另起炉灶或者平地起高楼,其间都离不开历史的考量,自然不是要抛弃原有的一切,而是要兼顾所建构系统自身的内外诉求,充分考虑系统自身以及系统与他者之间相互联系又相互制约的关系。因此,应用翻译批评研究话语系统的建构,其目标不可能单一化,既使得应用翻译批评的知识体系系统化,又促使人们对于应用翻译批评有更为科学系统的认知,使得人们对该系统的性质与功能有更加明确的认识,同时也为了更有效地调节与其他系统之间的关系。

从这种意义上讲,应用翻译批评系统的建构也与其他社会科学系统一样,应该以系统的自我论题化来实现自身与其他系统区分和自律的功能。确立系统的对象、目标与功能,自然是建构系统的应有之义,然而,沟通或者商谈也是不可或缺的环节。"使各种系统能够作为'一种系统'而存在和运作,该系统自身必须具有自我区分和同外在环境相区分的机制和程序,这种机制和程序越简单,该系统的存在和运作就越有更大的可能性得到实现。"(高宣扬,2005:639)作为系统的论题化,其中所蕴含的意义就是确定系统普遍认同的语言符号。"社会系统是靠人们所选择的各种符号之间的沟通建构起来的。"(高宣扬,2005:646)只有通过语言和各种符号系统,系统才能实现论题化。在某种程度上,系统的建构过程往往是系统依据自身所处环境的复杂性及其与其他系统的关系对议题做出合理选择的结果。所谓的合理有效,即表明该议题应当围绕系统所要达到的目的及其实现的利益,符合系统的功能发挥。由此而言,促使系统议题化的语言符号,必须服务于系统的稳定化和固定化,通过稳定化和固定化达到系统的组织化、秩序化和制度化。

一般来说,系统通过外在张力与内在诉求的互动,以内在化的象征性价值系统作为自身的进路,进而通过相关的概念表征为翻译批评的理论陈述。但这种理论陈述能够成为系统内外普遍认同的符号,关键在于它们能否有效地界定、协调各种关系,既要满足自身的理论分析需求,又要为他者所能理解和接受。在塔尔科特·帕森斯(Talcott Parsons)看来,这样的符号包括了理论与概念。"理论必须包含从复杂的经验现象中抽象出共同的、可分析的概念,概念将以这种方式把现象从社会现实的复杂关系中分离出来。"(特纳,2001:30)这些普遍认同的符号,一方面促进系统内部的自我认同,界定自身与他者的边界,同时又要协调系统与系统之间的关系。也就是说,所谓普遍认同的符号,既要凸显系统自身的独特性,有利于系统的区分和自律,同时又要考虑被其他系统认知的可能性。

新系统不可能自然而然地就为其他系统所认同。翻译研究已经成为独立的学科,文学翻译研究也已经取得丰富成果,在此语境下,为什么要另外建构应用翻译批评研究话语系统? 为什么应用翻译批评话语不能在文学翻译批评系统或者翻译研究的其他话语系统中实现其功能? 这是建构应用翻译批评系统必然遭遇的两个问题。

卢曼(Luhmann,1982:37–38)曾经指出,系统的建构,

> 并不仅仅是将"部分"内在地整理成一个"整体",而是协调系统同它所处环境之间的关系。……一个系统的结构,即一个系统所关联的各种内部区分化的类型,可以被视为一系列活动的网络。这种网络之所以井然有序,只是因为要维持其不变性。对于在某种程度上无法考虑周全的复杂环境的依赖性,它并不会多做考虑。一个系统就是对于其环境开放和敏感的一系列行动;而且,这些行动恰恰是为了对来自环境的压力做出反应。

此处的关键在于区分化概念以及对环境压力的反应。因为它们涉及在一个复杂的环境中如何为了使自身有别于其他系统而做出反应。卢曼给出的解决办法是"系统通过自我选择来建构自身",而且,"不管结果如何,系统都假定可以对一切事物加以化约或简单化"(Luhmann,1982:70)。那么,对于应用翻译批评话语系统来说,如何进行自我选择? 如何对自身系统进行化约?

其中需要考虑的是如何实现建构系统的目标。尽管目前真正从事翻译批评的人并不多,但是,从事翻译批评研究的人却与日俱增,而且翻译批评和翻译批评研究的视角、路径也日渐宽泛。问题是,学界目前对于应用翻译批评系统的认识并不充分,对系统功能的期待也各有不同。而"功能

差异导致某些系统处理现实中的某些问题,任由其他系统关注其他方面"(Hermans,2020:138)。因此,对于应用翻译批评系统的功能和目标,我们必须有所明确。而在此过程中,也要清醒地认识到:对于任何系统来说,必然只有其中的部分功能能够实现,只有部分的目标是核心目标。毕竟,所预设的目标与功能,只是相对于应用翻译批评研究这一整体性话语系统而设定的。帕森斯曾指出,所有系统都必须满足四项基本功能:目标达成(goal attainment)、适应(adaptation)、整合(integration)、维模(pattern-maintenance,后又将此修正为 latent pattern maintenance-tension management,维持-张力管理潜在模式)。依据该理论,1)要达成建构应用翻译批评的目标,不仅需要预设系统建构或维持的目标,同时也要求系统具有能力来确定系统目标的秩序,并调动系统内部资源来实现和达到目标。2)应用翻译批评系统必须适应与其所处环境的关系,接受环境的限制,尽其所能从外部环境获取足够资源来满足应用翻译批评内部成员的需求。3)应用翻译批评需要尽可能协调和控制系统内部不同行动者或不同群体之间的关系,避免冲突。4)通过向系统成员传输相应的价值观和规范性要求,促进系统成员之间信用关系的产生,保持应用翻译批评系统的价值体系完整性,保证成员与系统之间的一致性。

事实上,这四项功能已然蕴含着这样的预设:任何系统的建构都必然要彰显系统的独特性,必须明确系统与系统之间的边界。边界不仅保障系统中扮演不同角色的次系统充分地实现其特有的功能,维持次系统之间的互动关系,而且,对于系统与系统外环境之间的关系而言,这个边界也维持着系统相对于外在环境的相对独立性和同一性。

毋庸置疑,任何系统都必须具有开放性,完全封闭的系统可能会持续一段时间,但终究会消亡或者被其他系统替代。因此,所谓"系统的边界",其本身并非静态固定的,而是处在一个开放的状态,并且会不断地发生变化,有时候甚至模糊不清。因为,事物在不断地变化,认知也在不断地发展。但这并不代表我们要遮蔽边界的存在。"在功能主义看来,社会是一个由相互联系的不同部分所组成的系统,而且任何部分都不能独立于整体而存在。任何部分所发生的变化将会导致一定程度的不平衡,进而导致其他部分也发生相应的变化,最终导致整个系统发生一定程度的重组。"(转引自华莱士、沃尔夫,2008:15)就此而言,翻译批评及其研究话语系统,由"相互联系的不同部分所组成",其中任何部分的变化,都会促使该系统发生相应的变化。翻译批评话语作为一个系统,在其建构之际,必然导致其所处的翻译研究系统发生变化,这种变化可能范围很小,也可能很大,①完全视时空而定,但不论怎样,都会促使翻译研究系统整体不平衡。"理论的成长必然伴随着来自四面八方的理论交锋,在挑战中经受磨砺并不断丰满的理论才能具有真正的魅力。"(张意,2005:69)因此,如果翻译批评研究话语系统要想在这不平衡的系统中成功突围,使自己作为相对独立的系统成功建构,同时使得翻译研究系统重新形成稳定,那么,翻译批评话语建构的相关因素就不可避免地要努力适应系统的功能性调整,经受磨砺并丰富自身的理论话语,充分展现自身的话语独特性,从而被翻译研究系统所接受。毕竟,"一个特殊的可能性的实现,往往阻碍着别的可能性的实现"(高宣扬,2005:630)。与此同时,我们还要认识到,翻译批评话语系统本身也存在建构其他新系统的可能性。这种可能性往往有赖于传统的要求。

任何系统的建构都离不开历史的传承,"历史向度是翻译研究的一个重要维度"(傅敬民,2019:6)。其实,中西译学传统中并不缺乏翻译批评话语。关于这一点,本书将会通过我国的佛经汉译批评来予以说明。但是,不可否认,翻译批评的系统科学研究,在西方大约肇始于 20 世纪 70 年代,在我国虽然在 1950 年已经由董秋斯率先提出了要对翻译批评进行系统研究,但真正开展翻译批评的系统化研究却是在 20 世纪 90 年代。在翻译批评开展系统的学理研究之初,由于缺乏相应的方法论框架,人们在开展翻译批评时往往局限于两个方面的讨论:语言错误分析与率性而为的随感杂谈。(Wilss,2001)这种现象,在 20 世纪 90 年代之前,弥漫于我国的传统翻译研究领域,是"以'挑错式'和'感想式'的评论居多,无论是批评的范围、对象,还是批评的形式、方法,都非常局限,更缺乏对翻译批评的理论探讨和系统化研究"(许钧,2018:212)。可以很清楚地看到,作为翻译研究学科的分支,中西翻译批评研究都晚于翻译理论研究。翻译批评滞后于翻译实践,翻译批评研究滞后于翻译批评。这是学科发展的客观逻辑:总是先有一定的实践,而后出现针对实践所做的随感式论述,再后来才开始产生系统地研究的学术诉求。不过,如果从系统的角度来审视翻译批评与翻译理论和翻译实践的关系,则不能只是从单向性的视角来看待,而是要用辩证的眼光来看待它们之间的关系。翻译批评对于翻译实践的

---

① "一个可能性场域的复杂性,可大可小,这完全取决于可能性的数量、异质性和相互独立性。而且,它可以是无结构的,也可以是结构化的。"(高宣扬,2005:630)

作用,翻译批评研究对于翻译理论发展的作用,都是不能被轻易地一笔勾销的。然后,由于长期以来翻译批评本身在翻译领域的缺席,翻译批评研究事实上都演变为缺乏理论指导的译论、散论,因此,翻译批评及其功能在事实上已经被遮蔽了。

威尔斯(Wilss, 2001: 216)认为,作为应用翻译研究的分支,翻译批评长期没有得到系统的研究,其中的原因,一方面与文学翻译研究信奉原文至上的原则有关,导致人们往往不对原文和译文做批判性对比(critical comparison);另外一方面则在于人们的观念中不约而同地隐含着一个逻辑:翻译总是差强人意。这两个因素固然言之成理,但威尔斯未能预见到当下翻译批评的发展势头。

> 20世纪90年代,由于翻译理论研究的日益深化以及由此开启的从经验到科学、从规定到描述、从语言到文化的翻译研究之路,人们对翻译活动的复杂性与丰富性有了更深入的认识和理解,从而为翻译批评开阔了视野、拓展了空间,促使翻译批评对自身的研究对象和研究内容有了更加明确、更深入的认识,翻译批评由此逐步得以脱离经验主义的桎梏,开始以理性的目光看待和评价翻译。在这样的背景下,国内逐步出现较为系统的翻译批评研究。(许钧,2018: 212)

其中的逻辑表明,系统的建构必然要基于它同环境的关系,通过系统与其环境的各种过滤性交往程序,建构起系统本身的自我区分基础。因此,"系统的自我区分化,不只是包含着系统的部分和整体的关系变化,而且包含着系统和环境的区分化问题"(高宣扬,2005: 637)。这正是卢曼的系统理论有别于其他系统理论之处。他所关心的是,系统究竟如何建构? 以什么为基础加以建构? 基于这种功能结构①路径,我们就可以发现,翻译批评研究得以系统开展,与其所处环境所具备的以下四个方面密切关联:翻译理论研究的深化;翻译研究方法从经验到科学、从规定到描述的变迁;对翻译活动认识的加深;批评范式从经验主义转向理性看待和评价的转变。

----

① 以帕森斯为代表的结构功能理论关注在一个特定的环境中系统如何维持其功能的结构模式及其特征。而卢曼则从更高的角度提出了整个系统的性质以及实现系统功能的条件,把维持一个系统的结构问题转向了系统本身的功能问题。(参见高宣扬,2005: 637)

第四节　规范性：应用翻译批评话语
系统发展的基础

　　通过以上论述,我们可以看到,建构应用翻译批评话语系统不仅是必要的,具有现实意义的,同时也是可能的。其必要性源自应用翻译批评系统的区分化,可能性则源自应用翻译批评所具有的特定功能。而无论是为了实现区分化还是实现特定功能,都离不开系统对自身的规范。由此而言,作为具有再生性潜能的概念和历史性翻译研究的分析工具,自 20 世纪 80 年代以来,"规范"概念开始运演于翻译研究领域。实际上,"采用规范的途径进行研究也是富有成效的"(谢芙娜,2018：65)。

　　系统不仅要区分于环境、区分于其他系统,还要与其内部的自我区分。这是任何系统都面临的客观逻辑。由于系统所处环境的复杂性,从某种程度来说也由于系统具有无限的区分性可能,系统与环境以及其他系统之间的关系愈加复杂。而系统自身的再区分性也使得系统内部的子系统处于激烈的竞争状态。因此,无论是新建构的系统还是已然确立并临时占据支配性地位的系统,都存在杂乱无序的倾向,对于正在建构的系统来说,所面临的困境可能更加复杂。因此,为了生存与维持,系统必须对系统所关联的各种因素实现区分,从而使系统内的信息价值和秩序建构起来。"区分化赋予系统系统性。"(Luhmann,1995：18)此处的系统性,实际上蕴含着对规范的诉求,表明系统不仅有别于其他,还有别于自身。然而,无论怎样的区分,都不可能是无序的,不可能缺失规范。诚然,系统在进行区分化建构时,必须充分考虑：是将与环境的区分放在首位,还是将自身的区分放在首位?传统的系统区分往往从层级入手,将系统区分为中心或者边缘,比如埃文-左哈的多元系统理论。但卢曼(Luhmann, 1995：19)认为,这种等级化或层级化的区分,只是系统区分化的一种特殊形态而已(hierarchization is then a specific case of differentiation),是系统自我简化的一种可能手段,但并不能保证系统的复杂性都可以通过层级化或等级化来实现简约化区分。因此,在卢曼看来,系统区分化必须进一步通过系统的自我参照(autopoiesis)①来

────────────

① 对于卢曼来说,"任何社会系统的自我参照性,实际上是指社会系统中相遭遇的各个行动者之间的沟通过程诸因素间的相互参照,以便在沟通的相互参照中实现相互间的协调与调整,完成行动过程中各个阶段和段落间的必要连贯,实现被连贯的各个段落中诸因素间的(转下页)

实现。系统的自我参照性,是卢曼系统理论中的一个关键概念。在他看来,"系统的自我参照性,关系到系统内的沟通的持续性和可能性,关系到系统内的意义关系网络的建构和更新,也关系到系统本身的分化和演化"(高宣扬,2005:666)。而要使得系统实现自我参照性,一方面要通过系统建构意义从而实现自我论题化,实现系统与环境以及其他系统的区分,另一方面又要通过系统的反思实现系统的自我分化。① 只有通过自我参照,文化群体才能确定自我与他者的身份,并在此过程中确立起彼此的差异化边际。由此而言,通过自我参照,系统通过实现同环境的区分进而确立自身独特性,同时也通过实现系统自身的分化促成自身的同一性。

卢曼通过论述自我参照实现系统区分化,建构其功能结构系统理论。系统通过自我参照实现区分化,只是为系统的建构和维持提供了可能的条件,建构系统的目的显然不是满足环境或者其他系统的区分化要求,而是实现系统建构的功能。因此,对于卢曼而言,任何系统的建构都是由其功能决定的,一种功能可能导致一种系统的产生。自我参照所实现的区分化,只能是促成系统结构的产生,而对于系统来说,不是先有结构然后决定其功能,而是先有功能的运作才产生系统的结构。诚然,这种功能与系统的结构并不是毫无关联的。

对于翻译批评的功能,历来有与此密切相关的研究。在某种程度上,我们甚至可以说,翻译批评系统的建构就是为了实现相应的功能。杨晓荣(2005:21)认为:"翻译批评最基本的功能是监督功能,由此派生出来的对读者的引导功能和对读者的指导功能。……翻译批评的第二个基本功能是理论研究。"许钧也基本延续了这一翻译批评功能观,不过在论述方面更为具体全面。而纽马克(Newmark,2001:185)认为,翻译批评具有五个方面的功能:1)提高译者的翻译能力;2)拓展外语和母语的语言知识和语言理解力;3)拓展话题的知识和理解力;4)形成对翻译的认识;5)有效的翻译教学手段。

(接上页)适当和合理的渗透,为沟通中各个行动者在一定范围内的自由选择留下余地,从而保障行动者在系统和环境复杂影响下保持自我创造的能力,同时也保证他们同其他行动者之间的沟通和协调的可能性"(转引自高宣扬,2005:667)。

① 卢曼认为,系统的自我分化是系统固有的属性。分化表现为三种类型:阶段性分化(segmentary differentiation),即在系统与环境之间的某种等同性基础上进行的分化;层次性分化(stratification),记载各个系统中的平等性和系统与其环境的不平等性基础上的分层;功能性分化(functional differentiation),即在系统内某种功能平等性和系统与其环境的功能不平等基础上的区分。(参见高宣扬,2005:677)

纽马克的翻译批评功能实际上与其翻译理论研究功能密切相关。然而,翻译批评不同于翻译理论研究,不是根据理性来论证、阐述翻译的原则,也不仅仅是指出错误、纠正错误。翻译批评本身具有系统性、反思性、建构性的诉求,在翻译研究这个宏大的叙事场域中自成一个特定的次级场域。作为布迪厄文化资本理论的一个关键概念,场域意指"由不同的位置之间的客观关系构成的一个网络,或一个构造"(布尔迪厄,1997:142)。显然,

> 作为一种场域的一般社会空间,一方面是一种力量的场域,而这些力量是参与到场域中去的行动者所必须具备的;另一方面,它又是一种斗争的场域;就是在这种斗争场域中,所有的行动者相互遭遇,而且,他们依据在力量的场域结构中所占据的不同地位而使用不同的斗争手段,并具有不同的斗争目的。与此同时,这些行动者也为保持或改造场域的结构而分别贡献他们的力量。(高宣扬,2004:138)

由此而言,翻译批评在其自身具有力量的同时,也必然受制于翻译研究系统或者场域的力量。

翻译批评话语是一个由各种行动组成的系统。所谓行动,就是着眼于某种目的所采取的人类行为。从翻译批评的角度来看,翻译批评行动就是批评者着眼于特定的批评目的而采取的翻译批评行为。换句话说,不同的批评者基于特定目的所展开的翻译批评行为构成了翻译批评话语系统。因此,翻译批评本身可以被视为行为系统,尽管其行为涉及产品、过程与功能。不同的翻译批评,彼此相互联系并互动。翻译批评系统的关联性基于两个基本要素:翻译及批评。而基于翻译及批评所建构的翻译批评系统,如果从其正常运演的条件来讲,则又有赖于共享价值。这种共享价值构成系统的规范性期待。也就是说,翻译批评系统的展开,意味着与之相关的规范体系已然存在。正是规范体系的存在,界定了特定翻译批评系统中的批评性质、功能及其规范。所以,为了使特定的翻译批评系统存在,系统内部的大部分关联成员至少都应该共享在系统中发挥效力的规范,对该系统中有效发挥作用的规范和价值达成基本的共识。由此而言,系统的规范性是系统得以产生、维持及发展的基础。

毋庸置疑,任何行为都是人的主体性行为。人的主体性促使系统的行为人拥有特定的权利和义务,有权做出相应的选择。行为的主体性与系统

行为的规范之间的张力,似乎是任何系统都无法避免的。不过,行为主体做出相应选择时,之所以不可能恣意妄为,是因为需要在权利和义务之间、主体性和规范性之间不断地寻找平衡。系统的存在,不应该只是限制,同时也要促成行动人依据其角色满足合理的意愿,即合目的性。这是卢曼发展其系统理论的基础。对于卢曼来说,系统一方面具有行动参照系统的含义,也就是对行动有某种限制的作用,另一方面它又具有自我调整和自我更新的能力,具有独立发挥功能的性质。这一系统观点,无疑得益于康德的系统观。康德认为,系统具有内在目的性、自我建造性和整体优先性。(参见高宣扬,2005:601)"所谓系统的内在目的性,就是系统的结构和功能对于某种内在目的的适应性。而所谓系统的自我建造性,就是系统具有为自身的生存而不断扩充和增大的生命力。所谓系统的整体优先性,就是指任何系统的整体结构先天地和优先地规定了系统整体的内容、性质和整体中各部分的位置及其相互关系。"(高宣扬,2005:601)鉴于不同的人具有各自相应的自利性目的,系统的存在自然不可能满足所有的意愿。毕竟,系统内各因素之间的关系具有不稳定性和不平衡性,而且,系统内发生的变化具有多样性和不可预测性。因此,个体的行动者就必须对自己的行动有所认识,如果想维持自身在系统中的位置,就必须尽力适应系统的期待性规范,保持与他者的关系。

就翻译批评话语系统而言,一个极为关键的问题就在于:在规范性层面,不同类型的翻译批评话语究竟如何相互关联和相互渗透?其中的困境在于特定的批评话语和相应的规范都充满着象征性因素和偶然性因素。正因如此,卢曼提出了"自我参照系统理论",认为"在高度复杂的自我参照和自我生产的社会系统中,必须包含着能够说明系统统一性和区分化机制的相关论述体系,同时也必须包含充分考虑到系统内外不可预测的双重随机性因素的理论说明"(高宣扬,2005:617)。系统最初自然是由相关人员通过主体行动建构的。但是,当系统经由了历史发展之后,逐渐形成了特定系统的关联逻辑,使得个体的行动不可能单独地活动在单一的系统之中,常常在不同的系统中游走。这就使得我们必须进一步思考:为什么要运用系统的观点来看待翻译批评话语?

按照卢曼的观点,系统理论之所以是必要的,"是因为任何一种人类行动以及这种行动相联系的各种事件和过程,都可以构成一个相对独立的一般系统。……系统无处不在"(高宣扬,2005:638)。卢曼的结构功能系统理论,就是要回应这类问题:系统究竟是如何以及以什么基础构成的? 对此,卢曼认为:"一个系统的最重要标志是它同世界的复杂性的一种关系。……系统是在同一种复杂性相区别的意义上,建构起其内和外的区别,也就是建构起秩序。"(转引自高宣扬,2005:621)"每个系统都是在自身世界中同其他系统相区分。"(高宣扬,2005:639)就此而言,人们为相关事物建构系统,其目的之一就在于区分和建构秩序。这里的先在预设即为系统的功能性。建构系统,就是因为系统可以发挥某种功能,而与复杂环境的区分功能则是系统功能之一,而建构秩序则为其二。诚然,系统的功能并不局限于此二者。但这两种功能显然是系统建构的基础功能。从另外一个层面来讲,事物的系统建构,又预设了事物的结构性。也就是说,脱离了结构,就不存在系统。对于结构与功能之间的关系,本书认为,应该是先有功能才产生系统的结构,一种功能可能产生一种结构,进而形成一种系统。由此而言,翻译批评的功能是先于翻译批评结构而存在的。翻译批评系统以具体的结构化形式而实际存在。

本书一再强调,翻译本身就是复杂的,而翻译所处的环境显然更为复杂。翻译批评话语系统的建构是基于翻译的。其中所蕴含的逻辑,即翻译批评对于翻译而言具有其特有的功能。因此,翻译作为翻译批评所处的直接环境,给翻译批评话语系统赋予了复杂性。翻译的复杂性无疑限定了翻译批评系统的建构,同时也使得界定翻译批评系统极为困难。然而,依据卢曼的系统理论,环境的复杂性也可能促进系统的自律和自我区分。因此,翻译的复杂性促使翻译批评为了维持自身的功能和结构的完整性,对翻译这一复杂环境进行处理。对此,卢曼认为,最为简便的处理方式就是对自身进行简化或化约。通过对自身简化,不仅使得自身区别于环境和环境中存在的其他系统,而且以一种以退为攻的方式主动地维持自身特征。"使各种系统能够作为'一种系统'而存在和运作,该系统自身必须具有自我区分和同外在环境相区分的机制和程序,这种机制和程序越简单,该系统的存在和运作就越有更大的可能性得到实现。"(高宣扬,2005:639)由此而言,翻译批评不仅必须要有较为明确的批评对象,而且要有明确的批评功能。这对于翻译批评话语系统的建构具有极其重要的意义,因为,简化复杂性最为有效的方法,就在于制定符合预期的规范,并在规范的基础上制定相应的标准,使得系统在标准的引导和监督下运行。随着系统规范的确立,不利于翻译批评的消极因素逐渐减少,而有利于翻译批评系统发展的因素得到不断的巩固和加强。

系统规范的确立过程,也是系统自身理论的建构过程。"翻译批评的理论价值的实现在很大程度上取决于翻译批评自身理论的建构。"(许钧，2009：232)建构翻译批评系统，不仅在于将翻译研究的部分内容整合进翻译批评系统，还在于翻译批评系统同翻译研究这一母系统以及翻译研究系统中的其他系统如翻译理论系统、翻译史研究系统之间的协调。但是，我们也必须认识到，翻译批评与翻译研究整体系统及其他系统的协调，最为重要的还是翻译批评系统的内在秩序能否成功维持。翻译批评话语只有在翻译这一关系环境中才能被建构与维持，也只有在此环境下才能被理解和接受。这并不是说翻译批评只能存在于翻译研究领域。如果一味地强调翻译批评的翻译研究学科性，似乎与翻译批评的历史发展并不相符，与其现状也不相符。这是因为，批评实际上存在于各个学科，其他学科自然也可以将翻译作为批评的对象。问题是，其他学科的翻译批评，只能是基于其他学科的立场和目的，与翻译研究学科立场的翻译批评目的与功能，显然有本质的不同。尽管学科之间的界限越来越模糊，但这并不代表学科规范的消失。就此而言，翻译批评的成功与否，与批评者对翻译这一环境的认知密切相关。但是，翻译的复杂性又使得批评者无法洞悉翻译这一复杂环境中的一切，而这不仅对于批评者了解翻译规范提出了要求，因为只有规范化的，才可能是稳定的、持续的，能够被观察和内化于人的；①同时，它还对翻译批评本身的规范化提出了诉求。这种规范化诉求，也必然遭遇偏离规范化的现实。并非所有的翻译批评都满足于规范化期待。相反，那些偏离了规范化的翻译批评，有的时候也可能整合为新的规范，为后来的翻译批评提供新的规范。就此而言，只有在翻译这一环境的关系中，在翻译批评与翻译研究其他系统的关系中，才能确定翻译批评的哪些功能是可以满足功能需求的。这也进一步解释了翻译批评的运演实际上经历了不断变迁的过程。

任何事物一般都是从简单发展到复杂。但是，从人文社会科学研究的过程与方法来看，并不排除从复杂发展到简单。翻译批评话语系统的演化，就是一个从复杂到简单的自然进化过程。翻译批评话语由复杂到简单的过程，并非系统自身演化的结果，而是翻译批评系统中自我参照决定的结果。因为，"环境的复杂因素，不是作为一种固定的和自我区别的存在物环绕着系统，而是始终以其自我运动和紊乱不定以及无可预测的动向不断地影响和渗透到系统之中，使系统与环境的界限也变成变化不定和无从掌

---

① 关于规范内化于人的观点，可进一步参阅布迪厄对惯习（habitus）概念的阐释。

握,也使得系统本身的存在和运作面临被破坏的危险"(高宣扬,2005:638)。任何翻译批评,对于翻译的了解都不可能是完整的,而是有限的。这个有限性,受制于翻译经验和翻译知识,以及知识运用能力和手段、对各种规范的熟悉程度等因素。实际上,批评者并非要彻底地了解有关翻译批评的一切,而是只能从翻译这一可能提供翻译批评对象的环境中加以选择,以便使得自身能够对于自己能力可以胜任的批评对象展开批评。其结果就表明,翻译批评系统也是通过自我选择来建构自身的。翻译的复杂性实际上使得个体(比如独立的批评者)无法把握翻译中所发生的、正在发生以及未来会发生的一切,这实际表明,翻译对于翻译批评而言是具有无限可能性的变量。这既源于时间,也源自空间,还源自系统内任何因素同时具有非系统因素(如一个翻译批评者同时兼具译者或作家的身份)。面对这无限的变量,翻译批评所能做的,就是做力所能及的批评。可能存在的批评因素总是多于能够批评的对象。因而,要维持翻译系统的存在与运作,就必须促使翻译批评有的放矢,明确系统功能,通过特定的关联发生相互制约,保持系统的同一性,有别于其他系统。有所为而有所不为,这对于系统而言同样具有极为重要的意义。

　　一个对于翻译批评来说极为重要的问题,就是批评不得不借助语言符号系统。翻译批评实际上也是一种沟通,是一个通过沟通来实现自我生产的系统,而其基本的操作过程则有赖于语言表达,只有通过语言表达才能达到有意义的沟通效果。"只有通过语言和各种符号系统,行动者才有可能对社会系统复杂化进行简化的程序。所以,为了达到简化的程序,为了在各种可能性中做出合理的选择,行动者总是依据社会系统的复杂性程度以及各个行动者的相互关系的特点,选择出足以减少社会系统复杂性和行动可能性的适当符号体系。"(高宣扬,2005:661)这当然不是说批评必须依赖语言符号,比如电影或者漫画,都是可以达到批评功能的。但是作为翻译批评,无论批评的对象是什么,都有赖于有效的语言表达。显而易见,相对于其他语言表达沟通系统而言,翻译批评系统有其独特性。该独特性,一方面与翻译的属性密切相关,另外一方面与批评的性质密切相关。翻译的属性,使得翻译批评系统必须以原文为参照体系之一,而批评的性质又决定了翻译批评系统的自我论题化。自我论题化是系统自我规范化的一种有效呈现。由此而言,应用翻译批评话语系统的规范化,与其所使用的符号系统密切相关。也就是说,系统的参照性体现于语言符号等象征性形式,通过合理选择各种可能的象征性符号,建构起相应的概念体系、学术体系和话语体系,将系统同环境的复杂关系简单化、稳定化,甚至保障系统自身的不断分化。

简而言之,系统的生成与发展,都是在相应的规范性制约下实现的。许钧(2009:245)指出:"对于翻译批评标准的认识不在于评定其正确或错误,也不在于区分其先进或落后,而在于明确任何形式的翻译批评无论出于何种需要和目的,都应该在一定的规范性基础上充分考虑翻译观念、翻译价值、时代感、社会性等多种因素。"那么,"一定的规范性基础"又是什么呢?许钧并没有对此展开详细论述。但是,在此之前,许钧引述了张南峰(陈德鸿、张南峰,2000:116)的一段话:

> 假如把多元系统应用于中国的翻译研究,我们或许能够解释许多现象,例如严复、林纾为何用达旨、译述手法而成功,鲁迅为何主张硬译,当代流行的规范为何与以前的不同,我们可能还会发现,翻译规范因应社会的需要而变化,不同的规范,只是为了迎合不同时代的需要或者达到不同的目的,不一定有正确与错误,或者先进与落后之分。

就此而言,翻译批评系统的"规范性基础",既有文化性、社会性、符号性,同时也具有历史性。

我国应用翻译批评话语
源头：佛经汉译批评

> 任何事实用语言来描述之后,就已经离开了事实。
> 事实到底在何处? 你可以逼近,但没办法最终抵达。
> (韩少功,2009: 327)

> 人们自己创造自己的历史,但是他们并不是随心所
> 欲地创造,并不是在他们自己选定的条件下创造,而是
> 在直接碰到的、既定的、从过去承继的条件下创造。
> (马克思,2001: 8-9)

任何研究都离不开历史。任何系统的建构,尤其是学术
话语体系的建构,都有其历史源头。正如巴斯内特(Bassnett,
2002: 47)所言:"介绍翻译研究这一学科,如果不将其历史
纳入,显然是不完整的。但是,要涉及翻译研究历史这一范
畴,却非一书一章可以胜任。"(No introduction to Translation
Studies could be complete without consideration of the discipline
in an historical perspective, but the scope of such an enterprise is
far too vast to be covered adequately in a single book, let
alone in a single chapter.)我国的应用翻译批评话语源头在
佛经汉译译论。由此而论,我国的应用翻译批评话语历史悠
久。"翻阅古代的典籍资料,我们会发现,我国很早就有了文字

61

记载的翻译批评,不仅如此,翻译批评的方面不仅涉及对译本、翻译家的批评,而且还有对翻译思想及翻译活动的评论,可见我国的翻译批评史不仅早,而且完备。"(文军,2006:26)这里所谓的"典籍资料",主要指佛经汉译批评资料。

佛经汉译批评话语是我国应用翻译批评话语的起点和基调,我国译学界对此基本达成共识。毕竟,我国现有的翻译批评话语,或多或少都与佛经汉译批评话语有点瓜葛。然而,如果将我国的应用翻译批评传统都归结为佛经汉译译论,则不够准确。我国的应用翻译传统并非只有佛经汉译。我国译学界对翻译史的分类,多以翻译文本内容或断代史为据,认为我国的应用翻译批评话语体系历经了汉唐时期的佛经翻译批评、明末清初的《圣经》汉译及科技翻译批评、清末民初的社会科学学术翻译批评以及中华人民共和国成立之后的综合翻译批评。诚然,严格来说,这样以文本类型或断代史来划分应用翻译批评话语沿革是极不科学的。巴斯内特(Bassnett,2002:48)甚至认为:"鉴于人类文化是动态的(dynamic)系统,人们不可能依据具体的时间来划分发展的时期。"将文化发展阶段限定于特定时期,这种努力,恰好与文化动态观相矛盾。佛经汉译译论,尽管到了宋朝已然式微,但在明清之际,依然不绝,而且到了清末民初更因梁启超等人的宣扬得以光大。因此,针对佛经汉译及其他典籍汉译的批评话语,绵延久远,并不局限于特定时期。对我国佛经汉译的批评话语,当代仍然不绝。另外,除了汉唐时期的翻译批评主要体现于佛经文本之外,其他时期的批评话语还涉及其他文本类型。

"翻译史的写法可以有多种不同的结构,可以以翻译家为中心,也可以以翻译机构为主线;可以通过翻译思想的变动,也可以通过翻译运动的兴衰来清理线索。"(邹振环,1996:v)依据相关内容划分一定的时期是极为有效的方法,因此,本书将我国应用翻译批评话语的沿革划分为四个部分:佛经汉译批评话语、《圣经》汉译批评话语、科学翻译批评话语、口译批评话语。鉴于本书主题并非我国应用翻译史研究,对历史的梳理与探讨只是为了进一步明确本书的研究主旨,因此,本书只着重探讨佛经汉译,借此来呈现我国应用翻译批评话语的历史风貌。

"翻译的历史能给我们提供一系列内容丰富、极具揭示性的有关他者及自我的文化构建信息。"(谢芙娜,2018:75)探讨佛经汉译批评,不能离开当时的社会文化语境。那些对佛经汉译有过论述的批评者大多数本身就是佛教徒或者僧人,因此,他们的思想必然受到佛教的影响。但与此同时,他们又不可能脱离中国的固有文化,如儒学、道教的影响,这使得他们的批评反映了佛教文化与中国固有文化的融合。然而,这种融合也非各占一半,而是有强有弱,或沾染佛教文化多些,或体现中国文化更突出些。正如汤一介(1999:1)所说:"一种外来文化传到另一种文化环境中,往往一方面需要适应原有文化的某些要求而有所变形;另一方面也会使原有文化因受外来文化的刺激而发生变化。因此,在两种不同传统文化的相遇过程中,文化的发展有一个双向选择的问题。这种文化的双向选择,对于有较长历史、较高水平、独立发展起来的民族文化或许表现得更为明显。"

"中国文化之与外域文化发生关系,主要始于印度佛教文化之东传,始于佛经翻译。"(王克非,1997:13)我国有历史文献记载的翻译批评源自佛经汉译领域。① 印度佛教传入中国,应该是一个渐进的过程,具体的时间现在已经很难确定,学术界一般认为,在我国西汉末年,佛教开始进入汉语世界,并且有中国人信仰佛教。佛教能被中国人理解并接受,自然离不开翻译。尽管最初的佛经翻译是口译,即以口传方式传布,而且最初的译者应该以外来的佛教徒为主,② 但自西晋之后,汉人介入翻译已在史料中有所记载。佛经的汉译,在我国的翻译历史上掀起了第一次翻译高潮,甚至有学者称之为"翻译运动"。经由佛经翻译,我们今天所谈论的佛教,其实已经与原本的印度佛教不太一样了。"佛教兴于印度,但是到了公元八世纪的中叶,中印度的佛教,业已式微。唯南、北印度,尚有传承。此时东土佛教所盛行于中国者,则又根基稳固,其全部佛经的迻译,十之八九已成汉文了。"(南怀瑾,2019:48)

在汉末三国时期,佛教徒只是游说普通民众,与拥有知识的士大夫交集不多。③ 但到了东晋和西晋时期,一方面,佛教的翻译日渐增加,研究义理的高僧名士也逐渐增多;另一方面,士大夫崇玄尚虚,谈空说理。于是,名士僧徒相交甚欢,彼此影响日深,甚至中国传统的哲学和艺术,都渐渐染有佛教的色彩,为佛教真正进入中国奠定了最为坚实的基础。与此同时,文人名士的传统儒学、道学也必然对佛教徒产生影响,进而体现于佛经汉译,逐渐形成具有中国特色的中国佛教。但显而易见,任何外来文化要想在异地生根并且本土化,都不可能离开翻译,而且,往往总是先有翻译作为

---

① 肖维青(2010)认为,这一时期佛经汉译批评和朴素的翻译理论一直处于水乳交融的状态,相互交织也就难分彼此,给后世的研究者造成分类的难题。
② 我国现存最早的汉译佛经《四十二章经》,据近代学者考证,并非出自汉人手笔。
③ 但是任继愈(1973:2)认为,"佛教在东汉初年虽已传入中国,但它只在皇族及上层贵族地主阶级人物中有些影响,而在广大人民群众中还看不出影响的痕迹。"

基础,然后才有本土化。

按照我们在前一章中对应用翻译的定义,佛经汉译属宗教翻译范畴,在文体上应该属于应用翻译。因而,有关佛经汉译的批评也理所当然属于应用翻译批评。毋庸置疑,自佛教汉译以来,有关这方面问题的研究数不胜数。即使在今天,也还有人不断地对它予以批评。但本章的主旨显然不是梳理针对佛经汉译的批评史,尽管在这方面下点功夫必然功莫大焉,但笔者显然力不从心。正如笔者在前面绪论中所言,本书的目的是通过简要梳理应用翻译批评话语,表明我国应用翻译批评话语的历史性、民族性和文化性,进而为建构基于翻译规范的应用翻译批评话语标准提供历史的背景。正如王宏印(2006:53)所指出的那样,从事我国的翻译批评研究,“一个不能绕过的问题是如何看待中国传统翻译理论和翻译批评传统,即中国传统译论如何在与西学的融通中求得新生的问题”。有鉴于此,本章以自我国汉末至唐代的佛经汉译批评话语为研究对象,论述这段时期针对佛经汉译的批评话语,主要集中于参与或助益佛经汉译的僧人们所做的批评话语。诚然,其中必然会涉及诸多个体,而这些个体的思想和观点,又不可避免地与他们的身世、职业、教育有关。但如果本书拘泥于探讨这些背景因素,又会陷入传记的书写。因此,在谈及个体时,本书只是对他们的背景做简单介绍,以免分散主旨。

“我国翻译以宗教翻译为宏业之开局,并从一开始就将自己移花接木于我国传统哲学与美学,借中华丰厚的哲学-美学思想以自用自持,同时也为自己植入了中华传统文化的基因。”(刘宓庆,2019:79)不过,这并不是说,我国古代只有宗教翻译而无其他类型的翻译。谢天振和何绍斌(2013:47)指出:“佛经汉译的兴盛并不意味着佛经是唯一翻译内容。从某种程度上讲,佛经汉译的凸显主要归功于历史记载的详细。相比之下,史籍对于其他翻译活动的记载失之简略。”由于缺乏相应的史籍,我们谈论古代的翻译,往往就从佛经汉译开始。而且,古代佛经汉译大师们在经序及相关论述中留下的史料,的确为我们今天的翻译研究提供了极为有价值的理论与实践资源。

我国古代佛经汉译,主要指东汉末年①至唐武宗会昌五年(公元845

---

① 汤一介(1999:15)认为,佛教在东汉是作为当时流行的一种道术而传播的,到了魏晋时期,“僧人多用玄学解释佛教教义,他们采用的方法,渐由自相比附的‘格义’进展到取‘得意忘言’的玄学思辨方法”。由此而言,佛教传入中国是依附于中国固有传统思想才得以传播并融入中国文化的。理解这一点,对于理解佛经汉译是有启示意义的,因为佛经汉译批评也必然受当时的主要翻译规范之影响。另外,外来思想进入目的语,往往只有和原有思想结合才能生根开花,一方面对自身原义有所保存,另外一方面又要根据目的语文化有所发展。

年)灭佛这段时期。一般认为,我国的佛经汉译肇始于汉代,历经两晋南北朝后盛于隋唐,尔后逐渐式微①。马祖毅等(2006:69)从时间上将佛经汉译分为四个阶段:"一般说来,中国翻译史是始于佛经翻译。佛经翻译从东汉桓帝时开始,到北宋时基本结束,持续了近千年,时间之长,译量之多,在世界上是罕见的。"其间,"从东汉桓帝末年到西晋是佛经翻译的草创时期,从东晋到隋是发展时期,唐代是全盛时期,北宋是基本结束时期"(马祖毅,2006:69)。赞宁(919—1001)在《宋高僧传》中将佛经的翻译归纳为三个阶段,即"初则梵客华僧,听言揣意……觌面难通。次则彼晓汉谈,我知梵说,十得九八……后则猛、显亲往,奘、空两通……印印皆同,声声不别,斯谓之大备要矣"(朱志瑜、张旭、黄立波,2020:108)。赞宁所划分的三个阶段,代表了佛经翻译从肇始经由发展然后到达鼎盛的历程。这三段时期僧人对佛经汉译的种种批评话语,为我国佛学研究和翻译研究提供了丰富的资料。因此,本章将研究对象聚焦于佛经汉译批评话语。

当然,如果单纯从有翻译就有翻译批评而言,翻译批评应该早在汉代佛经翻译之前就已经存在。因为,我国的翻译,显然并非自佛经翻译才有的。言语的不同,自古就如此。但人类之间的交往并不会因为语言的不通而止步。"西汉时董仲舒的《春秋繁露》,在卷四《王道第六》中称早在'五帝三王'时就有'四夷传译而朝'之事。而相传汉初伏胜传授的虞夏商周之史书《尚书》中,则确凿记载了夏朝末期以来的大量'重译来朝'。"(陈福康,2011:2)由此可以推测,广义的翻译应该早在人类社会初期就已经存在。《礼记·王制》记载:"五方之民,言语不通,嗜欲不同。达其志,通其欲,东方曰寄,南方曰象,西方曰狄鞮,北方曰译。"(转引自陈福康,2011:2)至于我国古代文献中记载的"象胥""舌人"等有关译人的词语,更是为翻译的自古存在提供了各种佐证。但这方面的点滴记载,只是表明:为了满足各国交流之需要,的确有翻译存在,而且在早期主要集中于口译,至于翻译批评方面的论述,则史料阙如。"从东汉至隋的正史中均略而未提译员的具体'传译'情况。"(马祖毅等,2006:10)因此,我们不能妄自菲薄地臆测那时的古人对翻译作何批评,只能从古代的相关文献中探寻我国应用翻译批评的史实。

---

① 佛经翻译在唐代中后期式微,但宋代政府曾经仿照唐代模式重建译场,但未能在中国佛教发展中产生重要作用。(参见孔慧怡,2005:64)

中国应用翻译批评及其标准研究

第一节　我国佛经汉译批评话语的发轫

我国历史文献中记载的最早的翻译批评话语,是对佛经汉译的批评。佛经汉译"既是宗教经典的翻译,又是哲学理论的翻译,同时还是一种文学的翻译"(王克非,1997:44)。但在本书看来,它主要属于宗教翻译。而宗教翻译按照本书的文本类型划分属应用翻译,因而相关论述也是应用翻译批评。相关史料①主要记载于《出三藏记集》②《高僧传》等,少见于专门谈论翻译的著作。王铁钧(2006:1)在《中国佛典翻译史稿》的前言中称:

> 述佛法传承及佛典见在,于南北朝始,即有专撰,且续出不断。南朝梁僧祐《出三藏记集》(亦称《祐录》)发其先声,慧皎《高僧传》乃随其后;至隋,有费长房《历代三宝记》(亦称《费录》);李唐一代,则有道宣《续高僧传》、智升《开元释教录》;宋为会昌毁佛之后佛教重兴之世,是有赞宁《宋高僧传》;元、明及清,亦是传有后续。元有昙噩《六学僧传》、觉岸《释氏稽古略》;明有如惺《大明高僧传》、释明河《补续高僧传》;清有彭际清《居士传》……僧传及经录,俱见于斯。
>
> 叙中国两千年佛典译事,却未见有完整著述。初唐时人释靖迈撰《古今译经图纪》,《开元释教录》作者智升亦撰《续古今译经图纪》,然

---

① 古代《高僧传》《续高僧传》《宋高僧传》《大明高僧传》《出三藏记集》《释氏要览》《开元释教录》《大藏经》、敦煌古卷等对佛典汉译都有研究或涉及。另外,由于千年译经历时较长,还有些资料散落在二十四史中。近代以来,我国学界很多大家都曾关注佛典汉译研究,如梁启超的《佛学研究十八篇》粗看是一部论文集,其实是梁启超所写的《中国佛教史》的未定稿,里面就包含《翻译文学与佛典》和《佛典之翻译》等文章。胡适的《白话文学史》也包含有"佛教的翻译文学"等内容。陈寅恪的《读书札记三集》、钱锺书的《林纾的翻译》等都对佛典汉译有所论述。在当代,季羡林是研究佛典汉译和东西方文化的大家,出版了《印度古代语言》《佛教与佛教文化》《印度文学沉思录》《季羡林谈翻译》等系列著作。佛典汉译研究还包括张曼涛主编的《佛典翻译论》,朱志瑜、朱晓农编著的《中国佛籍译论选辑评注》,王铁钧撰写的《中国佛典翻译史稿》,张佩瑶女士编著的《中国翻译话语英译选集(上册):从最早期到佛典翻译》(*An Anthology of Chinese Discourse on Translation Volume 1: From Earliest Times to the Buddhist Project*),朱志瑜、张旭、黄立波编的《中国传统译论文献汇编》等。另外,罗新璋、陈应年的《翻译论集》,陈福康的《中国译学理论史稿》,马祖毅的《中国翻译简史——"五四"以前部分》,王秉钦的《20世纪中国翻译思想史》,孔慧怡的《重写翻译史》,王宏印的《中国传统译论经典诠释——从道安到傅雷》等著作,均对佛典汉译有所论述。

② 《出三藏记集》为我国南朝齐梁时代高僧僧祐(445—518)所撰,内容繁杂,是研究佛教入华传播的重要文献,尤其是其中收录的大量经序,更是为佛经汉译研究提供了重要资料。

其所载惟李唐及其之前译经史事;且述译人译籍译事,用笔过简,多是三言两语带过。虽赞古人惜墨如金,要言不烦,然以翻译史论之,则不免有述事不详且挂漏孔多之嫌。

与此同时,我们在讨论这些批评话语时,应该注意到两个事实。第一,佛经翻译大部分由外来僧人完成,尤其是中亚僧人在其中扮演了重要角色。这些外来僧人,不乏对汉语的掌握程度较高者,但汉语毕竟不是他们的母语,故而,这些僧人对于佛经汉译的批评自有其局限。第二,对佛经汉译进行批评的人,基本上都是译者,但这些所谓的"译者",与我们今天所说的译者又有不同:

> 佛经翻译中被称为主译或译者的,必定是翻译过程中被视为有关经文的权威人物,他们通常就是把该经文带入中国的人。但外来佛经权威未必都懂汉语,即使稍懂,能力也未必足以做翻译。遇上经学权威没有汉语能力时,实际的语言转换工作就由"传语"(又称"度语")负责。……但即使有传语做语际转换工作,翻译成的文本仍会把经文的权威列为译者或主译。这就是说,佛经翻译中"译者"的称号和双语能力没有必然的联系。(孔慧怡,2005:144)

其中的典型代表就是道安(312—385)。因此,我们对佛经汉译批评话语的研究,实在不能忽视作为批评主体的批评人的身份。

佛经汉译批评话语自佛经汉译开始就已有发端。"我国翻译佛经,确凿可考者,应自东汉桓帝时安世高译《明度五十校计经》始。"(马祖毅等,2006:67)"目前学术界多倾向于佛经翻译始自汉桓帝(147—167年在位)时期。桓帝建和二年(148年),安息国僧人安清①来华,正式揭开佛教入华和佛经汉译的历史序幕。"(谢天振、何绍斌,2013:11)但也有学者认为,"根据中国历史学界的研究,'佛祖西来'的最早年代应该是东汉明帝(公元58—75年)时,到东汉桓、灵之际(公元147—189)佛教已在中原腹地传

---

① 安清即安世高。汉朝末年传入中土的佛教主要来自两个系统:安息国(在今天的伊朗境内)系统和月氏国系统。来自这些系统的僧人以他们的国名作为姓氏:安息国的人姓安,大月氏的人姓支,天竺国(即印度)的人姓竺。这种情况持续到后来道安统一中国僧人的姓氏为"释"。"但古代佛教也另有一个规例,就是出家人随师姓,如月支裔的竺法护,'竺'姓来自师承。"(孔慧怡,2005:64)——引者

播开来。佛经汉译的第一位译者安世高①就是东汉桓帝建和二年(公元148 年)抵达洛阳的。安世高在 20 余年中(148—172)共译出佛典数十部(《出三藏记集》中说安世高译经 35 部,凡 41 卷)"(刘宓庆,2019:78)。因此,安世高的佛教翻译往往成为我国佛经汉译研究的起点,也是我国应用翻译批评的起点,后人对佛经汉译的批评,多从他而起。实际上,安世高本人并没有翻译批评方面的论述留世,后人有关他的研究基本上以《出三藏记集》和《梁高僧传》②为基础。据《出三藏记集》卷十一《安世高传》载,"安清,字世高,安息国王正后之太子也","其先后所出经论。凡三十五部。义理明析,文字允正,辩而不华,质而不野。凡在读者,皆亹亹而不倦焉","天竺国自称书为天书,语为天语,音训诡塞,与汉殊异,先后传译,多致谬滥。唯世高出经,为群译之首。安公以为,若及面禀,不异见圣"(朱志瑜、张旭、黄立波,2020:44 - 45)。另外,在关于道安的各种论述中,安世高也多被提及。道安认为:"世高出经③,贵本不饰。天竺古文,文通尚质;仓卒寻之,时有不达。"(《出三藏记集》卷十,引道安《大十二门经序》,转引自梁启超《翻译文学与佛典》,载罗新璋,1984:57)道安于《摩诃钵罗若波罗蜜经钞序》又言:"前人出经,支谶、世高,审得胡本难系者也。"(罗新璋,1984:24)梁启超还指出:"世高、支谶两大家译本,今存藏中者不少(内有伪托),试细辩核,则高书实比谶书为易读。谶似纯粹直译,高则已略带意译色彩。"(罗新璋,1984:58)安世高的佛经汉译确为事实,"辩而不华,质而不野"也成为他的译经特征。

---

① 在史学界,说安世高是佛经汉译第一位译者,未必确凿。诸多文献表明,在安世高之前已经有佛教的汉语文献存在。——引者

② 《梁高僧传》一般作《高僧传》,记载自东汉明帝永平十年(公元 67 年)至萧梁天间十八年(公元 519 年)共 453 年间著名僧人的生平。南朝梁僧人慧皎(497—554)撰。慧皎,上虞(今属浙江)人,居会稽嘉祥寺。此书 14 卷,将所载僧人分为"译经""义解""神异""习禅""明律""忘身""诵经""兴福""经师"和"唱导"等 10 科。他在序言中自称记了 257 人事迹,"又傍出附见者二百余人"(释慧皎,1992:2)。卷末附有同时人王曼颖致慧皎书,对此书颇加称赞。约公元 665 年,唐代道宣撰《续高僧传》30 卷,一称《唐高僧传》。公元 988 年,宋代赞宁撰《宋高僧传》30 卷。明代如惺撰《大明高僧传》8 卷,其体例大致依据梁传。此三者与《梁高僧传》合称《四朝高僧传》。

③ 据孔慧怡论证,"佛教传统中'出经'和'译经'的观念交替使用,因此令'译经师'一词的定义并不清晰。'出经'指的是某一部佛经能够来到汉土,并译成汉文,得以流传。在这整个过程中,牵涉的人包括把梵本或胡本带到中土的僧侣,又或是在没有写本的情况下,口诵梵文的人,此外尚有传语、笔授、润文、释义等人。以今人对'翻译'下的定义而言,他们未必真的都参与翻译过程,但因为佛教传统中认为上述每一步骤都是某部经典得以翻译成汉文的必要环节,所以把他们的名字都列入了译经师表"(孔慧怡,2005:65)。由此可见,在古代佛经汉译时期,对于参与翻译过程的人都持尊重的态度。——引者

鉴于安世高本人未曾留下关于佛经翻译方面的论述,我国译学界在探讨翻译理论时,往往自支谦的《法句经序》开始,认为"我国第一篇文本尚存的翻译理论文章当属支谦于孙吴黄武年间撰写的《法句经序》"(曹明伦,2006:122)。"该序原未署名,收入梁僧祐所编《出三藏记集》卷七时,注为'未详作者'。"(陈福康,1992:15)不过,杨全红对此做过深入的考证。他认为,《出三藏记集》最早记录《法句经》并有几处提到。《出三藏记集》卷二有言,"《法句经》……魏文帝时,天竺沙门维祇难以吴主孙权黄武三年赍胡本,武昌竺将炎共支谦译出"(杨全红,2009:67)。该书卷十三《安玄传》也说:"沙门维祇难,天竺人也。以孙权黄武三年赍《昙钵经》胡本来至武昌,《昙钵》即《法句经》也。时支谦请出经,乃令其同道竺将炎传译,谦写为汉文。将炎未善汉言,颇有不尽,然志存义本,近于质实,今所传《法句》是也"(杨全红,2009:67)。同时,《安玄传》摘录《法句经序》,还将第一人称"仆"直接写作了"支谦"。此外,《出三藏记集》卷十三《支谦传》中亦记其译有《法句经》。据此,杨全红认为,《法句经序》应该是支谦的手笔。

如今,《法句经序》和支谦已被公认为我国佛经汉译研究或者翻译理论的发轫,而且在我国翻译研究史中占据重要地位。钱锺书认为:"严复译《天演论》弁例所标:'译事三难:信、达、雅',三字皆已见此。"(罗新璋、陈应年,2021:23)后来在盛赞道安所提出的"五失本""三不易"为"吾国翻译术开宗明义"时,钱锺书认为《全三国文》(卷七五)支谦《法句经序》仅发头角"(罗新璋、陈应年,2021:30)。而梁启超则认为:"支谦,法护,当三国西晋间,译业宏富;所译亦最调畅易读。殆属于未熟的意译之一派。"(罗新璋、陈应年,2021:101)陈福康(2011:7)指出,该序在我国翻译研究史上具有三方面意义:其一,首次提出译事不易;其二,反映了早期"质派"的译学观点;其三,说明我国译论从一开始便深植于传统文化土壤之中。[1] 在此基础上,曹明伦(2006:123)认为还有三点意义值得强调:

(1)此序表明我国译者在公元三世纪初期就已经自觉地开始了翻译研究。(2)此序不仅是一篇翻译理论文章,而且触及了翻译理论的核心问题,即纽马克所说的"翻译理论的核心是翻译问题"(Newmark,2001:21),而"翻译的主要问题从来就是直译或意译的问题"(op cit:

---

[1] 蒋述卓指出:"这里《法句经序》所出现的雅与达、信与美、言与意、文与质等概念及范畴都出自先秦时期的传统文艺观和美学观。"(转引自王克非,1997:45)

45）。（3）此序说明直译意译从来都是共生共存、互补互彰的。

有关这方面的研究成果还有很多，并不仅限于翻译研究，佛教研究、文学研究等领域对此都有涉猎。总体而言，这篇《法句经序》在我国翻译研究史中占据着重要的位置，这是不容置疑的。举凡我国有关古代翻译方面的研究文集，都会将其收录。然而，由于古汉语没有标点符号，后人按照各自的解读进行断句，所以产生了多种版本的《法句经序》。对此，曹明伦、杨全红都做过相关研究。其中，杨全红（2009：61-69）专门节选过《法句经序》的多个版本：

（一）

　　法句者，犹法言也。近世葛氏，传七百偈。偈义致深，译人出之颇使其浑漫。惟佛难值，其文难闻。又诸佛典皆在天竺。天竺言语，与汉异音。云其书为天书，语为天语。名物不同，传实不易。唯昔蓝调，安侯、世高、都尉、佛调，译胡为汉，审得其体，斯已难继。后之传者，虽不能密，犹常贵其实，粗得大趣。始者维祇难出自天竺，以黄武三年来适武昌，仆从受此五百偈本，请其同道竺将炎为译。将炎虽善天竺语，未备晓汉。其所传言，或得胡语，或以义出音，近于质直。仆初嫌其辞不雅。维祇难曰："佛言，依其义不用饰，取其法不以严。其传经者，当令易晓，勿失厥义，是则为善。"座中咸曰："老氏称：'美言不信，信言不美。'仲尼亦云：'书不尽言，言不尽意。'明圣人意，深邃无极。今传胡义，实宜径达。"是以自偈受译人口，因循本旨，不加文饰。译所不解，则阙不传。故有脱失，多不出者。（罗新璋，1984：22）

（二）

　　始者维祇难出自天竺，以黄武三年（224年）来适武昌。仆从受此五百偈本，请其同道竺将炎为译，将炎虽善天竺语，未备晓汉；其所传言，或得梵语，或以义出，音近质直。仆初嫌其辞不雅。维祇难曰："佛言依其义。不用饰；取其法，不以严。（"严"是当时白话，意为妆饰。如《佛本行经》第八云："太子出池，诸女更严。"）其传经者，令易晓，勿失厥义，是则为善。"座中咸曰："老氏称美言不信，信言不美。……今传梵义，实宜径达。"是以自偈受译人口，因循本旨，不加文饰。译所不解，则阙不传，故有脱失，多不传者。然则虽词朴而旨深，文约而义博。……（胡适，1996：117）

（三）

　　法句者,犹法言也。近世葛氏,传七百偈。偈义致深,译人出之,颇使其浑漫。惟佛难值,其文难闻。又诸佛兴,皆在天竺;天竺言语,与汉异音。云其书为天书,语为天语。名物不同,传实不易。唯昔安侯世高、都尉弗调,释梵为汉,实得其体。斯以难继。后之传者,虽不能密,犹尚贵其实,粗得大趣。

　　始者维祇难,出自天竺,以黄武三年,来适武昌,仆从受此五百偈本,请其同道竺将炎为译。将炎虽善天竺语,未备晓汉,其所传言,或得梵语,或以义出音,近於质直。仆初嫌其为辞不雅,维祇难曰:"佛言依其义,不用饰,取其法,不以严。其传经者,当令易晓,勿失厥义,是则为善。"座中咸曰:"老氏称'美言不信,信言不美。'仲尼亦云:'书不尽言,言不尽意。'明圣人意,深邃无极。今传梵义,实宜径达。"是以自竭,受译人口,因循本旨,不加文饰。（罗新璋,2006:60）

（四）

　　夫诸经为法言,法句者,犹法言也。近世葛氏传七百偈,偈义致深,译人出之,颇使其浑漫。惟佛难值,其文难闻。又诸佛兴,皆在天竺,天竺言语与汉异音,云其书为天书,语为天语,名物不同,传实不易。唯昔蓝调、安侯世高、都尉、佛调,译胡为汉,审得其体,斯已难继。后之传者,虽不能密,犹尚贵其实,粗得大趣。始者维祇难出自天竺,以黄武三年来适武昌。仆从受此五百偈本,请其同道竺将炎为译。将炎虽善天竺语,未备晓汉。其所传言,或得胡语,或以义出音,近于质直。仆初嫌其辞不雅。维祇难曰:"佛言'依其义不用饰,取其法不以严'。其传经者,当令易晓,勿失厥义,是则为善。"座中咸曰:"老氏称'美言不信,信言不美';仲尼亦云:'书不尽言,言不尽意。'明圣人意深邃无极。今传胡义,实宜径达。"是以自竭,受译人口,因循本旨,不加文饰,译所不解,则阙不传。故有脱失,多不出者。（朱志瑜、朱晓农,2006:4-5）

　　在对以上几个版本进行较为系统且深入的比较之后,杨全红（2009）认为,我国学界对《法句经序》的征引主要存在三方面的问题。第一个问题"是因形或音而导致的文字混误。比如,本来是'又诸佛兴,皆在天竺',早先的版本几为'又诸佛典皆在天竺'。'兴'字在原序中无疑写作'興'（即'兴'的繁体）,而'興'与'典'酷似,这就难怪一些引者看走眼。关于僧人 Vighna 的中文译名,有的写'维祇难',有的又写'维祇难',原因当也是'祇'与'祇'二字之间"(杨全红,2009:62)形似。而"实得其体"与"审得其体"的混淆,应该也是"实""审"二字之间的形似所致。(杨全红,2009)"至于同音或近音字相混,主要有'词'与'辞'、'唯'与'惟'、'竭'与'偈'、'尚'与'常'等。"(杨全红,2009:63)前二者中,相关二字常可通用,而"常"是"尚"字的笔误。(杨全红,2009)至于"竭"与"偈"的关系,杨全红更是在文中做了详细的论述,在此不述。

第二个问题则由古汉语缺乏标点符号所致。在罗新璋《翻译论集》的1984 年版本与陈福康《中国译学理论史稿》的 1992 年版本中,都有"唯昔蓝调、安侯、世高、都尉、佛调"一句,似乎出现了五个译者;但在罗新璋的2006 年版本(即《古文大略》)中改为"唯昔安候世高、都尉佛调",陈福康在其 2011 年出版的《中国译学史》中改为"唯昔蓝调安侯、世高都尉弗调"。显而易见,这些断句都是错误的。原文中的安侯与安世高应该是同一个人,安侯乃安世高的号名。而都尉和佛调,一个是骑都尉安玄,一个是临淮严佛调①,在《梁高僧传》和《出三藏记集》中均有所记载。《出三藏记集》卷十三《安玄传》称"世称安侯、都尉、佛调三人传译,号为难继"(转引自杨全红,2009:66)。马祖毅等(2006:70)也在其书中指出:"《法镜经》乃是大乘佛教,三国吴康僧会为此经作序云:骑都尉安玄,临淮严佛调,斯二者,年在韶齿,弘志圣业。"唯有"蓝调"目前仍旧存疑。但至少不会是五位译者,也不可能是两位译者,比较确切的说法应该是三位译者。② 又比如,"其所传言,或得梵语,或以义出音,近于质直"一句在文本(一)(三)(四)中虽个别字有所不同,但断句相同;然而文本(二)中此句后两个分句的断句则明显不同:"或以又出,音近质直"。杨全红(2009:63)在文中指出,胡适的断句在"逻辑上似乎不怎么讲得通"。对于"是以自偈受译人口"一句,胡适与钱锺书转引时皆未断句,但杨全红倾向于"是以自竭,受译人口"的断句法。断句较乱的是"佛言依其义不用饰取其法不以严"这一句,上引四种版本分别将其断为"佛言,依其义不用饰,取其法不以严。"(罗新璋 1984 年版)"佛言依其义。不用饰;取其法,不以严。"(胡适版)"佛言依其义,不用饰,取其法,不以严。"(罗新璋 2006 年版)"佛言'依其

---

① 又为"严浮调"。世传安世高口授而严浮调记录。除安世高之外,严浮调还襄助优婆塞安玄译经。《高僧传》对严浮调译笔评价甚高,称其译"理得音正,尽经微旨,郢匠之美,见述后代"(释慧皎,1992:11)。

② 张佩瑶(2010)编著的《中国翻译话语英译选集》也主张是三位译者:安世高、安玄、严佛调。

义不用饰,取其法不以严'。"(朱志瑜、朱晓农版)毋庸置疑,不同的断句,代表了不同断句人对这句话的理解,似无可厚非。但笔者比较赞同杨全红(2009:63)的说法:"佛言依其义不用饰,取其法不以严"更符合语境,和后句"其传经者,当令易晓,勿失厥义,是则为善"在语义上更为吻合,都是维祇难所力辩的译经主张。

对《法句经序》的评述,历来多从"文质之争"或者"直译意译之争"的视角进行,而且往往追寻文学研究的进路。"中古时期的佛经翻译既是一种宗教经典的翻译,又是哲学理论的翻译,同时还是一种文学的翻译。……而随着佛经翻译的发展所建立起来的佛经翻译理论,则多是从文学角度去讨论翻译的,它与中古时期的文学、美学理论有着密切的关系,本身也成为了中古时期文学、美学理论的一部分。"(王克非,1997:44)"从语言史的角度来看佛典翻译文学,佛典的体制固然是依照原本,但终究是译成汉文,多少要受汉文文学的影响。"(罗新璋、陈应年,2021:137)既然译学界都认可《法句经序》为我国翻译研究之发轫,那么,它必然如其他理论一样,承载着那个时代的学术风气与人文精神。问题是,它究竟给后来的翻译研究带来了什么?或者说,它对于后世的翻译研究究竟具有怎样的理论与实践意义?

虽然佛教经典具有文学性,但其本质上的功能并非审美愉情,而在于阐述、宣传教义,是为其宗教目的服务的。"一个宗教就是一套象征系统,首先设定了一些概念以说明存在现象的一般秩序,如此在人间建立起一些普遍的、有力的、持久的情绪和动机,并且在这些概念上加上事实的根据,使得整个情绪和动机看起来特别有真实感。"(基辛,1986:262)因此,对于《法句经序》的认识,首先要看到它的宗教性而非文学性或者文化性,应该将它作为宗教翻译批评话语来看待,认识到它所针对的是宗教文本。《法句经》本身就是宗教文本。诚然,为了激发信徒的情感和想象,宗教文本也不乏文学语言特征,甚至也不乏文学性很强的宗教文本,比如史诗、赞美诗、寓言故事等。但总体而言,宗教文本是论证性的、应用性的。论证性体现于论证其宗教的合理性,辨明其教义的合理性;应用性体现于宣传与阐述其教义,制定各种戒律。因此,作为宗教文本的《法句经》的汉译问题,从根本上讲,首先应该是宗教翻译的问题,而不是文学翻译的问题。只有明确了这一点,我们才能认识到《法句经序》对于应用翻译研究的意义强于文学翻译研究。

支谦在《法句经序》中所谈的问题,主要围绕《法句经》的汉译来展开,其目的主要是为其宗教服务。目前我们所引的文本,往往从"夫诸经为法言"开始。但是,《法句经序》原文在前面有一段小引:

　　昙钵偈者,众经之要义。昙之言法,钵者句也。而法句经别有数部,有九百偈,或七百偈,及五百偈。偈者经语,犹诗颂也。是佛见事而作,非一时言,各有本末,布在诸经。佛一切智,厥性大仁,愍伤天下,出兴于世,开现道义,所以解人。凡十二部经,总括其要,别为数部,四部阿含佛去世后,阿难所传,卷无大小,皆称闻如是处佛所在,究畅其说,是后五部沙门,各自钞众经中四句六句之偈,比次其义,条别为品,于十二部经,靡不斟酌,无所适名,故曰法句。(转引自黄立波,2020:39)

　　小引强调,该《法句经》乃"众经之要义",虽然"犹诗颂也",但"是佛见事而作,非一时言,各有本末,布在诸经",尔后经序正文又进一步强调"夫诸经为法言。法句者,犹法言也"(朱志瑜、张旭、黄立波,2020:1)。由此点明了该经作为"法言"本应译得"严"且"雅"。但之前的译者,大部分"出之颇使其浑漫",不能尽传佛言佛语。在此,支谦并没有指责,而是话锋一转,通过说明语言不同、"名物不同"所带来的"传实不易",为这类译者做了开脱:"天竺言语,与汉异音。云其书为天书,语为天语,名物不同,传实不易。"(朱志瑜、张旭、黄立波,2020:1)在此基础上,支谦并没有全盘否定前人的翻译,而是正面地肯定了安世高等几位译者,说他们"译梵为汉,审得其体。斯已难继,后之传者,虽不能密,犹尚贵其实,粗得大趣"(朱志瑜、张旭、黄立波,2020:1)。支谦显然不满意"粗得大趣",因此适逢维祇难和竺将炎来武昌,于是就请他们二人一起汉译《法句经》五百偈版本。等到译好后,支谦拿来一看,"仆初嫌其辞不雅",认为"将炎虽善天竺语,未备晓汉。其所传言,或得梵语,或以义出音,近于质直"(朱志瑜、张旭、黄立波,2020:1)。在此,支谦提出了译者应该具备的双语能力,同时也点明"不雅"的原因在于太过质直。本来这是给维祇难和竺将炎台阶下,谁知维祇难不买账,振振有词地为"质直、不雅"辩解:"佛言依其义不用饰,取其法不以严。其传经者,当令易晓,勿失厥义,是则为善。"(朱志瑜、张旭、黄立波,2020:1)此处的"严",钱锺书认为是"庄严"之意,与"饰"变文同意。认为传达佛言可以"不用饰、不以严",只要"易晓、勿失厥义"就属于"善"译。(罗新璋,1984:23)这条标准,在当下彰显翻译目的、注重读者感受的翻译理念中仍然流行,尤其是作为信息型文本的翻译标准,更为人所主张。这说明"目的论""读者接受论"在当时佛经翻译界已经很有市场。因为,对于维祇难的辩解,当时在场的人纷纷附和:"老氏称

'美言不信,信言不美。'仲尼亦云:'书不尽言,言不尽意。'明圣人意深邃无极。今传胡义,实宜径达。"(朱志瑜、张旭、黄立波,2020:1)附和的人搬出老子和孔子的话来支撑"传胡义,实宜径达",实际上是自相矛盾的,不信如何径达?不尽言、不尽意也不能成为不信的借口。这实际上与支谦一开始就强调"法言"这一文本特征相违背。从整个论述来看,支谦对于维祇难以及"座中人"的佛经翻译观是很不以为然的。但是,支谦的高明之处在于他并没有说他如何与他们争论,而是用自己的翻译实践来说明问题。于是他开始亲自翻译,即"自竭"①,所遵循的标准为"因循本旨②,不加文饰,译所不解,则阙不传。故有脱失,多不出者"(朱志瑜、张旭、黄立波,2020:1)。这里的"不加文饰",并不是不加以文饰,而是不特别看重文饰,也就是将"文饰"这一标准悬置起来。其实,从后来道安等人对支谦翻译的评价来看,支谦的译文总体上还是比较"雅"且"饰"的。因此,并不能说支谦就不"文饰",而是"不加文饰",即不刻意文饰。这也是支谦采取的一种翻译策略。这显然与当时的佛经汉译规范有关。

当一种翻译规范占据主流之际,如果刻意地违反规范,无疑对于自己的译文为他人所接受并无益处。支谦也不可避免地受制于当时的翻译规范。许多有关《法句经序》研究的论述,往往有断章取义之嫌。一般引文都引到"故有脱失,多不出者"就结束了,但原文其实并未结束,尤其接下来还有一句,"然此,虽辞朴而旨深,文约而义博,事钩众经,章有本故,句有义说"(朱志瑜、张旭、黄立波,2020:1)。显然,这句话非常重要,因为这是支谦对自己译文的评价。翻译批评,不能只批评他人,好的翻译批评

---

① 孔慧怡(2005:146)认为,翻译《法句经》的经学权威并非支谦。
② 研究佛经汉译,一个必须清楚的问题是,佛经的基础文本,即原本,是一个模糊的概念。所谓"循本"并非遵循原文本。孔慧怡专门论述了佛经汉译中的"原本"和"原文"这两个概念。"原本。佛教源于印度,而印度一向以口语传统为主。在早期发展阶段,佛经及教义都是由师傅向徒弟口头传授的,所以发展下来形成不同的版本。而佛经传入中国,并非单靠文字方式,早期很多经典是由外来僧侣口诵,然后再笔录下来的。因此所谓同一部佛经的不同译本,其实源于不同的'原本',并不是根据同一版本译成的。"(孔慧怡,2005:142)"原文。佛学东传,先到达西域,然后再传入中国,因此最早到到中国弘法的僧侣以西域人为主,而他们带来的佛经,无论口述的或是笔录,很多都以西域语言为媒介。直到公元6世纪,梵文佛经才在中国确立其主导地位,因此早期译经所依据的'原文'是什么,并不那么容易判断。"(孔慧怡,2005:143)王铁钧(2006:42)也在其书中论及:"早期佛经东来,多无经本,《分别功德论》卷上载:外国法师徒相传,以口授相付,不听载文。道安《疑经录》云:外国僧法缘跪而口受,同师所受,若十、二十,转以授后学。法显《佛国记》亦称:法显求戒律,而北天竺诸国,皆师师口传,无本可写。察诸典籍所言佛典无本可写之原因,一是书写媒体不发达以致抄经不方便;二乃宗教与生俱有之神秘性与神圣性使然,只可口授,不可书写,以免亵渎佛典。"其实,这个问题在《圣经》汉译过程中也是存在的。——引者

要有自己的见解,要在批评别人的基础上提出自己的看法。这是批评的要点。从这句话中可以看出,支谦对自己的翻译还是比较满意的,尽管不是十分满意。因为他觉得自己的译文"辞朴""文约",这与他开始评价他人的翻译"嫌其辞不雅"是一脉贯通的。这也说明,支谦对于"雅"还是心念系之,并不像有些学者所说的那样主张直译,而是把"旨"和"义"放在第一位,至于"词"和"文"则服务于"旨"和"义",而为了达到"旨深""义博","辞朴""文约"也是可以的。因此,很难说支谦就是倾向于"文"而不是"质"的。(陈福康,1992)虽然在当时已表现出佛经翻译的"好文好质",而且其中"隐表南北气分之殊",但就支谦本人的翻译观而言,并没有表现出"对峙焉"。(罗新璋,1984:58)从支谦说翻译要"事钩众经,章有本故,句有义说"来看,他具有很强的翻译整体观,因为他所翻译的《法句经》涉及众经之要义,因而译文要反映出章之故、句之义,只有如此,方才算得上"因循本旨"。

刘宓庆(2019:78)认为,"《法句经序》中提到的翻译思想之争实际上是支谦对中国翻译前100年(148—253)的一个小结"。从以上的解读来看,这一小结无疑带有强烈的批评性质,是一篇有关佛经翻译的"批评与自我批评"的文章,开我国文本翻译批评之先河。[1] 其基本进路为:文体描述—翻译现状—本次翻译起因—他人翻译不足—自己的翻译标准—自己翻译评价。本书认为,《法句经序》也可以说是一篇翻译批评方面的典范性论文,值得任何从事翻译批评研究的人来学习。[2] 文章不仅有文本特征分析,而且有针对该文本的翻译标准;不仅阐述自己的翻译观,更有对他人观点的比较。一篇自序,能写到这个份上,令人高山仰止,难怪文学研究也要"趋之若鹜"了。

第二节　我国佛经汉译批评话语的活跃期

如果说支谦开我国翻译批评之先河,那么,道安无疑是我国佛经汉译批评方面最富成果的理论家和实践家,不仅著述颇丰,为很多佛经写过颇

---

① 梁启超说:"翻译问题之讨论,自道安始。"(罗新璋,1984:58)但由此看来应该始自支谦。

② 黄立波在《翻译史论丛》(2020)中撰文指出,《法句经序》是我国翻译学术史的滥觞,其中所讨论的论题几乎涵盖了中国传统翻译理论的所有论题,成为我国传统译论的母题来源。

有见地的序文,为后世研究佛经翻译提供了大量素材,而且还直接主持、参与了许多部佛经汉译的整理与校注。据彦琮所言,道安当时被称为"印手菩萨"(朱志瑜、张旭、黄立波,2020:77)。

　　道安原姓卫,曾改姓竺,又随师姓,改为释或道,因而历史上有卫道安、竺道安、释道安、道安,古籍中常称之为安,其实都是同一人,现代一般称其为道安。诚然,他不通梵文,却在我国东晋时期成为享有很高威望的佛教大师,并在后世因翻译思想备受关注。他的翻译思想主要体现在他为佛经汉译所作的一系列序言中。《高僧传》和《出三藏记集》都记载了其译经序言19篇,罗新璋的《翻译论集》收录了与翻译密切相关的五篇:《道行经序》《合放光光赞随略解序》《摩诃钵罗若波罗蜜经钞序》《鞞婆沙序》《比丘大戒序》。其中尤以《摩诃钵罗若波罗蜜经钞序》所阐发的"五失本""三不易"翻译思想最为著名。钱锺书称:"释道安《摩诃钵罗若波罗蜜经钞序》。按照论'译梵为秦',有'五失本'、'三不易',吾国翻译术开宗明义,首推此篇。"(罗新璋,1984:28)梁启超更是对道安给予高度评价,说他"极富于理解力,而最忠实于学问",而且,"要之翻译文学程式,成为学界一问题,自安公始"(罗新璋,1984:58,60)。彦琮在《辩正论》中完整地引用了道安的"五失本""三不易"的内容,认为其"详梵典之难易,铨译人之得失,可谓洞入幽微,能究深隐"(罗新璋,1984:58)。僧叡(生卒年不详)对道安所译的《摩诃钵罗若波罗蜜经》赞赏有加,称其"出八地之由路,登十阶之龙津",对道安本人也极其拜服,称"亡师安和尚,凿荒涂以开辙,标玄指于性空,落乖踪而直达,殆不以谬文为阂也。亹亹之功,思过其半,迈之远矣"(罗新璋,1984:33)。由此可见道安在我国翻译史上的地位。

　　有关道安的研究历来很多,目前在中国知网上以"道安"为主题词的文献多达800多种,充分说明即使在当下,人们对道安的关注度仍然很高,这也从一个层面说明其影响至今犹存,而且不小。至于道安对佛经翻译的贡献,谢天振、何绍斌(2013:16)归结为三点:

　　1)整理和编撰了首部汉译佛经目录。该目录对后世影响极大。《梁高僧传》卷五《道安传》中说:"经义克明自安始也。"

　　2)长期在长安五重寺主持译经并宣讲佛法。

　　3)总结前代译者的译经方法,并提出自己的翻译观。

　　道安的翻译观,在某种程度上就是他的翻译批评观,主要体现于他撰写的多篇经序,尤其是《摩诃钵罗若波罗蜜经钞序》。与支谦的翻译批评不同,道安在整理和校注的基础上所洞察的问题更为全面,在《摩诃钵罗若波罗蜜经钞序》中所批评的对象,并不局限于某一翻译文本,而是针对当时整个佛经翻译中存在的现象展开,基本上是以"同本异译的比较而进行的"(马祖毅,1999:114),并在此基础上总结当时佛经翻译的"五失本"或"五失经"现象。佛经翻译批评,从支谦基于单个译本的原文和译文对比,到道安对同一原文的多个译本进行比较,批评视野得到拓展。而且,他的批评方法也有所创新,对于今天的翻译批评来说,同样具有现实意义。为便于展示和分析道安的翻译批评思想,现将《摩诃钵罗若波罗蜜经钞序》抄录如下:

> 译胡为秦,有五失本也。一者,胡语尽倒,而使从秦,一失本也;二者,胡经尚质,秦人好文,传可众心,非文不合,斯二失本也;三者,胡经委悉,至于叹咏,叮咛反复,或三或四,不嫌其烦,而今裁斥,三失本也;四者,胡有义说,正似乱辞,寻说向语,文无以异,或千五百,刈而不存,四失本也;五者,事已全成,将更傍及,反腾前辞,已乃后说而悉除,此五失本也。
>
> 然《般若经》,三达之心,覆面所演,圣必因时,时俗有易,而删雅古以适今时,一不易也;愚智天隔,圣人叵阶,乃欲以千岁之上微言,传使合百王之下末俗,二不易也;阿难出经,去佛未久,尊者大迦叶令五百六通,迭察迭书,今离千年而以近意量裁,彼阿罗汉乃兢兢若此,此生死人平平若此,岂将不知法者勇乎?斯三不易也。
>
> 涉兹五失经、三不易,译胡为秦,讵可不慎乎?正当以不闻异言,传令知会通耳,何复嫌大匠之得失乎?是乃未所敢知也。前人出经,支谦、世高,审得胡本难系者也;叉罗,支越,斫凿之巧者也。巧则巧矣,惧窍成而混沌终矣。若夫以《诗》为繁重,以《尚书》为质朴,而删令合今,则马、郑所深恨者也。近出此撮欲使不杂,推经言旨,唯惧失实也。其有方言古词,自为解其下也。于常首尾相违句不通者,则冥如合符,厌如复折,乃见前人之深谬,欣通外域之嘉会也。于九十章荡然无措疑处,毫芒之间泯无微疹,已矣乎?(罗新璋、陈应年,2021:25-26)

由于古文无标点,该序目前流行的版本在断句方面也略有不同。但对照下来,其意基本不变,对于理解其本旨并无大碍。

道安开门见山地指出:"译胡为秦,有五失本也。"对于"有五失本也",存在各种解释。马祖毅(1999:116)认为:"道安的意思是说,翻译梵文佛经,有五种情况容易使译文失去原来面目,有三种情况不易处理好。"陈福康(2011:12)则主张:"道安的'五失本'说,显然是指他认为不理想或不正确的五种译法,而不是赞同这些译法的。"但是,这里的"有"意味"存在",即存在失本现象。所谓"本"即"本旨",并非我们现在所说的原文或者原文版本。支谦在《法句经序》中提出佛经翻译须"因循本旨",但道安认为存在着五种有失"本旨"的现象。区分出这一差异,具有重要的理论意义。

从翻译现象上进行批评以及从文本上进行批评,实际上显示出批评者的视角。作为翻译,"失本"现象必然客观存在,古时候存在,现在依然存在。佛经翻译尤其难以循本,因为早期传入中国的佛教,口传和经文兼有,门派也未必同宗,其"本"本来就难以统一。但是,朱志瑜、朱晓农(2006:45)认为:"为一般读者考虑,'五失本'不但是允许的,而且是必需的。否则,读者不爱看或看不懂,译经也就失去了意义。但对于高人来说,就须记着这到底是有所'失',哪怕译者水平再高。"把"五失本"全部当作"允许的""必需的",为了读者爱看或看得懂就可以"失本",这种以读者接受为目的说法,似乎并非道安本意。须知,安世高、支谦等人的译经,属于佛经汉译的开拓者,本来就没有可以"因循"的文本翻译规范,既无例可循,又无充分的参考资料,尤其在佛经概念的汉化方面,更是障碍重重,布满荆棘。而从文本视角来看待翻译的问题,其中所涉及的"失本",实在非"五失本"可以完全概括。

"胡语尽倒,而使从秦。"梁启超将该失本解释为"句法倒装"(罗新璋,1984:59);陈福康(2011:2)解释为:"经文是外语,其词序由汉人看来是颠倒的,汉译时被改从汉语语法。"马祖毅(1999:116)解释为:"梵文的词序是颠倒的,译时必须改从汉语译法。"基本上大家都认为是语法结构的颠倒,甚至还有人认为"胡语"都是倒装句。但笔者认为,这里的"胡语尽倒"并非句子结构的颠倒,而是指"胡语"汉译时其结构被重新排列,从而使其句子顺序顺从汉语。钱锺书曾参鉴道安的其他序言后指出:"而安《鞞婆沙序》曰:'遂案本而传,不令有损言游字;时改倒句,余尽实录也',又《比丘大戒序》曰:'于是按梵文书,惟有言倒时从顺耳。'故知'本'有非'失'不可者,此'本'不'失',便不成翻译。……'改倒'失梵语之'本',而'从顺'又失译秦之'本'。安言之以为'失'者而自行之则不得不然,盖失于彼乃所以得于此也。"(罗新璋、陈应年,2021:30-31)由此可见,道安这里的"一失本"并不是不理想或不正确的译法,而是表明存在这种译文与原文相比面目全非的语言现象。而这种现象,诚如钱锺书所说"'改倒'失梵语之'本',而不'从顺'又失译秦之'本'"的无奈。这种无奈,实际上任何一个译者都会遇到。毕竟,翻译至少涉及两种不同的语言,不同的语言有其各自的时空观、语篇观,岂能完全地字比句对?因此道安在《道行经序》中说:"因本顺旨,转音如已,敬顺圣言,了不加饰也,然经既钞撮,合成章指,音殊俗异,译人口传,自非三达,胡能一一得本缘故乎?"(罗新璋、陈应年,2021:24)

"胡经尚质,秦人好文,传可众心,非文不合。"梁启超将其简单地概括为"好用文言"(罗新璋、陈应年,2021:112),似有不确。这里的"文"与"质"对应,显然指"文采"而非"文言"。当然,梁启超也非草率得出此说,估计与道安在《比丘大戒序》中借用慧常所言有关:"何至佛戒圣贤所贵,而可改之以从方言乎?"(罗新璋、陈应年,2021:27)马祖毅(1999:116)则认为这句话的意思是:"梵经质朴,而汉人喜欢华美,要使读者满意,译文必须作一定的修饰。"陈福康基本认同此说。其实,要真正了解这句话的意思,必须将道安的《鞞婆沙序》《比丘大戒序》进行互参共鉴。《鞞婆沙序》中,道安借赵政之口说道:"昔来出经者,多嫌胡言方质,而改适今俗,此政所不取也。何者?传胡为秦,以不闲方言,求识辞趣耳,何嫌文质?文质是时,幸勿易之。经之巧质,有自来矣;唯传事不尽,乃译人之咎耳。"(罗新璋、陈应年,2021:27)这里说得很明白,胡语本来就是尚质,过去译者汉译时总喜欢弄文,这是赵政"所不取"的。因为,佛教从胡传到秦,本不需限制是否用方言,大家只要知道里面的意思就可以了,何必嫌弃言语太质还是太文?在道安看来,汉译佛经时,该文就文,该质就质,最好不要随便颠来倒去,经文巧与不巧,本来就应该保持原样。如果没有将佛经传达清楚,要怪就怪译者能力不行,跟经文本身的质并无关碍。如果传教的时候,认为不文雅的语言就不符合要求,这样就出现了"失本"现象。有鉴于此,我们可以看到,道安是主张"文质是时,幸勿易之"的,认为"非文不合"的现象为"失本"。所以钱锺书认为:"译者以梵之'质'润色而为秦之'文',自是'失本',以梵之'文'损色而为秦之'质',亦'失本'耳。"(罗新璋、陈应年,2021:31)

虽然"'失本'之三、四、五皆指译者之削繁删冗,求简明易了"(罗新璋、陈应年,2021:31),但"削繁删冗"的原因却各自不同。失本三是"胡经委悉,至于叹咏,叮咛反覆,或三或四,不嫌其烦,而今裁斥"(罗新璋、陈应年,2021:25),即梁启超所说的"删去反复咏叹之语"(罗新璋、陈应年,

2021：112）。道安在《道行经序》中称："斥重省删,务令婉便,若其悉文,将过三倍。善出无生,论空持巧,传译如是,难为继矣。"（罗新璋、陈应年,2021：24）而且"钞经删削,所害必多。委本从圣,乃佛之至诚也"（罗新璋、陈应年,2021：24）。因此,在道安看来,原文中的"叮咛反覆"源于"胡经委悉",删削即为失本。失本四则为"胡有义说,正似乱辞,寻说向语,文无以异,或千五百,刈而不存"（罗新璋、陈应年,2021：25）。陈福康（2011：9–10）认为,该失本指的是"经文在长行之后,另有偈颂复述,称为'义说',类似汉人韵文最后总结的'乱辞',内容重复,或千字,或五百字,译时被删去"。① 马祖毅也基本持这一解释。梁启超则认为指"去一段落中解释之语"（罗新璋、陈应年,2021：112）。第五种失本现象为"事已全成,将更傍及,反腾前辞,已乃后说而悉除"（罗新璋、陈应年,2021：25）,马祖毅（1999：116）认为此条是指"梵经中话已告一段落,将要谈别事时,又把前话简述一遍,然后开始,译时又必须删除"。这样的解释,基本上正确。对于这样的文字,鸠摩罗什认为必须删除（参见后文关于鸠摩罗什的论述）。但"必须"依此并非道安的本意,因为道安只是认为这种现象失本,并没有说这种现象是佛经汉译中必须存在的,当然也没有表明这种现象是绝不允许存在的。

也有学者（如马祖毅,2004）在解读道安的"五失本"时,认为它代表了道安对于佛经汉译中所存在的五种不良行为的批评。但在笔者看来,道安并没有说这"五失本"是不对或不理想,而只是说存在这五种现象。当然也可以如钱锺书所说,将其归结为三种现象：原文迁就译文而改动原文句子结构;迁就译文读者需要而使用"文"的译文;对原文有些形式内容的删削（罗新璋、陈应年,2021）。诚然,这三种现象不是什么好现象,否则道安也不可能说它们是"失本"。关键在于,这些违背原文的翻译现象,是翻译中不可避免的现象,是翻译中客观存在的现象。由此说明,我国认识到"失本"现象已经上千年了。那么,今天我们是否就可以说已经消除这些现象了呢？就此而言,"失本"现象是翻译中的固有现象,与翻译的属性有关。因此,道安并非绝对地反对或者绝对地赞成这"五失本"现象。陈福康（2011：12）认为："细读道安的'五失本'说,显然这是他指出他认为不理

---

① 关于佛经,清末小说批评家狄平子的一段话颇能启示我辈："佛经说法,每一陈设,每一结集,动辄瑰玮连炸,绵亘数卷。言大,则必极之须弥、铁围,五大部洲,三千小千中千大千世界。"（转引自孙昌武,2007：41）

想或不正确的五种译法……似乎是他认为翻译中可以允许的限度标准了。"这种说法自然也不无道理。但是，人们之所以要根据"五失本"来判断道安的翻译观，可能与对"失本"中"本"的理解有关。这里的"本"显然不是翻译之"本"，而是经文的"本旨"。因为，在该序的后文，道安并不是用"五失本"，而是用了"五失经"，充分运用了"本"与"经"在此序中的互文关系来告诉人们，他所谓的"五失本"，指的是五种违背原文本旨的翻译现象。正因为这五种现象是客观存在的，因此道安才进一步感慨翻译的"三不易"。

对于道安的"三不易"，陈福康（2011：19-20）如是解释道："一、'圣人'本是按照当时的习俗来说法的，而今时代不同，要改古以适今，很不容易；二、'圣人'的智慧本非凡人可及，而要把千年前古代圣哲的微言大义传达给后世的浅俗之众，很不容易；三、释迦摩尼死后，其大弟子阿难等人出经时尚且反复斟酌，兢兢业业，而今却要由平凡人来传译，更谈何容易。"马祖毅的解释也基本如此。朱志瑜、朱晓农（2006：21）将该"三不易"解释为"情境因素、受众因素和译者因素"，的确也颇具概括性。总体而言，对于道安的"三不易"，大家的理解都差不多。但要特别指出的是，"三不易"是道安对前述"五失经"的一种感慨。正是因为"三不易"，才显出"五失经"的客观现实性；正是因为"五失经"，更映衬出"三不易"的无奈。

如果道安只是指出当时佛经汉译的若干现象，感叹一下翻译中的若干不容易，那么，这篇《摩诃钵罗若波罗蜜经钞序》就根本谈不上有什么太多的理论价值，更不可能成为中国翻译批评方面的经典之作。道安的高明之处在于，他指出了存在的现象，感慨翻译的不容易，然后说"涉兹五失经、三不易，译胡为秦，讵可不慎乎？"，以此表明自己翻译时"慎"的态度。此种"批评与自我批评"相结合的翻译批评方法，与支谦的《法句经序》一脉相承。但道安并不完全承续支谦的衣钵，而是在批评的范畴上超越了具体的文本，不仅针对具体的翻译事件，而且也关涉其他译者、其他翻译事件和现象。这是我们在审读道安的序文时应该加以关注之处。

对于道安的认识，不能只局限于他提出的问题，或者所指出的现象，而应在于他针对问题或现象所做出的分析及提出的观点。道安认为："正当以不闻异言，传令知会通耳，何复嫌大匠之得失乎？是乃未所敢知也。"钱锺书曾对"正当以不闻异言，传令知会通耳"二语做过解释："至琼引：'正当以不关异言，传令知会通耳'，今为：'正当以不闻异言'云云，殊失义理。安力非削'胡'适'秦'、饰'文'灭'质'、求'巧'而'失实'；若曰：'正因人

不通异域之言,当达之使晓会而已';'关'如'交关'之'关','通'也",
'传'如'传命'之'传','达'也。"(罗新璋、陈应年,2021:30)查考陈福康
的《中国译学理论史稿》(1992),也将"闻"改为"关"。可见大家都采纳了
钱锺书的观点。

　　既然佛经汉译"当达之使晓会而已",那么,道安自问自答道:"何复嫌
大匠之得失乎?是乃未所敢知也。"由此可以进一步看出,道安对于"五失
本""三不易"的态度是无可奈何的。因为,他觉得我们没有必要斤斤计较
于前辈大师们的翻译,即便有人计较,他也没有办法,且任其计较好了。在
他看来,"前人出经,支谦、世高,审得胡本难系者也",就是说像支谦、安世
高这类大师们的翻译,后人是很难超越的,而"又罗,之越,斫凿之巧者也。
巧则巧矣,惧窍成而混沌终矣"(罗新璋、陈应年,2021:26)。一味地追求
"巧",必然导致"惧窍成而混沌终矣"。而且,"若夫以《诗》为繁重,以《尚
书》为质朴,而删令合今,则马、郑所深恨者也。"在此,道安提出了一个极
其重要的概念,即同一语言中,前辈经典如何翻译到时文?要不要"删令合
今"?他借言马融、郑玄深恨之,来表明自己的态度。一旦表明了自己的态
度或者翻译观,他就将问题与自己的翻译实践联系起来,明确表示"近出此
撮欲使不杂,推经言旨,唯惧失实也。其有方言古词,自为解其下也"。
"撮","小"也,在此为谦词,指道安所注译的经文。通过整理与注译,他欣
然发觉,如此一来,"于常首尾相违句不通者,则冥如合符,厌如复折,乃见
前人之深谬,欣通外域之嘉会也。于九十章荡然无措疑处,毫芒之间泯无
微疹,已矣乎",请注意,这里的"前人"是泛指的,并没有说是安世高还是
支谦。由此也说明,无论质派还是巧派,道安认为前人都"深谬"了。那
么,是不是翻译就一定没有"谬"呢?"于九十章荡然无措疑处,毫芒之间
泯无微疹,已矣乎"——如果说译文一点错都没有,这样的译文就完蛋了。
这句话的确如醍醐灌顶一般,充分体现出道安辩证的翻译观:佛经汉译必
须"推经言旨,唯惧失实",然后,"五失本""三不易"又是客观存在的现象。
原来不明白之处,通过"推经言旨","乃见前人之深谬,欣通外域之嘉会"。
这种翻译批评观点,出自千年之外的道安而于今依然未能明鉴,我辈实在
有愧。

　　尽管如此,我们还是要注意,道安本人并不懂梵文,他所穷览的经典,
都是已经汉译了的佛教经典,所以"钩深致远",也只是基于不同译文的对
比以及他人的口述而成,他自己并没有直接将原文与译文对照。这也导致
他在翻译批评时只能从一个译文读者的视角来展开,难免有隔靴搔痒之

嫌,必然使得他的翻译观具有一定的局限性。梁启超在评价道安和鸠摩罗什时说:"凡什公所译,对于原本,或增或削,务在达旨。与道安所谓'尽从实录,不令有损游字'者,殊科矣。"(罗新璋、陈应年,2021:103)这显然是公允的。因为,鸠摩罗什是自己直接翻译,而道安只是整理、注释。不过,梁启超也认识到二者的区别,认为:"吾以为安之与什,易地皆然。安惟不通梵文,故兢兢于失实,什既华梵两晓,则游刃有余地也。"(罗新璋、陈应年,2021:103)毋庸置疑,道安是一位精通佛教义理的大师,博闻强记,而且对于翻译有很深刻的认识,认为"诸出秦言,便约不烦者,皆葡萄酒被水者也"①(罗新璋、陈应年,2021:28)。他反复告诫道,前人汉译佛经中,"失旨多矣。将来学者审欲求先圣雅言者,宜详览焉。"(罗新璋、陈应年,2021:28)因此,彦琮认为道安"详梵典之难易,铨译人之得失",而且"详""铨"得"可谓洞入幽微,能究深隐"(罗新璋、陈应年,2021:61)。尤其值得我们关注的是,道安不懂原文,严格说起来,他也不直接参与翻译,但对翻译做出了具有开创性的批评,对后来的佛经翻译产生了重要的影响。由此说明,翻译批评与翻译实践未必需要重叠,单纯的翻译批评同样对翻译实践贡献良多,至于其中的翻译理论意义,自不待言。

作为一代佛教宗师,道安门徒甚多,他们大部分都继承了他的翻译思想。其中最有名的当属他的大弟子慧远。

慧远(334—416)俗姓贾,祖籍在今天的山西,与鸠摩罗什同为魏晋时代佛教大师,曾与刘遗民等人,在阿弥陀像前立誓结社(佛教史上最早的结社),目的是专修"净土"之法,以期死后往生"西方"。故后世净土宗尊慧远为初祖。

慧远也和道安一样,对佛经汉译的困难有充分的认识,认为"方言殊韵,难以曲尽"(罗新璋、陈应年,2021:51)。他的翻译观主要体现于《三法度经序》和《大智论钞序》。在《三法度经序》中,慧远指出,僧伽提婆的翻译,"虽音不曲尽,而文不害意。依实去华,务存其本"(罗新璋、陈应年,2021:52)。他认为往昔的佛经汉译"或文过其意,或理胜其辞;以此考彼,殆兼先典",因而提出"后来贤哲,若能参通晋胡,善译方言,幸复详其大归,以裁厥中焉"(罗新璋、陈应年,2021:52)。在《大智论钞序》中,他进一步阐述了"厥中"的翻译观。他首先评述童寿的翻译:"有高座沙门,字

---

① 钱锺书认为,该语"意同《全宋文》卷六二释迦摩道朗《大涅槃经序》:'随意增损,杂以世语。缘使违失本正,如乳之投水。'皆谓失其本真,指质非指量"(罗新璋,1984:30)。

曰童寿。宏才博见,智周群籍。玩服斯论,佩之弥久。虽神悟发中,必待感而应。于时秦主姚王,敬乐大法。招集名学,以隆三宝。德洽殊俗,化流西域。是使其人,闻风而至。既达关右,即劝令宣译。童寿以此论深广,难卒精究。因方言宜省,故约本以为百卷。"(罗新璋、陈应年,2021:53)童寿即鸠摩罗什。尽管他的翻译,"计所遗落,殆过参倍","而文藻之士,犹以为繁"(罗新璋、陈应年,2021:53)。因此,慧远发表了自己的看法:"咸累于博,罕既其实。譬大羹不和,虽味非珍。神珠内映,虽宝非用。信言不美,固有自来矣。若遂令正典隐于荣华,玄朴亏于小成,则百家竞辩,九流争川。"(罗新璋、陈应年,2021:53)如果真的如斯,"方将幽沦长夜,背日月而昏逝。不亦悲乎?"(罗新璋、陈应年,2021:53)。于是他"静寻所由,以求其本","则知圣人依方设训,文质殊体。若以文应质,则疑者众。以质应文,则悦者寡"(罗新璋、陈应年,2021:53)。所以,"化行天竺,辞朴而义微,言近而旨远。义微,则隐昧无象;旨远,则幽绪莫寻。故令玩常训者,牵于近习,束名教者,惑于未闻"(罗新璋、陈应年,2021:53)。于是,他提出:"若开易进之路,则阶籍有由。晓渐悟之方,则始涉有津。"(罗新璋、陈应年,2021:53)有鉴于此,慧远开始对他人的译文进行"简繁理秽,以详其中。令质文有体,文无所越。辄依经立本,系以问论。正其位分,使类各有属"(罗新璋、陈应年,2021:53)。最后他也不乏谦虚一番:"谨与同止诸僧,共别撰以为集要,凡二十卷。虽不足增晖圣典,庶无大谬。如其未允,请俟来哲。"(罗新璋、陈应年,2021:53)基于"质文有体,文无所越"的"厥中"翻译观,后人常常认为他调和了道安和鸠摩罗什之间的翻译观点分歧。比如,陈福康(2011:16)认为:"如前所述,道安是主质(直译)的,而罗什则倾向于文(意译)。慧远对这两家的翻译主张都比较了解,而在这种互有扞格的译论之间,提出了自己主张'厥中'的见解。"道安本人并非单纯主张直译,而是具有辩证的思想,主张文质相兼。慧远与道安一样,对梵文并不精通,因此他也并未直接从事过翻译实践,在理论上只是继承了道安的翻译观,更加明确地提出了"厥中",并无意调和道安与鸠摩罗什之间的翻译立场。这是不通原文就开展翻译批评的惯常旨趣,往往基于读者的身份来看待译文。但是他们对于翻译的认识,极其深刻。

至于鸠摩罗什(344—413),则极力主张意译。这倒也颇耐人寻味。因为,鸠摩罗什通梵文华语,却动辄强调原文的重要性,突出译文的可读性。而道安、慧远不懂梵文,却要求翻译"文质两便",基本上秉持"圆满调和""厥中"的理念。鸠摩罗什的翻译批评论述似乎并不多,人们常常引用的就短短几句话："什每为睿论西方辞体,商略同异议,云:'天竺国俗,甚重文藻,其宫商体韵,以入弦为善。凡觐国王,必有赞德见佛之仪,以歌叹为尊。经中偈颂,皆其式也。但改梵为秦,失其藻蔚。虽得大意,殊隔文体,有似嚼饭与人,非徒失味,乃令呕秽也。'"(陈福康,2011:14)陈福康(2011)认为在中国译论史上鸠摩罗什最早提出了如何表现原文文体和语趣的重要问题,对文学翻译影响甚大。笔者认为这论断应该是恰当的。但陈福康同时认为,鸠摩罗什虽然倾向于意译,但在实践中却基本上遵循折中而非偏激的原则;虽然说过"嚼饭与人"的话,但自己却比较成功地做到"有天然西域之语趣"(陈福康,2011:15)。言语之间陈福康似乎认为鸠摩罗什不够言行一致。对此,我们要辩证地来看。任何翻译都不可能一味地直译或意译。因此,作为一个兼有翻译实践和翻译理论的译者,其理论旨趣可以有较为明确的主张,但是其翻译实践,则只能偏重于某种策略,不可能有绝对的直译或意译。虽然鸠摩罗什精通梵文和汉语,但他对汉语文化的了解必然有限。不过,他在译经中能够很好地把握源语与目的语之间的关系,更为倾向于如何使目的语读者领悟原文的意思,从而为佛教的传播做出了显著的贡献,因而赢得了与他同时代的其他佛教大师的赞誉。比如,慧观在《法华宗要序》中赞曰:"什自手执胡经,口译秦语。曲从方言,而趣不乖本。"(罗新璋、陈应年,2021:45)由"曲从方言,而趣不乖本"来看,鸠摩罗什虽然注重目的语(方言),但其宗旨还是"趣不乖本"。僧叡对鸠摩罗什也多有赞颂:"恭明前译,颇丽其辞,仍迷其旨。是使宏标乖于谬文,至味淡于华艳。虽复研寻弥稳,而幽旨莫启。幸遇鸠摩罗什师于关右。既得更译梵音,正文言于竹帛。"(罗新璋、陈应年,2021:36)且"既蒙鸠摩罗什法师正玄文,摘幽指,始悟前译之伤本,缪文之乖趣耳。"(罗新璋、陈应年,2021:42)僧肇则曰:"有天竺沙门鸠摩罗什,器量渊弘,俊神超邈,钻仰累年,转不可测。……弘始六年,岁次寿星,既理味沙门,与什考校正本。陶练覆疏,务存论旨,使质而不野,简而必诣。宗致划尔,无间然也。"(罗新璋、陈应年,2021:43)由此可见,鸠摩罗什所主张的意译,并非脱离原本的旨归,并非用华丽巧语来迎合当时的文风,而是强调用目的语读者能够接受的语言来再现原文的本意。从这个意义上说,鸠摩罗什深得佛经翻译三味,可惜他无暇顾及理论著述,否则佛经汉译批评翘楚非他莫属。因为,往往是那些懂得翻译、具有丰富翻译经验的人,才能批评得恰到好处,既能"正玄文",又能"摘幽指"。

从上面的评述中我们可以看到,在很长一段时间里,我国佛经汉译批评主要围绕"文质"之间的关系展开。因此,"文质"观是佛经汉译的主要翻译规范,极大地制约着那个时期的翻译批评内容以及批评话语。

任何宗教体系的宗教观,都是通过相关的语言体系建构起来的,也因此得以传播并为他人所认知。而且,任何宗教都有一套自己独特的术语系统。"佛教毕竟是外来文化,许多概念都无法在汉语中找到直接对应的词语,所以译经师们特别关注'名义'问题。"(谢天振、何绍斌,2013:29)因此,任何宗教经典的翻译实践,都无法回避译名问题。这个问题在《圣经》汉译中也曾经掀起轩然大波。陈福康认为,在我国佛经汉译进程中,最早关注译名问题的是后秦时代的本土僧人僧叡,其理由是僧叡在《大品经序》中提到"名实丧于不谨"(罗新璋、陈应年,2021:37)。其实不然。在佛经汉译大师中,对译名问题的认识绝非始自僧叡。如前所述,道安就曾提出"名物不同,传实不易"。因此有学者认为,"佛经翻译集中讨论的问题,一是'名义',二是文体之'文质'"(谢天振、何绍斌,2013:32)。僧叡曾师从道安八年,道安死后,他才师从鸠摩罗什。而且从僧叡的多篇经序中我们可以看到,僧叡对于道安极为推崇:"执笔之际,三惟亡师'五失本'及'三不易'之诲,则忧惧交怀,惕焉若厉。"(罗新璋、陈应年,2021:38)因此,僧叡只不过继承了道安的思想。不过,僧叡自身博通经论,简通梵华两语,又在佛经汉译方面师事过道安和鸠摩罗什这两位大师,亲历佛经汉译之困境,因此对于佛经汉译更有一番他人无可比及的认识。在僧叡之前,尚未见到有汉僧就佛教义理对天竺或西域高僧提出异议的,僧叡是以汉僧身份向西域高僧表达不同佛学观点的第一人。可惜他并未能就该翻译问题做深入探析,因此我国很多翻译史书并未提及他。不过罗新璋编的《翻译论集》却收录了他的多篇经序。

毋庸置疑,在我国古代佛经汉译批评史中,论述翻译问题较为全面的,当属主要生活于隋朝的彦琮(557—610)。① 彦琮俗姓李,法号道江,后改为彦琮。"彦琮的佛经翻译活动包括译场笔受、译本校勘或与原本对校,为译毕的佛经制序,翻隋为梵和翻梵为隋,与外僧合作翻译,但没有资料显示他是隋朝佛经译场的译主。"(黄小芃,2012:26)他撰写的《辩正论》②被称为我国历史上第一篇翻译专论。"虽然这篇论文也是保存在有关传记中

① 傅惠生(2010:1)认为,"彦琮是中国古代译论体系的总结和建立者,是在佛经翻译经历约五百年时及时作了历史性的总结。他对于中国翻译理论的贡献是巨大的"。
② 陈福康和曹明伦曾考证该文究竟是《辩证论》还是《辩正论》。陈福康主张《辩证论》,曹明伦主张《辩正论》。本书采用后者。

的,但却是全文完整,而且是一篇长文。在中国古代译论史上,这是极为难得的。"(陈福康,2011:21)黄小芃(2013:141)基于对该文的系统梳理,认为:

> 论文首先推出东晋释道安的佛典翻译原则'五失本三不易'。这是论文的第一大翻译理论。然后,彦琮对隋以前佛经翻译实践的得失利弊总结评价后,提出自己的佛经翻译标准原则:'意者宁贵朴而近理,不用巧而背源。'这是论文的第二大翻译理论。为了贯彻上述佛经翻译原则,彦琮在论文中又提出了第三大理论:佛经译者理论。论文的最后部分通过问答形式提出中土学佛和译典者应通梵语论。这是论文的第四大翻译理论。

傅惠生(2011:19-20)认为:

> 重新细读彦琮的《辩正论》,完整地把握他的翻译思想,并将其放入我国整个翻译理论发展的历史进程去考察,我们会发现以前没有注意到的一些比较重要的理论现象和理论观念,能够研究得出一些新结论,那就是,我国一千多年的佛经翻译实践,到了彦琮已经是五百年多一点,是佛经翻译第一个阶段的收官阶段,而《辩正论》正是一个及时且划时代的理论总结。……从整个佛经翻译的理论发展乃至整个中国翻译理论发展历史的角度看,《辩正论》是第一个具有全面理论建构意识的产物,因而相对于整个中国翻译理论体系的建设和发展而言,具有奠基石的意义。它根据佛经翻译的历史和现状比较具体全面地总结和论述了佛经翻译五个方面的问题,即原作论、译作论、译者论、原则论和目的论,基本描绘了佛经翻译到彦琮那个时期的整体面貌和基本的理论问题。

傅惠生(2011:23)同时指出:"钱锺书先生在《管锥编》中曾比较道安和彦琮的论述,认为'《高僧传》二集卷二《彦琮传》载琮"著《辩正论》,以垂翻译之式",所定"十条"、"八备",远不如安之扼要中肯也'。"彦琮不仅引用道安的原文而且对道安评价很高,但也指出了道安的不足。重要的是彦琮还比较全面地梳理和反思了整个中国佛经翻译的历史、实践以及翻译思想史的发展,有意识地建构翻译的理论认知体系,整体、客观、历史和发展地研究和思考佛经汉译的过程,这是道安所不能及的。彦琮在佛经翻译理论方面建立的翻译范式是史无前例的。这是佛经翻译历经五百年后具有历史眼光的高度理论总结。可以说,彦琮的"翻译研究范式"是中国翻译理论发展史上的"第一座高山"。我们需要通过彦琮重新认识和评价中国翻译理论的历史发展。

通观彦琮《辩正论》全文,整篇构成研究佛经翻译的专论,且不似道安所撰写的那样,只是佛经翻译的前言序跋之类的副文本。彦琮之前,支谦的《法句经序》和道安的《摩诃钵罗若波罗蜜经钞序》都是佛经的序言。这类序言,虽然也涉及佛经翻译问题的论述,但其主旨并不在研究佛经翻译,而是着重于宗教意义的传达,因此不属于专论;而《辩正论》提出了一套系统的佛经翻译理论,由佛经翻译原则论、佛经译者论和译经者通梵语论三大理论组成。(黄小芃,2014)因此,从某种意义上讲,彦琮的《辩正论》是我国古代佛经汉译批评最早的系统性专论。

第三节 近现代佛经汉译批评

佛经汉译为我国最早的大规模翻译实践,伴随着翻译实践而来的相关评述,为我国的佛经汉译批评留下了宝贵的资源。纵观佛经汉译批评史,我们不难发现,在佛经汉译批评初期,人们所关注的问题主要集中在两个方面:佛学教义与语言原则。因此这个时期的翻译批评基本上遵循教义标准和语言标准。从本书的视角来看,该时期的翻译批评着重于遵循产品标准和功能标准(参见本书第六章)。随后,随着人们对于佛经汉译认识的不断深化和拓展,相关的批评延伸至译者的问题,包括译者的能力、译者的伦理责任,甚至论及翻译对于译者自身的发展。宋朝以前的佛经汉译基本上聚焦于以上三个方面。[1] 而佛经汉译最为繁荣的时期,也基本上集中于汉、魏、晋、南北朝及唐宋之际。明朝以降,有关佛经汉译的批评已然式微。但必须认识到,晋以降一直到 20 世纪初,除了少量的《圣经》汉译研究

---

[1] "佛经翻译活动、译者翻译思想及译本对勘考辨一直是佛经翻译研究领域的核心问题,可归纳为译事、译者、译本三条主线。"(王赟,2021:44)

文献和科技翻译文献之外,佛经汉译批评的文献资料构成我国翻译研究的主要源泉①,因此后人在谈论我国应用翻译史甚至翻译史的时候,往往也以佛经汉译为主。据相关统计,"1900 年之前,佛经翻译讨论篇目占据相当数量"(朱志瑜、张旭、黄立波,2020:13)。晚清以降,随着西方人文社会科学引入中国,有关佛经汉译的研究视野得到进一步的拓展,佛经汉译批评重启,并且在晚清民初又掀起一轮研究高潮。这一时期的佛经翻译研究,已然不再局限于佛经语言文本及佛教本身,而是开始关注佛经汉译对中国的影响以及佛经如何受制于中国传统文化的影响,其中尤以梁启超为代表,他的《翻译文学与佛典》《佛典之翻译》《论译书》等都已经成为我国应用翻译研究的宝贵资源。

梁启超(1873—1929),字卓如,号任公,又号饮冰室主人,自幼接受中国传统文化教育。中国传统知识分子那种忧国忧民的忧患意识和使命感,从孩提时代就已经潜移默化地进入他的心里。成年后,他投在康有为门下,开始接受佛学启蒙教育。在接受"精奥博大"的佛理之初,他追随康有为的大同思想,为自己之后普度众生的价值取向奠定了坚实的基础。梁启超在佛教史的研究中,注重历史和义理相结合,强调佛教教理在佛教发展史上的显著地位与突出作用,从文化价值层面,对佛典源流、演变、代表人物、翻译文体等问题,均做了不少有益的探索。

从现有文献看,梁启超是我国第一个对佛经汉译史进行考证、研究且做出全面分析的学者。我们知道,从东汉至宋朝共译出佛经 2 278 部、7 046 卷。佛经汉译历时之长、参与者之众、涉及国家之多、影响之深远,在中西历史上实属罕见。梁启超对佛经汉译的源流、演变、代表人物、译场组织、翻译文本、译本以及不同时期所表现出来的基本特征等,均做了客观而独到的概括和评论。他先后发表《印度史迹与佛教之关系》《佛教之初输入》《千五百年前之中国留学生》《翻译文学与佛典》《佛教与西域》《佛典之翻译》《读异部宗轮论述记》《说四阿含》《说"六足"与"发智"》《说大毗婆沙》《读大毗婆沙》《读修行道地经》《那先比丘经书后》《大乘起信论考证》等论述,成书的有《中国佛法兴衰沿革说略》《汉明求法说辨伪》《〈大宝积经·迦叶品〉梵藏汉文六种合刊序》《关于玄奘年谱研究》《印度佛教概观》《四十二章经辨伪》《佛陀时代及原始佛教教理纲要》《教理在中国之发展》《牟子理惑论辨伪》《佛家经录在中国目录学上之位置》等。除此

---

① 18 世纪魏象乾的《繙清说》当然也是一篇重要文献。

之外,还有关于佛教哲学、心理学等方面的专著、论文和演讲,如《佛教心理学浅测》《说无我》《伪心之类》。其中,《佛家经录在中国目录学上之位置》是专门研究佛教经录对中国目录学影响的专著。由此可见,梁启超在对佛教史的研讨、对佛教经义的阐释以及对佛学典籍的考据等诸多方面,都为后来者留下了宝贵的研究资料,是"维新派领袖人物中对翻译问题论述最多、最有影响"(陈福康,2011:77)的人物,同时也是近代对于佛经汉译批评做出重要贡献的学者,对于后人的佛经汉译研究具有重要影响。

梁启超之后,我国有关佛经汉译的研究基本上在民国时期未有大的建树。翻检自 1900 年至 1948 年的翻译文集或汇编,我们可以看到,有关佛经汉译批评方面的论述寥寥无几。这并不是说没有人从事佛经汉译研究,只不过由于西学东渐之风日盛,学科概念逐渐建立,相关的研究已然与狭义的翻译研究有一定的距离,大部分都局限于历史、佛学、中国传统思想等领域,①严格意义上的佛经汉译批评乏善可陈。

不过,自从改革开放,尤其是进入 21 世纪以来,我国翻译研究领域对佛经汉译的关注又有所提升。有学者研究了中国知网收录的 20 世纪 70 年代至 2020 年国内"佛经翻译"论文,认为

> 依据年度发文趋势分为三个阶段。第一阶段(1978 年—2001 年)为萌芽期,年发文量不超过 13 篇,整体发文量较低。第二阶段(2002 年—2012 年)为发展期,文献发表数量逐渐上升,2012 年达到最高值 130 篇。第三阶段(2013 年—2020 年)为稳定期,从 2012 年最高值之后呈下降趋势,但年均发文量仍在 60 篇以上。国内学者在 2008 年到 2016 年之间对佛教翻译研究最为关注,年发文量在 80 篇到 130 篇之间。(王赟,2021:40)

王赟(2021:42 - 43)同时基于相关基金立项情况做了分析:

> 从 2003 年开始,"佛经翻译"相关文献中共 276 篇获得了国家、省市及专项项目基金支持,约占总文献量 20%。2003 年至 2007 年获助文献数量较少,年获助文献低于 8 篇,2008 年后波动上升,2014 年达

---

① 比如,基督教的最高神 God 的汉语译名,就成为明末清初以来基督教界长期讨论的话题,有关这方面的资料可谓汗牛充栋。

到 34 篇最高值,2015 年后趋于平稳,年均获助文献 20 篇左右。从基金级别及类别来看,本研究文献获助项目中包括国家社科基金 100 项,国家自科基金 1 项,教育部人文社科基金 68 项,国家语委项目 2 项,省级项目 72 项,市级项目 4 项,大学项目 63 项,已形成较完善的多层级研究资助体系。其中,一项研究获国家社科"冷门绝学"专项基金支持。

从这些数据来看,佛经汉译研究主要集中于地方团体及个人,国家层面,尤其是高级别的国家研究项目还是太少。其中的原因是多方面的,能否满足国家需求自然是一方面原因,但是,研究层次及研究目标偏低,可能也是一个重要原因。另外,从某种程度上说,这种境况与翻译批评系统本身对这方面的重视不足也有关系。

不管怎样,佛经汉译批评在我国译学研究中的地位是无可否认的。我国的翻译研究自 20 世纪末开始,发展日益迅猛,研究视角逐渐从 20 世纪 80 年代以来借鉴西方翻译理论转向挖掘中国传统译论,其中的代表性成果有王克非的《翻译文化史论》(1997),汤一介的《佛教与中国文化》(1999),王宏印的《中国传统译论经典诠释——从道安到傅雷》(2003),王秉钦的《20 世纪中国翻译思想史》(2004)和《近现代中国翻译思想史》(2018),朱志瑜、朱晓农的《中国佛籍译论选辑评注》(2006),王铁钧的《中国佛典翻译史稿》(2006),孔慧怡的《重写翻译史》(2005),等等。还有一些期刊论文和博士论文值得关注,如汪东萍的博士论文《佛典汉译传统研究——从支谦到玄奘》(2012)具有一定的代表性,以我国传统文论——文章学为基础,较为系统地研究了佛经汉译传统,认为佛经汉译"是我国翻译学坚实的基础,对一脉相承的明清实学翻译和近代西学翻译具有直接的影响,是严复'信达雅'翻译思想诞生的土壤"(汪东萍,2012:1)。

总体而言,佛经汉译卷帙浩繁,而佛经汉译批评也源远流长。无论是佛经汉译还是佛经汉译批评话语,一方面都深受中国古代传统思想之影响,另一方面又都深刻地影响了中国的信仰风俗、思想学术和文学艺术。它们从词语、文法、思维空间和想象能力上给中国文化注入了巨大的能量,成为我国翻译批评史不可或缺的部分。此成就非一人一力所能为,梁启超有云:"佛典翻译事业,实积数百年不断的进化,千数百人继续的努力,始能由此成就。"(朱志瑜、张旭、黄立波,2020:749)然在梁启超之后,虽然也有学者涉及佛经汉译,但大部分与严格意义上的佛经汉译研究相去甚远,如胡适的《佛教的翻译文学》、周一良的《论佛典翻译文学》（1947）等，几乎很难超越梁启超的研究。从现有的翻译研究论文集或汇编来看，真正意义上的佛经汉译研究，在民国时期并不构成主流。但是，到了20世纪末期，我国翻译界对于佛经汉译的兴趣重启。这种重启并非空穴来风，而是有其理论与应用等多方面的诉求。

王宏印、刘士聪（2002）认为，对佛经汉译兴趣重启的原因有三点：1）翻译学在本质上基于历史的理论发展诉求；2）佛经汉译研究是建构中国现代译论的理论源泉，中国现代译论是中国传统译论的历史和逻辑发展；3）对传统译论进行现代诠释的需求。他们认为，典型的中国传统译论是以中国传统文学、美学、文章学、文艺学、语言学为其理论基础和基本方法而形成的翻译理论；凡在中国现代译论产生以前，在中国学术领域内产生的关于翻译的一切理论，都属于广义的中国传统译论。在其文章中，他们首先将中国传统译论的人文精神归纳为五个方面：1）以道德为本位，强调译者道德修养和敬业从业为本的主体性意识；2）服务公众和社会的群体本位思想；3）人文主义的语言观而不是科学主义的语言观，这始终是中国传统翻译的潜在的理论导向；①4）以人文社科类为主要文本翻译的类型，在材料内容、语言类型和运思方式上都倾向于文学翻译的艺术性，而不是科学翻译的科学性；②5）哲学的而非科学的、美学的而非宗教的，是中国传统译论始终如一的理论基础。③

显然，这种基于"人文精神"的研究路径自有其缺陷和不足。对此，王宏印、刘士聪（2002：9）分析道：

一、理论意识不强：也就是说，理论与实践之间的距离拉得不够

---

① 对此，该文指出："由于缺乏高度发达的形式化的语言理论和语法理论，古汉语甚至现代汉语就一直处于人文主义的语言观的关照之下。缺乏分析哲学的条分缕析和演绎规则的操作化程序和训练，使得中国传统译论在精神实质和表述方式上都比较模糊而随意。"（王宏印、刘士聪，2002：9）中国概念体系、学术体系、话语的模糊性，是造成我国话语体系性不强的一个主要原因。这不仅是汉语本身形态的问题，也是中国传统思想本身的问题。

② "久而久之，以至于翻译家和翻译理论家都往往把翻译看作一种艺术活动而不是科学研究的对象。这不仅影响到中国传统译论的基本观点，而且影响到传统译论的表述方式和理论形态。"（王宏印、刘士聪，2002：9）本书对这个问题是有明确立场的。在中国翻译研究领域中，文艺性遮蔽科学性、文学性遮蔽应用性的现象非常普遍，在一定程度上阻碍了中国翻译研究学术话语体系的建构。

③ "简约的而非繁丰的、定性的而非定量的，是中国传统译论的研究方法和表述特点。多解的而非单一的、含混的而非明晰的，是中国传统译论的文体特征和思维导向。音义之分、言意之辨、形神之似，便成为中国传统译论长期关注和争论不息的核心话题。"（王宏印、刘士聪，2002：9）

大。表现之一是许多发表理论见解的人本身是翻译家,而不是职业翻译理论家。他们的译论是议论式的而不是理论式的,谈论的是翻译的情况而不是对翻译的理论设定。基于个人直接经验者多而进行抽象理论思辨者少,内省式的直觉式的知识多而演绎式的论证式的理论展开少。结果,也就无法形成有效的理论文体,只能写出文笔优美的学术散文,和夹叙夹议的序跋小品。二、基本范畴缺乏:理论体系的建立需要若干基本的理论范畴,以及这些范畴之间逻辑的必然联系和陈述,才能进行有效的判断和推导。由于传统译论多数借用中国传统哲学和文艺学的术语,而这些术语又不做必要的界定和说明,这就使得某一理论家与其他理论家之间,译学与其他学科之间,在思想上缺乏必要的划界和限定,致使语义流变不拘,理论难以深入和展开,在一些基本现象上一再重复。结果,就无法形成不同的译论学派,只能终止于个人意见的交流和有限的创新。三、学术基础薄弱:学术基础的薄弱是中国传统文化的基本缺陷,其根本原因是自然科学不发达、演绎思维不发达、形式逻辑不发达、形式语法不发达,一句话,缺乏西学的治学传统和现代科学的创新精神。具体体现为学术规范不严谨,无著作权和版权体系;实践理性为其主要思维导向,不能彻底追问形而上的终极问题;社会组织形式发生周期性破坏和激变,学术传统和文明成果难以连续和继承等。

对佛经汉译批评进行系统的研究并予以现代译论的诠释,是应用翻译批评的应有之义,也是建构应用翻译批评标准不能回避的传统基础。实际上,现代翻译研究已然形成了独立的学科。作为一门独立的学科,借鉴融合不同的学科理论与方法来审视传统的翻译实践与译论,结合当下的问题做出不同的诠释,找出其中的规律和规范,从而为未来的翻译以及翻译研究指明方向,这是现代翻译批评不同于既往翻译批评之处。我们可以发现,总体而言,现代佛经汉译批评及研究,无论是研究视角还是研究方法,都非过去可比。但是,这并不代表有关佛经汉译的批评在现代已达至完善。王赟(2021:46)结合现代研究技术进行了分析,认为"现有研究多采用质性方法,注重主观阐释和观点提炼,缺乏合理的量化研究作为驱动或支撑,难以实现数字人文时代信息化研究需求,特别是缺少大型佛经多语平行语料库支撑,无法呈现语料之间一对多或多对一的交叉对应关系"。其中的原因如下:

一方面是因为佛经译本散见于佛学和佛教机构网站,出版物发行量较少或是年代久远较难获得,同时古代佛经同经异译版本甄选和现代出版物版权限制也增加了数字化难度。另一方面因为佛经语料包含大量中文繁体异体字、梵文字母等非常规字符,通用型语料库软件无法识别,易出现乱码,需耗费大量人工校订,也需开发专门软件以实现检索功能,建库过程技术难度较大。……目前研究局限于少量佛经语料的零散研究,急需将多语种译本汇于统一格式的大型语料库进行整体研究。今后研究需将大数据时代"远读"(distant reading)策略与传统印刷媒介时代"细读"(close reading)方法相结合,引入语料库、数据库等量化研究方法,以多语种平行对比探索佛经翻译在多种文化中的交互影响。(王赟,2021:46)

本书坚持认为,佛经汉译是我国传统译论宝库,是从事翻译批评以及研究必须认真严肃对待的重要资源。对于佛经汉译这一传统资源,既有必要进一步利用现代技术拓展研究视野,又需要在传统质性研究的基础上继续深化议题,将量化研究与质性研究有机结合,使传统研究焕发现代光芒。

翻译规范面面观

　　漫漫译史,诸如准确性、正确性或合乎文法之类概念,对于翻译质量的评估一直扮演着举足轻重的角色。有赖于对翻译的不同理解,人们对于这些概念的侧重也有所不同。过去 50 年间,虽然翻译研究硕果累累,翻译研究仍未能发展成整齐划一的同质学科,对翻译研究的核心概念也众说纷纭。不同的研究视角并存,各自着重关注某些特定的方面,从某个特定的视角看待翻译的产品或过程,使用或避开某些特定术语。翻译研究中,有些概念被赋予了不同的意义与用法,其价值在受到积极肯定的同时也遭到质疑,规范概念就是其中之一。……长期以来,翻译研究一直关注对翻译事实的描述,注重构想翻译普适性规则,对翻译的实际应用情有独钟。而在所有这些方面中,规范均不离不弃,因为规范与有关正确性和/或恰当性的假设和期待密切相关。(谢芙娜,2018:1)

　　源自西方的"翻译规范"概念,起初作为描述翻译的工具进入翻译研究领域,与批评标准并没有直接关联,甚至与翻译质量评估都相去甚远。但本书不仅将翻译规范作为翻译批评的参照体,而且也作为翻译批评标准的来源。许钧(2003:413)认为,"凡标准的建立,都有其规范性,无规范不成标准。关键在于标准不是一成不变的,但其变化的真正原意,并不仅仅是由于社会需要的变化或活动目的不同,而在于人们对翻译活动本质的认识的变化与丰富。从标准的单一到标准的多元,直接反映了翻译观的不断变化"。翻译观的变化,离不开具体的语境。我们知道,翻译作为发生于社会中的行动,构成其自洽的行动系统,必然受制于某些主、客观因素,韦努蒂(2009:20)称之为"汇聚了众多因素和影响的场点"。然而,对于翻译究竟受制于哪些主客观因素,则众说纷纭,其理解本身就受制于不同的主、客观因素。赫曼斯(Hermans,2020:141)认为,对这类主、客观因素的理解,本身就有赖于"构成性规范"(constitutive norms),违背构成性规范的翻译产品不被视作翻译,至少是不被那些要界定翻译的人视作翻译。的确,对于什么是翻译,人们历来都有分歧,更何况对于制约翻译的因素。然而,人们如果对于制约翻译的因素缺乏基本的认识,那么,谈论翻译总是不全面的。由此,探讨翻译的制约因素,历来构成翻译研究的一个重要议题,但迄今为止又未达成共识。系统全面地探讨其研究史显然非本书主旨,但是为了凸显翻译规范这一概念的理论与现实意义,本书试图简要梳理这方面的研究成果。

勒弗维尔分析了五种制约译者的因素(转引自切斯特曼,2020:99 - 100):

1. 赞助:"可以促进或者阻碍阅读、写作和文学改写的(个人、机构)权势力量。"(Lefevere,1992:15)

2. 诗学:"一揽子关于文学方式、题材、主题、原型人物、情景、象征的概述,以及有关整个社会系统中文学扮演什么角色或者应该扮演什么角色的概念。"(同上:26)。

3. 话语体系:它涉及源语文本的主题、目标、顾客以及所描述的信仰(同上:87)。关键是译者可能感觉其中有些因素难以被目的语读者所接受,因此对那些被认为具有"冒犯性"的相关段落予以改写或者删除。

4. 源语语言和目的语言本身,以及其中的差异。(同上:99)。

5. 译者的意识形态:它涉及译者个人的价值观和态度,包括他/她对于其他限制的态度,例如,他/她是否愿意接受那些规范。(同上:41)。

　　在切斯特曼看来,从翻译规范的视角出发,这些限制因素都可以作为某种类型的翻译规范来分析。

　　近 20 年来,有关翻译规范的论述不绝于耳。然而,对于什么是翻译规范,至少迄今为止人们并未能达成有效的共识。毋庸置疑,翻译规范研究为翻译研究带来了活力。然而,在引发问题的同时也进一步悬置了诸多问题,尤其对于其中的因果机制缺乏系统有效的阐释。

　　从最为一般的意义上讲,翻译批评是批评者的行为或行动。作为行动者,批评者必然具有主观性、主体性。那么,批评是否允许批评者发挥其主观性、主体性? 批评能够消弭译者的主观性和主体性吗? 我们在何种程度允许批评彰显其主观性和主体性? 其中存在相应的标准吗? 谁有资格制定标准? 对于这类问题,我们能否运用翻译规范理论予以科学的分析与研究? 诚然,我们并不能一味地将由规范所调整的批评行为(理论行为和实践行为)与实际的批评行为混为一谈。因为,制约人们行为的因素,除了规范之外,还有其他因素。无限制地扩大翻译规范概念,无疑会使得翻译规范丧失其有效性。无论何种研究,都应该具有相应的理论立场。同时,人类的行为既有规范性,也有失范性。值得注意的是,失范行为并非一定属于病态行为。失范行为也可能是革命性、创新性的。因此,针对翻译规范的研究,只是构成翻译批评研究的一个视角或者领域,并不能说明制约翻译批评的全部要素。

　　从严格意义上说,针对翻译规范的研究,旨在描述、揭示翻译行动者努力遵循规范的内在倾向与外在情境,以及依据该倾向和情境所达到的状况。因为,翻译就是译者促使条件性因素朝向与规范相符合的方向发展的过程及结果。制约翻译的任何因素,都不能作为独立存在的因素被研究,因为它们之间具有相互关联的关系。翻译规范也不例外。就此而言,针对翻译的研究,首先应该将翻译视为一个由不同子系统构成并且处于复杂环境中的系统,透过系统的复杂环境与关系,探索运演其中的区分化、制约性要素。翻译系统的存在,意味着与翻译相关的某些规范体系的存在。正是翻译规范系统的存在,明确界定翻译系统各角色的性质、地位及其行为规范。就此而言,为了保证翻译系统能够在特定时期、特定区域存续,该时期、该区域的大部分成员就必须接受系统中实际发挥效力的规范,并就有关的规范达成基本的共识,否则就会失去讨论的基础。

　　但本书显然不是要面面俱到地研究翻译,而是旨在聚焦我国应用翻译批评话语及其标准。本书认为,无论是翻译批评还是翻译批评标准体系的建构,都可以依据翻译规范这一概念工具来展开。就此而言,本书的翻译规范与传统的翻译规范概念有所不同。

　　传统的翻译规范研究是以翻译行为或活动为导向的。翻译规范进入我国的翻译研究领域,源自西方翻译研究对翻译规范的关注。在西方翻译研究的话语中,translation norms(翻译规范)研究的历史也不长,译学界一般认为肇始于 20 世纪 70 年代。尽管我国有不少人误以为是图里首先将规范概念应用于翻译研究,但图里本人却表示,他

> 　　不是第一个认为"翻译"与"规范"存在关联的人。[①] 这种关联性是极为明显的。将翻译与规范联系起来,早在吉瑞·列维(1969)以及詹姆斯·霍尔姆斯(1988)的著述中就已经存在。不过,这种存在只是隐隐约约的。这两位学者,当然还有其他学者,我一直都深受他们的影响。(转引自谢芙娜,2018:14)

在 2012 年修订版的《描写翻译研究及其超越》(*Descriptive Translation Studies and Beyond*)中,图里在这两位学者后面又增加了埃文-左哈,他认为自己在列维、霍尔姆斯以及埃文-左哈等学者的研究基础上把翻译视为"规范制约的活动",开启他的翻译规范研究。尽管如此,我们也不能抹杀图里对于翻译规范研究的贡献,毕竟,正是得益于他的努力,学界才在翻译研究领域对翻译规范进行了理论探索和应用研究。他本人也承认:

[①] 图里一再强调,他的翻译规范概念得益于前人的研究成果,其中有两位学者的研究成果对他影响很大,其中一位就是吉瑞·列维(Jiri Levy)。列维是捷克斯洛伐克著名的翻译理论家。他在 1967 年发表的一篇题为《翻译是一个选择过程》("Translation as a Decision Process")的论文中,将维特根斯坦的"游戏理论"运用于翻译研究,认为,"翻译理论的研究途径之一,便是将某个特定选择可能产生的所有后续选择考虑在内,由此描绘出解决不同问题的先后次序,以及文学作品中各种因素在此视角下呈现的不同重要程度"(转引自谢天振,2008:579)。他同时指出:"翻译理论倾向于规范性的、能指导译者得出最佳的解决方案,然而实际的翻译工作却是重语用实效的,译者在所有可能的解决方案中,会选用能以最少努力达到最大效果的方案。也就是说,他会下意识地采用所谓的'最小最大策略'(minimax strategy)。"(转引自谢天振,2008:590)他在文中提出的诸多建议,"是要用界定选择问题的种种研究方法和手段,构建一个翻译生成模式",认为"一旦这种普遍形式化模式建立起来,翻译各个方面的实证性研究将有一个更广阔更普遍性的视角"(转引自谢天振,2008:593)。可惜的是,这篇文章发表不久,列维就因病去世。另外一位对图里产生重要影响的学者是霍尔姆斯。他的那篇《翻译研究的名与实》已然成为翻译研究中的经典文献。在文中,霍尔姆斯提出,"人们对于可供验证的理论模式类型、可以运用的不同方法类型,以及可以使用的各种术语,都没有达成共识。更有甚者,人们对于研究范畴、问题设置以及学科的大致轮廓,都还没有一个大致接近的想法。事实上,学者们甚至对于这个新研究领域的确切名称都难以达成共识"(转引自谢天振,2008:204)。有鉴于此,他在文中主要从学科名称和学科路线图这两个方面进行了论述。——引者

　　无论如何，我很可能就是那个不得不承担责任之人，或许有人也会坚持认为我难逃其责。因为，正是我在 20 世纪 70 年代和 80 年代初将规范概念像输血一般强剂量地注入翻译研究的静脉之中，而且，如此大剂量注入的血液，也的确渗透进入翻译研究这一学科的整体血液系统之中。至少而言，在讨论翻译实践及其结果时，我也会被视为促使规范概念合理合法之人。（转引自谢芙娜，2018：15）

　　图里之所以要将翻译规范引入翻译研究，一方面是因为他不满于传统翻译研究中的本质主义，从而"尝试将可变性，包括其方方面面，完全引入到翻译概念之中，借此将任何对翻译概念的认识都视为由历史、社会以及文化所决定，即由规范所制约"（谢芙娜，2018：16）。另一方面也是因为"要想在一个特定文化环境中成为一名译者，其先决条件就是获得一整套规范来确定翻译行为的适切性（suitability），调节制约翻译的各种因素"（Toury，2012：53）。因此，他投入了大量的时间与精力，从理论与方法方面对翻译规范进行了研究。① 当然，翻译规范在翻译研究中获得突破并逐渐为人所关注，绝不只是因为图里个人的努力，其中既有其深刻且复杂的背景，也有翻译研究发展的必然性。② 换句话说，即使没有图里，也可能出现其他的学者来倡导翻译规范。

　　我们可以看到，"20 世纪 80 年代初，一批学者——特别是年轻学者——采用了规范的概念并将其运用在他们自己的语料库研究中，尝试解决他们各自所研究的问题"（谢芙娜，2018：17）。正如图里所指出的，这批学者以不同的方式拓展了"翻译规范"概念。其中不乏对图里的翻译规范研究成果提出批评。毋庸置疑，这批学者大部分都致力于文学翻译、比较文学、世界文学、社会文化历史等方面的研究，因而也不可避免地从文学翻译的视角从事翻译规范的研究。但图里显然对此并不满意，认为并非只有

---

① 对于图里来说，"翻译是目的语文化的事实"（translations are facts of target cultures）（Toury，2012：17）。他将这句话作为他的《描写翻译研究及其超越》一书的第一章标题。而他的研究，不仅仅着眼于理论的建构，同时特别关注它的可操作性或可应用性。因为在他看来，"翻译与规范的关联从理论上来说不仅行之有效，而且还具有潜在*价值*"（谢芙娜，2018：13）。

② 对此，笔者曾撰文指出："检视前辈关于翻译规范的研究，我们不难发现，翻译规范研究的兴起，源于翻译研究意欲摆脱其他学科约束的自我发展动力，源于在一个复杂的翻译场域内能够高效地进行翻译实践，源于译界认为有必要而且不可避免地要加强翻译规范化来对翻译实践、翻译研究以及翻译教学予以有效的指导和控制，同时也是源于译界对于传统译论中有关'等值'理论的反思以及从规定（prescription）走向描写（description）的研究旨趣。"（傅敬民，2013：11 – 15）

文学领域的翻译才受到规范制约。他认为,大部分人之所以将翻译规范囿于文学翻译研究,"只不过规范这一概念还未在其他领域作为一个描述性工具得到严肃的对待。也可以说,这是翻译研究在目前发展阶段的不足,或者说是倡导翻译规范的学者单兵作战所表现出来的不足,而非规范概念本身有什么问题。规范概念其实有着更加广泛、甚至普遍的应用性"(谢芙娜,2018:17)。对于图里的这一洞见,目前译学界显然还未能充分地认识到其意义,比如在翻译教学领域,对译者翻译规范意识的培养并没有充分地体现于教学内容之中,在口译研究和翻译批评标准研究领域,对翻译规范研究的重要性也有待进一步提高认识。[①]

谢芙娜曾经针对翻译规范研究提出过许多洞见。她(谢芙娜,2018:1)认为,"长期以来,翻译研究一直关注对翻译事实的描述,注重构想翻译普遍规则,对翻译的实际应用情有独钟。而在所有这些方面中,规范均不离不弃,因为规范与有关正确性和/或恰当性的假设和期待密切相关"。然而,

> 将翻译描述为特定社会、文化、历史情境下受规范制约的行为,无疑会带来许多问题。比如,我们如何将规范运用于文本? 如何通过文本特点重构规范? 文本与规范的常见模式之间是什么关系? 译者如何习得规范? 其行为是否遵循规范? 是否意识到自己的行为受规范制约? 如果译者做出偏离规范的行为会产生什么结果? 译者自身是否有足够的权力引导或改变规范? 社会中是否存在具体的,或是更广泛意义上的规范同样对翻译行为产生影响? 社会学理论能在多大程度上帮助理解规范? 规范确实作为社会事实存在,还是仅仅构成一种假设? 译者的行为确实是受到了规范制约,还是其实译者本身也积极参与了维持规范?(谢芙娜,2018:9)

---

① 丹尼尔·吉勒(Daniel Gile)曾强调规范研究与口译研究之间的关系:"鉴于我自己的研究领域:1)目前会议口译研究存在许多被忽略的问题,包括质量研究和教学问题,我坚信研究这些问题时必须考虑规范。2)我认为口译的规范研究值得关注。作为产生新研究课题的途径,它可能促进更多口译的实证研究,加强跨学科性,尤其是与社会学和笔译研究结合起来。3)作为口译研究人员,我觉得在过去十几年里,口译研究越来越关注身份导向的规范,却忽视了问题解决。认识到这些规范的存在以及它们的运演,对于该领域的研究者来说非常重要。4)关于口译规范的研究文章少之又少。所以,即使是一个对此领域一无所知的人,他写的文章也可以有所贡献。他同时认为,口译策略至少在一定程度上与笔译策略一样,都是以规范为基础。……与研究认知问题相比,由于研究规范及其相应研究过程更加接近实际的口译工作,且从专业角度来讲收集信息也相对简单有趣,因而这样的研究可能更具吸引力。……规范研究可以拓展研究者的思维,引向会议口译领域中一直以来被忽视的社会学概念和研究方法。"(转引自谢芙娜,2018:125,127)

谢芙娜于 1999 年提出这些问题,时隔将近 20 余年,其中许多问题都得到了有力的问答,但也有些问题的回答依然扑朔迷离,莫衷一是。其中的原因,在很大程度上与人们对翻译规范缺失系统全面的认识有关,甚至与相关的误识有关。有鉴于此,本章力图阐明翻译规范的内涵与外延,通过系统梳理、介绍、论述翻译规范这一概念,凸显它的理论与应用价值,尤其是翻译规范与本书旨趣之间的关联。

第一节　翻译规范的界定

"翻译规范"既是一个由相关内容构成的概念,也是由诸多因素组成的系统,即基于翻译规范这一概念形成的翻译规范研究(理论与应用)系统。那么,什么是翻译规范?

任何概念的界定,不仅仅要说明概念的内涵与外延,还要厘清概念与概念之间的关系,明确概念的功能,确定概念的边际。尽管其中的关系错综复杂,而且关系间的边际也并非清晰可见。但是,作为概念,它本身是对一种现象或特定事件的语言符号化产物,是理解和分析现象或事件所必需的工具。所有概念的标识性提炼,在很大程度上都是出于系统自身的区分与自律目的,不仅有赖于其自身的内容,而且根据它们同环境及其他系统的关系加以界定。最精确的、最具分析能力的概念,往往是其他概念所否定和所不具有的那些性质。作为一个概念系统,翻译规范的界定则着重关注翻译规范与其他系统及所处环境的区分界限。

人们一看到"规范"这一词语,往往会将它与"规定""规约""准则""规则"之类的制约性词语联系起来。[①] 这自然与"规范"这个词语在日常使用中的多义性或歧义性有关。的确,我们生存于复杂丰富的语言环境之中,每一种语言,既是开放的,又是封闭的,既是公共的,又是内卷的,以致不少常用词在具体语境中总是那么模棱两可、歧义丛生。越是常用的词语,其语义越是捉摸不定。其实,在人文社会科学研究中,不少研究之间的

---

① 图里则强调规范(norms)与约定(agreement)、惯例(convention)、策略(strategy)、行为常规(behavioral routine)之间的异同。

分歧正是源于相关概念的歧义性。词语的歧义性,虽是概念张力的体现,但也给人们的理解带来困惑。

汉语的"规"最早是"校正圆形的用具",比如"圆规",而后才演变出"标准""规则""效法"等含义,这和英语 norm 起初的所指,即"木匠的尺"基本吻合。汉语的"范"字,原本指"模子",即古时浇铸钱币的模板,后来转喻为示范性榜样,与英语中的 template 一词具有语义对应关系。"规范"二字的连用起于什么时期,目前难下定论。据《辞海》(1999:4096),我国唐朝 659 年成书的《北史·宇文恺传》中有这样的记载:"孝武大明五年,立明堂,其墙宇规范,拟则太庙。"由此可见,规范表示"标准""范式"的意义,早在唐朝就已经出现。《现代汉语大词典》(2000:2278)称"规范"为"约定俗成或明文规定的标准",因此,有"操作规范""行为规范"等搭配词语。但如果据此就认为规范即某种标准,那么,标准又何解释?《现代汉语大词典》(2000:2051)将"标准"解释为"衡量事物的依据或准则"。这两个解释合在一起,规范即"约定俗成或明文规定的、用于衡量事物的依据或准则"。如果在《现代汉语大词典》(2000:488)中进一步查询"准则",我们得到的解释是:"言论、行动遵循的标准或原则"。由此可见,在现代汉语中,"规范""标准""准则""原则"往往互为解释,混同使用。这既是汉语的优势,因为它因此而具有表述的张力,但同时也是它的弱点,因为这类张力难免使人混淆了本应区分的界限。我国翻译研究领域对于翻译规范这一概念的误识,也由此而起,使人们误以为"翻译规范"也就是"翻译标准"或"翻译原则"。但是,在西方将 norm 引入翻译研究领域时,translation norm(翻译规范)显然与 translation criterion(翻译标准)、translation principle(翻译原理、翻译原则)都有所区别,属于不同的语义范畴。

在方梦之(2011:17)编写的《中国译学大辞典》中,"翻译原理"和"翻译原则"是同义词,因此并没有专门列出"翻译原则"这一词条,只是将"翻译原理"词条解释为:"亦称'翻译原则',指翻译中带有普遍性的、最基本的、可以作为其他规律基础的规律,也即具有普遍意义的道理。例如,翻译中语际转换的一般规律、审美体验的一般规律,对翻译技巧的纳归和掌握具有指导意义。"翻译研究中混淆"原理"和"原则",部分的原因来自英语单词 principle 在汉语中同时可以表示"原理"或"原则"。但在《现代汉语大词典》(2000:208,206)中,"原理"与"原则"显然并不相同:"原理"是"具有普遍意义的最基本的规律";"原则"指的是"说话、行事所依据的准则"。从另一角度来说,原理是客观事物内在所具有的属性,而原则是外在的,是人为设置的具体言行要求,因而与"准则"是同义的。与"标准"不同,"原则"属于更高层次的要求,"标准"属于更为具体的要求。

在具体地探讨标准、原则、原理与规范之间的关系之前,我们不妨审视一下规范是如何形成的。徐梦秋(2011:22,24,25)认为,规范的形成必须基于四个方面的条件:

> 1)规范是一种告诉人们应如何作为且希望人们都如此作为的指示,它所指示的行为必须具有施为的可行性和达到预期效果的可能性。
>
> 2)而行为的可行性及其达到预期效果的可能性,必须以行为的合规律性为前提,不合规律的行为是不可行、无效果的,甚至与效果相反的。
>
> 3)即使是合规律的行为方式,也必须经由社会自发的或有组织的评价这个环节,才可能转变为行为规范。因此,对行为相关的客观规律或客观的因果联系的把握,对行为及其后果之公共价值的评价,共同构成规范形成的充分而且必要的条件。
>
> 4)规范是在把握因果必然性的基础上形成的,不仅包括对外部世界的因果必然性的把握,而且包括对人类行为过程的因果必然性的把握。只有行为和它的效果之间存在着比较确定或高概率的因果联系的行为,才有可能成为行为规范。

以上四方面条件可以概括为:指示性、规律性、评价性和因果性。"指示性"意味着规范具有约束力,"规范就是进行规定"(谢芙娜,2018:120)。"规律性"一方面说明事物发展有其规律,另一方面也要求所谓的规范必须符合规律。如果规范不具有规律性,那么其约束力也必然大打折扣。规范的评价性也包含两个方面的内涵:规范本身基于他者的评价,同时又构成对他者的评价。也就是说,规范源自他人的评价,同时发挥评价他者的功能。因果性其实和规律性存在相辅相成的关系。通过对事物因果关系的把握形成规律,只有那些具有普遍性规律的因果必然性才进一步形成规范。必须明确的是,这四个条件并非并列关系。所谓"条件",可以划分为必要条件和充分条件。通过描述并把握其中的规律,只是规范形成的必要条件,而非充分条件。并非符合规律的事物都是规范，①必须经过社会自发的或有组织的判断和评价，才可能形成规范。判断和评价又必须基于事实或价值。合乎规律并接受了评价的规范，如果其结果符合预期并具有合理性，在预期与效果之间存在规范引导的规律性，人们才会接受它为规范。所以，评价规范的基本要求包括规范的可行性、合理性和接受性。

因此，规范是以促成、制止、许可等方式指导、调控人们各类行为的指示或指示系统。其功能在于指引行为顺利进行并达到预期目标。然而，我们又必须注意，并非所有具有指示性属性的指示都是规范。在私人交往之间如果发生某人对他人的指示，可能只是具有偶发性，不属于规范。因为，所谓的"规范"，还必须具有普适性，至少是在一定的团体内部具有普遍约束力，才会具有一定的规范性。因此，"规范"在汉语里指"约定俗成或明文规定的标准"。但是，规范毕竟并非标准。如果规范和标准指涉的是同一事物，那么就没有必要谈论规范，直接谈论标准就可以了。其中的区别在于：规范并不具有制度强制力，只具有约束力，既可能先于具体行为而存在，也可能外在于具体行为而存在。行为可以在规范的指示下实施，也可以不按照规范实施。这两种行为都可能是有效的。不过，在规范指示内实施的行为，会得到规范适用范围内团体的认同甚至奖励，违反规范的行为则可能不被规范适用范围内的团体认同，甚至受到制裁，比如被压制、孤立甚至开除出相应的共同体。问题是，不被团体认同的行为，未必一定是无效的行为，也可能是创新行为。比如在大多数人都认为翻译应该忠实于原文之际，"忠实于原文"就成为翻译的规范。但是，偏偏有人主张不忠实于原文，而是要故意标新立异，完全按照自己的意愿改变原文的意思，注入大量译者的主观性成分，其结果会怎样呢？可能会像艾蒂安·多雷（Etienne Dolet）一样因随意翻译、违反当时盛行的规范而被处置，可能会像冯唐的《飞鸟集》一样被出版社下架，但是然后呢？换句话说，我们可以依据规范来衡量一个行为是否遵循规范，从而做出评价，但这种评价只能

① 图里（Toury，2012：65）认为："规律与规范绝非指代同一现象的两个不同词语。事实上，它们也不能以同样的方式被观察，更不能在同一层面被观察。许多规律，也可以说所有的规律，都是规范活动的结果，因此可以被当作规范活动的直接证据。规范本身，仍然需要以观察到的规律为线索，从而通过具体行为被重新获得。因此，从学术的角度来讲，规范似乎根本不是以实在的形式出现，而是通过对实际行为及可感知现象的解释性假设方式出现。这实际上意味着，研究者所采用的研究方式，是再现译者本人可能经历的路径。研究者从过程的终点回溯导致终点的原因。所以，规范与策略的对应关系几乎不是 1:1 的。换句话说，人们应该毫不奇怪地发现：一种策略是不同规范（调和）的结果，或反过来说，单一规范是诸多不同策略的根由。"

评价行为是否符合规范,却并不能评价它是对还是错。因为,实施行为的规范多种多样(参见本章第二节"翻译规范的类型"),而且发挥不同的功能(参见本章第三节"翻译规范的功能"),即使在一个团体内部,也存在不同的规范,而且也有强弱之分。人们并不能确定地说,处于弱势的规范就一定是不好的规范、错误的规范。在特定的语境下,弱势规范也可能演变为强势规范,成为主流规范。但标准则不同,标准具有强力。标准是相关机构或者团体依据相关的法令、规则以及规范制定出来的,是人们在行为实施过程中必须遵循的事物,具有刚性要求。面对标准,行为者没有选择是否遵守的权利,只有服从的义务。一旦有行为标准的存在,如果行为者不按照标准实施,那么就会被判定为错误,而且行为结果就会因不合格、不符合标准而被即时废弃。所以,标准无所谓强弱之分。只要是标准,都应该在标准所涉范围内被行为者一视同仁地对待或遵循。

从规范有效性来说,规范可能是约定俗成的,也可能源自权威人士或者机构,但无论以怎样的形式为人所接受,都不能脱离其合法性。规范的合法性,既源自规范的合理性、规律性、可行性,同时也在于特定适用范围内共享的知识、相互期待与接受。一般来说,规范都不会有具体的明文规定,它盛行于特定时期、特定群体乃至更大范围,为特定时期、特定群体所遵循,但绝对不是命令或者法令要求,而是以明示的(explicit)或默示的(implicit)形式存在。但是,要使规范传承下去,文字化明示的规范无疑具有更好的延续性。因此,在相关的教程、翻译研究著述中,有关翻译规范的罗列和讨论,具有十分重要的指导意义,对于规范特定时期的翻译起到积极的作用。但标准则有所不同。凡是标准,必须是明示的,必须为人所知,至少是在特定的标准适用范围内为人所知,否则就无法彰显出标准的价值。

翻译规范进入翻译研究领域是一个渐进的过程,大致可以分为三个阶段:语言学规范、篇章语言学规范、描述性翻译规范(谢芙娜,2018)。语言学规范和篇章语言学规范从根本上来说都是规定性的(仝亚辉,2009),它们追求原文本和译文本之间的"等值"关系,试图以原文本为中心建立唯一正确的翻译标准,忽视了真实世界中翻译结果的多样性。描述性翻译规范则以译文本为导向,"将'语境化'融入翻译活动,以便在目的语社会-文化网络的大系统中考察翻译行为的适切性"(王传英,2013:18)。为了区分,我们可以将前两者称为翻译的语言学规范研究和篇章语言学规范研究,其中的"规范"与"规定""规则""准则"同义,含有 standard 的意味(刘金凤,2014);将后者称为翻译规范研究,其中的"规范"源自社会学术语norm,具有描述性特征。社会学中的规范概念又与法律研究密切相关,将规范视为有关正确观念的社会存在,而非类似上级向下级发布的命令或规定。这样的概念并没有告诉我们什么是规范,而是强调了它的描述意义。语言学中的规范概念,首先借鉴了社会学对规范的这一认识,从描述翻译研究出发,认为语言规范就是有关语言使用正确与否的界定。而翻译研究又继承了语言学规范研究这一路径。

由此产生的问题则更为复杂,即在对翻译进行评价判断时,如何判断其中的正确与错误? 甚至我们也可以问,翻译是否存在正确与错误的问题? 事实上,基于翻译规范理论,翻译中有时并不存在绝对的"正确"与"错误",因为"翻译过程不仅仅涉及语言的转换,而且包涵语言所承载的文化功能的实现和价值的传递"(徐修鸿,2011:50)。因此,图里对规范的定义就不仅包含"正确与错误"观念,而且包含"恰当与不恰当"观念,认为规范是"一个群体所共有的价值和观念,如什么是正确的或者错误的,恰当的或者不恰当的,转化为对特定情况适用且可行的行为指令"(Toury,2012:55)。

赫曼斯认为,"描写主义翻译研究将规范视为研究对象,对规范的性质和运演进行分析并理论化,但并无意为译者寻求翻译的规则、规范或指南"(Hermans,2020:73)。翻译规范是历史性描写主义翻译研究的一个视角,"基于规范的翻译研究始于一个假设,即翻译过程包含了译者的选择。[1] 所以,其聚焦于所有备选项的被选,以及译者优先选择某些选项而非其他的缘由"(谢芙娜,2018:67)。但是,在考察译者所做的选择,进而研究翻译规范时,赫曼斯则认为图里采用了行为主义视角:"透过译者行为观察其规律(regularity),我们可以继续探寻如何描述这些规律"(Hermans,2020:75)。而图里本人则认为:"规律最初被人关注,正是某一

---

[1] 无论是从描写主义翻译研究还是从翻译规范研究视角出发,"选择"都是一个关键概念。也是本书自始至终都在运用的一个概念。如果要对这一概念的偏好做一个简单的分析,我们不妨借用赫曼斯的观点:"基于规范的研究始于一个假设,即反应过程包含了译者决策","我重点关注译者选择,即译者面对一系列实际可以选择的选项,为何会选中某个选项"(转引自谢芙娜,2018:65-66)。他认为,"选择性特权有两个显著优势:一方面,译者的选择同时也凸显了被排除的选项,即那些可供选择但未被选中的选项。另一方面,这种方法有助于弄清楚译者对现有期待、约束和压力的反应,弄清楚译者受目的驱动的意向性行为和原动力"(转引自谢芙娜,2018:65-66)。不过,本书的选择显然不局限于译者的选择,同时也包含整个翻译过程的行为主体的选择,如翻译理论研究的视角与方法选择,翻译政策中包含的功能和目的的选择等。因为本书的翻译批评范畴较为宽泛。——引者

特定行为(假定受规范制约)的可观测结果。也只有等到规律被发现,人们才继续提炼规范。……观察到的规律以一种直接的方式证明了反复发生的潜在规范。"(转引自谢芙娜,2018:73)但正如前述,并非所有符合规律的事物都是规范,因而图里又特别强调:"规律本身并非规范。"(转引自谢芙娜,2018:73)

由此而言,客观规律蕴含于事实之中,而规范的形成虽然有赖于对规律的把握,但也并非只基于可观察的规律。其中的逻辑在于:行为要达成预期效果,需要合乎规律,但并非所有合乎规律的行为都会最终演变形成规范,它需要针对合理性、可行性及可接受性做出相应的判断与评价。因此,规范的形成有赖于对事实规律的观察与把握。把握则意味着对相关规律是否有利于预期效果达成的判断。也就是说,规律需经社会或组织的检验与评价,或者如图里所说,"经由群体的商谈"(转引自谢芙娜,2018:18),然后才能确定是否成为规范。那些合乎规律同时又有益于行为达成预期效果的规律,经由群体的认同,最终演化为肯定性规范。而那些合乎规律但有害于行为达成预期效果的,则有可能形成禁止性规范。

图里的翻译规范研究,有两点需要特别指出。其一,他始终将翻译视为社会文化行为,即便是对翻译概念的认识,"都应视为由历史、社会以及文化所决定,即由规范制约",而且,"在任何行为领域内人类对规范的追求都清楚地表明,人们所选取的视角是社会文化"(转引自谢芙娜,2018:16–17)。其二,翻译受制于诸多因素,规范处于规则(rule)和习性(idiosyncrasy)之间。所谓的"规则""规范""性情",其间的边际并没有严格的界定,而且就规范本身而言,也构成连续统,有的规范更加强烈,有的规范较为弱势。甚至有些异想天开的念头也可能演变为规范。(Toury,2012)因此,图里对翻译规范的研究包含了一系列概念:约定(agreement)、惯例(convention)、策略(strategy)、行为常规(behavioral routine)。在此基础上,他才得以阐述规范。关于"约定",他借用了人类学家韦德·戴维斯(Wade Davis)的有关论述:"人们利用与生俱来的社交性来创造**行为约定**。故此,我们的世界获得**稳定性**与**规律性**这类表象,因为我们约定:有些行为在适当环境中是可接受的,有些是不可接受的。"(转引自谢芙娜,2018:18)有鉴于此,图里认为:

> 针对行为的约定,远非给定的。相反,它们是群体的商谈结果,不论商谈过程中是否运用了语言。这种商谈孕育出惯例。然后,群体成

员感觉有义务在特定的情境下依据这些惯例来实施行为。随着时间的推移，一系列被接受的惯例可能固化为相当复杂的行为常规。这些行为常规成为特定群体成员的第二种属性。（转引自谢芙娜，2018：18）

我国有些学者认为，规范就是惯例。但在图里的眼里，惯例与规范截然不同：

> 惯例，既是追求社会秩序和稳定的必然结果和表征，同时也是达成秩序和稳定的手段。然而，就惯例本身而言，它可能相当模糊。其针对性和约束力都不足以为实际行为提供真正的指南，同时也不足以为评估实际的行为提供有效机制。事实上，鉴于它们的模糊性，群体的新成员习得惯例时，经常面临一些问题。其中必然缺少一个"衔接"，而规范概念似乎处于提供所缺失的衔接部分的有利位置。（Toury，2012：63）

在另外一篇文章里，图里进一步阐述道：

> 惯例是追求社会秩序的必然结果，也是达成和维持社会秩序的手段。但与此同时，惯例的确切性和约束力又不足以指导（和/或评估）行为的发生及其结果。鉴于惯例的模糊本质，群体的新成员要想习得惯例就会面临一些特别的问题。……这里缺少一个"衔接"，而规范这一概念似乎可以取而代之来解决这一问题。（转引自谢芙娜，2018：19）

有鉴于此，图里认为：

> 规范长期以来一直被视为由一个社群所共享的普遍价值观或观念——例如何谓正确与错误、何谓适当与不适当——转化（translation）①成为适切于具体场合的行为指南（performance instructions）。这些"指南"具体说明所规定和禁止的内容，同时说明在特定行为维度内被容

---

① 我国许多应用翻译规范的学者都忽视了图里此处运用了 translation 一词的深刻含义，从而简单地认为规范就是观念或价值观。实际上，图里所要强调的恰恰是规范与观念或价值之间的关系。观念或价值只有转化为规范，才能产生制约性。

第四章　翻译规范面面观

中国应用翻译批评及其标准研究

忍和允许的内容。（Toury,2012：63）

那么,究竟何时需要规范? 图里明确指出,"规范仅仅存在于允许多种选择性行为的情境中"（转引自谢芙娜,2018：20）,只要行为存在合适与否的问题,只要"适切行为"和"不适切行为"之间存在着区隔,就必然需要"指南"来指导处于特定文化处境中的所作所为,尤其是人的行为在特定文化处境中面临着选择（select）之际,在这种选择又不能率性而为之际,规范的作用就显得尤为重要："虽然规范未必就是行动的策略,但必定导致行动策略的产生及其合理化。"（转引自谢芙娜,2018：20）如前所述,制约行为的规范未必都以文字的形式公之于众。规范可以是明示的,也可能是默示的,但是,要使规范传承延续下去,文字化明示无疑是一种重要方式。而且,明示化表述的规范也为制约行为以及修正行为提供了切实可行的源泉。（参见上述关于规范与标准关系的讨论）

由此可见,在图里看来,翻译规范不仅具有可以通过观察所具有的描写性,同时也具有规定性（prescriptive）,比如,"篇章语言学规范控制了译者在目的语文本中选择哪些原文内容或者材料加以重构或者替换"（Hermans, 2020：59）。显然,我国有的学者在一定程度上忽视了这一点,只是片面地强调了翻译规范的描写性。

赫曼斯在许多方面都认同图里对翻译规范的认识。他认为,"基于规范的翻译研究始于一个假设,即翻译过程包含了译者的选择决策。所以,其聚焦的是在所有可供选择的选项中那些被选中的,以及是什么使得译者优先选择某些选项而非其他"（转引自谢芙娜,2018：67）。显而易见,赫曼斯突出了规范的指导性、规约性,表明了赫曼斯的规范概念与图里所谓的规范有所不同。图里将规范的所涉范围置于规则和习性之间,而赫曼斯则对于规则、惯例与规范之间的区分并没有那么清晰的界定,认为规范包含了从严格规则到惯例的整个范围。规范可以理解为更强的、具有规定性的社会惯例。赫曼斯同时认为,和惯例一样,规范的合法性也源自共享知识、相互期待与接受,而且基本上也是通过内化于译者而发挥功能。在赫曼斯看来,规范不同于惯例。因为,惯例纯粹是或然性期待,没有制裁,而规范不仅具有约束性,而且还具有指示性（directive）。赫曼斯甚至认为,"对于'适切''正确'的主体间意义,构成了某一规范的内容"（Hermans, 2020：82）。这就又回到了社会学意义上的规范概念。这种主体间意义,来自特定群体,赫曼斯称之为"期待的期待",因为赫曼斯在另外一篇论文里指出,"规范的内容就是特定群体对正确或合理现象的观念。规范的指导力能够确保并维持这些观念的价值身份"(转引自谢芙娜,2018:74)。问题是,对于赫曼斯来说,无论是"适切"还是"正确",都是模糊概念,或者说是弹性概念。"重构文本关系是乌托邦式的努力。"(Hermans,2020:76)在赫曼斯看来,唯一适切的文本只有原文本,而且即便是原文本也未必适切,因为文本的意义是由读者所赋予的。因此,规范并非一成不变,而是具有历史性、社会性、文化性,甚至具有主体间性的。

由此可见,图里基于行为主义对规范与规律之间关系的考察,提出了必须基于对翻译实践以及可观察的规律的充分描写来重构某个时期的翻译规范。赫曼斯则并不满意这种囿于行为主义的翻译规范研究路径,认为图里对这些概念的界定,只是将规范看作限制,未能进一步探索规范概念的理论层面,而"从更为广阔的语境审视规范将会使我们把规范的常规方面与译者的意向性对应起来,因而平衡限制与译者之间的关系"(Hermans,2020:73)。

值得注意的是,图里一方面认为要基于描写可观测的翻译实践规律来建构翻译规范,另一方面又认为"规范是无法直接观察的"(Toury,2012:65),他认为,凡是可以直接观察到的规律本身都不是规范,这类规律只是说明存在一再出现的潜在动机。但是,赫曼斯则明确提出:"对规范的关注不应只局限于将其视为从一个大范围语料库中提取出来的行为准则,规范还与盛行的规范性和认知性期待有关,是译者在真实可选的优先范围内对某特定选项的选择。"(转引自谢芙娜,2018:73)赫曼斯在此强调了规范与规范性期待和认知性期待之间的关联,实际上凸显出规范的社会性和主体间性,意味着规范在某种程度上具有来自社会和心理维度的压力,从而拓展了翻译规范概念的内涵。在赫曼斯看来,"规范"这一术语同时兼指行为规律和解释规律的心理机制。而心理机制则是心理和社会实在。毋庸置疑,这种心理和社会实在居于个人与集体之间,即居于个人意图、选择和行为与集体持有的信仰、价值观和偏好之间。这恰恰是翻译规范与惯例的不同之处。我国学者徐梦秋(2011:15)也对规范持有这种观点,认为"规范是调控人们行为的、由某种精神力量或物质力量来支持的、具有不同程度之普适性的指示或指示系统"。毋庸置疑,这里所谓的"指示",并非如上级对下级的命令,也并非如法律那样具有强制性,规范虽然具有约束力和制约性,但这种制约只是源于普遍的认可、容忍与接受。指示系统的存在,或者说规范的存在,本身就表明社会或者主体间对于某些行为的期待性观点,认为某些行为是适切的、正确的。显然,赫曼斯运用了卢曼系统理论有关期待的概念,进一步论述翻译规范与期待之间的关系。这一观点直接影响了切斯特曼对翻译规范的认识,促使切斯特曼对于翻译规范的分类包含了期待性翻译规范。

显而易见,要准确地指出赫曼斯的规范是什么,并不容易。因为,赫曼斯似乎从未像图里或切斯特曼那样,明确地界定规范及翻译规范概念。毋庸置疑,赫曼斯深入地思考了翻译规范这一概念,尤其在规范性方面,更是为翻译规范研究提供了极具启示意义的论述。要深入地了解赫曼斯的翻译规范概念,自然离不开对赫曼斯本人翻译思想的认识。[①] 实际上,赫曼斯在发展其翻译理论及其翻译规范概念时吸收了两位社会学学者的理论。其一是卢曼的社会系统理论。他说:"卢曼认为,社会系统包含了跨时间联系的交流,而对交流的规范性和认知性期待就构成了社会系统的结构。""简单地说,卢曼关于社会系统的浩繁著述已经广泛地运用于生态、教育、艺术史等各个领域,那么,我们当然也可以将其运用于翻译领域。"(转引自谢芙娜,2018:73)值得注意的是,尽管赫曼斯主张运用卢曼的系统理论来研究翻译,而且将翻译视为包括翻译实践和有关翻译的论述。但赫曼斯有关其翻译系统的阐述,着重关注的是实际的各种翻译(actual translations),而对于翻译理论系统的建构则着墨不多,甚至有所忽略。

其二是布迪厄的文化社会学理论。赫曼斯认为:

> 就翻译规范而言,译者习得翻译规范,就是布迪厄所说的可持续、可转换的定势的传授,这种定势即惯习,它既是被结构的,同时又具有结构能力,在个人和社会之间产生联系。同样地,译者对盛行于特定领域内的规范集合的操纵就是布迪厄所说的社会地位、象征或其他资本的积累,以及为垄断"翻译"定义而做的斗争。(转引自谢芙娜,2018:73-74)

正是基于这两位学者的相关理论,赫曼斯才指出:"就翻译而言,规范

[①] 作为翻译研究学派中操控流派的代表性人物,赫曼斯也是文学翻译、比较文学方面的学者,深受埃文-左哈的多元理论的影响,极力主张翻译的多元化,强调译文以及目的语文化在翻译研究中的重要性。他认为翻译研究并非为完美或理想的翻译提供指导性原则,也非只对现存的译文进行评判,而是要尽量去确定能说明特定译文性质的种种因素,并且尽可能从译文的功能、目的角度出发,分析翻译策略。而要达到此目的,就要从社会系统理论角度将规范放在更为广阔的系统中来进行考察。

通过指示、禁令、偏好以及许可形式予以表达，从制度性价值角度合法化，通过规戒和范例进行传播，通过制裁强化自身，整体上发挥调节功能。"（转引自谢芙娜，2018：65）就此而言，赫曼斯拓展了翻译规范，认为可以将其用于解释译者为什么会做出如此这般的决定。因为，规范可以理解为社会惯例的强化形式。也就是上面已经提及的观点：与惯例一样，规范的合法性在于共享的知识、相互期待与接受。"事实上，规范往往内化于个体。……规范可以同时指涉行为规律以及解释该规律的运行机制。"（Hermans，2020：81）

正因为赫曼斯基于卢曼和布迪厄的社会学理论从"更为广阔的语境审视规范"，所以，他对规范的关注并不囿于把规范用于因果解释，而是力图从"不同交叉领域、不同关联层面探索从惯例到规范再到法令的整个范畴"（谢芙娜，2018：73）。在他看来，规范一方面指涉一种有规律的行为，另一方面又指涉这一规律的深层机制，而对规范的研究又离不开对价值的关注。他力图通过对规范的探索，再现镶嵌于先前生成这些规范的价值，从而进一步论述他的"翻译即操纵"的翻译观。他自己这样论述道：

> 正因为翻译受规范制约并且充满价值，所以它不可能是半透明的，不可能是清白、透明或纯净的，也不可能不掺杂进自己的声音。相反，翻译对其所及范围内的一切进行挪用、变形、偏离和错位。即便我们的描述达成了对翻译行为和翻译观的翻译，这些描述也都受制于随翻译而存在的操纵。（转引自谢芙娜，2018：83）

"操纵"是赫曼斯翻译研究中的核心概念，也是他的重要主张。就此而言，"规范"概念只是他论述"操纵理论"的工具性概念而已。因此，赫曼斯的翻译规范研究，具有更强的理论性，更为注重规范的规范性、主体间性、期待性、理论与应用价值，但是对于翻译实践的应用价值，却无法与图里和切斯特曼的翻译规范概念相媲美。所以我们可以看到，图里和切斯特曼的翻译规范理论被大量地运用于翻译文本分析和翻译教学，但赫曼斯的翻译规范理论却主要运用于理论反思。

切斯特曼对翻译规范的研究"涉及了社会、伦理和操作层面"（Hermans，2020：77），但切斯特曼认为，社会规范和伦理规范并非翻译所独有，其他人际交往也同样具有社会规范和伦理规范。在继承和发扬图里的翻译规范思想基础上，切斯特曼借鉴了理查德·道金斯（Richard Dawkins）的文化基因以及语言学家 R. 巴切（R. Bartsch）对规范的定义，不仅把规范视为模因，而且着重从描写性视角将其看作"有关正确观念的社会存在"。也就是说，规范并非"上级向下级发布的命令或规定"，而是对特定团体中特定实践的描写。因此，在切斯特曼眼里，所有的规范都是属于某一历史阶段的特定现象，都有其因果关系，①即人们在特定社会中之所以以某种方式行事，正是因为某种规范的存在。这样就避免把规范视为一个孤立的概念，这无疑呼应了赫曼斯的倡导，将规范研究置于一个更广阔的历史语境。②

　　不过，切斯特曼似乎对于翻译规范研究保持了一种更为清醒的态度。一方面，他认为翻译研究可以通过研究翻译规范来满足翻译研究中的描写和评价需要。另外一方面，他又认为，"研究规范有其问题，其中之一是术语界定：我们如何确切地理解规范？规范与趋势，或者说规范与价值之间存在怎样的关系？另外一个问题在于方法论：我们何时知道已经发现了某一规范？我们如何检验有关规范的某种假设？"（Chesterman，2017：165）与此同时，他也并不赞同赫曼斯将规范视为从规则延伸到惯例，甚至等同于行为规律的连续体的观点，也不满于图里针对规范与行为规律具有必然联系的研究路径。诚然，切斯特曼自己也承认，他和图里一样，也将规范视为解释性假设。但是，对于译者及研究人员如何获得规范，切斯特曼（Chesterman，2016：83）有他自己的考量：

　　　　获取规范存在的证据并非易事。我们可以从观察到的文本规律开始，但是规律本身并不能证明潜在规范的存在，因为规律可能由其他因素作用产生，比如译者无能为力的认知局限。译者的认知局限，可能源于缺乏知识，也可能源于特定翻译项目状况。我们还需要文本外的规范性标记，比如译者信念（我认为我应该这么翻译），违反假定（assumed）规范引起的批评，甚至相关权威针对规范所说的话（这类文本的译者必须这么翻译）。而且，有关规范的假设，像其他假设一样，需要验证。我们可以故意违反某一规范，看看人们的反应。我们可以寻找对立的证据。我们可以探寻他人的看法（你认为在这种情况下该怎么

---

① 对于因果关系，切斯特曼似乎特别在意。他曾写过两篇专论"Causes, Translation, Effects"（1998）和 *A Causal Model for Translation Studies*（2000），系统阐释了翻译研究中"因"与"果"之间的关系。

② 然而，切斯特曼有时候在翻译规范研究中走得太远，认为翻译理论即"规范性学科，研究目的就在于描写、理解并分析翻译规范"（切斯特曼，2020：68）。

翻译?),可以询问权威人士或者翻译用户,请他们公开说说对规范的看法。对这类外部证据和验证结果的诉求,也许或多或少令人沮丧。有时候也需要考虑其他因素,比如个人偏好、认知局限,当然还有运气。

因此,切斯特曼将认知翻译规范的渠道从文本及译者行为拓展到文本之外的非文本因素,同时也强调了规律与规范之间的不一致。其结果,切斯特曼转向翻译模因,认为翻译模因在模因池中幸存并逐渐处于主导地位,就会逐渐被人视为规范。(切斯特曼,2020)就规范的范畴而言,他也基本认同图里的观点,认为"规范处于司法法律和惯例的中间地带"(切斯特曼,2020:70),因为,

> 法律是绝对的,客观的;它们由某个权威机构确立并且由某个权威机构实施。违反法律者,一旦被抓住,将受到某个权威机构的惩罚。毫无疑问,所有这些权威机构的所作所为,都是以维护社会的名义进行的。其实,使法律成为法律的是这些机构的自然权威属性。另一方面,惯例代表了比规范"更弱"的惯常约束,即打破惯例只是"不合常规",并不会引起合乎情理的批评。换句话说,惯例没有强制约束力,它们只是对行为予以武断的规定。所谓武断,就是说它们并不具有任何外在的动机。说得更直白些,它们只是风尚,只是体现了某些人的偏好。(切斯特曼,2020:70)

然而,需要引起特别注意的是,切斯特曼在应用 law 这个术语时显示了极其矛盾的心理,时而用它来意指司法法规,时而又表示"可观察的规律"(observable regularity)。而且,在他看来,这些以"可观察的规律"形式呈现的"法则"(laws)纯粹是描写性的,是对实际翻译行为的经验描述。他称之为"一般性描述法则"(general descriptive laws),并且认为这类一般性描述法则适用于任何类型的译者。① 但如果据此就认为切斯特曼完全否认翻译规范的规定性,那就大错特错了。因为,对译者行为的描述,并非翻译研究的唯一目的,"翻译理论,如果以某种翻译行为理论的面目呈现,

---

① 切斯特曼(2020:87)认为:"我所阐述的规范,都是描写性的。我只是假设,它们都是存在于译者所属文化中的规范,都已经内化于译者,有助于我解释译者的翻译行为。规范本身对译者施加规定性的压力——任何规范都是如此。换句话说,译者的所作所为,倾向于按照他们认为应该如何作为去做,而规范试图捕捉'应该'的性质。"

就必须包括描写和评价的因素，其中路径之一就是通过规范理论"（Chesterman，2017：170）。切斯特曼认为，从研究翻译规范的角度而言，应该注重其描写性，将规范视为解释性假设，通过描写的方法来获得相关翻译规范，从而对这些翻译规范进行解释，进而对未来的翻译规范予以预测。但是，从翻译规范本身的属性而言，切斯特曼认识到，只要特定社会将我们所研究的对象视为规范，它们就具有规定性力量，"规范就是进行规定。与惯例不同，违背规范可能导致制裁（或奖励）"（谢芙娜，2018：122）。而且，"作为'社会实在'，规范的存在具有主体间性。每个人对于规范都有各自的认识，但是规范只能作为社会存在被人们认可。规范存在于社会意识中，但是它们必须（至少潜在地）能够被个人意识到，因为正如艾特孔恩（Itkonen，1983：73）所说，'如果规范不为人所知，形同没有规范'"（谢芙娜，2018：69）。不可否认，对于翻译规范的认识，可以从观察到的文本规律开始。但是，正如前文已然强调过的，仅仅从文本规律上并不可以完全确凿地获取相应的规范。因为其中可能存在其他原因，比如译者无能为力的认知局限，可行性以及满足期待的效果等。就认知局限而言，既可能源自缺乏相应的知识，也可能源于译者对特定翻译项目状况的认知局限。（切斯特曼，2020）

诺德①在讨论翻译规范时援引了图里对规范的定义，但是诺德的研究主要以功能理论为出发点，侧重于考察译者、原作者、翻译活动发起者、译文读者之间的关系，并且认为译者有责任和义务在其余三者之间进行协调和沟通，以"忠诚"赢得各方信任。（仝亚辉，2009）因此，诺德的翻译规范研究和她所提出的"功能加忠诚原则"属于人与人之间的社会关系范畴。关于翻译规范的本质，诺德也提出"期待"之概念，认为译文读者和翻译活动发起者对译者的期待，以及译者对读者期待的期待，共同构成了翻译规范的内容。鉴于规范决定了译文读者对翻译的期待，因此译者如果违背翻译规范，就有义务向译文接收者解释自己所做的一切以及这样做的原因。（Nord，1991）这一视角与赫曼斯的一脉相承。赫曼斯也是从社会交往的

---

① 诺德经常将惯例（convention）与规范（norms）混用。在《译有所为——功能翻译理论阐释》（*Translating as a Purposeful Activity — Functionalist Approaches Explained*）一书中，她在第四章专门列举了一个条目：Norms and Conventions in Functional Translation。但是，纵观这一条目下所讨论的问题，都是有关 conventions 的，而且有关 conventions 的界定又类似于 norms："For our purposes, conventions will be considered to be implicit or tacit non-binding regulations of behavior, based on common knowledge and the expectation of what others expect you to expect them to do in a certain situations."（Nord，2001：53，58）中文可参见由张美芳和王克非合译的该书中译本。

角度研究翻译规范,认为规范是"行为的规律性以及可以解释这种规律性的隐含机制"(Hermans,2020:80)。同时,图里和切斯特曼均认为,人们能观察到的行为规律本身并不是规范,它们只是规范活跃的外部证据,规范需要从这些外部证据中提炼。(谢芙娜,2018)有学者指出,首先,不同的研究者或不同的研究方法也许会从相同的规律中重构出不一样的规范;(陈勇,2019)其次,并非所有的规律或倾向都是规范的结果,其或许是由时间、认知或译者能力的限制所导致的;再者,规范既可以是规定性的也可以是禁止性的,对于禁止性的规范我们很难找到与之对应的被禁止行为。(刘宏,2020)赫曼斯的研究,强调规范的社会功能,除了约束和调节功能,规范还影响着人们对规范本身的认同和期待。规范功能的发挥,得益于人们将规范内化于身,是社会的"期待"和"期待之期待"(Hermans,1996)。

另有其他学者也从"期待"的角度来看待翻译规范,比如皮姆(Pym,2014:70)认为,"规范就是一种非正式的集体认同(collective agreement),是群体对翻译的期待①"。确实,规范是群体中个体自觉遵循的行为模式,并且以群体共同期待和接受为基础。(廖七一,2009)但是,我们也要认识到,仅仅依赖期待来确定规范,也是不妥的。有些时候,规范性期待和实际发生的行为之间存在着偏差与相悖。(刘宏,2020)比如,无论读者期待的是什么,历史上总会出现违背读者期望的翻译,并且,这样的翻译有时会发展为主流,形成新一轮的规范。(谭晓丽,2006)

总而言之,西方研究者"关于什么是规范以及什么是翻译规范,目前并未有一致的定论。而对本源性的概念阙失边际明确的界定,无疑导致翻译规范研究倍感挫折"(傅敬民,2013:13)。概念的歧义,同时也导致翻译研究领域目前对于翻译规范存在各种不同的认识。然而,翻译规范对于翻译是有用的,对于翻译研究的诸多方面也是有效的。

本书对于翻译规范这一概念的运用,或许比以上所有学者的认识还要宽泛。正如前文所述,无论是图里、赫曼斯还是切斯特曼,他们所谓的翻译规范都是局限于实际的翻译(actual translation),或者说是针对翻译产品、翻译过程及翻译功能而言的。但是,本书的翻译规范则不仅涉及实际的翻译,同时也涉及"非译"要素,或者说翻译的外部要素。因为,本书所探讨

---

① 皮姆对于翻译规范研究显然持较为谨慎的态度。他认为:"仅仅观察和描述规范,只能告诉我们存在着规范,却说明不了多大问题,我们还必须了解其他的变量。"(转引自谢芙娜,2018:139)——引者

的翻译批评,不仅关注文本、过程及其功能,而且将翻译批评作为一个既独立自洽又与环境及其他系统互相关联的系统。因而在翻译规范的分类以及功能探讨方面,笔者试图引用符合本书研究导向的问题化界定:翻译规范是以明示或默示的方式存在于适用范围领域的心理观念或社会实在,特定范围内同时存在着不同的翻译规范,虽然有强有弱,但都会在不同程度上影响人们的判断与评价,并会随系统相关因素的变化发生强弱之间的演化。而这一点,对于我们认识翻译规范与翻译批评标准之间的关联,十分重要。翻译规范的合法性也源自适用范围内的共享知识、相互期待与接受,通过指示、禁令、偏好以及许可形式予以表达,从制度性价值角度合法化,通过规诫和范例进行传播,通过制裁强化自身,整体上发挥调节功能。翻译规范具有规律性、普适性、指引性、可行性和评价性特征,并可以提炼构成相关标准体系。

第二节　翻译规范的类型

根据上文对规范以及翻译规范这一概念的界定性描述,我们可以看到,无论是英语中的 norms 还是汉语中的规范,目前都没有完全明确的定义。迄今为止,不同学者对规范的定义以及范围依然莫衷一是,他们对翻译规范的分类,也因各自关注的焦点不同而体现出多样化的格局。诚然,"每一种概念,包括概念的渐进发展,都相互关联,取决于人们看待它们的视角或考量它们的语境"(谢芙娜,2018:22)。其中的原因,一方面,英语中的 norms 与汉语的"规范",在各自的语言系统中存在着歧义性;另一方面,对于 norms 或规范的分类比较模糊,进而对于翻译规范的特征有不同的认识。

徐梦秋(2011:59)指出:"对于规范系统,可以从不同的角度,按不同的根据,进行划分,形成不同的类型,不同类型的规范有不同的功能。"有鉴于此,徐梦秋(2011)划分了七种类型的规范:社会规范和自然规范;目标性规范和操作性规范;双益性规范与独益性规范;先在性规范和后起性规范;肯定性规范、否定性规范与授权性规范;提倡性规范和命令性规范;强制性规范与非强制性规范。与此同时,徐梦秋(2011)还根据规范所适用的范围划分了道德规范、法律规范、技术规范、科学规范和宗教规范。

就规范本身而言,特定语境、特定团体或特定的领域为了达到特定的效果,可能形成不同的规范,适用于不同范围,满足不同的功能。不同的学科对规范有不同的诉求,相关论述也不尽雷同。图里认为,由于来源的冲突性,无论其他领域与翻译如何接近,制约翻译事件的规范都无法与另外领域的规范完全等同。当然,他同时也认识到,不同的规范之间具有相关性,有时候甚至有部分重叠。而且,规范也可能越界,原本某一领域的规范也可能转化为另一领域的规范。不过,经由转化后的规范,会在着重点的突出方面发生改变。即使同一领域的规范,鉴于使用场合或者语境的不同,也会在强弱、功能方面发生改变。因此,对于规范的认识不能脱离其所处的系统位置。"规范的相对位置总是在发生变化,越是处于中心位置的规范,越可能发生变化。"(谢芙娜,2018:35)有鉴于此,对于翻译规范的分类,也只是相对而言的划分。毕竟,世界万物密切关联,所有的分类都是相对而言的,其中的边际并非具有绝对意义。关键在于,不同的规范,如果它们所主张的有效性指涉相同范围的承受者,就应该尽量遵循同一律,避免相互矛盾,使得规范之间的有效性处在一个融贯的整体之中,形成一个相对而言较为自洽完整的体系。

建构这样的体系并非易事。图里曾经指出,"对于描述翻译规范的困难不容低估,因为不同类型的约束边界是弥散的。其中最为显著的困难体现在两个方面:规范的社会文化特性及其不确定性。规范的不确定性可能源自规范自身的特性"(转引自 Hermans,2020:62)。在图里看来,遵循社会压力不断地调整自我行为来适应规范,也远非易事,大部分人都只能在某种程度上做到。"鉴于其博弈性源头,制约翻译的规范从整体上来说(即翻译实践所服从的总体'规范模式')不可能与其他任何领域内的规范完全相同,哪怕这个领域和翻译紧密关联。……每一种规范的价值极可能因其系统位置的不同而彼此相异。"(谢芙娜,2018:29)因此,对于规范的认识,我们首先要明确其宽泛性。我们无法穷尽规范的类型。事实上,我们也无须对规范的所有类型以及特性都予以同等的关注,更无须过分关注跨文化规范,而应该集中精力关注体现于某一特定系统的规范,以求达到为特定研究所需之目的。所以,在此我们必须明确,本书所关注的就是应用翻译批评中的规范。

规范的多样性和不稳定性,并不代表没有规范,更不是说,规范杂乱无序,无法被有效地分类。它只是表明,真实生活中的规范虽然具有复杂性,但就翻译而言,规范的影响不容忽视。谈论翻译,不能无视翻译规范的存在,也不能不对规范的类型做出相应的划分。

按照图里的观点,在特定的翻译系统中,通常存在着三种相互竞争的翻译规范,而且每一种规范都有其追随者:一类是占据主流的规范,引导主流翻译行为;一类是原先各类规范的残余;还有一类是还处于边缘的新规范萌芽(rudiment)。有鉴于此,依据译者所遵循的规范,译者的地位也会随之发生改变:原本处在先进性地位的译者,即具有创新规范思想的译者,会随着规范的改变发现自己或成为时代垂范的对象,或变得随波逐流,或发现自己落伍了。(谢芙娜,2018)

问题是,没有哪一种行为在本质上就属于主流行为。说一种行为是主流行为,只是因为该行为在特定语境中发挥了主流功能。由此而言,无论规范还是行为都具有语境化特征,具有历时性、社会性和文化性,都受时代的各类因素限制。而且,对不同行为模式的选择,或者说对不同规范的选择,本身就说明行为的选择受制于规范。因此,图里(Toury,2012)强调指出,历史的语境化,不仅对于历时性研究来说是必需的,对于共时性研究同样也是必需的。

诚然,除非我们对规范的类型有一个基本认识,否则就不可能对规范进行系统科学地研究。分类是界定概念的有效手段。概念必然是特定语境中的概念,只有通过对概念的区分性界定,才能使得相关概念彰显出应有的信息价值,进而有助于相关理论建构起有别于他者的框架体系,有了概念,才有范畴,进而建构话语。

综合上述分析,我们可以发现,规范的分类具有复杂性。而其中的复杂性主要源自两个方面:1)规范的功能。一般来说,不同的规范发挥着不同的功能。但有的时候,不同的规范可能发挥同样的功能。2)规范所适用的对象。针对不同的对象,人们往往会施于不同的规范。同时,不同的行为对于规范也有不同的期待。在特定的语境中,针对特定的对象只施于某种特定的规范。但在另外的语境中,也可能针对某一特定对象施于多种规范,或者针对多种对象施于某种规范。对象作为行为主体,往往是多种规范内化形成的综合体。

虽然我们可以针对规范的复杂性指出它具有功能和对象这两方面的因素,但是在现实中,某一对象的功能与适用对象又是不能完全分割的。因为,某一种规范施为于某一对象,会发挥出不同的功能。事实上,无论是图里的翻译规范分类还是切斯特曼的翻译规范分类,都是将功能与适用对象结合起来综合考虑。不过,各自都有其理论视野和研究主旨。

图里的翻译规范类型与其对翻译规范的认识密切相关。图里(Toury,2012)认为,翻译规范不仅运演于各类翻译之中,而且贯穿于整个翻译事件的始终,因此反映于翻译产品的任何层面。[1] 因此,图里的翻译规范类型主要从翻译产品产生和译者行为发生的角度展开。他首先将翻译规范划分为预备规范(preliminary norms)和操作规范(operational norms)。预备规范在翻译活动开始之初就发挥功能,其中涉及两个问题:第一是翻译政策(translation policy),涉及具体政策的存在与性质,决定特定时期特定文化/语言将要引进哪些作者、哪些文本类别或个体文本;第二是在实际翻译过程中影响译者决定的因素,图里称之为"翻译的直接性"(directness of translation),涉及一系列问题,包括翻译对源语的容忍度,是否可以接受经过第三国语言的转译,应该采用什么样的目的语语言形式,等等。(Toury, 2012)

图里(Toury, 2012)认为,操作规范控制着翻译行为中的具体选择,可以细分为母体规范(matricial norms)和篇章语言学规范(textual-linguistic norms)。前者关乎全文翻译还是部分翻译,以及章节、场幕、诗节和段落如何划分,包括对某些部分的省略、增添、移位或操纵;后者关乎生成目的语文本时对语言材料的选择,或对原文本材料的替换。篇章语言学规范可以适用于某一类翻译,也可以只适用于某一种文本或模式的翻译。而且有些篇章语言学规范或许与目的语文化中非翻译文本的生产规范相类似(Toury, 2012)。

在图里(Toury, 2012)看来,预备规范在逻辑和时间上先于操作规范,但二者的关系绝对不是各自独立的,而是互相关联、相互影响、互为条件的。其中的关系也并非固定的或者预先规定好的,而且都与初始规范(initial norms)有关。初始规范有点类似于翻译策略规范,制约译者选择贴近源语和源语文化还是目的语和目的语文化,尽力贴合原文的选择端被称为"适切性"(adequacy),彻底遵循目的语文化的选择端被称为"可接受性"(acceptability)。这两端分别指向两种不同的文化系统,他们彼此互斥,但在抗争中共存发展。

图里的三类规范之间的关系是平等的,但在逻辑和时间上存在先后,分别作用于翻译过程的不同阶段,发挥不同的功能。

---

[1] 由此可以看出,图里的翻译规范侧重于翻译产品和翻译过程,赫曼斯的翻译规范则往往局限于实际的翻译,因而也具有更强的理论反思性。

除了认为翻译规范有强弱之分外,图里(Toury,2012)还基于规范和行为的程度(intensity)进行了三种分类:基本规范或主要规范(basic/primary norms),对于特定行为或多或少具有强制性;次性规范或趋势性规范(secondary norms or tendencies);可容忍性规范行为(tolerated/permitted behavior)。这种分类将规范与行为融为一体,充分考虑到规范在特定语境中的功能。遗憾的是,人们在探讨翻译规范的分类时并未予以关注。

切斯特曼基于图里的研究,参照语言学和社会学对规范进行了分类。切斯特曼所感兴趣的规范,"是那些一旦客户委托翻译后起作用的规范,是实实在在指导译者翻译的规范"(切斯特曼,2020:81)。因而,他将图里的预备规范排除在外,聚焦于图里所说的操作规范。不过,切斯特曼认为,所谓的操作规范,从根本上讲属于产品规范。产品规范又以语言规范为基础。切斯特曼认为,语言规范主要有三个类型:产品规范、交际规范和伦理规范。"产品规范描述特定语言社区中'正确的'语音、形态、句法、语义、词汇等概念。"(切斯特曼,2020:73)因此,所谓的"产品规范"就是语言社区中的期待性规范。这类规范的形成基于两个其他规范:交际规范和伦理规范。在切斯特曼看来,交际规范和伦理规范处于更高的层次,其中的交际规范即语用规范。由此可见,切斯特曼对于翻译规范类型的看法,与图里不同。图里的翻译规范类型,其功能维度具有强弱之分,但范畴之间的关系却是平等的。但切斯特曼的翻译规范类型却有层级关系。

而且,切斯特曼心目中的操作规范,也显然与图里不同。这也是切斯特曼的翻译规范分类所具有的特别之处。他先设定有两种翻译规范:产品规范和过程规范。产品规范最终由目的语读者的期待构成,因而就是可以对翻译做评估性判断的期待性规范(expectancy norms),"涉及(该类型)翻译应该是什么。这些期待,一方面由目标文化中所盛行的翻译传统所辖制,另一方面由目的语中的平行文本所辖制"(切斯特曼,2020:82)。此处的关键,是切斯特曼的期待性规范特别强调目的语读者的期待,认为其有效性在于目的语共同体对某些文本抱有期待。这显然减弱了其解释功能。实际上,对于翻译的期待,涉及多方面因素。目的语读者的期待只是其中之一,相关的期待还应该包括翻译发起人的期待、译者的期待、机构期待、学界期待,甚至原文作者的期待。需要指出的是,切斯特曼并非只关注目的语期待,对于源语共同体以及原文作者的期待,切斯特曼也予以考虑:"专业规范当然也制约了一个有能力的译者在进行实际翻译之前如何解读源语文本,译者本人对于源语的期待性规范将会影响他或她对源语文本的理解。"(切斯特曼,2020:89)由此而言,切斯特曼的期待性规范并不完全是目的语导向的,也包括了源语的期待性规范。

过程规范调节翻译过程本身,从属于期待性规范。因为,"任何过程规范都是由预先设定的最终产品性质所决定的"(切斯特曼,2020:86)。鉴于"正是通过这些职业译者的翻译行为,我们推演出翻译的过程规范"(切斯特曼,2020:87)。切斯特曼将这些翻译过程规范称为职业或专业规范(professional norms)。之所以称之为"专业规范",是因为这类规范是通过专业译者的翻译行为推演而来的。在切斯特曼看来,专业译者就是那些负责创建期待性规范的人,他们的翻译行为在某种程度上可被视为制定规范的行为。

切斯特曼进而将专业规范"纳入三种一般来说层次更高的规范"(切斯特曼,2020:87)。他之所以认为这三种规范层次更高,是因为它们可以被用绝对的形式定义,然而在现实中人们往往只是尽可能地来遵循。而且,这三种规范并非同时对翻译发挥功能,翻译任务的不同,可能涉及不同的翻译规范,需要译者做出相应的选择。由此我们可以发现,切斯特曼所谓的专业翻译规范,主要是针对译者而言的。[①]

责任规范(accountability norms),即"译者的行事方式,应该恰当地符合原作者、翻译委托者、译者本人、预期读者以及其他相关方面对忠实的要求"(切斯特曼,2020:87),这类规范属于伦理规范,涉及职业标准,如为人诚实、行事周到,要求译者抱着对原文作者、翻译委托人、译者自身、潜在读者群及其他相关方负责任的态度完成翻译工作;

交际规范(communication norms),即"译者的行事方式,应该按照情景需要在交际各方进行最优化交际"(切斯特曼,2020:88),这类规范是社会规范。它突出了译者的交际专家角色,既调解其他人的交际意图,又凭借自身资格充当交际者,要求译者在翻译中能适应各种情境需要,使所有相关方之间的传意达到最优化;

关系规范(relation norms),即译者应该在源语文本和目的语文本之间确立并维持关联相似性的恰当关系。(切斯特曼,2020)它要求译者在源语文本和目的语文本之间建立并保持一种适宜的相关类似性。如果以文本间的关系来定义,这类规范就是语言学规范。它解释了这样一种假设,

---

[①] 切斯特曼认为,产品规范和过程规范"制约了翻译实践,并且事实上被专业译者所遵循"(切斯特曼,2020:89)。

即对等的等值（equivalence as sameness）概念过于狭窄。因为，在源语文本和目的语文本之间，事实上存在着各种关系。特定情况下应该优先考虑哪种关系，应该由译者定夺，或许根据文本类型，或许根据委托者的意愿，或许根据原作者的意图，或许根据预期读者的假定需求。当然，其中也可能就是"等值"或"最佳相似性"关系。

由此，切斯特曼其实将翻译规范分为四种类型：期待性规范、责任规范、交际规范和关系规范。切斯特曼（2020）强调，期待性规范、责任规范和交际规范都并非翻译过程所特有，其他领域同样存在期待性规范、责任规范和交际规范，但是，关系规范则为翻译和其他改写过程所特有，属于真正仅适用于翻译的规范，"事实上，这类规范强调了翻译或其他改写过程与其他交际过程的差异"[1]（切斯特曼，2020：88）"其他规范，只要根据实际情况适当变动，可以适用于所有交际模式。"（切斯特曼，2020：100）

对于切斯特曼的翻译规范分类，赫曼斯并不完全认同。他认为，虽然关系规范确实是翻译所特有的，不过关系规范和期待性规范之间又存在重复，因为二者均是有关什么才是翻译的问题。（Hermans，2020：64）赫曼斯所关注的，是对规范与惯例、规则及法令（decrees）的区分。他指出，相对而言，惯例的制约力最小，它源自先例和社会习惯或期待；规则和法令的法律效力最强，往往源自公认的权威机构，具有指令性、强制性的特点。通过这样的论述，赫曼斯突出了翻译规范所具有的社会和群体权力关系，强调翻译的受限性，[2]从而使得人们认识到，所谓对翻译的评价和批评标准，与特定社会或群体所认同的观念（notion）紧密相连，认为在特定群体中规范的方式呈现为一个文化自我参照的特许指标，"一个文化的价值体系以及确保其位置的规范集合，能够保证翻译至少受到三个规范层面的制约：适用于整个群体的文化和意识形态规范；源自一般的可译性观念以及群体内现有跨语言再现的翻译规范；盛行于译文所服务的特定客户系统内的文体及其充分性规范"（谢芙娜，2018：75）。这三个规范层面的制约，也就是赫曼斯对翻译规范的分类形式。与此同时，赫曼斯还借助于德克·德·吉斯特（Dirk de Geest）"符号方阵"（semiotic square）模型中的四种规范模态，将翻译规范

---

[1] 不过，切斯特曼同时也认为关系规范似乎也并非仅限于翻译，因为语言规范和关系事实上都可以普遍适用于任何改写形式的交际。（参见切斯特曼，2020：101）

[2] 赫曼斯提请人们记住："译者从来都不'只是在翻译'。他们是在一个对翻译有着特定观念及期待的语境内翻译，不论他们在多大程度上认为这些观念及期待理应如此，或者注定如此。"（转引自谢芙娜，2018：76）

分为：义务（prescription）、禁止（proscription）、偏好（preference）、允许（permission），并对强硬性规范和宽容性规范做了相应的描述。强硬性规范体现为义务和禁止两种情形，即什么必须做，什么不许做。这类规范表现出更多的要求和禁令，依靠惩罚、坚强的态度或信念支撑，随着时间推进逐步稳定并得到制度化，发展形成广泛认可的、强制的规则。宽容性规范体现为偏好和允许两种情形，即什么受到建议，什么可以容忍。这类规范表现出更多的宽容和默许，在环境发生变化的时候，它们更容易遭到再阐释、调整或打破。（Hermans，2020）

德国翻译研究学者威尔斯（Wilss，2001）曾基于翻译规范的相对性区别了四种规范：语言系统规范、特定语言社区的语用规范、与适切性和社会角色有关的语用规范、个性化言语规范。而维马斯－勒妥（Vehmas-Lehto，1989：17f）也提出过类似的分类，但他的侧重点和术语显然有所不同。"最基础层面的是（a）遵循目的语语言系统；接下来是（b）遵循可接受性规范；（c）遵循目的语的功能风格（适切性）；最后（d）遵循'值得倡导的规范'，这类规范与官方奖惩和可读性有关，强调'写得好的文本'而非任何符合目的语习惯的文本。"（转引自切斯特曼，2020：185）其实，这两位学者对翻译规范的分类，都是基于目的语的语言用法，所以，切斯特曼（2020：185）认为"这两种观点都赋予合语法性最高价值"，与如何忠实于原文等方面无关。

另外一名德国翻译研究学者诺德也对翻译规范①做过分类，其分类依据则是约翰·塞尔（John Searle）的言语行为理论，他提出翻译规范包括构成性规范（constitutive norms）和调节性规范（regulatory norms）两类。构成性规范决定了某个文化群体将什么接受为翻译；调节性规范指向处理文本内翻译问题的一般可接受方法。（Nord，2001）这种分类也反映出诺德对图里"规范"定义的沿用——构成性规范就是"正确性"观念，调节性规范则是"恰当性"观念。前者界定了翻译的性质，即翻译的边界，使其与不同的其他文本生产方式，如创作、模仿、改写等区别开来；后者区分可供选择的行为形式，特定的选择在某些情况下会被认定是恰当的，人们可能会根据译者是否遵从合适的规范去评判其译文的好坏。（廖七一，2001）

我们可以看出，翻译研究领域对于翻译规范的分类，基本上依据翻译

---

① 诺德自己用的是 conventions 而不是 norms。一般来说，convention 是惯例。但是，诺德显然并没有严格地区分 convention 和 norms。因此，本书也视 convention 为规范的一种。

实践,而且注重翻译规范的功能及适用范围,并没有针对翻译批评、翻译理论研究以及翻译行业的翻译规范进行讨论。本书的翻译批评并非局限于翻译实践(翻译产品和翻译过程),而是面向整个与翻译相关的领域,尤其是基于翻译规范展开的翻译批评标准体系研究。因此,本书的翻译规范类型,是在前述相关分类的基础上有所发展,与图里和切斯特曼的翻译规范分类都有所不同,目的是为展开翻译批评标准体系研究提供一个框架体系。确切地说,本书的翻译批评标准体系是基于翻译规范建构的,翻译规范的分类与翻译批评标准互相关联。

如前所述,本书对应用翻译批评的分层,包括应用文体翻译批评、理论应用翻译批评、应用型翻译批评及应用翻译研究元理论批评。对于翻译规范的分类显然也必须面向广义的翻译概念,并不只是局限于翻译实践。刘禾(2008:36)在论及翻译概念变迁时指出:"当概念从客方语言走向主方语言时,意义与其说发生了'改变',不如说是在主方语言的本土环境中发明创造出来的。"也就是说,源自西方的"翻译规范"概念,在本书中已然发生了"改变"。为了契合本书的研究主旨,笔者依据前人的研究提出了一个有别于前人的分类体系,其中包括:**文本规范(textual norms)、操作规范(operational norms)、功能规范(functional norms)和关系规范(relational norms)。据此将应用翻译批评标准划分为文本导向的应用翻译批评标准、过程导向的应用翻译批评标准、功能导向的应用翻译批评标准和理论导向的应用翻译批评标准。**(详见本书第七章。)

第三节　翻译规范的功能

本书之所以要对翻译规范进行较为系统的梳理与分析,其原因不仅仅在于翻译规范与应用翻译批评标准之间存在密切关系。当然也不是为了创新概念,尽管概念创新也是研究的动力之一。毕竟,理论创新离不开概念的创新。然而,运用或创新一个概念,其目的是因为它具有某些功能,例如帮助理解抽象的事物,激发对某些难以直接感知事物的思考,对某些错综复杂的事物做出有效区分,提供描述分类法或效果分析框架,或者允许对某些事物提出假设。如果一个概念工具不能为它涉及的功能或任何其他功能服务,我们就没有必要为它劳神费心,甚至对于已有的概念也可以搁置一旁,从而转向其他概念。实际上,翻译规范自进入翻译研究领域以来,就显示出在描述、分析翻译以及从事翻译研究方面发挥的多方面功能。

徐梦秋(2011)曾指出规范有三项基本功能:为指导行为、评价行为和预测行为提供依据。而切斯特曼(2020:81)认为,"有些规范的功能,在于'解决某些互动交往中产生的问题'(Ullmann-Margalit 1977:9,转引自Bartsch 1987:104)"。规范的存在就是为了在某种如果缺失了它们就不能正常交际的情况下调节该交际过程。如果将翻译规范的功能与翻译批评功能进行比较,我们可以发现,规范功能与批评功能之间存在诸多关联。这种关联性,为本书基于翻译规范探讨应用翻译批评及其标准提供了理论的依据和路径。

毋庸置疑,翻译规范进入翻译研究领域,最初并非源于翻译规范与翻译批评之间的关联,而是源自翻译规范在翻译及翻译研究领域所发挥的独特功能,如切斯特曼(2020)指出:在翻译研究中引入翻译规范概念,其中的一个主要结果就是作为一个理论概念,扩大了研究对象,使得我们对于界定翻译(包括翻译是什么以及翻译可以是什么等问题)有了更广泛的认知。

切斯特曼(2020)认为,"规范"进入翻译研究领域后,为两种理论问题提供了解决方法。其一,规范提供了一种避开传统规定性研究的方式。因为,在传统翻译研究中,诸多表述方式及其研究意图都具有规定性,提出翻译"应该"如何的基本原则,并力图基于这类原则为解释翻译提供合理的依据。然而,"规范"这一概念却使得现代翻译研究得以与规定性翻译研究保持相应的距离,通过以描述特定时期、特定社会文化语境中的规范,揭示蕴含其中的规律。因此,将规定性赋予规范,能够帮研究者摆脱制定规定的尴尬,从而使得翻译研究显示出更强的客观性和科学性。这其实也表明,规范本身并非缺失规定性,而且这些规定也通过规范"潜移默化"地内化于从事翻译的译者,使得译者意识或体验到,违反相应的规范可能存在一定的风险,可能招来非议、排斥、压制甚至被剔除出翻译圈的风险。其二,规范提供了一种方式,可以解释翻译为什么具有不同的形式,基于翻译的某些特征,或者鉴于特定时期、特定文化中的某些翻译特征,我们可以通过对相应翻译规范的认识,探寻翻译之所以呈现这类特征的原因,追溯译者遵守或违反既定规范的原因。

显而易见,翻译规范在翻译及翻译研究中所发挥的功能,绝非仅限于此。对此,不仅切斯特曼有更深入的认识,图里、赫曼斯等学者也提出了各种观点。

我们首先来看切斯特曼对于翻译规范功能的进一步认识。他指出：

> 规范起什么作用？归根到底，规范具有潜移默化的功能：它们使得生活变得更为容易（至少对于大部分来说）。① 从理想的角度来说，规范可以通过多种方式产生作用。比如通过调节人的行为，通过维护社会秩序，通过促进社会人际互动，甚至通过促进认知处理。同时，在调节人的行为时，要尽量使得各方都利益最大化。简而言之，规范发挥节省时间和精力的功能。……更具体地说，规范具有期待②功能，因而具有促成效果，即合理的期待使得人们更容易预测未来并做出理性行动。（切斯特曼，2020：71）

这短短的一段话，其实包含着切斯特曼对于翻译规范功能的多元化思考，从中我们至少可以分辨出八种翻译规范功能：潜移默化，生活便易，调节行为，维护秩序，促进人际互动，促进认知处理，洞悉预期，促成效果。如果再加上前述的"开辟描述研究路径"和"提供解释翻译方式"，那么，翻译规范至少具有十种功能。由此可见，对于翻译规范的研究和应用具有非常有效的理论和现实价值。

显然，切斯特曼在探讨规范的功能时，是从描写的角度出发的，假设规范都是存在于译者所属的文化之中，存在于社会意识中，同时也被译者意识到，逐渐内化于译者，对译者施加规定性的压力。也就是说，译者往往践行他们认为自己应该如何去做的信念。而这种信念，或许译者本人并未意识到是规范，但在后人看来，其行为则受制于规范，从而以规范的形态为人所知。由此可见，切斯特曼从翻译规范研究的立场看待翻译规范的功能，力图通过翻译规范的功能来揭示人们之所以研究翻译规范的原因。其方法则是借鉴语言学研究中的规范概念，认为实现规范功能必须满足以下三个条件：

---

① 在另外一篇文章中，切斯特曼认为：规范的存在，其"部分原因是为了让生活轻松。当然，因为它们有助于我们预测人们的行为方式，并帮助我们决定自己的行为方式。换句话说，它们的存在是为了促进允许社会行为的价值观，如信任"（转引自谢芙娜，2018：119）。

② 对于切斯特曼（2020）来说，期待是一个重要概念，这一概念源自巴切的观点：成功的感知和行动方式积淀下来，持续为人所用，进而成为行为取向的"固化模式"。由于它们在群体中获得规范力，规范就超越了社会习惯。作为规范核心（即规范的实际内容），这些固化模式的规律性，为群体中的个体提供了一个针对实在（事实，事情的可能状态）的取向。这一取向，和群体中其他成员的取向一致，基本上既包括了与社会密切关联的事情和事件的期待，也包括了关于他人行为和意图的期待，还包括关于自我行为和意图期待的期待。

假定 S 代表一个既定社会,C 代表特定条件,X 代表任何从属于既定社会的个体,A 代表一个特定行为。

那么,只有下列条件都满足,才存在制约 A 的规范:

1.S 中大部分的成员在 C 的情况下实施了 A。

2.如果 X 没有实施 A,S 中的成员可能会批评 X,并且,S 中的其他成员也会认为这种批评合情合理。

3.为了使自己或者他人的行为或批评合情合理,S 中的成员使用以下表述:"X 在 C 的情况下应该实施 A,"或者,"在 C 的情况下,S 中的人们按照规则应该实施 A,"或者,"在 C 的情况下,实施 A 就是正确的。"(切斯特曼,2020:69–70)

其中包含了规范发挥功能的三个核心条件:1)为适用范围内大部分成员所采纳并运用;2)具有普遍意义的有效性和可行性;3)主体间认同其中所蕴含的应然性。

对于图里来说,翻译规范并非可以直接观察到,而是要借助于对翻译产品的观察和描写,并对从翻译产品中所观察到的翻译规范进行解释。因此,图里从"常规"与"规范"之间的关系入手探讨相关功能。他认为:

在实践中,正是对规范的服从才会产生受规范制约的行为,进而才会产生可观察的常规。但是,任何对规范的学术诉求,都必须以反方向的方式进行。常规最初被人关注,正是某一特定行为(假定受规范制约)的可观测结果。只有等到常规被发现,人们才能继续提炼规范,并且,提炼建基于那个(并非完全直截了当)假设:观测到的常规常以一种直接的方式证明了反复发生的潜在规范。有鉴于此,规范对于研究者来说就是一种(对观察到的行为及其结果的)解释性假设,而非其存在性本身。[1](谢芙娜,2018:21)

由此,虽然规范在适用范围内发挥标杆和评价参照体系的功能,但对于图里而言,这些都只是翻译规范的次要功能、辅助性功能。更为主要的

---

[1] 切斯特曼曾经指出,图里将规范视为不是真正存在的实体,这种观点似乎有点极端。切斯特曼认为,既然规范是社会事实,就不可能只是学者的假设,也应该是社会存在实体。(参见谢芙娜,2018:118)

翻译规范功能,则在于它在一定程度上就是用于研究的概念工具,或者就是研究客体。正因为如此,道格拉斯·罗宾逊(Douglas Robinson)就认为规范探索是理想化的,其理想化过程为"阅读翻译;观察得到规律;从规律中提取'规范';①想象这些'规范'支配着译者翻译行为并产生规律;装作好像规范存在于上述想象出来的规范构建过程中"(谢芙娜,2018:154)。这里的"装作好像"原文为 act as if,显示出罗宾逊对规范研究的质疑。然而,规范,无论是作为概念工具,还是实际地制约译者行为的观念或价值观,都是实实在在地存在着。这里的存在,可以是客观的存在,也可能是主观的存在。存在于大脑中的观念也是存在。(参见卡尔·波普尔[Karl Popper]的三个世界理论)我们不能说观念形式的存在是不存在的,因为它只不过以观念的形式存在,或者说存在于观念世界。② 这一观念世界包含了波普尔的世界(1)(思维状态)和世界(2)(表述为文字符号),即以默示或明示的方式存在于适用领域。因此,翻译规范无论作为概念、理论还是制约因素,都有其存在的功能价值。概念、理论影响着我们认识世界的方式,进而影响我们的行为方式。概念和理论由人提出,但现实中存在的悖论在于:人受制于既往的概念和理论。正如人创造了语言却陷入语言编织之网一样,我们创造概念和理论,却不可避免地受制于概念和理论。卡尔·波普尔将该悖论称之为"弹性控制":

> 我们的理论控制我们自己,控制我们的行为。它是一种"弹性控制"。我们并非被迫臣服于理论的控制,因为我们可以对理论予以批判性讨论,而且,如果我们认为它们不符合我们的规范标准,我们可以自由地拒绝它们。因此,这种控制远非单边性控制。我们的理论,不仅控制我们,而且,我们控制我们的理论(甚至我们的标准):这里存在着某种反作用。(转引自切斯特曼,2020:15)

---

① 不过,切斯特曼(2020)则认为,观察文本规律未必一定可以证明存在着某种规范,因为其中可能有别的原因,比如译者缺乏足够的知识或者特定的翻译项目状况,导致其受限于自身的认识,从而在翻译中体现出无能为力。

② 切斯特曼在探讨翻译模因时借鉴了卡尔·波普尔的"三个世界"说。世界(1)为实物世界,由具体客观的事物组成,世界(2)是主观意识状态、精神状态、行为倾向的世界,"客观的思想内容,特别是科学的、诗学的思想和艺术作品思想",世界(3)是观念的世界,但这种观念并不存在于人的思维,而是存在于公共领域,如图书馆、书刊、数据库等,包含了理论、问题、假设、论据等。理论起源于世界(2),理论表述为文字后就进入到世界(3)。(参见切斯特曼,2020:14)

因此,图里对翻译规范的理论研究并非其终极目标,[①]他认为,"建构理论的目标总是意欲铺设一个坚实的基础,同时为探讨实际行为及其结果的可控性研究提供一个详尽的参照体系。而对理论的最终验证就是看它是否具有实现上述目标的能力"(谢芙娜,2018:13)。因此,在图里看来,翻译规范为实现翻译目标提供保障。

只要在特定的领域存在合适与否的行为问题,就需要参照体系,否则就会使得相应的行为无所适从。这构成图里聚焦翻译规范的一个理论预设。翻译规范强调所规定和禁止、容忍与允许的事物,为"可控研究提供一个详尽的参照体系"。这样的参照体系,被特定群体、特定语境赋予其制约行为的功能。然而,翻译规范正如其他规范一样,本身并非一定以明示的方式被语言文字符号化,即进入世界(3),很可能它就以默示的状态存在于世界(2),不过,只有那些进入世界(3)的翻译规范,才能得到有效的传承,被适用范围内的成员"潜移默化"并发挥相应的功能。所以,图里指出:"只有当规范活跃并且有效,我们才能据此在同类重复发生的情境中辨别出行为准则。"(谢芙娜,2018:20)

赫曼斯则套用社会学家托马斯·默顿(Thomas Murton)的观点对翻译规范的功能、实现功能的途径做过一个极为简洁的判断:"就翻译而言,规范通过指示、禁令、偏好以及许可形式予以表达,从制度角度合法化,通过规诫和范例进行传播,通过制裁强化自身,整体发挥调节功能。"(转引自谢芙娜,2018:65)这段话可以视为翻译规范功能的系统描述。但是,无论是图里还是赫曼斯,都只是强调了翻译规范的相关功能,却未能有效地对翻译规范功能在实际翻译和翻译研究中予以具体化,也未做进一步深入的研究,因而在某种程度上来说,都难以构成具体有效的翻译规范体系。这无疑在一定程度上使得人们对于翻译规范的功能缺乏理论系统性认识,限制了翻译规范的应用。

迄今为止,我们对翻译规范功能的认识,都聚焦于人们对翻译规范的遵循。然而,人们的翻译行为并非总遵循既有的翻译规范。只要我们承认翻译行为实际上是译者的选择,我们就不能忽视那些违反既有翻译规范的

---

① 图里的翻译理论观是非常讲求功利和实效的。他在另外一篇文章中指出:"翻译研究应该对属于翻译研究领域的各种现象感兴趣,翻译理论作为翻译研究的理论构成(层面),就是要提供必要的定义、基本假设等。如果理论不能解释翻译中实际出现的任何现象,那么,理论本身就存在缺陷并需要纠正,而不是'有问题'现象存在缺陷并需要纠正。既往的大部理论都倾向于规定性建构。这样的理论,难以充当研究的起点。"(Toury,1980:62)

行为。这种违反既有规范的行为,完全可能具有创新性。只有认识到违反规范的积极功能,我们才能更为清晰、完整地认识翻译规范功能。

毫无疑问,规范具有制约性,因而在适用范围内的成员一般都倾向于遵循相应的规范。然而,一方面,在特定领域中必然同时存在着竞争性规范,在特定时期、特定范围内,不仅有些规范比其他规范更具约束力,而且其效力也有所不同。即便同一个人,投身于从属于不同群体的翻译活动,也可能依据其角色和社会语境遵守不同的规范,从而舍弃或违反其他规范。尽管违反规范会导致制裁,但是,规范毕竟不是法规,不具有强制性,所带来的制裁也相对有限,因而,译者完全有理由不理会相关规范,比如不遵循占据主流的规范却遵循那些处于弱势的规范,因为在特定的语境中这些弱势规范反而对他有利;另一方面,不同领域有不同的规范,也可能共享一些交叉重叠的规范,鉴于翻译的跨学科性,其他学科的规范必然也会进入翻译及翻译研究领域(当然,原本的翻译规范也会进入其他学科领域),有些原本属于其他学科领域的人进入翻译及翻译研究领域,会带来本来属于其他学科的规范,或违反翻译及翻译研究的既有规范。因此,翻译规范是动态的,除了既有的翻译规范处在不断的竞争状态之外,也可能增长或消亡。因此,对翻译规范的遵守,本身就是"商谈""妥协"的结果。

违反既有的规范是否一定受到制裁?这可能又是一个令人有些茫然的问题。因为,无论是在现实中还是在理论上,违反既有翻译规范都未必一定受到制裁。如前所述,违反规范可能意味着创新。一个极为现实的问题是,没有违反翻译规范的行为,可能就没有翻译规范的创新,[①]那么也不可能有翻译创新及翻译研究的创新。图里认为,违反翻译规范之所以没有得到制裁是因为制裁还处于"潜在状态",即人们还未意识到他们违反了规范。(转引自谢芙娜,2018)这显然不能解释为什么有些违反既存翻译规范的翻译却获得成功,比如在诗歌翻译领域,埃兹拉·庞德(Ezra Pound)对中国传统诗歌的翻译,在当时显然违反了既有翻译规范,但他的翻译无疑得到了认可,而且一度成为美国的诗歌翻译规范。我国晚清之际的林纾,他的翻译也违反主流翻译规范,虽然在当时遭到一些所谓翻译正

---

① 图里指出:"在特定情形下,原本异想天开的念头也可能逐渐流行起来并且变得越来越有约束力,而且规范也有可能出于各种实用的目的获得足够效力,从而变得像规则一样强势;当然,情形也许相反,曾经有约束力的可能失去其诸多效力;曾经司空见惯的可能会消失得无影无踪;曾经对于许多人来说习以为常的可能会变为他们特有的习性,有时甚至变得异乎寻常地特立独行。"(转引自谢芙娜,2018:22)。切斯特曼在论及赫曼斯的"正确的翻译"时,也认为所谓的"正确的翻译",并不一定暗示只存在一个正确的翻译。

统派的嘲笑与诟病,但却一时"洛阳纸贵",广受大众欢迎,也不失为成功的翻译。如果再结合前述的佛经汉译和《圣经》汉译,这方面的例子更多。因而,违反翻译规范,其本身就是翻译规范功能的一种体现。

要获得规范的证据并不容易。如前所述,通过观察翻译产品或者翻译行为未必获得正确的翻译规范。但是,违反规范的证据却比比皆是。① 根据形式与功能之间的不同关系,切斯特曼(2020)划分出三种违反翻译规范的翻译行为所具有的功能:增强功能、保留功能和改变功能。

所谓的"增强功能"体现于两个方面。其一指的是故意违反翻译规范来增强翻译目的的功能;比如在诗歌翻译中译者故意使用失范的语言拼写或句法结构,广告翻译中故意改变源语的语言形式等;其二指译者故意违反某种翻译规范来迎合其他的翻译规范,比如故意修改译文,使得译文偏离了读者对原文文体的期待性规范,或者使得译文比原文的表达还要完美,以便符合交际规范和责任规范。也就是说,面对竞争性,有时候违反某种规范却增强了其他规范。其实,这第二种增强功能,几乎就是切斯特曼所说的保留功能。正因为违反了规范,比如语言规范,却保留了翻译的目的性功能,使得译文更加契合翻译之目的。改变功能意味着那些由于违反了翻译规范却出人意料地改变了翻译的原有功能。比如西方在报道中国的有些问题时,故意采用一些偏离汉语原意的词语,从而使得原本在汉语原文中具有的积极正面意义在西方语言中走样,达到他们不可告人的误读目的。对于功能改变,切斯特曼(2020:192)认为:"总的来说,该翻译不如人意,很不负责地违反了相关规范,改变了相应的翻译功能,难以为人接受。"然而实际情况可能并非如切斯特曼所说。有些时候,这种功能的改变构成"一种文化政治活动"(韦努蒂,2009:19)。

不过,切斯特曼有关翻译功能的体系化,还体现于他将翻译规范功能落实于翻译策略、翻译质量评估、翻译能力发展、翻译伦理探讨等具体层面的探讨。②

---

① 切斯特曼(2020:108-109)认为,"获取规范存在的证据并非易事。……我们可以从观察到的文本规律开始,但它本身并不能证明存在着某种规范,因为其中可能有别的原因,比如译者无能为力的认知局限",因此,要确认规范的存在,"还需要文本外的规范性标记,比如译者的信念、违反假定规范(assumed norms)引起的批评,甚至相关权威针对规范所说的话。而且,有关规范的假设,像其他假设一样,需要验证"。

② 更为详细的内容可参见切斯特曼(2020),在该书的第五章《翻译策略》、第六章《作为理论的翻译》、第七章《翻译能力发展》和第八章《翻译伦理探讨》中,作者分别基于翻译规范探讨了相关具体问题。

翻译规范具有各种各样的形态,人们对于翻译规范的认识也不尽相同,因此对于翻译规范功能的认识也有所区别。其中包括有些学者对翻译规范持有反感的态度,认为无须单独地划分出"翻译规范"这一概念,甚至认为翻译规范是妖怪,是可恨的翻译理论家设置出来羞辱译者的。① 与此同时,我们也应该认识到,翻译规范并非总是发挥积极的功能。它也有负面的功能。切斯特曼所提出的十项翻译规范功能中,至少"生活便易""维护秩序""洞悉预期"这三项就具有潜在的负面功能。生活便易可能促使人们懒散,不思进取;维护秩序趋于保守;洞悉预期可能阻碍创造与想象。更为显著的负面功能则在一定程度上限制了翻译行为自由。

尽管如此,更多的学者还是倾向于认为,规范是有用的,认为规范"促进某些价值观"(切斯特曼,2020:229),是可以"用于对翻译现象进行描述性分析的一个范畴"(Toury,1980:57)。"我们在估价某一事物或某一种兴趣的等级时,要参照某种规范,要运用一套规范,要把被估价的事物或兴趣与其他的事物或兴趣加以比较。"(韦勒克,2009:283)"在群体内,规范还起到标杆的作用,依据这些标杆对行为的发生和/或行为的结果进行评价。这是所有规范制定出来需要履行的次要功能,同时也是辅助性功能。"(谢芙娜,2018:21)因此,自20世纪末以来,翻译规范研究迅速在翻译研究领域拓展,成为翻译研究的一个新兴范式。

需要特别指出的是,有关翻译规范功能的讨论,目前大部分都聚焦于作为制约实际翻译的因素。然而,对于本书来说,翻译规范的功能主要体现于它对于制定应用翻译批评标准的参照性,因为任何翻译批评都具有规范性。其理论假设在于:任何批评都要检视(广义的)翻译在何种程度上遵循了翻译规范,关注翻译是否实现了相关的翻译功能。为了确保翻译规范功能的实现,翻译批评需要建构相应的标准。任何翻译批评标准的制定,都离不开对相关翻译规范的考量。但是,本书所探讨的翻译规范已然超出了翻译实践,其外延甚至拓展到社会文化层面。接下来的一章,我们将针对翻译规范与应用翻译批评标准之间的关联展开进一步的探讨。

---

① 比如纽马克就认为,"与某个文中更加永久性因素相比,规范在许多方面都是不值一提的"(转引自谢芙娜,2018:41)。而罗宾逊则认为:"被称为'规范'的那些假设永远无法证实或证伪。它们一直都会是假设,也就是说,是虚构出来的。"(转引自谢芙娜,2018:153)"如果事实上没有办法为规范的存在提供可靠证明,如果对规范及其译文的影响进行研究不得不从文本中得出推测性的结论,那么,与其摆出科学主义架势,假装推论和理想化的研究可能得出任何可靠数据,以为图里称为规范的'解释性假设'可能被经验证实——与其这样,阐释学的循环论证将是一个更富有成效的工具。"(谢芙娜,2018:155)

应用翻译批评系统
建构理据

　　对翻译的评论不应只是对翻译风格的零星评议，或根据现在流行的潜在准则对其准确性进行评价。评论者应该考量译者在作品中所设定的准确准则，根据当时目的语文化中外国文学的典律，去评判译者翻译或出版原文的决定。（韦努蒂，2009：348）

　　秩序既是作为物的内在规律和相互间遭遇的方式的隐蔽网络而在物中被给定的，又是只存在于由注视、检验和语言所创造的网络中；只是在这一网络的空格，秩序才深刻地宣明自己，似乎它早已在那里，默默等待着自己被陈述的时刻。（福柯，2001：8）

　　在第二章中，我们基于系统理论对应用翻译批评系统做了界定，认为应用翻译批评系统应该包含四个方面的内容：关于应用文体翻译实践的批评、针对与应用文体翻译有关的其他活动或者现象展开的批评、针对各种理论在应用（文体）翻译方面的应用性研究展开的批评、关于应用翻译批评的批评。在第三章中，我们回顾了我国佛经汉译批评话语的历史。通过以上研究，我们虽然可以发现应用翻译批评话语的累积性，但翻译批评话语总体来说并未构成一个科学的体系,仍然呈现为碎片化状态。

　　翻译批评及其研究要建立和维持自身,就必须建构起相应的系统。应用翻译批评话语本身可以构成一个自洽的系统,而且也的确具有构建系统的必要性和现实性。这是笔者研究的一个理论出发点。而要促使系统的建立与维持,又不得不尽可能地降低系统的复杂性。其路径就在于建构相应的标准。系统标准的建构,不是标准自身的确立,而是翻译批评系统与其他系统及其环境互动并做出选择的过程与结果,因而涉及系统与环境中的规范等制约性因素。其中的逻辑可以简要地表述为:翻译批评的环境复杂性促使翻译批评建构系统以区分于其他话语系统,而环境的复杂性暗含着一种原本可以针对其他可能性做出的选择。也就是说,并非只有翻译批评系统这一种选择,而是存在建构其他系统的可能性,比如翻译评论、翻译鉴赏等。实际上,只要翻译研究这一复杂环境系统需要,它就可以分化出诸多的子系统来满足相应的功能要求。然而,一旦翻译批评话语系统建立了,也就是说环境的复杂性接纳了翻译批评话语系统,其中的逻辑就在于否定了其他系统建构的可能性。问题是,翻译批评话语系统本身也具有复杂性,而且该复杂性还必须与环境的复杂性保持一致,否则,翻译批评话语系统也难以为继。

　　系统并非消极地迎合环境的复杂性,环境的复杂性也会随着系统的复杂性发生变化。环境并非常量,系统从它自身的立场来应对环境,即系统具有为了满足环境要求而生产自我参照或者标准的特征。翻译批评的标准,一开始就与翻译批评联系在一起,服务于翻译批评。因为,"翻译批评即参照一定的标准,对翻译过程及其译作质量与价值进行全面的评价"(林煌天,1997:184)。我们姑且不去考虑翻译批评的范畴,而是着重于批评与标准的关系,那么,我们就需要冷静地思考一番:为什么翻译批评必须参照一定的标准?这里的"一定"指涉了怎样的含义?翻译批评与翻译评价是一回事吗?"无论是对于传统的经验性、文学性的翻译研究,还是对于以严格的现代语言学为基础的翻译'科学'研究,翻译标准问题都是一个重要的课题。"(杨晓荣,2005:99)毋庸置疑,应用翻译批评话语系统自身的复杂性,应用翻译批评话语与环境及其他系统的复杂性,构成了应用翻译批评标准系统构建的复杂性。

第一节　翻译批评与标准

翻译批评要不要标准？学界对于这个问题历来莫衷一是。有一种观点基于翻译标准提出了反对意见，认为翻译是创造性活动，主体性活动，不可能有客观的标准，因此翻译批评也不可能有客观的标准。这种将翻译与翻译批评画上等号的观点，混淆了系统之间的关系。翻译，尤其是文学翻译，具有审美价值和创造性，因而难以用整齐划一的标准来要求它。但翻译批评则不然。对此，许钧（2009：240）指出："虽然'公认的客观标准'从理论上来说是不可能成立的，'公认'只是翻译界美好的向往，'客观'也往往失落在主体的话语权中，但规范的标准对任何形式与目的的批评而言都是不可或缺的，翻译批评当然也不例外。"其中，"规范的标准"蕴含着规范与标准之间的关系。正常情况下，批评总是倾向于以符合规范（随大流）的方式展开。问题是，所谓符合规范并非一定与适用领域中的主流规范一致。批评与任何人类行为一样，不可避免地存在标新立异、违反规范性标准的情况。然而，"违反规范或标准"，本身就说明规范或标准的存在。"实际上，否认标准，主张'无标准批评'，是将翻译欣赏与批评中允许的个人偏见、见仁见智与可以不要标准混为一谈了，这种观点早已被翻译批评的实践所驳斥。"（肖维青，2010：134）因此，对于翻译批评标准的现实性和必要性，我们也无须再对此做进一步的辩护。

简而言之，在翻译批评领域，大部分人都认同翻译批评与标准之间存在内在的关联：

> 清醒严肃的学者始终坚持标准和评判不可分割的关系……任何翻译评判必须依据一定的翻译标准才能进行，否则，评判就很难做到客观性和科学性，更不用说准确性和全面性了。任何没有标准的评判，甚至宣称连隐形的标准都不需要，那就只能是随意的、不严肃的、不够格的翻译批评了。（王宏印，2006：122）

对于翻译批评标准的认识，并非是否需要的问题，而是需要怎样的标准、如何建构相应的标准。显然，批评行为也不可能整齐划一，不可能只允许唯一的标准。否则就不能称之为批评，而应是鉴定。许钧（2003：410）

曾经指出:"不少译家所向往的一个'公认的客观标准'从理论上来说是不可能完全成立的,但是随着翻译理论的基本问题被进一步澄清(这本身就需要翻译批评的推动),在一定的历史时期,就某一个问题,一个为大多数译家所接受的、能动的价值取向却可望达到相对的统一。"需要特别注意的是,许钧的这段话是针对探讨规范性的批评标准而言的,而且,"相对于自身所确立的体系来说,标准仍然应当是规范的、严谨的。当然,这种标准不是语言上的'是'与'非'的标准。基本上可以被理解为与理论体系相一致的原则与方法"(许钧,2003:49)。这里实际上涉及三个观点:翻译的客观标准不能完全成立;能动的价值取向有望统一;翻译批评标准应该与理论和方法相一致。这基本上代表了目前译学界对于翻译批评与标准之间关系的普遍认识。

这两种观点的存在,从表面上看似乎契合根茨勒(2022:90)对20世纪70年代翻译研究领域的描述:"整个20世纪70年代,主导译学领域的主要有两大学派:一派主要关注文学问题,反对任何理论预设、规范性规则以及语言学术语;另一派则主要关注语言问题,主张使用'科学'方法,摈弃非逻辑的方法和主观臆断。"然而,我们可以看到,即便是关注文学问题的,也未必如根茨勒的上述概况,也未必完全地反对理论预设和规范性规则。王宏印和许钧都是从文学翻译批评的视角谈论标准问题,但二者对于整个翻译批评标准的认识,都是积极肯定的。另外,作为文学批评的代表性学者,韦勒克(1999:14)更是旗帜鲜明地指出:"没有任何东西可以抹杀批评判断的必要性和对于审美标准的需要,正如没有任何东西可以抹杀对于伦理或逻辑标准的需要一样。"诚然,语言学路径的翻译批评规范性诉求,显然比文学翻译批评迫切。"翻译科学意识到自身的可行性和局限性。如果翻译批评想要克服其方法论方面固有的飘忽不定,进而追求发展成为翻译科学的分支学科,它就必须建构起翻译批评标准(translational-critical criteria)的分类学(taxonomy),确保对目的语文本的系统性描述、分析和评价。"(Wilss,2001:221-222)

从系统逻辑上讲,翻译批评与标准分属不同的系统,翻译批评标准系统是翻译批评系统的子系统。一般来说,应该先有了翻译批评的存在,才有建构翻译批评标准之需要。然而,如前所述,系统科学的翻译批评必然有赖于相应的标准,否则就会流于碎片化和随感式。就此而言,标准又是批评的依据,先于批评而存在。表面上看,这种说法似乎自相矛盾(paradoxical),其实不然。因为翻译批评及其标准的建构,都要以相关的理论为基础,二者的理论基础必须存在一致性,否则就真的会自相矛盾。因此,翻译批评与翻译批评标准的关系是互为关联的。构建翻译批评标准系统,翻译批评系统自然构成其环境要素。而翻译批评本身又参照翻译及翻译研究这一环境建构其系统,从而选择批评的视角回应翻译这一大系统中产生的问题。我们知道,任何系统只能按照自身的要求来回应相应的问题,只能通过自我指涉来建立起自身的同一性。"所有系统都存在于多维环境中,潜在地体现了系统将必须应付的无尽复杂性。为了在一个复杂的环境中存在,社会系统必须发展出降低环境复杂性的机制,以免系统与环境相混淆。"(特纳,2001:64)其中存在来自两个方面的张力:来自批评自身的及来自批评环境逻辑的。解决这两种张力,必然要求明确的标准,否则就可能导致各种批评呈现为毫无差别或者千头万绪的自由落体状态,无法在翻译研究领域定位翻译批评,导致其结果毫无意义。显然,翻译批评标准对于翻译批评而言不是可有可无的,而是维持翻译批评系统的必要条件。"批评之所以比鉴赏和阐释更具有专业性和社会性,其中一个重要原因就在于,批评更依赖于某种普遍的评价尺度和标准。"(许钧,2009:240)系统科学的翻译批评是一门学术性很强的专业,需要在翻译研究系统中构建自身系统的同时,为翻译批评标准的建构留下相应的空间。

一般来说,批评可以简单地表述为:谁在具体情境下基于什么针对什么做了怎样的评述。任何批评系统都至少包含以下四个因素:批评客体,即批评的对象;批评主体,即从事批评的人;批评工具,即批评所依据的理论与方法;批评场域,①即批评的时空情景。这四者相伴相随,其中的批评工具,除了理论与方法之外,还包括了语言(口头的、书面的)等象征符号。因此,批评又可以具体表述为:批评主体在特定语境下基于批评系统环境运用语言针对批评客体进行描述、反思,评判得失,建言献策。凡是批评,离不开评判。价值判断、评判得失是批评区别于其他研究活动(如分析、评估)的根本。而评判包括对事物的真假及好坏的甄别,即必须通过语言外在地表达肯定或者否定的判断性陈述。"笑而不语"无法表达对事物的评判。换句话说,翻译批评的有效性来自翻译批评进入世界(3),即以书籍、数据形式存在的观念世界。如果翻译批评只是停留于世界(2),即主观的意识形态或批评者的思维世界,就无法被公众所理解和接受。显然,我们判断事物的方式又取决于我们的知识背景,即存在于世界(2)状态的自我

———————————

① 该场域概念不同于布迪厄的仅仅指特定语境的场域,而指涉了环境与时空等属性。

思维能力,或者就学术研究而言,必然是取决于我们所持有的理论观点,即自身立场。而且,由于个体理论知识的局限性,任何批评都只能关注到事物的某个特定方面。即使是某个时期的所有批评也不能穷尽事物的所有维度。这是批评的历史性所在,或者说由批评的环境复杂性所致。

传统的翻译研究为当代翻译批评提供了不同的视角与方法,与此同时,当下的翻译发展又对翻译批评提出了与传统不同的挑战。这正是许钧强调翻译批评与翻译理论互动互补的关键所在。任何翻译批评呈现为一种理论的在场与挑战,体现为批评者对于翻译的认识及处理。套用切斯特曼(2020)的观点,就理论这个词的词源而言,批评者的理论代表了批评者的观点,体现了批评者如何看待翻译,其中的"看待"包含了"理解、解释"等含义。[1]毫无疑问,批评的对象、批评的方法、批评的语境,都在当下呈现出与传统不同的面相。但是,无论翻译批评的诸种因素如何变化,批评的根本任务却是一脉相承的,都是需要对批评的对象做出"肯定"或者"否定"的判断,并用批评者自己的语言表述出来。肯定性批评往往认为某个事物是对的或者应该存在的,以"应该""可以""允许"等概念或者术语来进行语言的表述;而否定性批评则认为某个事物是错误的,不应该存在的,以"不应该""不可以""不允许"等来表述。(请参阅本书关于"翻译批评功能"的论述)当然,我们之所以可以对事物进行肯定或否定的批评,首先是因为该事物具有肯定或者否定的属性。中世纪著名的犹太哲学家摩西·迈蒙尼德(Moses Maimonides)对事物的否定性属性和肯定性属性做过颇有启发性的研究,他将研究结果著述成书——《迷途指津》。他认为:

> 一种属性并非仅仅属于与之相关的某一种东西;在修饰一个事物的同时,它还可以被用来修饰其他事物,这时,它就不是这一个事物所特有的属性。……否定属性与肯定属性的共同之处在于,它们都必然在某种程度上限定客体的范围,这种限定就在于排除,即排除别的情况下不排除的东西。然而,否定属性仍在以下几点上有别于肯定属性。肯定属性虽然不专属于某事物,却给出了部分我们想要了解的东西,或者是本质的一部分,或者是属性的一部分;而另一方面,正如我

---

① 切斯特曼(2020)还曾借用克雷格(Craig, 1993)的话,即"译者的选择,无论勉为其难还是神来之笔,都可能令我们感到震动。……因为这些选择代表了另外一种看待原文的方式,代表了另外一种倾听原文的方式,在原本朦胧地带洒落新的光亮"(转引自切斯特曼,2020:157)来阐释这一观点。

们给出的例子所表明的,除了以间接的方式,否定属性不能告诉我们想要了解的事物的本质是什么。(迈蒙尼德,1998:126)

如前所述,任何批评都必须具备四个基本要素:批评客体、批评主体、批评工具及批评场域。翻译批评的对象自然是翻译以及与翻译直接有关的其他方面,如翻译教学、翻译行业、翻译技术、翻译政策、翻译理论、翻译批评等。这里所谓的"翻译",本身就是广义的、多义的。方梦之(2013)认为翻译至少有以下五义:翻译过程、翻译行为、翻译者、译文或译语、翻译工作(事业)。故此,翻译批评不能只是局限于文本的批评,应该拓宽翻译批评视野。翻译批评的主体也不能只是局限于翻译批评家。这是本书关于应用翻译批评范畴的基本观点。关于翻译批评主体的问题,即谁来批评的问题,许多学者都提出过各自的观点。杨晓荣曾专门写过一篇文章——《关于翻译的主体》,划分了"双语专家式""读者反应式""译者互评式",并且认为,"专家批评、读者批评、译者互评,一个都不能少"(杨晓荣,2003)。但我们也不难发现,这种划分方式是基于翻译文本批评的,显然与我们基于广义的翻译批评对象而谈论的翻译批评主体有所不同。而且,随着万物互联的发展,网络批评主体具有更为多元化的趋势。

当我们对翻译的认识已经跳出了语言文本的樊笼,对于翻译批评也就不能仍旧局限于翻译文本,而应该将眼光投向与翻译有关的诸多方面。翻译教学要不要批评? 翻译读者要不要批评? 翻译编辑、出版要不要批评? 翻译技术要不要批评? 翻译研究要不要批评? 甚至翻译批评本身需不需要批评? 由此可见,"现代的翻译批评,仅仅满足于(原文与译文)两者的对照,是远远不够的。"(许钧,1992:30)在我们的理论视野中,翻译批评者的概念是宽泛的,指代那些对翻译(翻译文本、翻译现象、翻译理论、翻译行业等)进行批评的人。所以,吕俊(2009)、许钧(2003)、王宏印(2006)等人在探讨翻译主体的时候,并没有划分具体的人群,而是统一用"翻译批评者"来指代。翻译批评的工具自然是语言,本书着重关注书写的语言,对于口语形式的话语,我们并不做考虑。对于其他的批评形式,比如手势语、其他指代性图画等也不在本研究的考虑范围内。我们之所以采用"批评话语"而不是"批评语言",是因为我们将翻译批评以及翻译批评研究都纳入翻译批评的对象之中,强调了翻译批评的延续性、传承性。至于批评场域,则要强调批评的时空、语境或者环境。

我们认为,上述翻译批评的四个基本要素,具备以下四方面条件:

1）批评者本身具有肯定性或者否定性的批评视野；

2）批评的对象具有肯定性或者否定性的属性；

3）批评的话语具有肯定性或者否定性的功能；

4）批评场域对肯定性或者否定性批评的诉求。

基于上述视野、属性、功能及诉求等，我们可以进一步提出以下问题：

1）批评者的视野是否与批评对象的属性以及批评场域的诉求相吻合？

对此，我们可以有三种答案：A）完全吻合；B）部分吻合；C）不吻合。

2）批评话语如何实现其功能？

其答案可以是：A）遵循场域内/外主流规范；B）遵循场域内/外次要规范；C）违反场域内/外规范。

3）批评话语在何种程度上实现了批评功能？

对此我们也有三种答案：A）完全实现；B）部分实现；C）不能实现。

鉴于是否遵循场域内/外主流规范或次要规范的结果较为复杂，而且笔者在第四章中也已经有所探讨，①所以接下来主要探讨问题1）和问题3）。

翻译批评的理想状态自然是对上述问题的回答都选择了问题1）和3）中的答案 A，最糟糕的状态自然是它们的答案为 C。介乎最理想状态和最糟糕状态的就是其中各个选项的互相组合。但无论哪一种状态，我们接下来的问题是：我们基于什么对理想状态或者糟糕状态做出评价？也就是说，我们为什么会对具有肯定性的批评对象运用肯定的语言进行肯定性的批评？反之，我们为什么会运用肯定的语言对具有肯定性的批评对象采取否定性的批评？对这类问题的回应，依靠翻译批评的原有四个要素显然已经很难满足。由此，翻译批评的第五个基本要素就浮出水面，即翻译批评的参照系，也就是翻译批评标准。进而在上述三个问题之后出现了第四个问题：

4）批评者基于什么标准来进行翻译批评？

以及由问题4衍生出来的问题5：

5）如何建构翻译批评标准？

这后面的两个问题，构成本书研究的核心。

我国传统的翻译批评，毫无疑问蕴含了基于翻译规范的标准，但显然没有明示的翻译批评标准体系。标准这一理念，是近代科学发展的产物。

---

① 关于翻译规范的类型及功能，请参阅本书第四章第二、三节。

我国翻译批评研究对于翻译批评标准建构的诉求,早在 1950 年董秋斯就已经提出了。而且焦菊隐也在同一年发文阐述他对于翻译批评标准的看法。迄今为止,建构相应的标准大致存在以下三种建构翻译批评标准的路径:第一,基于翻译标准;第二,基于某个模式;第三,基于某个理论。

基于翻译标准进行翻译批评,这是国内外最为普遍而且历史最为悠久的路径。"本文中'翻译标准'兼指做翻译的标准(常规意义上的翻译标准)和评价翻译的标准(翻译批评标准),即取其广义。"(杨晓荣,2012:1)将翻译标准作为翻译批评标准,是一种较为普遍的做法。"翻译的标准也就是批评的典律,翻译标准不仅是翻译主体在翻译实践中遵循的原则和努力的方向,也是批评主体用以鉴赏、阐释和评论译作的尺度,其重要性对整个翻译活动,包括理论的建设和实践的开展,都是不言而喻。"(许钧,2009:241;刘云虹,2015:173-174)显然,这种观点基本上从文学翻译以及文学翻译批评出发,而且基于译作为翻译批评的对象。① 毋庸置疑,许钧、刘云虹对于翻译批评范畴的认识并不局限于译作。在其他著述中,他们都表述过更为宽泛的翻译批评概念。这也从一个侧面证明了人们对于翻译批评的认识在不断地发展。

实际上,翻译标准与翻译批评标准之间虽然有重叠之处,却并不能完全等同,甚至可能相互冲突。对此,杨自俭(2008:9)曾有过一段论述:对于翻译标准和翻译批评标准,"过去不少人都认为二者基本一致,没有多少区别。那是以文本为中心的翻译批评,现在翻译批评的对象扩大了,标准自然增多了,当然二者的区别也就大了。这个问题很值得我们去研究,应该根据不同的批评对象研究不同的评价标准"②。此处的"根据不同的批评对象研究不同的评价标准",对于我们是很有启发的,但显然并未引起学界的足够认识。

翻译标准与翻译批评标准究竟存在怎样的差异?对此,目前似乎说法较多。我们大致可以梳理出以下几个方面:

---

① 对此,我们可以从该书的其他地方得到进一步的佐证。"必须强调的是,无论是对翻译结果的评价、对翻译过程与主体的探寻,还是对翻译现象的关注,翻译批评都应回归翻译的本体,建立在文本的阅读、比较与分析上,力求将情感体验与理性批评合理地结合起来。"(刘云虹,2015:204)

② 近来也有学者明确指出:"翻译批评追求的目标是全面性、客观性和科学性,而'从一定的价值观念出发'和'以一定的翻译标准为准绳'等,都有主观性的倾向。正因为翻译批评的目标使然,所以不可'从一定的价值观念出发',以免形成先入为主的印象,更不可'以一定的翻译标准为准绳',因为翻译批评标准和翻译标准是有差异的。"(周领顺、周怡珂,2020:108-109)

1）应用的对象不同。翻译标准是译者在翻译过程中自觉或者不自觉地遵循的依据，只针对译者有效，而翻译批评标准则是翻译批评者在翻译批评过程应遵循的依据，不仅对于批评者有效，还会间接地影响译者的翻译心理与行为。

2）功能不同。翻译标准影响或者约束着译者的翻译行为，但翻译批评者却挖掘、提取并显化翻译中存在的这些标准，批评者本身并不会受到这些标准的影响或者约束，除非批评者本人意欲提供一个与被批评对象不同的译文。

3）范围不同。翻译标准只适用于评价翻译质量本身，但是翻译批评显然不只是局限于对翻译质量的评价，它涉及与翻译有关的诸多方面。① 比如，对于翻译这种语言服务的批评，显然不同于翻译教学或者翻译技术的批评，更不用说翻译批评对于元翻译批评的批评，因而不可能采用同样的标准来展开批评。

就翻译的标准而言，其本身也不可能达成唯一的标准。诚然，作为跨文化、跨语际的沟通交流方式，翻译也和其他语言交际一样，具有一些普适性的标准（图里称之为"法则"），如概念清晰、语言表达可接受性、术语精确、逻辑合理等具有翻译原则性的要求，②也有具体的、微观操作层面的要求，如显化翻译、隐性翻译、厚翻译等。有些标准适用于所有的语言交际。不同的翻译目的、读者对象、翻译动机等，对某些标准的突出强调程度会有所差异。当然，从批评的角度而言，批评者的立场和视角，也会影响他自己对翻译批评标准的认识和选择。

其实，译者显然在翻译过程中也有自己的个性化翻译标准。毕竟，翻译的动机、目的、视角和批评的动机、目的、视角等不可能完全一致。对于应用翻译的译者而言，有的时候，准确地传达原文的信息就达到了翻译目

---

① 杨自俭（2008：10）认为，"翻译标准是比较单一的文本评价标准，而翻译批评标准包括翻译和翻译研究两个系统的、全方位的评价标准，其中包括翻译标准。两者都是价值系统在翻译批评中的具体应用和主客体价值关系的具体体现"。以价值理论为评价标准的具体论述，可参见吕俊的相关论述。

② 莫纳·贝克称这类标准为"翻译共性"。但在图里和切斯特曼看来，翻译法则（laws of translation）是存在的。而且，图里认为，翻译理论研究的最终目的就是要建立翻译行为法则。切斯特曼（2020：90）将法则视为"可观察的行为规则"，并且认为可以通过描述性研究建立法则。但他同时也指出，"翻译法则具有或然性，而非完全必然性"（切斯特曼，2020：91），所谓的"法则"是基于经验的，可以作为正常标准用于证伪，充当预测的基础，接受经验后确认或否认，如翻译干预法则、显化法则、文体扁平化法则等。切斯特曼强调，"规范和翻译法则（包括规范性法则）可能会随着时间的推移发生种系性变化。它们可能在不同文化中会有所差异，甚至在特定文化中相互冲突"（参见切斯特曼，2020：94）。

的,有的时候,译者却非常在意将原文的语言文体风格呈现给译文读者,希望为译语世界引入新的文体风格,从而在一定程度上牺牲了原文内容方面的有效传递。针对这类满足目的语目的的翻译,如果批评者基于"忠实"或者"清晰"的标准来批评,显然会认为译文偏离了原文,从而认为这类译文不成功。就此而言,翻译批评的标准与翻译标准并不是一回事。但是,这并不是说翻译标准与翻译批评标准毫无瓜葛。如果翻译批评针对的是翻译产品或者翻译过程,翻译批评完全可能是基于翻译标准展开的。这种时候,翻译标准也就成为翻译批评的标准。也就是说,翻译标准与翻译批评标准具有重合之处。

建构某个翻译批评模式,是现代翻译批评的突出诉求,尤其体现于建构翻译评价体系。依据肖维青(2010)的观点,翻译批评模式和标准是合二为一的,同时构成翻译批评的综合性参照系。有鉴于此,她较为系统地考察、评述了赖斯模式、纽马克模式、威尔斯模式、豪斯模式、奚永吉模式、黄国文与司显柱模式、吴新祥与李宏安模式、翻译测试模式、冯庆华模式、贝尔曼模式、王宏印模式、许钧模式、杨晓荣模式等。不难看出,前述的 13 种翻译批评模式,除了翻译测试模式之外,其他基本上都是基于文本展开的。且不说这种基于文本的批评模式是否科学合理,但就翻译批评的范畴而言,本书一再强调,文本批评只能是翻译批评的一个种类。翻译批评的范畴应该是宽泛的。必须将与翻译有关的诸多维度纳入翻译批评范畴,才能使得翻译批评助力翻译的整体性发展。

贝尔(2005:39)认为,"所有的模式都是尝试去描写,而非解释"。一个有用的模式应具备三个特点:1) 必须忠实地表征它所代表的理论;2) 表征时必须揭示该理论所解释现象的显著特点;3) 它必须具备启发功能。因此,模式不是标准,它只是基于理论建构的研究或者批评方法。肖维青本人也认为,所谓翻译批评模式,从某种程度上讲,就是翻译批评的方法,"是批评主体在明确了翻译批评标准或尺度之后,运用相应的方法,剖析评论对象,进行评价"(肖维青,2010:183)。因而,翻译批评模式并不能等同于翻译批评标准。翻译批评模式可以基于相应的翻译批评标准建构,翻译批评标准也可能基于相应的翻译批评模式展开,但是,我们并不能基于某个翻译批评模式来建构标准。

更多的学者倾向于基于相关理论来建构翻译批评标准。"任何关于翻译作品的价值或质量的陈述都包含着关于翻译的性质与目标的理解,或者说预设了一种理论。"(周发祥等,2006:248)毋庸置疑,科学的翻译批评必然以科学的理论为基础。任何缺失相关理论指导的翻译批评都不能算是严格意义上的翻译批评。"翻译批评的科学性在很大程度上立足于其理论体系的独立性和自主性,没有自主的理论体系作为依托的翻译批评是非理性的,不仅不能履行自身的使命,还将阻碍翻译及翻译理论的发展。"(刘云虹,2008:12)其中的关键问题在于:基于怎样的理论?

在理论纷呈的时代,各种理论学说纷至沓来,"乱花渐欲迷人眼",要确定相应的理论确非易事。以功能翻译理论为例,正是借助解构主义和后殖民主义相关理论学说,功能主义翻译理论兴起,极大地撼动了长期萦绕翻译批评的"忠实""忠信""等值"等概念。"功能翻译理论的出现,标志着翻译理论发展的重要突破,斩断了两千多年来翻译围绕忠实还是自由这一轴心而展开的理论链条"(根茨勒,2022:83),从而开辟了以描写和解释为主的翻译批评路径,并且提出了以"翻译规范"作为翻译批评标准的建构基础。但是,功能翻译理论以"目的决定手段"(the ends justify the means)为原则,追求依据翻译的实际目的和具体条件来调适相应的翻译策略和标准,只要译文能够实现翻译目的,即使并不完美的翻译也被视为"可接受",即"只要适合交际目的就行"。显而易见,这种翻译批评路径及其标准也遭到了相应的批评。(参见 Nord, 2001)其他的如女性主义翻译理论、文本类型翻译理论、认知翻译理论等,作为批评的视角,无可非议,但作为建构翻译批评的标准,都在不同程度上存在着自身的局限性。

有学者指出:"概括来说,批评的对象、方法、视野、态度等内容是确立翻译批评原则必须关注的重要方面,只有这样,翻译批评的有效性和科学性才能得以保证。"(刘云虹,2015:204)需要明确的是,基于原则显然是翻译批评的必然所在,翻译批评的原则也为建构翻译批评标准提供了原则上的依据。刘云虹(2015)基于前人的翻译批评原则,提出了五项原则:1)翻译批评不仅要对翻译结果进行评价,更应充实对翻译过程的剖析、对翻译主体的探寻,尤其要对市场经济和媒体时代共同催生的各种翻译现象和翻译事件予以及时的关注和必要的引导;2)应该合理借鉴其他相关学科的理论资源和研究方法对翻译活动进行多学科的阐释与评价;3)具有针对性;4)具有历史和文化视野;5)应体现出整体性与实践性。毫无疑问,这五项原则不仅是翻译批评的原则,对于翻译批评标准的建构也是具有指导意义的。但是,翻译批评标准与翻译批评原则显然并不是同一层面的概念。原则是指导性的,是标准的上位,翻译批评标准应该在翻译批评原则的指导下建构。需要明确的是,翻译原则并不可能为翻译批评标准的建构提供充分的理论基础。

那么,这是否意味着翻译批评不需要以理论为基础? 翻译批评的标准也不需要有相应的理论基础? 这显然不是本书所认同的。笔者认为,无论是翻译批评还是翻译批评标准的建构,都具有实践的意义,都离不开相应理论做指导。但是,这样的理论必须是开放的、包容的,并不以建构唯一的翻译批评标准为目标,而是试图使翻译批评标准满足于"合理性、互补性、历史性、发展性"的要求。[①] 正因为如此,本书才提出基于翻译规范展开应用翻译批评的必要性和可行性,同时也认为基于翻译规范建构应用翻译批评标准具有现实意义和理论价值。

第二节　应用翻译批评标准的正当性与有效性

任何理论都有其局限性,基于相应理论建构的任何标准也都有其局限性。这是任何标准都具备的特征。标准的制定,必然是针对特定的对象、为了特定的目的或功能并且基于特定的理论。因而,没有哪一种标准具有绝对的普适性。建构应用翻译批评标准,最为关键的,还是要看翻译批评的目的与功能,当然也要考虑翻译批评的其他因素,如批评对象。本书认为,从系统的建构出发,功能是建构系统的前提,先有功能才有结构,才有系统的存在与维持。批评本身就是功能性范畴。批评总是为了达到某种目的、实现某种功能才展开的。应用翻译批评功能的预设及其合理性,是建构应用翻译批评标准的正当性和有效性的前提。换句话说,我们之所以开展翻译批评,是为了实现翻译批评的功能,之所以建构应用翻译批评标准,其目的就是实现应用翻译批评的相关功能。

尽管本书一再强调应用翻译批评及其标准与文学翻译批评之间的差异,但是,要彻底地将应用翻译批评与文学翻译批评区别开来并非易事。在现实中,应用翻译批评与文学翻译批评有诸多重叠之处,而且,一种话语与另外一种话语的结构分界并不稳定,很难说具有永久性不可逾越的界限,随着话语主体、话语情景等因素的变化,话语系统本身也会发生变化。

---

① 　关于翻译批评标准的"合理性、互补性、历史性和发展性",请参阅刘云虹,2008。

应用翻译文本中也包含着文学成分,如广告文本;文学文本中也不乏应用文本,如在文学书写中对报刊文本的引用等。因而在很多学者看来,似乎根本没有必要划分应用翻译批评和文学翻译批评。但是,鉴于本书对于应用翻译的界定并非局限于文本,应用翻译批评的功能与文学翻译批评功能并不完全一致。

让我们先来看看学界有关文学翻译批评功能的探讨。

王宏印(2006:17-18)曾论述道:

在追溯了"批评"及其相关词语在西方的发展以后,在总结批评的语源学追述的时候,关于"批评"一词的诸种含义,以及由此可以引申出的诸种批评功能,也许可以总结出一些基本的想法和做法:1)编订版本;2)纠正文法;3)判断质量;4)鉴定品质;5)撰写评论;6)诗学理论。把每两项分为一组,这样可得到三组概念或功能:

1)甄别纠正功能;

2)评价判断功能;

3)评论理论功能。

在同一本书里,王宏印(2006:61)认为文学翻译批评有三大功能:"其一是导读功能,指向文本自身;其二是评价功能,指向翻译活动;其三是导引功能,指向翻译界。"他同时指出:"只有这三个方面批评功能的全面满足,才可以说文学翻译批评全方位地实现了其存在的价值。"(王宏印,2006:61)

正如王宏印所强调的,他的文学翻译批评三功能呈现阶梯状态,指向翻译的不同维度:文本维度、活动维度和译界维度。所谓"译界维度",指的是"翻译批评的导引功能是社会性的,总体性的,因为它超越了个别作家作品的翻译状况的讨论,发生了更大范围内的影响作用,往往涉及整个翻译风气的变化和人类社会意识形态的变迁"(王宏印,2006:66)。因而,王宏印对于翻译批评的认识,跳出了传统文学翻译批评局限于译作的桎梏,在拓展文学翻译批评功能的同时,将文学翻译批评的范畴拓展到与翻译有关的社会和意识形态层面。但是,具体到文学翻译批评标准,王宏印(2006)又退回到传统的文学翻译批评立场,将批评对象拘泥于文本译作,认为翻译批评的工作定义包括以下几个方面:语言要素、思想倾向、文化张力、文体对应、风格类型和审美趣味,并且在此工作定义的基础上探讨译作品级的划分与评定。

显而易见,学界长期以来对于翻译批评标准功能的认识,都在不同程度上体现出片面性和局限性,往往只认识到标准对于翻译质量的功能,而忽视了标准对于翻译批评系统所发挥的功能。有鉴于此,本书在传统的翻译批评标准功能的基础上,提出以下三个方面的功能:

1)对于翻译批评系统本身的稳定协调功能,即保障翻译批评系统在相当长的时期内稳定地实施目标行动;

2)对于翻译批评系统的区分化功能,即相关标准的建构,就是翻译批评系统试图简化与其他翻译研究的关系的某种努力,也是简化翻译批评与其他批评的关系,因而有利于翻译批评系统区分于其他系统,使得翻译批评系统具有相应的特殊性和专业性;

3)促使某些无形的观念和价值体系符号化、象征化,从而形成相应的次系统,该次系统既有利于系统内部认识的统一和系统自身的有效运演,同时也有利于翻译批评系统的发展。

我们可以发现,文学翻译批评受文学批评的影响至深。因而,即便在探讨文学翻译批评标准时,也难免不受文学研究的影响。翻译研究中的翻译批评,无疑与文学翻译批评有着千丝万缕的关系。其中的原因,当然离不开批评者的身份特征。检视我国传统的翻译批评话语,除了历史上佛经汉译批评、《圣经》汉译批评、人文社会科学翻译批评及科技翻译批评之外,清末民初以降的翻译批评,基本上以文学翻译批评为主。这方面的证据只要翻看一下罗新璋编的《翻译论集》就一目了然了。在当今中国,从事翻译研究的人,大部分都有外国语言文学背景,因而或多或少都有文学情愫。即使是基于语言学展开的翻译批评,也难以摆脱文学批评的桎梏。因此,我们可以明显地发现,晚清以来有关翻译批评功能以及翻译批评标准的讨论,一直都有文学翻译的情结。其中的主要特征就在于以下两个方面:1)基于文本译作;2)基于文学研究。前者制约了研究对象,后者限制了理论视野。对此,有学者早已经清醒地认识到:

> 直到目前为止,在中国有关翻译的话语都带有极强的文学偏向。造成这个现象,有几个显而易见的原因。……在中国翻译研究这个领域,文学翻译的中心性是由多方面的支持建立起来的,包括 20 世纪中国的社会及文化经验,中国传统文化对文学的一贯抬举,政府意识形态和政策,以及在某一时期国际学术圈子的文学偏向造成等等。……

文学偏向掩盖了一个事实,就是在中国悠久的翻译经验中,文学不是最重要的组成部分。① (孔慧怡,2005:11-12)

在笔者看来,关于翻译批评及其标准问题的讨论,其局限性不仅仅在于所探讨的问题多局限于文学,更为突出的是其文本视角。无论是文学翻译研究还是应用翻译研究,传统上都将其视点聚焦于文本,或只聚焦于翻译文本,或聚焦于翻译文本与原作文本之间的关系,借此展开各自的讨论。"翻译研究"学派试图开辟一条有别于上述两种学派的路径,将翻译统一起来视为单独的领域或系统,用动态的概念审视翻译的定义,根据历史境况对传统的翻译问题做出不同的阐述,从而将翻译学科从先前的理论局限中解放了出来。(根茨勒,2022)然而,这种研究路径实际上也并未能摆脱对文学文本的依赖。② 我们可以看到,无论是理论视野还是研究对象,大部分都是基于文学文本。这无疑是本书力图突破的瓶颈。

翻译批评标准的研究,也存在另外一个倾向,即对源语或者源语文本的依赖,局限于翻译的应然关系,即着重于"指令性""规范性"标准的探索。正是由于中西现代翻译研究主要基于文本译作展开翻译批评,作为西方较早系统地探讨翻译批评的著作,《翻译批评:潜力与制约》③就极力要求翻译批评开展原文与译文的比较。(Reiss,2014:3)该著作不仅要求翻译批评进行比较,而且还要对所批评的问题提出相应的解决方案,认为唯有如此,才能称得上客观的批评。从文本批评的视角来说,翻译批评不能只是指出问题,而且还要分析问题,提供解决问题的路径或方案。批评的指向并不在原文,而是译文,即客观真实地确定译文是否以及何种程度上表征再现(represent)了源语文本的内容(content)。(Reiss,2014:5)"根

---

① 关于翻译文学在近代中国的兴起,可参阅郭延礼(2005)等著述。其中特别需要指出的是,文学翻译并非一开始就在我国近代翻译事业中占据重要地位。

② 毋庸置疑,尽管翻译研究学派和其他学派一样关注文本,但其认识视野显然有所不同。在翻译研究学派看来,译本会反过来影响决定译本生产的规范,即"将文本视为被产和能产的对象","文本的中介作用不仅仅局限在对意义的跨文化共时传递,还体现在对多元历史传统的历时调节"(根茨勒,2022:93)。

③ 该书最早于 1971 年以德语出版,书名为 *Moglichkeiten und Grenzen der ubersetzungskritik. Kategorien und Kriterien fur eine sachgerechte Beuteilung von Ubersetzungen*,直译为英语即 *Possibilities and Boundaries of Translation Criticism, Categories and Criteria for Translation Quality Assesssment*。2000 年,美国学者 Dr. Erroll F. Rhdoes 将其译入英语世界,改书名为 *Translation Criticism: Potentials and Limitations—Categories and Criteria for Translation Quality Assessment*,由圣杰罗姆出版公司(St. Jerome Publishing)出版。2014 年由美国的劳特利奇再版。本书所参考的即 2014 年再版的英文版。

据这些理论,翻译的准确性、第二语言文本等值的适切性总是通过与原文的对应程度来衡量,是通过尽量重构原文所有'相关的'(relevant)功能特征来实现的,不论这些特征是语言要素还是文学要素。"(根茨勒,2022:146)显然,这种基于原文所做的标准化探索,有其理想化的诉求。因为,图里的研究表明:"没有译文能够完全被目标文化'接受',因为它总是会给目标文化系统带来新的信息和陌生化形式;也没有译文能够相对原文完全'适切',因为文化规范会引起原文文本结构的转换。"(根茨勒,2022:146)因而图里指出:"从历史上看,翻译批评的一大特点就是寻找译者的不足,因为真实文本永远都不能满足两个抽象极端的理想标准:从语言学角度来说,总是可以找出翻译错误并且提出更好的解决方案;从文学角度来看,译文功能元素的活力和创新性总是不如原文文本。"(根茨勒,2022:146-147)毋庸置疑,图里借此意欲寻求探讨翻译文本偏离标准的原因,并有鉴于此着力研究翻译文本的接受问题,搁置翻译文本正确与错误的问题,由此超越了使翻译忠实于原文的桎梏,摆脱了翻译等值的单一概念模式,拓展了翻译批评的视野,将翻译批评的视角伸向翻译的社会、文化与历史方面。然而,图里在摆脱了原文的桎梏之后,又陷入了目的语的樊笼,进而提出了以目的语文本为导向的翻译批评理论。[1]

无论翻译研究学派(其中包括埃文-左哈的多元系统理论、赫曼斯的操控理论、图里的描写翻译研究理论)存在怎样的缺陷,我们不得不承认,现代翻译理论在其影响之下发生了许多变化,"通过寻找现实文化情境中翻译现象的规律,描写翻译研究改变了所研究现象的各种定义,动摇了传统概念,促使理论演进。大量的讨论已经开启,对翻译文本的定义本身予以重新评估"(根茨勒,2022:156)。这是系统依赖自我参照体系进行区分化的体现。与此同时,翻译批评也随之发生了诸多倾向性变化,其中最为显著的变化就是批评的对象不再局限于翻译文本,而是更为关注生产翻译文本的历史文化语境和社会制度。

相应地,在这一倾向的引领下,捍卫翻译批评标准正当性和有效性的阐述热点也发生改变。其中有三个转变非常明显:1)文学文本不再成为翻译批评的全部对象;2)翻译文本不再成为翻译批评的全部对象;3)原

---

[1] 图里在促进翻译理论方面是功不可没的。其主要贡献在于:"1)摈弃了'一对一'的对应概念以及文学/语言等值的可能性(偶然情况除外);2)把目标文化系统的文学倾向融入所有翻译文本的产生中;3)打破了具有固定特性的原文信息概念;4)在交叉文化系统的符号网络中整合了原文本和译文本。"(根茨勒,2022:152)

文不再成为翻译批评的依据。由此而言,将文学翻译排除在应用翻译批评范围之外,实际上就是一种系统化约与简化的方式。其蕴含的逻辑在于:翻译批评标准的建构只能包含标准体系的一部分,只能促使标准所涉及的各种可能性中有限的可能性得以实现。如果应用翻译批评标准将文学这一相对于应用翻译而言具有异质性的因素纳入考量范围,势必导致应用翻译批评标准承载其不能承载之重,从而使得应用翻译批评标准的有效性无法得到彰显。毕竟,应用翻译批评标准是在翻译研究整体复杂的环境中建构起区分化特征,并通过这一区分化特征来建构应用翻译批评秩序的。毋庸置疑,应用翻译批评标准只是依据应用翻译批评所处环境的可能性建构的。也唯有如此,应用翻译批评标准对于应用翻译批评而言才具有意义。

标准系统的建构是一种过程,并且具有结构化特征。或者说,标准系统具有某种结构。缺失了相应的结构,所谓的标准系统也不复存在。

诚然,标准系统的存在并不是以一种静态的结构而存在,其中所蕴含的更深层含义就在于系统是因为结构所具有的功能而存在,而且其中的功能并非单一化的。也就是说,其功能并非单向度的因果功能或者结构功能,而是动态开放的功能结构。一种功能可能导致一种系统的产生,然而,一种系统的产生,形成了相应的结构,由此有可能衍生出不同的功能。这种不确定性促使系统为了维持其自身功能和结构的完整性而尽可能地对其功能进行选择性化约,增强自身的自律性和区分性,主动地维持系统的特征。任何系统的存在固然决定于它同环境的关系,但与此同时系统也必须主动而且充分地考虑到其自身与环境的关系。其路径就在于不断地寻求系统的自我指涉点,系统的自我参照体系,即系统的标准。就此而言,应用翻译批评标准的建构,本身就具有不同的功能,既源自系统自身维持运演之功能,又是为了满足适应环境复杂性及其与其他系统的关系。从另外一个方面来说,应用翻译批评标准的建构,并非应用翻译批评被迫顺从应用翻译批评之环境要求,而是应用翻译批评自身主动性和自律性的结果。尽管这种主动性和自律性也是迫于环境复杂性之压力,然而,认识到其中的主动性和自律性,对于我们认识标准的属性与功能,无疑具有重要的意义。

毋庸置疑,正如卢曼的系统理论所指出的,"系统在对环境进行选择性的简化时,往往要采取欺骗自己和欺骗环境因素的途径,以避免环境复杂因素对于系统可能采用的选择性的抵消"(高宣扬,2005:624)。因此,应用翻译批评标准未必都具有正当性。相反,有些标准的制定恰恰是为了自身生存或者维持自身的区分化诉求。比如,"对等"(identity)"同一性"(sameness)等翻译批评标准。翻译批评通常也清楚地意识到,这些标准只能是理想的目标,作为翻译而言永远无法达到,而且此类标准也极力美化译者的能力。然而,为了区分文学翻译与文学创作,文学翻译批评往往据此来对关联的译文予以批评,其目的昭然若揭,即以一种欺骗性的幻觉,置翻译环境复杂性于不顾,从而有利于翻译批评集中地将自身的能力和资源应用于最有必要的选择性程序之中。应用翻译批评也常有此意。毕竟,对于任何系统而言,维持自身的生存与发展,都是其首要目标。皮之不存,毛将焉附?如果应用翻译批评这一系统都不复存在,应用翻译批评标准将随之失去其存在的功能与价值。

然而,任何系统实际上都不可能自我封闭,必然在环境中生存与发展,而且相关环境具有不可预测的复杂性和关联互动性,从而决定了相关标准不可能具有永远的稳定性。因此,应用翻译批评标准的制定,不仅依据应用翻译批评自身系统逻辑,还依据应用翻译批评系统与其他批评系统之间的关系,以及依据应用翻译批评与其环境的基本关系,并依此相应关系来调适翻译批评与环境及其他系统的关系。由此表明,应用翻译批评系统不可能率性而为,而是需要基于系统存在的基本状况,即"系统本身既然被复杂的环境所包围,而它对环境的复杂性的控制又不能达到完满的程度,所以,它只能依据其本身力所能及的范围,对环境因素进行'敏感'的选择"(高宣扬,2005:628)。通过这一"敏感"的选择,应用翻译批评标准系统与应用翻译批评系统以及环境的界限得以建构,并由翻译批评系统来维持相互关联的模式。这其实表明,环境始终比任何一个系统都能提供更多的可能性,供系统加以开发利用。作为应用翻译批评系统的结果,应用翻译批评标准通过应用翻译批评的自我选择过程建构起来。然而,应用翻译批评标准也具有其自身存在的独立性和自主性,具体表现为应用翻译批评标准对环境的复杂性予以简化或化约。

一个不容忽视的问题是,任何标准的制定都必然会融入人格的力量,所谓标准的客观性都是相对而言的。因为,任何标准都是人为制定的。尽管有相关规范的制约,然而正如前文所述,一个系统并非只存在单一的规范,而是存在着多个竞争性规范。只不过在多个竞争性规范之间,存在着相应的动态等级关系,有些规范在特定的条件下占据主要的位置,因而具有一定的支配性力量。标准这一系统之所以具有不稳定性,主要是因为制定标准的主体本身不具备人格完满性。经由语言表征的翻译批评标准,构成翻译批评自身及其与他者的参照关系网,从而以极其复杂、矛盾的形式,掺杂于翻译批评系统相关联的各个主体之间,一方面限制翻译批评的边界、论题及其解决路径,另一方面发挥结构性作用,使得翻译批评朝着相应的目标发展,并建构起翻译批评特有的功能与价值。因此,标准的主体性问题,也是理解应用翻译标准正当性和有效性的相应维度。

以上的论述,并不表示在应用翻译批评标准与各相关因素之间存在简单而且固定的化约关系。依据卢曼的观点,"任何一个因素,既不能看作某个其他因素的一个'因',也不能看作某个其他因素的一个'果'。一个'因',可以是许多'果'的'因',也可以是许多'因'的'果',主要取决于系统面对环境时所进行的自我选择的可能性,也就是说,决定于系统究竟如何实现自我参照"(高宣扬,2005:628)。就此而言,应用翻译批评标准的正当性,具有多种可能性,而其中的关键在于将应用翻译批评系统视为一种网络。为了该网络的正常运演,应用翻译批评系统就必须具有自我参照性。卢曼在论及系统为了自我实现而有赖于自我参照性时,强调了系统的自我观察、自我反思、合理选择、自我简单化、自我论题化、自我生产、自我组织化等方面。然而,鉴于系统的因果关系并非单向的,也并非固定的,面对多种因素以及多种结果,如果我们制定相应的标准,那么,系统的自我参照性也相应地会更为明确。

因此,在笔者看来,无论是系统的自我论题化还是自我组织化,都为系统标准的制定提供了不同程度的正当性。因为,系统将各种复杂关系的简单化程序通过符号和象征来加以标准化,一方面可以简单化系统与环境及其他各系统的关系,另外一方面可以使得系统内部掌握符号化标准来达到相应的同一性,更好地实现系统的方向和目标。所谓"符号化、象征化标准",就是运用象征性的语言符号来表征标准。通过具有特定意义的语言符号,原本只是停留于人们思想中的观念、取向得到显化,不仅使面对面的在场行动者之间有可能交换彼此对于标准的认识,也使得不在场或者缺席的他者可能认识到,并且使得标准进入时空之中,与时空发生关联。问题是,与时空发生关联的语言,必然是在具体使用中所涉及的与各个世界相关的含义,语言本身历经不同年代的环境,凝聚着特有的隐含意义,该意义与普遍性含义相交错、相渗透,在实际的表征中呈现出复杂的指涉性、比照性、交错性和隐含性。因此,任何标准的语言表征,都应该极力避免两种危险:沟通理解的失败和标准实现的失败。换句话说,如果一个标准不能为人所理解,它就是无效标准,如果标准不能保障行动的有效实施,那它也就是毫无价值的标准。

实际上,在汉语的"标准"中,"标"是投射器,"准"是靶心。"标"与"准"合用为"标准",具有要求人的行为与其结果相一致的内涵。就应用翻译批评的标准化而言,其蕴含的原则或者理据自然应该遵循一般的标准化理据。从系统理论的视角来说,其中包括统一性理据、简约化理据、协调性理据和最优化理据。

统一性理据,旨在确保事物发展具有应有的秩序和效率,为了事物秩序的形成、相应功能的实现或其他方面,确定适合于特定时空语境的支配性规范,并使该支配性规范与被规范对象在功能上达到等效。其中包含以下要点:1)统一是为了确定一组对象的支配性规范,其目的是保证事物应有的秩序和效率;2)统一的原则是功能等效,从一组对象中选择确定支配性规范,应能包含被规范对象所具备的必要功能;3)统一是相对的、确定的支配性规范,只适用于特定语境。然而环境因素并非决定性的,而是具有弹性约束的特征,表现为不同力量之间的较量。随着语境的变迁,原本占据支配性位置的规范就要由新的支配性规范所取代。①

简约化理据,旨在满足经济有效性,对标准化对象的结构、型式、规格或其他性能进行筛选提炼,剔除其中多余的、低效能的、可替换的环节,精炼并确定满足全面需要所必要的高效能环节,保持整体构成精简合理,充分发挥功能。其中的要点包括:1)简约化旨在满足经济有效性;2)简约化从满足全面需要出发,保持整体构成精简合理,使之功能效率最高。所谓"功能效率",指功能满足全面需要的能力;3)简约化的基本方法是对处于自然状态的规范性对象进行科学的筛选提炼,剔除其中多余的、低效能的、可替换的规范性环节,精炼出高效能的并且能满足全面需要所必要的规范性环节;4)简约化的实质不是简单化而是精练化,其结果不是单一化。

协调性理据则旨在使标准的整体功能达到最佳,并产生实际效果,必须通过有效的方式协调好系统内外相关因素之间的关系,确定建构和维持系统所必需的支配性规范,适应或平衡系统内外关系所必须具备的条件。其中的要点有:1)协调旨在使标准系统的整体功能达到最佳并产生实际

---

① 切斯特曼(2020:255)认为,"翻译规范并非铁律。作为限制性约束,翻译规范是弹性的。更重要的是,翻译规范本身也会不断地被修正——这或许是违反规范的终极理由:为了用更好的规范来取代它们"。

效果;2）协调对象是系统内相关因素的关系以及系统与环境及其他系统因素的关系;3）相关因素之间需要建立相互一致、相互适应及相互平衡的关系,为此必须确立制定标准的条件;4）标准化之功能的有效发挥,有赖于各方面的协调一致,多因素的综合效果最优化,多因素矛盾的综合平衡等。

最后,最优化理据指按照特定目标,在一定的限制性条件下,对标准系统的构成因素及其关系进行选择、设计或调整,使之达到最理想的效果。标准的功能,其实与追求效果的最优化不无关系。

总体而言,应用翻译批评标准之制定,或者说应用翻译批评标准系统之建构,是基于相关理论之必然结果。本书的理论基础之一即社会学的系统功能理论,尤其是卢曼的系统功能理论。基于系统理论,本书认为,应用翻译批评标准的建构是应用翻译批评系统调适内外关系的有利机制和手段。其理据既有应用翻译批评系统外部要求,也有其内部自身诉求。同时也以标准自身所具有的理据为依凭。换句话说,应用翻译批评标准的建构、维持与发展,并不完全基于应用翻译批评系统内部成员的自发动机和道德责任,同时更为重要的,在于整个翻译批评系统的关联要素的有效整合,是应用翻译批评系统自身、该系统与其他系统以及相应环境的关系统一。

第三节　应用翻译批评标准建构的理论视野

关于翻译批评的论述,至少涉及五个基本的问题：批评什么？如何批评？为什么批评？批评会产生怎样的结果？谁来批评？对于前面两个问题的回答,都与批评的标准密切相关。建构翻译批评标准的努力,由来已久,中外都有丰富的资料。在当下翻译研究学科建设进程中,系统建构翻译批评,是应有之义,也是翻译批评发展的必然结果。任何学科的健康发展,都离不开批评的保驾护航。而翻译批评系统自身的存在与发展,也离不开建构既符合翻译批评内在规律又适应时代发展需要的翻译批评标准。

毋庸置疑,我国传统的翻译批评实践和理论发展,为实现翻译批评及其标准系统的建构奠定了坚实的基础。审视历史,我们不难发现,传统的翻译批评缺乏系统性,相关的标准也只是依据不同时期翻译规范的形态蕴含于批评话语之中。批评的内容涉及的范畴较为狭隘，往往局限于译文与原文之间的关系，往往就译文是否忠实于原文或者译文是否满足了目的语读者的需要而展开。在批评标准问题的探讨方面，显然未能对翻译教学的批评标准、译论批评标准、翻译工具批评标准、译者行为批评标准以及翻译行业批评标准进行有效的建构，而且对于翻译批评场域内的诸要素关系也缺乏充分的关联性考虑。这些要素或突出了批评者的主体性，或强调了批评对象的客观性，或注重批评话语的功能，或旨在满足批评场域的具体目的。这就不可避免地导致："在翻译研究的争论中，可能没有比关于翻译批评标准的争议更多也分歧更大的了。"（吕俊、侯向群，2009：53）审视这方面的争议或者分歧，我们得到的往往只是"忠实""等值""直译或意译""显性或隐性""纪实或工具""语义或交际""形式或功能"这类翻译标准，或者翻译质量评估或评价标准。[①] 而这方面难有突破的关键瓶颈就在于相关的理论偏差。

如前所述，人们习惯于以翻译标准作为翻译批评的标准。然而，翻译标准与翻译批评标准是两个互相关联但又各自有别的概念。基于翻译标准进行翻译批评，是国内外最为普遍而且也是历史最为悠久的路径。在我国翻译批评领域影响较大的《翻译批评导论》中，作者明确提出，翻译标准是翻译批评的依据。（杨晓荣，2005）而其他有关翻译批评的专著或论文，持该观点的不在少数，如"翻译的标准也就是翻译的评价标准"（吕俊、侯向群，2006：61）。在国外的相关研究中，持有这种观点的也较多，尤其是国外的翻译质量评估研究领域，更是混淆了翻译批评与翻译质量评估或评价。诚然，翻译标准与翻译批评标准之间虽然有交叉重叠之处，却并不完全相同。对此，即便那些将翻译标准视为翻译批评标准的学者，也有清晰的认识，如杨晓荣（2005：102）曾经指出：

> 从宏观上看，译者心目中的翻译标准与批评者所持的标准不会完全一样。至少有两个原因：其一，译者本身也包括在批评的观察范围之内。译者大可把标准定得很高，而批评者的标准既有对译者的要求，也有对译者的理解，和译者对译文的精益求精不是一回事。其二，译作一旦产生，译者于当时当地的各种理解和思考就都凝聚在作品之

[①] "反观我们以往的翻译批评，我们恰恰是以实然判断的方式去检验形式是否对应的问题，甚至是把形式当成了本体，使形式批评变成了翻译批评的唯一内容。"（吕俊、侯向群，2009：11）

中,批评者作为后来的阐释者,自有另一个当时当地的背景和与之相应的批评目的,对译作的观察标准也就建立在了另一个基础之上,这种时空的差异,或者说是一种"场"的差异,使得批评者和译者的标准不可能完全一样。

这是很有见地的认识,充分体现了翻译与翻译批评在对象和主体方面的差异。简而言之,翻译标准是译者翻译过程的依凭,翻译标准的落实过程就是译文的建构过程,具有前溯性。而翻译批评标准虽然也是批评过程的依凭,但是翻译批评标准的落实过程则是译文的解构过程,具有回溯性。[①] 然而遗憾的是,杨晓荣最后还是未能对翻译标准和翻译批评标准做出严格的划分,转而以翻译标准替代了翻译批评标准的讨论。这种矛盾的现象在许多学者的著述中都有所体现。

肖维青(2010:133)专门论述过译者标准、翻译原则和翻译批评标准,从主体、客体、时空差异、标准的意识程度等四个方面分析过其中的区别,并且指出:"如笼统地说'翻译标准',往往容易把译者所遵循的翻译原则和标准与翻译批评当中的评价标准相混淆。"她在认识到翻译批评标准的规约性和个体差异性的同时,提出了翻译批评的三项标准:道德标准、行业标准和学术标准。但她还是不免认为:"翻译标准,准确地说,是翻译批评的标准。"(肖维青,2010:176)

吕俊、侯向群是我国较早提出区分"翻译批评"与"翻译批评学"的学者,他们认为:

> 翻译批评学是对翻译批评的研究,及以翻译批评为客体对象。它是对翻译批评的一般理论、原则与规律的研究,是一种力量性活动。而翻译批评则是一种实践性活动,它以具体译文文本或具体翻译现象为客体对象的。(吕俊、侯向群,2009:15)

对于翻译批评的标准,他们认为过往的"都是依据某一种翻译理论提

---

① 杨晓荣(2015)还认为,翻译标准和翻译批评标准在很多情况下是重合的,可以合并为一个问题予以探讨,其中的原因在于翻译批评者总是站在译者的角度来看翻译。这种将批评者置于译者视角的观点,严重地滞碍了翻译批评研究。实际上,批评者未必一定要站在译者的角度来审视翻译作品。从真正批评的角度而言,批评者之所以为批评者,就是因为批评者具有自身的理论假设、批评标准和批评目的。只有基于自身的批评立场展开批评,才是具有批评意义的批评。

出来的,这种批评标准体现了该理论的基本精神和原则"(吕俊、侯向群,2009:26)。并且,"语文学范式与结构主义语言学范式译学研究中的翻译批评都是以它们各自的翻译理论为背景信念的自证自明式的循环论证性批评"(吕俊、侯向群,2009:27)。这样的标准"均是从不同的翻译理论中推导而出,而随着该理论的失势,它也会失去效用"(吕俊、侯向群,2009:27)。因而,我们需要思考"翻译批评标准是应当以翻译理论为基础吗"(吕俊、侯向群,2009:27)。显然,他们的观点是否定的,他们认为"翻译批评的标准不应从翻译理论中去推导,不是依据某种翻译理论为理论基础,而是应以价值学中的评价理论为依据"[①](吕俊、侯向群,2009:27)。这种基于翻译理论的"流变性"和"不稳定性"而否认翻译理论作为建构翻译批评标准的依据的观点,显然并不成立。任何理论都是流变的、不稳定的,翻译批评的标准也是如此。况且,他们显然并不反对以理论为基础建构翻译批评标准。[②] 他们所否认的是以翻译理论为翻译批评标准,主张以"价值学中的评价理论"为依据。问题是,价值学中的评价理论不是一种理论吗?

事实上,任何作为参考依据的标准,都必须以理论为基础。翻译批评本身就是连接翻译理论与翻译实践活动的关键性因素,标准的建构不可能脱离相应的理论而无中生有或者无的放矢。"……认识到理论的研究与应用之间并无鸿沟,翻译批评运用理论来研究现实问题本是常态。"(杨晓荣,2005:405)。而且,"好的翻译批评应是:在实践问题中能发掘出理论意义,在理论探索中能延展出实践意义,它需要的是对理论与实践两方面的通透理解,以及能将两者打通的悟性与洞见"(杨晓荣,2005:405)。因此,翻译批评离不开理论,翻译批评标准的建构也离不开理论。只有依据一定的理论,才能确立相应的标准。对此,前辈早有认识:"翻译批评的根本困难,大概有两种:1. 没有一个完备的翻译理论体系,2. 没有一个公认的客观标准。"(董秋斯,1984)而且,纽马克(Newmark,1988:184)在谈论翻译批评与理论、实践之间的关系时,也是说"翻译批评桥接了理论与实践"。将理论放在实践之前,难道不是为了强调理论对于实践的指导意义?难道不在说明,理论对于翻译批评的重要性?

---

① "应该说,翻译理论本身也是在被评价之中的,也是评价对象,以往的做法是弄颠倒了,我们现在要把这种颠倒的关系再颠倒过来。只有这样才能对翻译批评活动的本质有所认识,才能确定出合理的翻译批评标准。"(吕俊、侯向群,2009:27)

② "作为标准来说,它虽然也是可以有一定的流变性质的,但是如果没有一个相对稳定性作为基础,那会使翻译批评活动陷入十分尴尬的境地,从而使翻译批评活动失去应有的意义,同时翻译批评学的建立也只是一种幻想。"(吕俊、侯向群,2009:27)

因此,关键的问题不在于是否应该依据相应的理论来建构翻译批评标准,而是以怎样的理论为基础。吕俊、侯向群提出运用价值学中的评价理论作为构建翻译批评学的理论基础,其出发点在于"翻译批评也就是译作对于评价者来说的价值评估与判定",而"价值是一种关系存在⋯⋯是一种关系范畴。这种关系在价值学中被称为价值关系。实际上,审美活动也同样是一种关系性的范畴"(吕俊、侯向群,2009:30,28)。显然,价值观念是社会意识形态中的核心部分,然而,翻译批评一定是价值判断吗?难道没有真理判断或知识判断?况且,价值判断因人而异,不同的人基于不同的目的和立场,必然会对同一事物做出不同的判断。而且,吕俊、侯向群将翻译批评视为基于原作者创作评价、译者翻译评价之后的第三次评价活动,并且提出了"底线标准":1)符合知识的客观性;2)理解的合理性与解释的有效性;3)尊重原文的定向性。这对于将翻译批评局限于翻译文本、翻译过程的批评,无疑具有很好的理论意义。① 但是,这类翻译批评局限于文本的批评,是基于文学批评的立场展开的翻译批评。本书显然并不局限于将翻译产品和翻译过程作为翻译批评的范畴,价值学评价理论在翻译教学批评、翻译政策批评方面可能显现出相应的局限性。

肖维青曾为"多元动态的翻译批评标准"简要梳理过三种理论来源:贝尔曼的文学翻译批评标准、翻译规范、科米萨罗夫的翻译标准。(肖维青,2010)贝尔曼的文学翻译批评标准包括道德标准和诗学标准。科米萨罗夫基于语言学翻译研究立场提出了翻译的等值标准、体裁修辞标准、言语的标准、语用标准和传统沿袭标准,同时以此作为翻译批评标准。虽然肖维青所提出的三项批评标准综合了以上三种理论,但她显然对翻译规范有所偏好,认识到翻译规范作为建构翻译批评标准的理论与应用价值,她指出:

> 如果我们借鉴这几个翻译规范体系,尤其是切斯特曼的理论构架,一定可以作为考虑翻译标准问题时的一个有用的参照。与中国传统译论中涉及翻译标准的部分相比,西方的翻译规范关照的角度更全

---

① 本书认为,从翻译批评作为评价活动而言,翻译批评活动是再评价活动,是针对翻译产品、翻译过程、翻译功能的再评价。所谓的"再评价"可能是二次评价,也可能是三次评价,但是否是更多层次的评价,完全视翻译批评的目的和功能而定。

面：因为它既包括宏观元规范，也包括微观的操作规范；它既关心翻译产品，也关心翻译过程；在术语的表述上也比较详尽。而且更切合实际，不像中国的翻译标准给人高不可攀、"理想境界"的感觉。本文的翻译批评的标准就是借鉴了描写翻译理论的"规范"概念，实际上，也包含了这一概念。（肖维青，2010：150）

肖维青认为她的翻译批评标准"借鉴了描写翻译理论的'规范'概念，实际上，也包含了这一概念"。这里的"借鉴"与"包含"究竟是什么关系？究竟是借鉴翻译规范理论建构翻译批评标准还是翻译批评标准中包含着翻译规范？对此，肖维青并未深入探讨。但至少可以确定，肖维青已经关注到翻译规范与翻译批评标准之间非同一般的关系，只不过她未能明确：翻译规范可以为翻译批评标准的建构提供理论依据。

当我们说翻译批评标准的建构必须依据相应理论时，还有必要认识到以下两点。首先，不能以翻译理论研究替代翻译批评。翻译批评以及翻译批评研究是翻译研究的一个重要组成部分。一般来说，它与翻译理论、翻译史共同构成翻译研究体系。翻译批评与翻译理论、翻译史的最大区别在于，翻译理论与翻译史都不是以评判为目的的，而是为了提出问题、分析问题，为人们认识翻译以及更好地从事翻译活动提供相关的理论和史料依据，与此同时，翻译理论研究还涉及翻译的本质、属性等问题。因此，翻译理论和翻译史，其本身无法设置标准，最多关涉其研究方法及边际问题。但是，翻译批评则是以评判为目的的，任何批评都必须具有判断，无论是真理判断、知识判断还是价值判断，都应该基于一定依据，应该有一定的参考性依据，否则，翻译批评就难免流于随感式漫谈，无法充分有效地发挥翻译批评的功能。

翻译理论研究与翻译批评不同，具体的说法已然很多。有学者认为，"前者是纯学术活动，目的在于描述、解释、预测客观现象，而后者属于应用研究，目的是要改造客观世界"（张南峰，2004：55）。也有人指出，许多号称研究翻译理论的文章其实都是翻译批评。（王宏志，1999）本书认为，这些说法都存在一定的偏颇。

翻译理论研究与翻译批评之间的关系应该是辩证的。翻译批评应该以翻译理论为指导，而翻译批评也为翻译理论建构提供基础性材料。因此，在很多情况下，翻译理论研究与翻译批评之间的界限很难区分。但是，难以区别并不代表不能区别或无须区别。总体而言，"理论的探讨并不能代替批评的实践,更不能替代对中国翻译界当下重要问题的关注。……翻译批评的缺席,首先表现在对翻译重大的现实问题的某种麻木性,其次表现在对一些具有倾向性的热点问题的失语,还表现在对一些不良翻译现象缺乏应有的批评和斗争。"(许钧,2005:14)这其实从另外一个角度表明了翻译理论研究与翻译批评之间的差异。这种差异,既体现于旨趣、范畴,也体现于目的与功能。翻译批评、翻译批评研究、翻译批评标准的研究,其实都在翻译研究领域中占据各自的位置或者系统,发挥不同的功能。

其次,不能以满足翻译场域中某个因素的肯定性或否定性要求的单一理论为基础。令人遗憾的是,"翻译研究中至今仍有这种典型现象,即理论家对所有的翻译现象做全面的评论,但事实上他只是指一种翻译现象,且范围经常较狭窄"(Snell-Hornby,2006:9)。显然,只是满足翻译场域中某个因素的批评,不可能建构起系统的翻译批评理论体系,更遑论系统的翻译批评标准体系。所以,斯内尔-霍恩比(Snell-Hornby,2006)用原型学取代了文本类型学,关心由各种关系组成的网络,定位和聚焦翻译现象的谱系或渐变群。既考虑到翻译批评标准的综合性,又不忽视翻译批评范畴的不同特性,在普遍性原则的指导下根据翻译场域中诸多因素进行层级性批评标准建构。以往的翻译批评标准,基本上都以某一种理论为基础。对于翻译这样复杂的社会、文化现象,所涉因素较多,如果不以综合性理论为基础,难以满足建构翻译批评标准的需要。另外,以片面理论为基础建构的多元化翻译批评标准,貌似相互补遗拾缺,其实也不过是公说公有理婆说婆有理。故此,若要真正有效地指导翻译、服务于翻译,必须建立起一套具备普遍意义的综合性参照体系,同时该参照体系又必须包含具体对象的层级性,只有将翻译批评标准的综合性与层级性统一起来,才有可能建构起相应的翻译批评标准体系。这样的标准体系,既要涵盖面广而具有普遍运用性,又要有足够的弹性来适用于具体的批评对象。而要建构具有综合性和层级性的翻译批评标准体系,就必须相应地依赖具有综合性和层级性特征的理论。

有鉴于此,笔者力图以社会学的系统理论为基础,视应用翻译批评为一个相对自洽的系统,以佛经汉译为描述对象,以翻译规范为建构标准的依据,在系统理论的观照下探索应用翻译批评标准体系的建构。

这里涉及一个问题,即笔者为何运用系统理论来探讨应用翻译批评及其标准而不采用场域理论?毋庸置疑,人们对概念及理论的选择,尤其是对那些有争议的概念或者理论的选择，并非完全中性的。在看似不经意地选择概念和理论的过程中，质疑的情绪也会随之附加到具体的研究倾向之中。其实，笔者在着重运用"系统"这一概念的同时，并非完全排斥场域理论，甚至也不排斥其他的概念或理论。研究视角的不同，研究目的的不同，实施研究功能的预设不同，都在不同程度上影响着人们对概念和理论的选择。显而易见，场域理论对于翻译批评及其标准之类的状况也具有很强的理论价值和解释力。事实上，场域理论与系统理论之间本身就关系密切。[1] 在布迪厄看来，"从分析的角度看，一个场也许可以定义为由不同的位置之间的客观关系构成的一个网络，或一个构造"（布尔迪厄，1997：142）。位置、关系构成了场域的基本概念要素，与系统理论之间存在密切关联。而且，布迪厄一贯坚持思考：行为如何才能在被规范的同时不成为遵守规则的产物？这显然也是本书一直力图阐明的问题，即翻译批评被翻译规范所制约，但又如何不成为翻译规范的必然产物。对于这类问题，场域理论（包括资本、习性等概念）也可能有效地提供解决方案。但是，"场是力量关系的场所（不仅仅是那些决定意义的力量），而且也是针对改变这些力量而展开的斗争的场所，因而也是无止境的变化的场所"（布尔迪厄，1997：149）。在布迪厄的视野里，场域结构是不同位置之间客观关系的空间，并且由竞争性权力或资本种类的分布状况来界定。就此而言，场域既是各种资本（文化资本、经济资本、社会资本、象征资本）博弈的场所，又是充满差异化的场所。在该场所中占据不同位置的事物为了维护其差异性而展开斗争，争夺相应的资本。这类倾向于冲突和斗争的观念，是本书力图规避的。尽管翻译批评不可避免地也包含判断，但不应该成为大家相互攻击或者争夺利益的手段。更为关键的是，布迪厄所建构的场域，本身构成他研究分析的工具。然而，笔者并无意将翻译批评这一问题作为场域来思考，也就是说，翻译批评及其标准，虽然可以构成为场域，但笔者所关注的，是该场域内部的行动者及其他要素之间的协调，比如翻译批评与环境的关系，翻译批评与翻译理论、翻译史等场域之间的关系。至于系统或场域本身的结构、建构与维持等问题，则不在本书的主要研究范围之内，笔者只是为了阐述系统的功能而予以应有的论述。

---

[1] 布迪厄曾经认为，提出场域这一概念的主要功绩，就在于它创立了一个每次都必须重新思考的建构模式。对场域的思考，可以使人们认识到世界如何连接，与什么连接，在何种程度连接等问题。"场的概念提供了一个有关经常发生的问题的连贯性系统，这个系统把我们从实证主义者的经验主义的理论真空中解救了出来。"（布尔迪厄，1997：156）

　　从系统的观点来看待应用翻译批评及其标准,我们可以首先基于帕森斯的一般系统理论,其中包括文化系统、社会系统、人格系统和行为有机体系统。文化系统的基本分析单位是"意义"或"符号系统",由社会成员共同拥有的符号系统组成;人格系统的基本单位是个体行动者,主要涉及个体的需求、动机和态度;行为有机体系统的基本单位是生物学意义上的人,包括生物系统和自然系统;而社会系统是帕森斯的重点分析对象,他将其界定为:

　　　　社会系统由彼此之间相互联系的众多个体行动者组成,它存在于至少一个自然环境或社会环境之中。社会系统中的行动者以实现"快乐的最大化"为行动取向,他们与所处的环境(包括其他行动者)之间存在着紧密的联系。社会系统内部具有由文化建构并得到成员普遍认同的符号,这些符号对行动者的行动取向及其与环境之间的关系进行界定和协调。(转引自华莱士、沃尔夫,2008:23)

　　由此而言,翻译批评系统并不完全归属于上述四个系统中的任意一个,但又同时具有上述四个系统的某些特征。相对而言,翻译批评系统与社会系统具有更多的联系:有行动者、环境,有行动取向,同时也具有普遍认同的符号。这类符号可以视为翻译批评规范或标准,界定或协调翻译批评的行动取向及其与环境的关系。显然,系统不可能如帕森斯所设想的那样总是趋于平衡,其中必然充满了利益的冲突。因此,本书进一步借鉴卢曼的系统理论。在卢曼看来,所谓的社会系统存在三种类型:互动系统、组织系统和社会系统。作为具有这样三类系统的社会系统,它需要具备自我反思来促使系统发挥功能,从而赋予系统决策能力。卢曼的系统理论强调了系统的复杂性,进而认为系统的主要任务在于减少复杂性。减少复杂性的有效途径就是确定系统的自我参照体系。这是与本书的关联所在。

　　尽管社会学的系统存在各种各样的不足,但是,系统功能主义假设系统的一致性是维系系统的基础,同时也强调维持系统的根本因素是价值而非利益。这两点是本书选择系统这一概念而非场域概念的主要原因。建构应用翻译批评标准,最主要的目的不是保证斗争或资本的争夺,而是维持应用翻译批评系统的价值体系,确保翻译批评实现总体功能的一致性。

第四节　翻译规范与应用翻译批评标准

　　但凡标准,都具有限制性方式和功效条件,并且在相应的条件下具有抽象性-具体性、技术性-主体性、经济性-耗散性、连续性-时效性等多种对应属性。然而,标准的有些属性却相对来说只是单向的,即标准的政策性、规范性、约束性。依据我国国家标准 GB/T 3935.1—83,"标准"即"对重复性事物和概念所做的统一规定,它以科学、技术和实践经验的综合为基础,经过有关方面协商一致,由主管机构批准,以特定的形式发布,作为共同遵守的准则和依据"。而国家标准 GB/T 3935.1—1996《标准化和有关领域的通用术语 第一部分:基本术语》中的"标准"则为"在一定范围内获得最佳秩序,对活动或其结果规定共同的和重复使用的规则、导则或特性的文件。该文件经协商一致制定并经一个公认机构的批准。它以科学、技术和实践经验的综合成果为基础,以促进最佳社会效益为目的"。

　　尽管如此,汉语中的"标准"一词,由于历史久远,其含义在日常使用中并不精确,颇有歧义,在不同的语境中分别具有规范、榜样、衡量事物的准则等意义。如杜甫的《赠郑十八贲》:"示我百篇文,诗家一标准。"孙绰的《丞相王导碑》:"玄性合乎道旨,冲一体之自然;柔畅协乎春风,温而侔于冬日。信人伦之水镜,道德之标准也。"《文选·袁宏〈三国名臣序赞〉》有"器范自然,标准无假"之句。对此,吕延济曾做注:"器量法度出于自然,为人标望准的,无所假借也。"《荀子·儒效》有"(君子)行有防表"之句。唐朝的杨倞对此注解道:"行有防表,谓有标准也。"元朝时期的沈禧在其《一枝花·题张思恭〈望云思亲卷〉》中套曲:"孝心未伸,孝思怎忍,留取箇孝行名儿做标准。"

　　现代汉语的"标准"往往与英语的 standard/criterion 相对应。纽马克(Newmark,1988:192)认为:"标准终究是相对的,无论人们多么努力地将其建立在准则而非规范之上。"(Ultimately standards are relative, however much one tries to base them on criteria rather than norms.)就此而言,纽马克是将 standard 和 criterion 视为不同的尺度,并且将 criterion 和 norms 视为关系更为密切的同义词。据 *Merriam-Webster's Collegiate Dictionary*(1994:1145),standard 的两个基本的含义为:"1) something established by authority, custom, or general consent as a model or example. 2) something set up and established by authority as a rule for the measure of quantity, weight, extent, value, or quality.",而 criterion 意指:"1) a standard on which a judgment or decision may be based; 2) characterizing mark or trait."。同时,该词典还对这两个同义词专门做了区分:"Standard applies to any definite rule, principle, or measure established by authority. Criterion may apply to anything used as a test of quality whether formulated as a rule or principle or not."。由此可见,英语的 standard 专指那些权威确立的规则或原则,而 criterion 则指那些可能确立也可能未曾确立的规则或原则。相对而言,criterion 可能蕴含有待检验之义,standard 则表示已然明确。因此,standard 与汉语的"标准"更为契合,criterion 则与汉语中的"准则"更为匹配。但这只是严格意义而言,实际在日常使用中,人们对二者的区分并不十分苛刻,时常混同使用。

就翻译批评或者翻译研究而言,人们在谈论相关的标准之际,更为常用的则是 translation criterion、translation criticism criterion。其中所蕴含的内容不言而喻,即翻译、翻译批评不可能是客观的,而是基于主观性,有待检验的。也就是说,应用翻译批评标准的制定,主要依靠应用翻译批评系统内的沟通与商谈,当然,其目标与理据是多方面的,但选择怎样的目标才有利于应用翻译批评系统简化其复杂的环境及其与其他系统之间的关系,则是人们不得不考量的因素。诚然,无论系统如何周全地考虑到各种因素,符号化、象征化的标准,只能将一部分的相关因素囊括在内,不可能面面俱到地把所有因素都融入单一的标准之中。"操千曲而后晓声,观千剑而后识器。"(刘勰《文心雕龙·知音》)这也只能作为一种目标或理想,与现实并不契合。即便从标准的功能或功效来说,也只能是依据特定的条件使得相应的部分功能得以实现。

基于什么标准进行翻译批评? 从某种意义上来说,这似乎是个伪命题。批评者鉴于自身"前视野"而具有的立场,批评对象的多样化,批评目的的不同,甚至于批评语境的变化,都使得批评难以建基于单一的标准,从而导致建构至真至切的翻译批评标准只是一种追求的理想。但与此同时,我们也会发现,在散漫的批评状态中存在着一些大家可以达成共识的因素,即,凡是批评,1) 总是肯定或否定的判断;2) 总要提出建议;3) 总是存在一种向好的愿望;4) 具有特定的功能。

有鉴于此,在看似散漫的批评状态中,就必然存在着某种大家都认同并且追求的东西。就翻译批评的功能而言,不同的翻译批评,尽管其功能不尽相同,但基本上围绕以下九个方面发挥作用,即,认识功能、解释功能、预测功能、批判功能、指导功能、鉴赏功能、反思功能、检验功能、评价功能。原则上,翻译批评标准应该满足这九个基本的功能要求。诚然,一方面,有必要区分翻译批评的功能和翻译批评标准的功能;另一方面,一种翻译批评标准未必能够同时满足所有翻译批评功能,一项翻译批评标准,往往只能满足翻译批评某个或者若干功能。而且,有些翻译批评标准的功能,并非翻译批评所具有。比如,维持翻译批评系统的功能,即翻译批评标准的一项重要功能是通过向翻译批评系统成员传输翻译价值观和促进翻译批评系统的平衡,保证翻译批评系统价值体系的完整性。这种功能,非翻译批评的功能所具备。

以此为基础,我们需要建构出具有共识性的批评标准。此处所谓的共识,并非意味着绝对唯一的标准,而是对于翻译批评来说所要遵循的底线,即董秋斯所说的"批评者心中要有个数"①,对于这个"数",也有人说是"度"。冯唐提出过一个"金线"概念。尽管大家对于他翻译的《飞鸟集》有不同的看法,但是,他的"金线"概念还是很有道理的。他认为,

> 任何一个手艺或任何一个行当,都存在一定标准,这是天经地义的常识啊! ……尽管"文无第一,武无第二",尽管难以量化,尽管主观,尽管在某些特定时期可能有严重偏离,但是文学有标准,两三千年来,薪火相传,一条金线绵延不绝。这条金线,或许对于具体的情形而言飘忽不定,但是,放在历史的长河中,它确实存在,而且引导着人们的判断。或许,由于批评的复杂性、异质性、主观性、历史性,视角繁复,论点多样,如何界定底线或者金线的确人云亦云。(冯唐,2014:162)

温秀颖(2007)认为,设定翻译批评标准的依据有两个方面:一是翻译的自律性视角,即内在视角;一是翻译的他律性视角,即外在视角。王宏印(2006)从四个方面对文学翻译批评标准提出要求:语言要素、思想倾向、文化张力、文体对应、风格类型、审美趣味。肖维青(2010)从道德标准、行

---

① 董秋斯(1984:27)认为,"我们的批评者对当前的翻译工作,心中总该有个'数',这个'数'就是我们进行批评的标准"。他称这个"数"为临时标准,也可以说是翻译批评的"最低纲领",是"最好的翻译和最坏的翻译的折中线"(董秋斯,1984:27)。

业规范、学术尺度建构翻译批评标准体系。凡此种种,都在不断地提醒我们,迄今为止,翻译批评话语仍然处于弥散的状态。但是,如果我们对于翻译批评话语进行历史的审视,还是可以在浩瀚的翻译批评话语中寻找到其中所遵循的标准的些许痕迹。(参见本书第三章)

毋庸置疑,无论是标准还是金线,都并非单向的或直线型的,而是一条由不同时期占据主流的标准连接起来、起伏不定的曲线。串成这条曲线的是不同历史时期占据主流的一个个标准。审视翻译批评标准这条曲线,我们大致可以发现传统翻译批评标准中的一条脉络:文本中心主义标准、读者中心主义标准、译者中心主义标准、效果中心主义标准、功能中心主义标准、多元互补主义标准。围绕这一脉络,产生了诸如忠实、等值、等效之类的标准。但是,这类标准,大部分作为翻译标准而存在。关于翻译批评标准与翻译标准之间的关系,本书已经多次论及。为了进一步说明问题,在此也做进一步的阐述。

翻译标准与翻译批评标准有很多相似之处。但是,它们毕竟是两个用途不同的标准,因而有所区别。

首先,翻译标准与翻译批评标准的不同,表现于各自切入的角度不同。翻译标准是译者翻译时要达到的最终目的。例如,我们可以说"信达雅"或"功效对等"是译者所追求的目标或者说要达到的目的。翻译批评标准则不是翻译批评者在进行翻译批评时要达到的最终目的,而是在翻译批评时的依据,或者说批评工具。例如,我们不能说"信达雅"是翻译批评者要达到的目的。

> 从狭义上讲,翻译批评是对翻译活动的理性反思与评价,既包括对翻译现象、翻译文本的具体评价,也包括对翻译本质、过程、技巧、手段、作用、影响的总体评析。就翻译批评的目的而言,它并不仅仅在于对具体译作或译法做裁判性的是非判别,更在于对翻译活动何以进行、如何进行加以反思与检讨,进而开拓翻译的可行性,促进翻译活动健康而积极地发展,体现翻译活动具备的各种价值,真正起到翻译活动应有的作用。(许钧,2003:403)

所以,翻译标准是译者的目标或目的,而翻译批评标准是翻译批评者使用的检测工具。

其次,翻译标准与翻译批评标准之间的差异也表现在各自的主客体上。翻译的主体是译者,而翻译批评的主体是批评者。显然,批评者也可以是译者,但也可能并非译者。二者的客体也不一样。翻译的客体是原文,翻译的目的就是生成译文。译者判断翻译是否符合标准时,通常以原文和译文为对象。而批评的客体是译文、译事、译者、译评,甚至是译者,译者的翻译能力、翻译过程、翻译技巧策略,以及译事、翻译现象或事件等。① 翻译标准是译者既定的目标,所以,在特定的翻译行为中,翻译标准只涉及译者本人的翻译行为,译者认定的翻译标准在译者的潜意识中指导着他的翻译实践行为,因此,翻译标准在特定的翻译过程中呈静态。翻译批评则不然,批评者在进行翻译批评之际往往会不断地动态运用相应的标准;另一方面,翻译批评标准所涉及的对象包括译者,译者是翻译批评的对象之一。翻译批评者从翻译理论的高度剖析翻译作品以及有关的各个方面,这是一个复杂的过程,这个过程的完成需要翻译批评者以翻译理论和翻译批评理论为依托,从一个与译者不同的角度去审视、分析、理解原文,同时对译者进行研究,然后对译文从行文到文体,从思想到艺术进行深入的对比和思考,从而对译本做出判断并加以评论。翻译批评可以通过对同一原作的不同译本,或同一原作不同时期的译本进行批评,甚至对翻译批评本身进行批评。翻译批评者使用翻译批评标准进行批评活动,不管是对译作的批评,还是对批评的批评,翻译批评标准都是批评者手中检测、衡量的依据或工具。

所以,翻译批评标准处于一种"动态"的状态中,批评者运用翻译批评标准对译作、译者等进行批评。译者在翻译之际所选定的翻译标准,随着时间的推移,内涵意义可能因人们对其理解的改变而改变。翻译批评者往往以批评时的标准进行批评,而不去考虑译者翻译时所依据的标准。诚然,这里所谓的"静态"和"动态"都是就具体语境而言,如果从长期的翻译和翻译批评实践来看,翻译标准和翻译批评标准都有相对的稳定性和延续性。例如,如果某人尊奉"信达雅"的翻译(批评)标准,那么,在评论某个译作时,他就会按照"信达雅"的要求去衡量、评判,对传译质量做出相应的评判。如果有人用"等值"或"功效对等"作为翻译(批评)标准,那么,在评论译作时,他就会以"等值"或"功效对等"作为翻译批评的标准。

就翻译批评与翻译批评研究的关系而言,翻译批评研究可以见仁见

---

① 吕俊、侯向群(2009)在讨论翻译批评的评价活动时,认为翻译批评是第三次评价,原初评价是原作创作,二次评价是译者翻译。

智,不可能存在唯一的标准。但是,我们所要强调的,是翻译批评不能没有参照标准。因为,监督与引导是翻译批评的重要功能,而监督与引导不能无的放矢。关键是如何建构科学合理、切实可行的标准,并且如何促使翻译批评界对相应的参照标准达成共识,从而实现预定的效果。

有学者提出,建立一定的翻译价值观是进行翻译批评的基础。(许钧,2003;吕俊,2006;刘云虹,2015)然而本书认为,翻译批评包含价值判断,但价值观本身含义较模糊,不适于翻译批评标准的建立。也有学者提出翻译批评标准的多元化。然而,尽管翻译标准不可能是唯一的,但多元互补也容易使得翻译标准虚无化或标准泛滥。归根结底,要不要翻译批评标准,这本身就需要把握其中的度。

许钧的一番话或许可以概括以上两种观点,他说:"翻译批评标准应有一定的规范性,标准的建立应全面考虑翻译的目的、作用,且应以一定的翻译价值取向为基础,同时,应该认识到翻译批评标准是多元且动态发展的。"(许钧,2003:414)翻译是动态的,翻译批评必然带有主体性、主观性,完全客观化科学精确的翻译批评标准无疑并不存在。应用翻译批评标准也不例外。但应用翻译如果缺乏共识性规范标准,无疑泥沙俱下,应用翻译批评如果标准缺席,也将陷入盲目。因此,如何依据特定时期、特定的翻译(如汉译外、应用翻译)构建并完善相应的批评标准并取得共识,是中国翻译研究亟待解决的问题。此处的关键或许是,镶嵌于翻译批评标准之中的是差异。有关翻译批评标准的探讨,并非一定要聚焦于具体标准的建构,而是要面对翻译批评标准建构各类话语。我们需要系统科学地阐释为什么翻译批评标准概念会持续地出现在翻译研究或者翻译批评话语中,并且认为翻译批评标准的建构对于翻译批评而言至关重要。只有在明确这方面认识的前提下,我们才能将如何建构的话题提上议程。同时,本书也一再强调,翻译批评不只是翻译产品批评,而是涉及与翻译有关的其他方面。因此,翻译批评标准的建构还需要充分考虑到与翻译有关的翻译教学、翻译技术等诸多方面。①

还有学者指出,标准"是人们实践的准绳和规范,也是衡量和检验实践成果的尺度。从本质上来看,它是人们对理性追求与依赖的表现,也是人对事物理想状态的预构和设想"(吕俊、侯向群,2009:39)。标准本身具有规范性却又源自规范,即标准的制定是在一定的规范范畴之内实现的,同

---

① 这也表明,我们不能将翻译标准与翻译批评标准等而视之。

时又发挥规范的功能。然而,"在多元化语境中,翻译批评标准的规范性何以体现?这是在打破'绝对标准'的依赖之后,翻译批评界应予以重视的问题"(许钧,2009:245)。此处的关键在于明确什么是规范。(参见本书第四章)我们可以再次温习以下两种观点:"规范与有关正确性和/或恰当性的假设和期待密切相关。"(谢芙娜,2018:1)"规范长期以来一直被视为由一个社群所共享的普遍价值观或观念——例如何谓正确与错误、何谓适当与不适当——转化(translation)成为适切具体场合的行为指南(performance instructions)。这些'指南'具体说明所规定和禁止的内容,同时说明在特定行为维度内被容忍和允许的内容。"(Toury,2012:63)

也就是说,规范与正确与否、恰当与否有关,而这两者都属于判断的范畴。同时,规范构成行为指南,说明规定与禁止、容忍与允许的内容。有鉴于此,我们可以发现,翻译规范与翻译批评标准之间存在密切的关系,其中尤以彼此的功能为甚。无论是标准还是规范,都具有制约、限制的功能。切斯特曼(2020:99)指出:"规范具有这样的功能,即界定可接受的(翻译过程或翻译产品)失范范畴。换句话说,规范不仅充当指南的作用,而且发挥限制的功能——限制行为的自由。"而标准显然也同样具有约束性、限制性。然而,规范并不等同于标准。其中的差异体现在以下几个方面:

1)规范既包含人为的制约因素,也包括一些客观存在的制约因素。但是作为标准,基本上是人为的,尽管一旦标准形成之后也具有了客观性要求。

2)对于翻译批评而言,规范是一个描述性概念,伸缩性更强,按照赫曼斯的说法,规范效度是从随意性逐渐向强制性发展的。但标准则是一个具有极强规约性的刚性概念。也就是说,标准往往得到公认,标准的规定性显然比规范更为强烈而且直接。

3)规范具有更为灵活的弹性,针对具体的事物、具体的目的,可以有不同的规范,但是对于特定的事情在特定的语境下不可能有不同的标准。① 特定时空语境下,人的行为可以遵循规范,也可以违背规范。但是,"违背规范并非指不负责任地违背:从翻译伦理上讲,违背现有规范必须基于对更高规范的诉求。这样才合情合理。而对更高规范的诉求,要基于制约它们的价值来证明其合理性。"(切斯特曼,2020:253)一旦有相关的标准,相关行为就不能任意违背,任意地降低或提高标准,不会带来合情合

---

① 这并非说只存在唯一绝对的标准,但也暗示了标准的限制性和局限性。

理的结果。

这并不是说标准具有永恒性。实际上,任何标准都是相对的,不仅具有时空局限性,而且会随着时空之变迁或者需要而发生变化。有的标准可能会具有较为稳定的时效性,有的标准可能在实现了既定目的之后就失去生命力。廖七一(2020:97)曾基于规范与标准的关系指出:"规范具有矛盾性或冲突性,因此,批评的标准也具有一定的矛盾性和冲突性。由于社会文化系统具有的复杂性和协调适应性,不同的文化子系统会生成不同的、甚至是相互矛盾的'正确'或'应该'的观念。即便在同一文化群体中也经常存在彼此冲突的批评标准。"肖维青(2010:180)也认为,"批评标准应该是个动态系统,受时空、评论者及评论方法等多种因素的制约,具有相对性、非恒定性的特点"。但是,标准的时空局限性,并不表示标准可以随意地偏离。无论是英语中的 criterion 还是汉语中的"标准",既然作为已然得到权威确立的原则,那么就已然具备了相应的必然性,对相应的行为具有"必须"的要求,而不是作为"应该"而存在。

究竟是先有规范还是先有标准? 这也是一个问题。肖维青(2010:152)认为,"在任何特定的历史时期,对翻译提出的规范性要求,都是以特殊的沿用标准为基础"。其言下之意显然表明是先有标准后有规范。这显然并不符合实际。我们认为,规范与标准之间的关系,是一种辩证的关系,具有互为依存、互为补充的关系。然而,就最为原初的关系而言,应该是先有相应的规范,而后才会产生相应的标准。"凡标准的建立,都有其规范性,无规范不成标准。关键在于标准不是一成不变的,但其变化的真正原意,并不仅仅是由于社会需要的变化或活动目的不同,而在于人们对翻译活动本质的认识的变化与丰富。从标准的单一到标准的多元,直接反映了翻译观的不断变化。"(许钧,2003:413)从某种意义上说,标准是规范的产物,是基于一个或多个规范建构起来的。毋庸置疑,标准一旦产生,无疑会对促成标准的规范产生反作用,有的时候甚至会导致相应规范的演变。其实,在肖维青的研究体系中,她对此是有所认识的,并且将翻译规范视为制定翻译批评标准的理论来源之一。她借用杨晓荣的观点指出:"图里、赫曼斯和切斯特曼的翻译规范综合起来,确实可以涵盖翻译标准制约因素中相当大的一部分。"(肖维青,2010:149)在此,规范又与标准在某种程度上等同起来。然而,我们也不能过于泛化翻译规范的范畴,比如《中国译学大辞典》(2011)将翻译规范界定为译者的翻译行为所遵循的原则。翻译法令、翻译标准、翻译规则和翻译常规等都是翻译行为原则。它们虽然对翻译行为的约束力有强弱差异,但都被纳入"翻译规范"的范畴之内。这显然是一种将翻译规范泛化为翻译原则的观点,与翻译研究中所谈论的翻译规范其实并不是一回事。在本书看来,翻译法令、翻译规则、翻译常规、翻译规范、翻译标准等概念,虽然含义有重叠之处,但都不具备完全的包含关系,并不表示翻译规范包含了翻译标准或者翻译规则,而是相对来说各自独立、具有自洽语义的概念。由此可见,目前人们对于翻译规范的认识还是比较复杂的,在许多场合"混淆了(翻译规范的)描述性和规定性之间的边界"①(切斯特曼,2020:67)。

规范和标准都具有限制性,因而人们总是对规范和标准的认识方面存在诸多误区。而相关的认识误区又往往与两组概念的混淆密切相关:1)翻译标准和翻译批评标准;2)翻译批评与翻译批评研究。尽管此前对此已有论述,但还是要进一步明确。

就某种意义而言,制定翻译批评标准的诉求,目的在于"给翻译批评指出一个原则性的方向……本扩大翻译工作影响的目的,作为从普及的基础上提高翻译界现阶段水平的指南"(焦菊隐,1984:35)。而其建构路径,则"从一般严肃的翻译工作者的集体经验中,归纳出一个切乎现阶段实际情况的标准"(焦菊隐,1984:35)。所谓"切乎现阶段实际情况",包含着各种制约性因素,既包含惯例、习俗、规则制度、法律法规、翻译政策、翻译规范等,同时也包括相应的理论。如前所述,这里所谓"相应的理论",指的是"具有综合性和层级性特征"的理论。如果基于单一性的理论,比如语言学理论或者文化研究理论,其标准就缺乏了普遍性。而且由于理论具有排他性,基于某一单向性理论的标准必然招致人们反对基于其他理论而建构的标准,由此导致此类标准只能针对翻译批评的单一层面。而这正是传统的翻译批评标准的通病。

为避免翻译批评标准基于单一性理论,我们有必要寻求一种综合性理论,一种可以最大可能地包含翻译所涉及的众多因素的理论。或许有人认为,寻求一种具有普遍意义的翻译理论,无异于痴人说梦。如果此论成立,那么,翻译研究就真的无所作为了,根本没有必要持续下去。的确,与翻译

---

① 尽管切斯特曼一再强调,他对翻译规范的研究是描述性的,但这并不代表他完全排斥翻译规范的规定性。"严格地说,关于规范的描述性陈述,只是因果性假设。……毋庸置疑,关于某种规范的某种描述性陈述,有时候可能具有规定性意图。"(切斯特曼,2020:67)实际上,切斯特曼的翻译规范研究,包含了诸多规定性成分,凸显出对伦理道德、功能价值判断的偏好,许多学者都不局限于将翻译规范视为描述性概念,而是认为规范承载着施加"压力"的一面、发挥着某些"规约性"功能。(参见芒迪,2007:159)

有关的因素总是受制于特定的时空,因此,任何理论都不可能一劳永逸。进而,任何翻译批评标准也不可能一劳永逸。但这并不能作为阻止人们寻求普遍性理论的借口。张南峰(2004:132)认为:"翻译理论工作者无权定立规范,因为,翻译规范是由文化的具体环境所决定。翻译理论的作用,应该是发现这些规范,而不是自己制定规范,然后要求别人遵守。"这种论点,颇为令人困惑。一方面,张南峰说这种话的目的,本身就是在提出他心目中的学术规范,要求其他学者不要自行确立规范。另一方面,如果说翻译理论的作用应该是发现规范,那么,为什么要发现规范? 发现规范就是翻译理论的唯一目的吗? 答案显然是否定的。翻译理论的作用是多方面的,描写翻译,发现其中的规范,只是翻译理论研究的作用之一,而且是非常基础的作用之一。切斯特曼(2020:52)认为:"只有描写性的翻译理论才是真正科学的翻译理论。"但是,切斯特曼显然并不反对规定性翻译研究,尤其是翻译规范具有规范性诉求。描写性翻译研究,只是翻译理论研究的手段或者方法之一,并不能涵盖翻译研究的一切。不同视角的翻译研究,往往基于不同的目的,因而会发挥不同的功能。描写翻译研究有其目的与功能,同样,规定性翻译研究也有其目的与功能。发现并研究规范的根本目的是更好地认识规范、应用规范,当然也并不排除基于规范创建理论。

我们认为,翻译规范理论可以满足翻译批评标准的综合性和层级性要求。其原因至少体现于以下三个层面:1)翻译规范为建构翻译批评标准提供了理论基础;2)翻译规范本身具有限定性,具有翻译批评标准的功能;3)翻译规范特征在很大程度上符合翻译批评标准特征。

规范与标准在很多方面有共同之处。与翻译研究中通常基于语言规范来谈论翻译质量问题一样,翻译批评因而也通常基于语言规范来确立相应的批评标准。但这种路径显然非常不充分。因为,即使只是从翻译质量方面来谈论翻译批评标准,仅仅依赖语言也是不够的。况且,翻译的问题并不只是语言的问题。这在译界已然成为共识。孔慧怡对"观世音"和"观自在"这两个佛教专名接受力的研究,极有说服力地指出:"什么样的译本或翻译法能被广泛接受,造成长远影响,并不是评论家说'好'或'坏'就成定论的。往更深一层看,佛学文化和中国主流文化(包括普及文化)对事物的接受力和取向,也往往有明显差异,而这样的差异,自然也不是用'对'与'错'观念所能解释的。"(孔慧怡,2005:98)与此同时,孔慧怡还以世人误认《大云经》为伪译一案,回应了"主流文化如何影响翻译文本的地位和接受性"这一问题。在孔慧怡提出相关质疑之前,人们普遍认为《大云经》是伪译之经,是武则天为了给自己篡位称皇一个合法性理由而命人以佛经汉译为名撰写的。然而,孔慧怡对此提出质疑,认为世人对《大云经》伪译之说并非源自武氏欲假借天命,"而是因为她所做的事还远超出传统天命和符谶的范围"(孔慧怡,2005:106)。由此而言,我们总是基于历史性、语境化的翻译观来从事历史以及跨文化的翻译研究与批评,对他人的翻译观进行研究和批评。孔慧怡(2005:107)认为:

> 以天命为篡权或起义的理由,历史先例不少,因此这个说法已被纳入传统政治和文化系统。但女性称皇却完全是另一回事。中国传统的政治、伦理和道德规范全部排斥女性称皇。武氏登基标志着中国历史上性别权力关系首次受到正面冲击,这种冲击与男性篡位和起义截然不同,它不是来自体制内部的政治挑战,而是直接威胁到整个体制的存在,亦足以推倒现有体制赖以存在的基础原则。中国固有的政治体系建基于上下尊卑的观念,君、父、夫为尊,臣、子、妻为卑,因此女子登上皇位,不但牵涉到"正统"这个观念,更直接挑战现行体制最基本的规范。

我们可以借用法国思想家布迪厄的话来解释其历史性话语处境:

> 此处的关键是这样一种权力,它通过各种划分原则推行一种社会化世界幻象,当这些原则被强加给一个整体的时候,它们就确立了意义以及关于意义的共识,尤其是关于这个群体的特性和统一性的共识,这样的共识最后创造出这个群体统一性与特性的现实。(转引自刘禾,2008:40)

或许,面对社会强加的原则,我们真的别无选择,似乎只能依照历史痕迹做出判断。但我们至少从历史中获得翻译规范,从他人的研究和批评中进一步认识翻译规范,从而在不同程度上修正自己的批评,逐渐发展出相应的标准。

第六章

我国应用翻译批评标准：传承与发展

批评的标准，本来是很难定的，尤其我们没有丝毫可以依据的东西，所以必须逐步地建立起来。给翻译批评指出一个原则性的方向，决不是主观地订立一个衡之事实过高或过低的标准，而是要在今天中国翻译界的一般水平上，从一般严肃的翻译工作者的集体经验中，归纳出一个切乎现阶段实际情况的标准，本着扩大翻译工作的影响的目的，作为从普及的基础上提高翻译界现阶段水平的指南。（焦菊隐，1984：35）

任何标准都具有区分性特征。区分不是为了使系统更加复杂，而是为了简化系统的复杂性。它们不仅根据自身的内容主动地界定，而且也根据自身与他者的区别来界定。毕竟，任何系统都是由不同种类的因素及其相互关系构成的。应用翻译批评系统也不例外。

通过建构和确定应用翻译批评标准，应用翻译批评系统得以更好地维持自身与环境及其他系统的关系。社会学家阿诺德·格伦（Arnold Gehlen）曾经提出了"制度理论"（theory of institution），认为人类为了适应其特殊的社会生活环境以及满足其生活的基本需要，在其行为中建构着相应的社会制度,以达到最大限度地减少周围环境复杂性对于其行为的影响。而社会制度就是"通过一系列规范和社会角色来引导人类行为的基本模式,其目的就是要使人类在一个复杂的环境中采用对于其行为最适合的方式去实现自己的行为"(高宣扬,2005:647)。就应用翻译批评而言,建构标准也是应用翻译批评系统对环境做出的一个反应。这种反应,从其性质而言是规约化的,其基本功能就在于促使系统对于环境所做出的反应进一步稳定化和固定化,并通过稳定化和固定化达到应用翻译批评系统的平衡和秩序,在自我建构、维持和发展的过程中实现相应的功能,达到相应的目标。就此而言,标准对于应用翻译批评来说不是可有可无的,而是不可或缺的要素或依凭。这种依凭,不能简单地责备它"束缚"了译者,限制了翻译的自由,而是要从翻译批评需要参照尺度的视野来认识。建构翻译批评标准的诉求,意味着翻译批评领域并非一个信马由缰的空间。有鉴于此,建构翻译批评标准历来为翻译批评、翻译研究所重视,构成翻译批评及翻译研究的一个重要领域。

本书力图表明,我国传统翻译批评中有中国传统文化特色的标准。然而,我国的应用翻译批评标准的自觉意识以及系统建构,应该是 20 世纪 50 年代初董秋斯和焦菊隐两位率先提倡的。这其实表明,一方面,我国翻译批评的理论意识较早,另一方面,对翻译批评标准的自觉意识,显然也并不比西方的翻译批评研究晚,甚至可以说认识得更早。可惜中国的翻译研究并没有紧接着具体落实理论建构,而是长期停留于认识层面。而后在 20 世纪 90 年代,随着我国翻译研究学科逐渐兴起,翻译批评作为翻译研究的有机组成部分也开始为人所关注,对相关标准问题的讨论才逐渐多了起来。但是,翻译批评实践本身历史悠久,"翻译批评从佛经翻译时期就有,多见于僧传和经录,通常夹在经文的序言里。"(朱志瑜、张旭、黄立波,2020:导论第 26 页)在我国漫长的翻译批评历史中,尽管长期以来都缺乏翻译批评标准建构意识,但透过不同时期的翻译批评实践,我们还是可以发现蕴含其中的翻译规范,并通过对这些翻译规范的梳理与分析,捕捉到既宰制不同时期的翻译批评又贯穿我国翻译批评始终的一些标准,由此构成一个相应自洽的系统。换句话说,我国的翻译批评标准起初只是以翻译规范的形式蕴含于翻译批评实践之中,而后逐渐地被人为地建构起来并加以系统研究。无论人们对于标准抱有怎样的客观性诉求,都不能抹杀标准的人为主体性。诚然,迄今为止,我国有关翻译批评标准的建构与研究仍然相当薄弱,也可以说,迄今为止,系统科学的翻译批评标准仍然未能建构起来。本书所做的工作,也只是探索性的,是在总结前人研究的基础上所做的一种尝试性建构。

检视我国传统翻译批评标准的建构及其研究历程,我们可以发现,其中呈现出两个鲜明的特点:1)以翻译文本(尤其是文学翻译文本)作为翻译批评对象,因而相应的标准往往演化为只是文本翻译标准,遮蔽了对翻译系统其他要素的考量;2)基于翻译标准,以翻译标准或者译者标准囊括翻译批评标准。这两个特点,又与人们对文学翻译的偏好不无关系。本书的应用翻译批评标准却旨在突破传统的认识,按照新时代拓展的应用翻译研究范畴,超越传统的应用翻译研究局限,并在此基础上建构相应的应用翻译批评标准体系。

第一节 我国早期应用翻译批评标准雏形

"翻译批评的根本困难,大概有两种:1.没有一个完备的翻译理论体系,2.没有一个公认的客观标准。"(董秋斯,1984:25)时至今日,董秋斯指出的两个困难,依然困扰着翻译批评研究。诚然,任何标准的建立,都不是一蹴而就的,不是一朝一夕就可以完成的工作。标准的建立,不仅有赖于翻译、翻译理论以及翻译批评的逐步发展,也与翻译、翻译研究以及翻译批评系统所处的环境、相互关联及历史延续有关。

我国应用翻译批评标准的建构诉求,可以追溯到我国古代佛经汉译批评。我们之所以称之为诉求而非具体的标准,是因为当时并没有翻译批评标准化意识。佛经汉译批评标准,只是我们现代译论对当时的佛经汉译批评文献加以解读后贴上的标签,至于当时的佛经汉译者,他们绝没有批评标准这一现代译学概念,甚至可能连所谓的"批评"这个概念也没有。他们只是针对当时的佛经汉译问题提出了自己的认识,其根本立场是有效地传播佛教教义,弘扬佛法。但正是这些已然文字化的认识传统,为我们探索制约佛经汉译批评话语的规范提供了丰富且宝贵的文献资料。而蕴含于其中的那些规范,在某种程度上就是中国翻译批评标准的雏形。

现有文献最早针对佛经汉译进行批评的是支谦所撰的《法句经序》①。其中"名物不同,传实不易"突出了翻译之艰辛不易;"常贵其实,粗得大趣""其所传言,或得胡语,或以义出音,近于质直"则对当时的佛经汉译进行了综括性批评;"其传经者,当令易晓,勿失厥义,是则为善""明圣人意,深邃无极。今传胡义,实宜径达""是以自偈受译人口,因循本旨,不加文饰。译所不解,则阙不传"则可视为我国最早提出的翻译标准。"易晓"即为译文通顺明了,是就目的语语言及译文读者接受度而言的,"勿失厥义"则强调对源语文本及原文作者意图的忠实。由此而言,"忠实""通顺"作为翻译标准,在佛经汉译初期就已然出现,并以翻译规范的形式制约着后续佛经汉译批评。

显而易见,佛经汉译批评的标准传统上就是佛经翻译标准。以翻译标准作为翻译批评标准的批评路径,影响深远,延续至今,致使今日翻译批评仍然拘泥于翻译标准与翻译批评标准之混用。"实宜径达"则是"直译"作为翻译策略标准的最早诉求,而"因循本旨,不加文饰"可视为对"当令易晓,勿失厥义""实宜径达"的进一步概括。梁启超依据《高僧传》中的"谦辞旨文雅,曲得圣义",认为支谦"殆属于未熟的意译②之一派"(罗新璋、陈应年,2021:101)。刘宓庆(2019:43)认为,"支谦在文中提出的命题就是'信'③",并且认为"'信'是中国译论中一个一脉相承的理念"。

也有学者依据"因循本旨,不加文饰"指出,支谦是主张直译的。不过,正如陈福康(2011:7)指出:"细读原文,与其说是支谦,不如说是维祇难与座中众译人才是主张直译的。"他以《高僧传》中所称"谦辞旨文雅,曲得圣义"以及支敏度所言"谦以季世尚文,时好简略,故其出经,颇从文丽"(转引自陈福康,2011:7)为依据,认为支谦似乎并非主张直译,而是倾向于"文"而非"质"。但从原文来看,支谦只是"仆初嫌其辞不雅",等到维祇难引佛言发出感慨之后,支谦应该是认同"明圣人意,深邃无极。今传胡义,实宜径达"之观点,因而才提出"是以自偈受译人口,因循本旨,不加文饰。译所不解,则阙不传"的观点。由是观之,支谦既强调"因循本旨,不

① 此段及本页第三段所引《法句经序》中的内容均出自罗新璋,1984:22。
② 所谓"未熟的意译"指的是"顺俗晓畅,以期弘通;而与原文是否吻合,不甚厝意"(罗新璋、陈应年,2021:99)。而"未熟的直译"则为"语义两未娴洽,依文撰写而已"(罗新璋、陈应年,2021:99)。
③ 刘宓庆认为"信"在中国传统的价值观系统中占有很重要的地位,涉及中国人的道德规范、伦理规范以及行为规范。他同时认为,老子关于"信""美"的论述"开译坛直译译意此消彼长之始,也与哲学上文质之争相呼应"(参见刘宓庆,2019:44)。

加文饰",同时又充分认识到"译所不解,则阙不传"的问题。因而,支谦所倡导的翻译标准应该是"当令易晓,勿失厥义",是"通顺"与"忠实"的统一,也是"直译"与"意译"的调和。而且这一观点奠定了我国佛经汉译的基调,为后来者所传承。之后慧远所倡导的"厥中",在此已有端倪。

翻译规范,折射的是特定社会文化群体共享的价值观。① 从三国时期支谦撰写《法句经序》至宋代 998 年赞宁撰写《宋高僧传》,在这 700 多年里,中华文化的基质并没有发生根本改变,相应的翻译规范特征起伏不定,但总体而言一脉相承。通过审视我国古代佛经汉译批评话语,我们划分出四种制约佛经汉译批评的规范,即翻译批评的价值规范、翻译批评的功能规范、翻译批评的策略规范、翻译批评的主体规范。

1) 翻译批评的价值规范。所谓"翻译批评的价值规范",就是批评者对于翻译批评有什么用的规范性认识。翻译是有价值的,翻译批评也有其自身价值。翻译的价值自然并不能等同于翻译批评的价值。无论是古代的佛经汉译批评,还是后来的《圣经》汉译批评,都对翻译批评的价值有所认识,(尽管相关认识还比较肤浅),因而也不遗余力地对相关的翻译展开了不同视角的批评。对于翻译的价值,切斯特曼(2020:232)认为体现于四个方面,即"清晰、真实、信任和理解"。许钧(2009:226 – 227)认为体现于五个方面:社会、文化、语言、创造和历史,他说:"本质上看,翻译的社会价值重交流,翻译的文化价值重传承,翻译的语言价值重沟通,翻译的创造价值重创新,翻译的历史价值重发展,这五个方面共同构成翻译的价值所在",而"翻译批评的价值正是通过实现其对象的价值而得以实现,也就是说,翻译批评在实现翻译的价值中实现自身作为批评主体的价值"。据此许钧(2009)认为,翻译批评的价值也体现于以上五个方面,但与此同时,许钧(2009:227)又进一步指出:"翻译批评的价值应在实践和理论两个方面得以实现。"这其实又表明,翻译批评的价值并不只是体现于以上五个方面,应该还体现于实践和理论层面。

毋庸置疑,由于翻译标准与翻译批评标准的混淆,翻译价值与翻译批评价值之间的区别也不明朗,甚至有人将二者等同起来。但在本书看来,翻译的价值与翻译批评的价值,尽管其中存在交叉重叠之处,却不完全一

---

① 对于翻译行为、翻译规范、社会文化价值观之间的关系,谢芙娜(2018:7)认为,"翻译行为被情景化为社会行为,翻译规范则被理解为内化于行为主体的行为制约因素。这些制约因素体现了某个群体共享的价值观"。

样。我们可以说，翻译是实践，因而具有实践价值，但翻译批评本身并非翻译实践，而是指向翻译实践，即翻译批评可以以翻译实践为批评对象，或者说不是以翻译实践为目的，而是将理论运用于实践，或者说是践行理论。翻译批评在践行理论时，翻译实践只是批评对象之一，并不体现其价值。从另外一个方面来说，翻译有没有理论价值？诚然，翻译引进了异域理论，从而可以推动本土理论的发展，但这只能是翻译的沟通交流和知识生产价值的体现。如果说翻译的过程就是理论化过程，在翻译过程中运用了相关理论，发展了相关理论，那么，说翻译具有理论价值自然合乎逻辑。问题是，什么是价值？价值究竟如何体现出来？当我们说，翻译具有价值，翻译批评的价值就体现于促使翻译价值的实现，这种说法似乎并没有揭示出翻译批评的价值，只是论述了价值如何体现。

其实，价值就其本质而言是指体现在商品中的社会劳动，它的根本属性是事物的一种存在及使用关系。无论是一件商品还是一种事物，其价值体现于它所处的系统关系，即价值是系统关系范畴。翻译的价值则存在于翻译的各种关系之中，翻译批评的价值存在于翻译批评的各种关系之中，翻译批评标准的价值存在于翻译批评标准的各种关系之中。离开了特定的系统关系，事物的价值便无所依凭。任何系统都是基于相应的共享价值建构起来的，同时又都会赋予系统特定的价值，由此构成特定系统的价值观，进而形成相应的规范。在此意义上，图里将规范界定为"将群体的共享价值观和一般思维——关乎什么是对什么是错，什么是合适什么是不合适——转化为在特定情境下适用于特定情形的行为指导"（转引自谢芙娜，2018：19）。由此而言，翻译批评的价值，一方面体现翻译批评本身的价值，另一方面还体现了翻译批评的规范价值。也就是说，翻译批评的价值就在于翻译批评对于翻译批评规范的形成具有怎样的规范化价值。而翻译批评标准的价值就在于它对于翻译批评提供了怎样的参照性。我们可以这样表述其中的逻辑：翻译批评标准体现了翻译批评规范，翻译批评规范体现了翻译批评价值。

就此而论，不同时期的翻译批评规范体现了不同时期的翻译批评价值。有学者指出，贯穿我国的翻译批评价值是"文化战略考量"。刘宓庆（2019：41）认为，"从文化战略的高度，赋予中国翻译学建设战略价值，可以说是中国翻译传统中的一根轴线，古代如此，近代也如此"。但是，翻译批评的文化战略考量，只是我国传统翻译批评的一个重要维度，绝非唯一的维度。考察我国不同时期的翻译批评话语，我们会深切地感受到，不同时期的价值规范对于翻译批评具有极强的制约性。

2）翻译批评的功能规范。翻译批评的功能是以翻译批评的价值为基础的。"价值是功能的基础,功能是价值的表现形式。批评价值的实现过程,也就是批评发挥功能并产生相应结果的过程。"(文军,2006:54)如果翻译批评缺失了价值,翻译批评之功能也不复存在。

如前所述,对于翻译批评功能的认识,我国译学界似乎也未达成共识。目前比较流行的观点基本上以杨晓荣于2005年提出的观点为基础。

> 翻译批评最根本的目的是提高翻译质量,促进翻译事业在理论、实践两方面的健康发展。据此,翻译批评最基本的功能是监督功能,由此派生的是对读者的引导功能和对译者的指导功能。翻译批评可以为出版部门提供对翻译作品质量的监控信息,为读者提供译本选择方面的参考意见,为从事翻译工作者提高翻译水平提供学习、揣摩的范例。翻译批评的第二个基本功能是理论研究,这既是因为理论研究是它的目的之一,也是因为翻译批评本身就是翻译研究的一个活跃而富有成效的领域。(杨晓荣,2005:21)

学界往往将上述观点简化为"对译者的指导功能、对读者的引导功能、理论研究和建构功能"(刘云虹,2015:212-223)。实际上,杨晓荣明确指出的"翻译批评可以为出版部门提供对翻译作品质量的监控信息,为读者提供译本选择方面的参考意见,为从事翻译工作者提高翻译水平提供学习、揣摩的范例"包含了翻译批评的三种功能:监控功能、参考功能和提升功能。因此,我们认为,杨晓荣所提出的翻译批评功能应该包含六个方面:监督、引导、指导、监控、参考和提升。另外,学界也对纽马克的翻译批评功能观点有所误识,认为纽马克的翻译批评"主要目的在于评价翻译质量"(刘树森,1992:53)。但是,纽马克(Newmark,2001:185)明确指出了翻译批评具有五个方面的功能,即"1)改善提高译者的翻译能力;2)拓展外语和母语的语言知识和语言理解力;3)拓展话题的知识和理解力;4)形成对翻译的认识;5)有效的翻译教学手段"。本书基于杨晓荣和纽马克的观点,认为翻译批评具有以下九个方面的功能:认识功能、解释功能、指导功能、预测功能、监控功能、反思功能、教学功能、拓展功能、理论功能。诚然,并非每次翻译批评都同时发挥这九项功能,有的翻译批评可能只发挥其中的一项功能,有些可能同时发挥多项功能。究竟如何发挥功能,需要考虑其他制约因素。

　　我国的翻译批评,从发轫之时就注重批评功能,并且受批评功能规范的制约。我们也可以发现,"圆满调和"一直宰制着中国翻译批评的功能规范。也就是说,中国的翻译批评一直着力发挥其调和翻译的功能,通过调和相关功能,监督、引导甚至指导着翻译实践,同时在理论发展进程中也依据时代的变迁调和翻译批评的基调。"阙中""正译"都离不开和谐调和,"是以义的得失由乎译人,辞之质文系于执笔。或善胡义而不了汉旨,或明汉文而不晓胡意,虽有偏解,终隔圆通。若胡汉两明,意义四畅,然后宣述经奥,于是乎正","文过则伤艳,质甚则患野"(朱志瑜、张旭、黄立波,2020:39-40)。对此,刘宓庆(2019:45-46)认为,"我国后世的翻译主张,都没有脱离圆满调和或和合调谐的传统主旨。严复的'信达雅'是三元调和;傅雷的'重神似不重形似'推崇一种'以神为用、以形为体'的积极审美调和统一论;……契合'质中有文,文中有质,浑然天成,绝无痕迹'的中国传统文论"。其实,在考察我国翻译批评之际,我们不能忽视中国传统文论的维度。不过,我国传统的翻译批评,与历来将翻译视为工具的实用主义传统关系密切。相对而言,中国传统文论所涉及的范围则宽泛得多。(有兴趣的可参阅刘勰的《文心雕龙》)

　　3)翻译批评的策略规范。翻译研究中的"策略"这一概念,源自国外近代的翻译研究话语,在我国传统中往往用"方法"来表述,即在翻译批评时关注哪些方面及运用怎样的方法。的确,由于时空语境的特殊性以及翻译主体的差异,翻译批评所关注的内容不尽相同。每个批评者都会依据各自的翻译批评目的、不同的翻译批评对象、各自的理论视野展开别具一格的批评。但这绝不是说,翻译批评是人云亦云的领域。赞宁在总结之前的佛经论述时认为:"逖观道安也,论五失三不易;彦琮也,籍其八备;明则也,撰翻经仪式,玄奘也,立五种不翻:①此皆类《左氏》之诸凡,同史家之变例。"(罗新璋、陈应年,2021:88)这里提到的四种佛经汉译批评凡例,"明则"已经失传。但从其余三种凡例来看,的确"类《左氏》之诸凡,同史家之变例",因此,刘宓庆认为中国传统翻译批评"关注意义、兼及审美",可以说深得中国翻译批评策略之要义。在他看来,中国传统批评"对语义的理

---

① 值得注意的是,这段话在不同的版本中标点符号不同。罗新璋、陈应年版在此用了冒号,误用"此皆类《左氏》之诸凡,同史家之变例"来解释玄奘的"五不翻"。在朱志瑜、张旭、黄立波写的《中国传统译论文献汇编》中,此处用了逗号。而陈福康在其《中国译学史》(2011)中引用该文时此处则用了句号。笔者以为用句号比较贴近原文的含义。

性分析必须与对语义的感性把握相济相融,这才是有汉语参与的翻译的意义认知和意义表现特征,它完全不同于语言学的语义结构分析,中国人的办法是使语义结构分析与审美感性把握两相嵌合"(刘宓庆,2019:47-48)。因此,中国的传统翻译批评每每将"义"作为批评的抓手,讲究追本溯源,挖掘原文之本义,当"巧""约"与"本义"相背之际,传达本义往往作为翻译的第一要务。这方面的诉求,既与《文心雕龙》的思想相契合,也在古代佛经汉译批评之中随处可见:"当令易晓,勿失厥义","今传胡义,实宜径达。"(支谦《法句经序》)"其义同而文别者,无所加训焉。"(道安《人本欲生经序》)"然凡谕之者,考文以征其理者,昏其趣者也察句以验其义者,迷其旨者也。……善出无生,论空持巧,传译如是,难为继也。……抄经删削,所害必多,委本从圣,乃佛之至诚也。"(道安《道行经序》)"唯传事不尽,乃译人之咎耳。""遂案本而传,不令损言游字,时改倒句,余尽实录也。"(道安《鞞婆沙序》)"依实去华,务存其本。"(慧远《三法度经序》)"质文有体,义无所越。"(慧远《大智论抄序》)"义理明析,文字允正。"(僧佑《安世高传》)①"传经深旨,务从义晓,苟不违,斯则为善。文过则艳,质甚则野。谠而不文,辩而不质,则可无大过矣,始可与言译也。"(玄奘《大唐西域记序·赞》,转引自罗新璋、陈应年,2021:65)

　　由此而言,尽管佛经汉译的标准摇摆于偏文、偏质或折中,但佛经汉译批评中"案本而传"之际又"质文有体"的诉求,构成了我国翻译批评基本的策略规范,被后人继承与发扬。梁启超认为:"译书有二弊:其一曰徇华文而失西义,二曰徇西文而梗华读。夫既言之矣:翻译之事,莫先于内典;翻译之术,亦莫善于内典。故今日言译例,当法内典。"(转引自罗新璋、陈应年,2021:200)严复也强调:"译文取明深义,故词句之间,时有颠倒附益,不斤斤于字比句次,而意义则不倍本文。题曰达旨,不云笔译,取便发挥,实非正法。"(罗新璋、陈应年,2021:206)郑振铎则认为:"译书自以能存真为第一要义。然若字字比而译之,于中文为不可解,则亦不好。而过于意译,随意解释原文,则略有误会,大错随之,更为不对。最好一面极力求不失原意,一面要译文流畅。"(转引自陈福康,2011:184)这种在翻译论述时偏好"意义""本源"的策略规范,与我国传统文论不无关系。《文心雕龙·征圣》中有云:"论文必征于圣,窥圣必宗于经。"(刘勰,2008:37)而

---

① 以上所引,均源自朱志瑜、张旭、黄立波编的《中国传统译论文献汇编》(2020)。但不知何故,该汇编对玄奘的译论收录极少。

在偏好义理之际又执着于译文的"明晓",则离不开中国文化中的"好文",即"文之为德也大矣,与天地并生者"(刘勰,2008:27)。"由于受本土文化的影响,很多译经理论文字在形式上都用了骈体俪辞。"(陈福康,2011:55)这其实表明,我国传统翻译批评的策略规范,也是与批评的功能规范密切相关的。

4) 翻译批评的主体规范。中国人向来注重主体思维,这种主体思维与佛教义理结合之后出现了"佛向性中作,莫向身外求"的主体现实化、现世化诉求。所以,刘宓庆(2019:51)认为,"中国翻译大业处在这样的历史语境中,要摆脱主体中心论的话语框架是根本不可能的"。从三国时期支谦写出《法句经序》,至宋朝赞宁完成编撰《宋高僧传》,佛经汉译批评延续了700多年。在这不算短的时期里,

> 如果孤立地来看每个时期的译论主题,我们很难发现各个阶段之间的联系。但纵观其发展,我们可以清楚地看到中国传统译论的发展有其内在的社会动因,一条"以实用为标准,以解决具体问题为目标"的主线贯穿始终。这种以实用为原则的讨论体现在每个参与者都从各自的社会立场出发看待翻译问题,给出不同的解决办法。(朱志瑜、张旭、黄立波,2020:27)

参与者从各自立场认识问题、提供方案,实际上也一直贯穿于佛经汉译批评话语之中。支谦的《法句经序》,先从自身对《法句》的认识开始:"《法句》者,犹法言也。"然后再谈他自己对当时译经的认识,指出其中存在的问题,提出自己的观点,做出自己的判断。这种从自身立场、自身认识出发的批评形式,几乎成为佛经汉译话语的模式,显示出批评者强烈的主体意识。在这种强烈的主体意识的驱动下,当时撰写的两种流传至今的著述——《出三藏记集》和《高僧传》,基本上都以记述高僧及"译经师"为主。故此,考察佛经汉译批评话语,一方面凸显了批评者自身的主体,另一方面也在批评话语中呈现出以人为主的特征。

批评必然基于批评者的立场展开。这种翻译批评的主体性,不仅仅体现在批评视角和批评立场上,同时也体现在当时那些批评者主动地融入文化语境的事实上。"中国哲学与美学都重主体思维,儒道诸家都要求'反求诸己',倡导自我反思型内省思维,强调'由我及物'的'万物皆备于我'(孟子),因而必须'思其在我者'(朱熹)。"(刘宓庆,2019:110)佛经汉译

的批评话语,虽然谈论的是外来宗教典籍的翻译传播,且不少批评者都是来自域外的,但是在他们的论述中,我们不时可以看到中国本土文论的痕迹,这些论述根植于我国传统文化,有些甚至还效法中国传统书写体例。

第二节　我国应用翻译批评标准的承启

中国的翻译批评具有丰富的传统,本书在第三章针对佛经汉译的相关批评话语进行了简要的梳理和分析,同时在上一节对佛经汉译批评话语中体现出的批评标准化倾向进行了简要的概括。在宋代之后大约 1 000 年里,虽然明清之际出现了《圣经》汉译和科技翻译两股热潮,而且也的确出现了针对《圣经》汉译及科技翻译的批评话语,但是,在批评话语的理论性以及对于翻译批评标准的探索方面,鲜有突出的翻译批评论述。因此,本书接下来将研究视野聚焦于魏象乾撰写《翻清说》(1740)至严复发表《天演论·译例言》(1898)这段时间。在 150 多年的时间里,中国国运坎坷,西学渐入,人们对于翻译的认识已然不再局限于佛经汉译或《圣经》汉译,而是将目光放得更远,关注范围已然触及翻译与国家命运、民族复兴之关系,翻译人才培养、翻译材料选用等问题也见诸翻译批评文论。这一时期应用翻译批评的色彩渐浓,在应用翻译批评标准建构上属于承前启后的阶段,主要代表人物有魏象乾、傅兰雅(John Fryer)、马建忠、梁启超。

魏象乾身处 18 世纪的清朝雍正、乾隆时期;傅兰雅 1861 年来华,1896 年赴美任教;马建忠 1900 年离世;而梁启超却经历了晚清民国时期。因此,梁启超在民国时期的翻译批评领域仍然很活跃,对此后续将会继续讨论。

中国译学界对于魏象乾的了解,是晚近的事。1984 年罗新璋编的《翻译论集》并没有收录魏象乾的论文。但今天的中国翻译界,对于魏象乾以及他的《翻清说》①,已然不再陌生。学界也做过一些研究。清朝雍正、乾隆时期的魏象乾,在乾隆时代曾担任"实录馆兼内翻书房篆修"(陈福康,2011:52)一职,据陈福康(2011:52)介绍,《翻清说》是

---

① 在罗新璋和陈应年主编的《翻译论集》中,该文为《繙清说》,陈福康在其著述里也沿用该名称,但在朱志瑜、张旭、黄立波编的《中国传统译论文献汇编》中为《翻清说》。鉴于"繙"与"翻"在汉语中同义,本文采用了《中国传统译论文献汇编》的用语。

乾隆五年(1740)内府刻本,共六页,外间极少流传,看来是"内翻书房"内部交流的论文,或是培训新的翻译人员所用的讲义。可以说是我国最早的内部出版的翻译研究单篇专著。原书于1932年秋为我国著名语言文学家刘半农于旧书店发现并收藏,今珍藏于北京清华大学图书馆,为海内孤本。

据魏象乾在《翻清说》文末自述,"余也,向爱翻译,攻苦多年,罔揣鄙陋,偶录所见,固不足以资高明,然于初学者,庶几小补云尔"(朱志瑜、张旭、黄立波,2020:148)。但刘半农认为:"翻译方术古人鲜有讲论,魏氏生雍乾之世,而持说乃多与今世译人不谋而合,是固译界一重要史料也。"(陈福康,2011:52)

1988年,清华大学图书馆的王若昭在《中国翻译》上刊载了《翻清说》全文,才使得现代译界了解到该文全貌。王若昭(1988:32)指出:

> 从文中所叙述的情况分析,魏氏是一名在汉文和清文方面都具有较高造诣的翻译工作者,全面了解清文的译书状况,精通译事、译书的要领,在翻译理论上有独到的见解,是清代翻译理论史上的一位重要人物。由于魏氏在当时的知名度并不高,而翻译理论又未得到应有的重视,因而其人其书始终没有引起广泛的注意。清华馆藏《繙清说》一书,到目前为止,尚未发现国内存有其它复本,为进一步扩大魏氏在翻译界的影响,特全文发表,以便专家学者深入研究。

王若昭将《翻请说》的主要内容概括为四个方面:1)探讨翻译标准问题;2)对清朝开国以来所译的清文书籍进行评价;3)总结掌握翻译之术的经验;4)写作本文的用意。就本书而言,这篇《翻清说》的意义在于它在我国翻译批评话语的发展中起到了承上启下的作用。为了方便论述,兹将该文的第一部分摘录:

> 窃惟翻译之道,至显而寓至微,至约而寓至博,信乎千变万化、神妙莫测也。惟其变化无穷,遂有出入失正之弊,学者不可不审焉。夫所谓正者:了其意、完其辞、顺其气、传其神,不增不减、不颠不倒、不恃取意。而清文精练,适当其可也。间有增减颠倒与取意者,岂无故而然欤?! 盖增者,以汉文之本有含蓄也,非增之,其意不达;减者,以

汉文之本有重复也,非减之,其辞不练。若夫颠倒与取意也,非颠倒,则扞格不通;非取意,则语气不解。此以清文之体,有不得不然者,然后从而变之,岂特此以见长哉?! 乃或有清文稍优者,务尚新奇,好行穿凿。以对字为拘,动曰取意;以顺行为拙,辄云调转。每用老话为元音,罔顾汉文之当否。更因辞穷而增减,反谓清文之精工。殊不知愈显其长,而愈形其短;愈求其工,而愈失其正矣。然学人犹有倾心于此者,盖以彼之清文惑人,而已之入门早误也。初学者可不知所宗乎!(转引自王若昭,1988:31)

  文章一开头就传承了《法句经序》对翻译之道的认识:"当令易晓,勿失厥义","因循本旨,不加文饰,译所不解,则阙不传"(朱志瑜、朱晓农,2006:5)。这种翻译要满足既"因循本旨"又"当令易晓"的要求,与儒家凡事叩其两端如出一辙。《论语·子罕》记载:"吾有知乎哉,无知也,有鄙夫问于我,空空如也,我叩其两端而竭焉。"(齐冲天、齐小乎,2005:111)而"窃惟翻译之道,至显而寓至微,至约而寓至博,信乎千变万化、神妙莫测也"同样突出了翻译既不能"至显"也不能"至约"的道理。尽管魏象乾提出翻译应该守正,包括"了其意、完其辞、顺其气、传其神,不增不减、不颠不倒、不恃取意",他同样也不主张死守,而是要根据具体情况具体处理,因为"有不得不然者,然后从而变之",根据语境可以"颠倒""增减""取意",不可"每用老话为元音,罔顾汉文之当否"。这种翻译之道,显然与佛经汉译批评的功能规范、策略规范一脉相承。因而,王若昭(1988:33)认为:"魏氏虽然没有正式提出'信、达、雅'这样更为明确的三字标准来,但他所谓以'正'来鉴别译文优劣的具体内容,却基本上概括了'信、达、雅'的全部含义,'正'的标准,是唐代以后至近代著名的翻译家严复提出的'信、达、雅'理论的中间环节,是我国古代翻译理论史中的一份宝贵遗产。"

  谈论了翻译标准之后,魏象乾接着论及可资翻译"正当可宗"的范例,再述如何通过"反复玩索"范文来"寻其旨趣,求其心解",认为"如此精研日久,中有定见,能辩是非于毫末"(转引自王若昭,1988:31)。尤其需要注意的是,魏象乾特意提到了"翻书"与"翻事"的关系:"是翻事必根于翻书,而翻书自可以翻事也。"(转引自王若昭,1988:31)这里的"翻书"和"翻事"是针对不同体裁的文本翻译而言的,"翻书"即翻译经典文本,"翻事"即翻译应时应事的应用文本。他认为,"翻书之法"是"根柢","翻事"为"本章事件,体裁小有区别",掌握了翻书之法,那么"翻事"只须略微变通而已;但如果只知道"翻事"之法而不懂"翻书"之法,"恐不免出入无时,莫知其乡矣"(转引自王若昭,1988:31)。这是我国翻译批评话语中最早专门提及应用文本翻译的论述。而且这种认为只要能翻译文学经典就能从事应用文本翻译的思想,即使在今日也不乏同道。想来有些翻译规范于翻译认识中是根深蒂固的。而这种观点,显然与现代的文本类型理论指导下的翻译理论有异,也与本书观点相悖。

继《翻清说》之后,对于翻译批评做出又一重要贡献的当属傅兰雅于1880年撰写的《江南制造总局翻译西书事略》。鉴于原文较长,在此不予摘录。罗新璋、陈应年编的《翻译论集》(2021版)登载了全文。

在肇始于19世纪初期的西学东渐浪潮中,傅兰雅绝对属于另类的外来传教士。其志不在传教,而在于为中国传播国外科技知识,因此他不像其他传教士[1]那样选择宗教书籍来翻译,而是认为翻译宗教书籍"会造成中国人同西方人疏远,只有通过共享领域的成果,才能找到一个共同的立场"(顾长声,1985:76)。这种以"共享领域"作为翻译出发点的立场,非常值得我们现代译学重视。他曾自述道:"余居华夏已二十年,心所悦者,惟冀中国能广兴格致至中西一辙耳。故平生专习此业而不他及。"(朱志瑜、张旭、黄立波,2020:163)他在华主持翻译馆馆务长达28年,译书100余种,积极致力于科技术语的统一工作,被誉为"传科技之火于华夏的普罗米修斯"。他在与家人往来的书信中称:"译书启发中国民智,实属神圣责任。智识既无国界,教育更不应有种族观念,彼愿来学,我即往教。"(转引自陈福康,2011:66)

从严格意义上说,《江南制造总局翻译西书事略》算不上翻译批评类论文,只是"译书事略"。但是,其中涉及许多与翻译规范密切相关的问题,比如翻译材料的选择、可译不可译[2]的认识、译名统一的问题、翻译的价值功能等,对于后世的翻译批评标准建构具有很大的启示。全文由序和

---

[1] 与佛经翻译不同,占据《圣经》汉译的主体地位的传教士,实际上很多都参与了西学东渐或东学西渐的活动,有的时候,《圣经》翻译倒成这些传教士的副业。明、清两代,许多传教士为朝廷工作,是朝廷正式雇员。因此,在一定程度上,传教士在中国的贡献,并非《圣经》汉译,而是非宗教文献的翻译。但由于种种原因,传教士在中西交流中的贡献并未受到应有的关注。

[2] 在西方翻译史中,"不可译性"总是挥之不去的议题。但丁首次提出了不可译性。威廉·冯·洪堡特(Wilhelm von Humboldt)则进一步论述了不可译性:"所有翻译都只不过是试图完成一项无法完成的任务。任何译者都注定会被两块绊脚石中的任何一块绊倒;他不是贴近原作贴得太紧而牺牲本民族的风格和语言,就是贴近本族特点太紧而牺牲原作。介乎两者之间的中间路线不是难于找到而是根本不可能找到。"(转引自谭载喜,2004:109)不过,洪堡特的观点是矛盾的,因为,他认为任何语言之间都是可以相互表达的。

另外四章组成。序交代了写作该文的缘由,其他四章分别为《论源流》《论译书之法》《论译书之益》《论译书各数目与目录》。与翻译批评有关的内容集中于第一至三章。

第一章主要介绍了江南制造总局当时的情形,其中有一句话值得我们注意:"此译书之外另有大益于国,因译书而为官者皆通晓西事,能知中西交涉所有益国之处。"(罗新璋、陈应年,2021:287)。这是对翻译功能的新认识,它显然超越了传统翻译批评中对翻译功能的认识,对于我们认识翻译批评标准也是大有启示的。由此,制约翻译批评的因素已然超出了翻译的交际功能和策略功能,人们开始认识到翻译对于国家、对于译者个人的益处。

第二章先驳斥了"中国语言文字最难为西人所通,即通之亦难将西书之精奥译至中国"的谬论,认为"推论此说,实有不然",并且指出:"译西书第一要务为名目"(罗新璋、陈应年,2021:290-291),而定译名又不能拘泥于词典,应该不断地创新译名。"中国语言文字与他国略同,俱为随时逐渐生新,非一旦而忽然俱有","凡自他国借用之名,则不能一时定准,必历年用之始能妥协"(罗新璋、陈应年,2021:290-291)。任何一国语言,都是在与时俱进,否则必然销匿于世。他同时又针对译名难定之事实,提出了三件要事:华文已有之名,设立新名,作中西名目字汇。鉴于针对这三要事"各人所译西书常有混名之弊"(罗新璋、陈应年,2021:291),他不仅提出应统一译名,而且也制定了相应措施。在佛经汉译和《圣经》汉译中,译名统一问题虽然重要,注重"正名",但也只是局限于若干核心概念,并未从理论层面探讨"术语"统一问题。不过,傅兰雅作为传教士,显然也受《圣经》汉译译名统一思想之影响,由彼推及科技翻译,为我国科技翻译之创举。

第三章《论译书之益》不仅延续了道宣的"观夫翻译之功,诚远大矣"的观点,还拓展了译书之益的范畴。佛经汉译批评话语中论及的翻译之功,往往局限于"当令易晓,勿失厥义"或"了其意、完其辞、顺其气、传其神",只是从如何传达原文意义并令译文读者明晓的角度来谈及翻译之功,核心主旨在于如何弘扬佛法或传达教义,而傅兰雅则将翻译之益与国家利益结合起来,"中国多年旧习,必赖译书等法始渐生新"(朱志瑜、张旭、黄立波,2020:168)。而且,译书也与民族富强联系在一起。这种翻译批评已经与现代的翻译批评非常接近。傅兰雅的这种观点,直接影响了后来的马建忠和梁启超。

"唤起吾国四千年之大梦,实则甲午一役始也。"(梁启超,2009:234)甲午战争后,当时一些精英士大夫开始认识到,西方富强之术不仅仅在于其自然科学及坚船利炮,更在于其制度与学术,译介西方哲学社会科学著作渐成风气。当此之际,在"经世致用"翻译思想和时代思潮的影响下,自然科学和社会科学著述的翻译开始并驾齐驱。作为其中的先驱性代表,马建忠学贯中西,学界往往以其《马氏文通》见闻于世。然而,他于1894年撰写的《拟设翻译书院议》,在我国翻译批评史上占据特殊地位。此文不仅畅谈了翻译之难,而且也提出了"能使阅者所得之益与观原文无异"的"善译"标准。

> 夫译之为事难矣,译之将奈何? 其平日冥心钩考,必先将所译者与所以译者两国之文字,深嗜笃好,字栉句比,以考彼此文字孳生之源,同异之故。所有相当之实义,委屈推究,务审其音声之高下,析其字句之繁简,尽其文体之变态,及其义理精深奥折之所由然。夫如是,则一书到手,经营反覆,确知其意旨之所在,而又摹写其神情,仿佛其语气,然后心悟神解,振笔而书,译成之文,适如其所译而止,而曾无毫发出入于其间。夫而后,能使阅者所得之益,与观原文无异,是则为善译也已。(罗新璋、陈应年,2021:197)

全文反映了当时知识界、政治界所关注的翻译问题,中国见欺于外,其原因在于"苦于语言不达,文字不通,不能遍知其风尚"(罗新璋、陈应年,2021:197)。对于当时浅陋的翻译现状,他也痛心疾首,加以鞭挞:

> 今之译者,大抵于外国之语言,或稍涉其藩篱,而其文字之微词奥旨,与夫各国之所谓古文词者,率茫然而未识其名称;或仅通外国文字语言,而汉文则粗陋鄙俚,未窥门径。使之从事译书,阅者展卷未终,俗恶之气,触人欲呕。又或转请西人之稍通华语者为之口述,而旁听者乃为仿佛摹写其词中所欲达之意,其未能达者,则又参以己意而武断其间。盖通洋文者不达汉文,通汉文者又不达洋文,亦何怪夫所译之书,皆驳杂迂讹,为天下识者所鄙夷而讪笑也。(罗新璋、陈应年,2021:197)

因而他着重提出:"译书之不容少缓,而译书之才之不得不及时造就也,不待言矣。"(罗新璋、陈应年,2021:197)他认为,"今也倭氛不靖而外御无策,盖无人不追悔于海禁初开之后,士大夫中能有一二人深知外洋之情实,而早为之变计者,当不至于有今日也"(罗新璋、陈应年,2021:197)。因而,他提出要专设翻译院,"专以造就译才为主"(罗新璋、陈应年,2021:197),并且就翻译院的具体事务,如课程设置、师资配备、教材选用,强调翻译书院必须"教、学、译、出书相结合"(陈福康,2011:73)。当然,设立专门外语学校的想法,并非自马建忠始。我国开办语言学校由来已久。[①] 1708年,清政府就专设了俄文馆,1818年来华传教士马礼逊、米怜等人在马六甲设立英华书院(1843年迁至香港)。后来在冯桂芬、李鸿章等人的奏请推动下,1862年清政府设立同文馆,1863年在上海设立广方言馆,1865年在上海创办江南机器制造总局,1868年江南机器制造总局又专设翻译馆,1874年上海又设立格致书院。然而,真正从学理上探讨开设翻译学院的重要性和必要性的,当属马建忠的这篇《拟设翻译书院议》。该文对于当下的翻译教育也有一定的现实意义。

在相当长的一段时间里,我国翻译史研究提及晚清的翻译时往往以严复、林纾等人为主。但自20世纪80年代以来,梁启超的翻译理论与实践逐渐在学界受到重视,其后出版的大量著述都对梁启超设专章或专节讲述,肯定其我国翻译界的先驱地位与垂范作用。梁启超在诸多领域都大有建树,就翻译研究而言,在佛经汉译研究、翻译与文学的关联研究方面自然成就非凡,而在翻译批评领域,也是无人可以比拟的。"截至2020年11月12日,以'梁启超'并含'翻译'为主题在中国知网(旧版)进行高级检索,获中文文献418条。年发文量总体呈上升趋势,但仅占梁启超研究总文献的3.7%。以'梁启超'为主题检索获中文文献11 367条。"(高玉霞、任东升,2021:85)由此可见译界对其关注的热度之高。

梁启超在翻译批评领域的贡献,主要是使人们对翻译政治功能的认识进一步得到增强。明朝后期,科技翻译兴起,利玛窦、李之藻、徐光启、杨廷筠等人都对翻译与国家之间的关系有所认识。利玛窦在《几何原本》中提及翻译"其能上为国家立功立事"(罗新璋、陈应年,2021:155)。李之藻也认为译西洋历法以校正中国历法为"国家第一大事"(朱志瑜、张旭、黄立波,2020:130)。徐光启则更是具体地提出:"欲求超胜,必须会通;会通之

[①] 据孔慧怡(2005:128)考证,我国南北朝时期政府就专门设立了接待外国使节的"四方馆",明朝时期更名为"四夷馆"/"四译馆"。

前,先须翻译。"(罗新璋、陈应年,2021:154)。由于当时国家并未面临灭亡危机,学者的认识仅停留在翻译对国家有用的层面,尚未意识到翻译与国家存亡之利害。但到了晚清之际,国家意识日益显著,林则徐、魏源、冯桂芬在《采西学议》中将翻译提高到"天下第一要政"(陈福康 2011:61)的高度,其他问题,如创办翻译公所,培养翻译人才等也时有论述。但综合起来看,都不及梁启超思考得那么透彻而且切中时弊。如果说魏象乾开启了我国近代翻译批评,那么,梁启超无疑为近代翻译批评的集大成者,他不仅具有丰富的翻译批评思想,而且在诸多方面都有所拓展,对于建构翻译批评标准也具有重要意义。①

梁启超在翻译批评方面继承并发展了马建忠、傅兰雅等人的翻译思想,认为"今日而言,译书当首立三义:一曰,择当译之本;二曰,定公译之例;三曰,养能译之人"(朱志瑜、张旭、黄立波,2020:192)。其中"定公译之例"即制定翻译标准。除了"定名号"之外,他还论述了三个方面:

1)当法《内典》,"译书有二蔽:一曰徇华文而失西义;二曰徇西文而梗华读。夫既言之矣。翻译之事,莫先于《内典》"(朱志瑜、张旭、黄立波,2020:200)。同时他强调,译者对翻译材料的了解极为重要,"凡译书者,将使人深知其意,苟其意靡失,虽取其文而删增之,颠倒之,未为害也。然必译者之所学与著书者之所学相去不远,乃可以语于是"(朱志瑜、张旭、黄立波,2020:201)。

2)对于文本类型及语体,他认为翻译"宜悉数仿《内典》分科之例,条分缕析,庶易晓畅,省读者之心"(朱志瑜、张旭、黄立波,2020:201)。他以为"著译之业,当以播文明思想于国民也,非为藏山不朽之名誉也",此言对于我们认识翻译之实用和现实功能,显然启发很大。为实现该功能,他强调"以流畅锐达之笔行之",批评严复译《原富》"文笔太务渊雅,刻意模仿先秦文体,非多读古书之人,一翻殆难索解"(朱志瑜、张旭、黄立波,2020:284)。梁启超认为"语言、文字分离,为中国文学最不便之一端",因此在翻译实践中主张"文俗并用"(朱志瑜、张旭、黄立波,2020:291)之举,客观上促进了文言的白话化和白话的文言化,拉近了文言与白话之间的

---

① "历史地看,梁启超翻译批评的过人之处和最大贡献在于:1)首次超越了字词句层面的翻译考量,系统论述了翻译的社会功能;将翻译提升到'强国第一义'的高度,将翻译与民族救亡联系起来;2)开创了政治小说翻译的先河,揭示了政治小说翻译与乌托邦之间的关系,超越了'中学为体、西学为用'的翻译观;3)系统阐发了翻译策略、语言形式与翻译目标和读者的接受反应之间的关系。"(廖七一,2020:14)

距离。

3）论及重译和出版。"佳书旧有译本,而译文佶屈为病不可读者,当取原书重译之。"（朱志瑜、张旭、黄立波,2020：201）而出版界"各不相谋",导致一书"彼此并译",造成资源浪费,所以他建议"定一通例,各局拟译之书,先期互告,各相避就"（朱志瑜、张旭、黄立波,2020：201）。这种具有现代重译、复译气息的批评之声,对于当今的翻译乱象,依然具有现实意义。在研究晚清翻译时,梁启超绝对是无法绕过的人物。这不仅在于他的翻译实践,更重要的是他的翻译思想。[①] 他于 1987 年 5 月至 7 月创作的《论译书》一文,即便在今日,也应该成为所有从事翻译之人必读的书。

纵观近代以来的翻译批评,我们可以发现,翻译批评的论题虽然以继承传统为主,比如翻译选材、翻译标准、翻译方法、译才培养、翻译功能等,但也在诸多方面有所发展。首先,对于翻译的功能认识较以前有了更深入的认识,在批评中明显体现出国家服务意识、政治服务意识、富国强民的意识,"翻译的目的不仅停步在文化交流的层次上,通过新概念的输入,它参与了政治和社会的改革"（刘军平,2019：278）。其次,文化战略意识更为强烈。孔慧怡（2005）曾将我国的翻译分为两类:事务性翻译（译者）和文化性翻译（译者）。她认为,"事务性译者满足于他们的雇主在翻译方面的需求"（孔慧怡,2005：122）,依循工作守则和传统架构,促进现行制度运作,加强现行制度的稳定性。文化性译者则正好相反,"他们觉察到一个社群面对某一种文化转移的需要,因此尝试通过翻译来填补这些需求,借此推动他们本人的目的"（孔慧怡,2005：122）。在佛经汉译批评话语中,我们看到更多有关佛经汉译本身的批评,而近代以来的翻译批评,尤其是应用翻译批评,则不仅关注翻译本体问题,还关心文本类型、翻译教育体制建设、翻译出版等话题。然而,我们也应该认识到,即便这些批评涉及面很广,而且也言之凿凿,但终究缺乏理论体系,仍体现为基于个人认识的碎片化形态。值得注意的是,这个时期的翻译批评,已然跳出以翻译标准为批评标准的藩篱,体现出一定程度的社会文化视角。

[①] 罗选民（2006：51）曾对梁启超的翻译理论与实践做过深入研究,认为"他的翻译实践是意识形态的,而他的翻译理论是艺术形态的。他的翻译理论以他深厚的佛学研究为基础,充满了真知灼见,对翻译的本质、翻译的方法及翻译功能等都有深入独到之见解,对今天的译学研究仍有指导意义"。

第三节 我国应用翻译批评标准的发展

对于 20 世纪的翻译批评话语,廖七一(2020:10)曾做出一个粗略的时期划分:"1)晚清翻译批评;2)民国翻译批评;3)1919—1979 年的翻译批评;4)1980 年之后的翻译批评。"从历时的角度来看,我国的翻译批评话语有其延续性和传承性,因而,"各个时期的分界有一定的弹性",但总体而言,这一划分还是比较符合实际的。

1898 年戊戌政变,1900 年八国联军侵华,这两次事件极大地动摇了本来就已经摇摇欲坠的清王朝,"19 世纪末的本土改革者在心态和运作方式都有了极大改变,他们的目标不再是为了改变统治者的思维方式,而是要改变国民大众了"(孔慧怡,2005:162)。这两次事件也使得当时的翻译批评话语呈现出更为强烈的家国情怀。就我国的翻译来说,当时的翻译实践,在西学东渐的浪潮中,无论在内容还是规模上都非之前可比,不但规模空前,而且译著数量巨多。"从 1900 到 1911 年,中国通过日文、英文、法文共译各种西书至少有 1 599 种,占晚清 100 年译书总数的 69.8%,超过此前 90 年中国译书总数的两倍。"(熊月之,2011:11)因而,这个时期被翻译史学称为继佛经汉译、科技翻译之后的第三次翻译高潮,此言不虚。

翻译理论的发展离不开翻译实践的支撑。在翻译实践如火如荼之际,翻译理论也自然得以"沛沛然"发展。而在翻译理论还未曾系统化之际,翻译批评作为翻译理论研究的雏形和支柱,显然早于翻译理论的系统建构。所以,与其说翻译批评建基于理论基础,莫如说在翻译理论系统建构之前,各种翻译批评话语以及相关翻译规范为翻译理论的形成提供了条件。理论来自实践,这里所说的实践,不仅包括翻译实践,也包括翻译评论与批评实践。只有翻译实践丰厚,理论基础才能扎实。同时,只有当翻译理论发展到一定程度,并且具有了相应的翻译理论体系,翻译批评才会真正地以翻译理论为基础。简而言之,翻译理论的系统建构,应该说是以翻译实践、翻译批评和其他学科理论的发展为基础。因此,翻译批评标准的建构绝非没有根据,只有在翻译实践、翻译理论和其他社会科学研究都具有相应的规模和研究成果的基础上,翻译批评标准才能有效建构。在此之前所谓的"翻译批评标准",都并非严格意义上的标准,而是翻译规范的反

中国应用翻译批评及其标准研究

映。所以,翻译规范贯穿翻译批评始终,翻译批评标准与翻译规范密切相关,有的时候,翻译批评标准以翻译规范的形态发挥作用。

从佛经汉译至 19 世纪末的一系列翻译批评话语嬗变中,我们既可以看到其中的变迁,也应该看到其中的延续。对这一漫长时期做出概括性总结的,则是严复于 1898 年①撰写的《天演论·译例言》。该文开篇即道:"译事三难:信、达、雅。"由此之后,"信""达""雅"这三个字便成为我国翻译界的"金科玉律",一直在不同程度上支配着我国译界对于翻译问题的探讨。为了方便讨论,我们还是需要摘录其第一段:

> 译事三难:信、达、雅。求其信,已大难矣,顾信矣不达,虽译犹不译也,则达尚焉。海通已来,象寄之才,随地多有,而任取一书,责其能与于斯二者,则已寡矣。其故在浅尝,一也;偏至,二也;辨之者少,三也。今是书所言,本五十年来西人新得之学,又为作者晚出之书。译文取明深义,故词句之间,时有颠倒附益,不斤斤于字比句次,而意义则不倍本文。题曰达旨,②不云笔译,取便发挥,实非正法。什法师有云:"学我者病。"来者方多,幸勿以是书为口实也。(朱志瑜、张旭、黄立波,2020:230)

这段文字很有意思。作者开篇说出题旨后,并没有直接对"信达雅"的含义进行解释,而是论述其中的关系。对于"信""达""雅"这三个字,人们往往因为"信"居最前而认为严复强调"信",实则不然。中国传统思维是"叩其两端求其中",因而对于严复来讲,"达"才是他最看重的。严复显然已经注意到他人对"信""达""雅"三者关系的误解,所以他先要把这三者的关系讲清楚,强调"顾信矣不达,虽译犹不译也,则达尚焉"。而且接下来的一段也不是讲"信"而是讲"达",严复指出:"为达,即所以为信也。"(朱志瑜、张旭、黄立波,2020:230)而"达"也并非有人所以为的那样指"通顺、畅达",而是指中国翻译批评传统一向主张的"达旨",即"译文取明深义"。王宏志(1999:82)认为,"严复的'达'始终是以意义为本的"。应

---

① 廖七一认为,1898 年,严复译《天演论》、林纾译《巴黎茶花女遗事》、梁启超撰写《译印政治小说序》,"这三件划时代的事件开启了 20 世纪初的翻译大潮,同时也标志着中国 20 世纪翻译批评话语的肇始"(参见廖七一,2020:12-13)。

② 有学者考证后认为,"达旨一词出自西晋裴頠的《崇有论》:'虽君子宅情,无求于显,及其立言,在乎达旨而已。'"(杨义,2005:5)——引者

该说,这是抓到了严复的真正用意。强调彰显原文意义,不仅是中国传统中"注重意义"的延续,①也与严复所处时代的翻译规范密切相关。严复的翻译,无论是翻译实践还是翻译理论,都深受当时的社会规范、政治规范、语言规范、文学规范等方面的制约,同时也受制于他自己对翻译功能的认识,即受制于功能规范。② 而且严复写这篇译例言,也未能脱离他自身的主体规范,折射出严复对于翻译的理解显然难以超越他那个时代。用王宏志(1999:93-94)的话来说,"严复所关注的并不是翻译本身,也不是原著,而是经由翻译输入的思想怎样可以对中国读者产生作用"。正是出于这样的目的,严复心目当中的读者与梁启超以"唤醒民众"为目的的读者对象显然有别。严复认为,"夫著译之业,何一非以播文明思想于国民? 第其为之也,功候有深浅,境地有等差,不可混而一之也","声之眇者不可同于众人之耳,形之美者不可混于世俗之目,辞之衍者不可回于庸夫之听"(朱志瑜、张旭、黄立波,2020:303)。我们可以说,严复自有一种士大夫的优越感,有一种不愿对牛弹琴的心态。一方面,严复的翻译出发点虽然也有政治目的,但他所关注的政治对象,与梁启超的不同,显然不是普罗大众,而是知识阶层;另一方面,在严复的心目中,"精理微言,用汉以前字法、句法,则为达易;用近世利俗文字,则求达难"(朱志瑜、张旭、黄立波,2020:231)。因此,我们也看到,对于翻译用语,严复和梁启超都根据各自的立场和动机有所选择,③可以说,无论什么人,其翻译批评话语都难以脱

① "是以将阅文情,先标六观:一观位体,二观置辞,三观通变,四观奇正,五观事义,六观宫商。斯术既行,则优劣见矣。"(刘勰,2008:452)
② 陈子展(2000:85)指出:"严复译书好用汉以前字法句法,……这自然是他的缺点。不过他在当日要灌输一班老先生一点西洋思想,便不得不用古雅的文章来译,叫他们看得起译本,因而看得起西学,这也是他译书的一点苦心。"
③ "虽然梁启超在1896年就向严复借阅过《天演论》的原稿,并受其感动和影响,但他的《新民说》的话语创造却采取了与《天演论》不同的模式,不是洋话创译,而是古语新解。这大概与他们的知识结构不同有关:一个是想炫耀旧学根底的留英学生,一个是想推销维新抱负的少年举人,他们创造新话语的形态都是中西合璧的,但知识和心理出发点有异。梁启超的出发点是科举考试的敲门砖'四书'。《礼记·大学》开篇就说:'大学之道,在明明德,在亲民,在止于至善。'朱熹单独为《大学》做注解,做成《大学章句》并纳入'四书'。他还根据程子的意见,把'亲民'改为'新民',进而把明明德、新民、止至善作为《大学》三纲领,配以正心、诚意、格物、致知、修身、齐家、治国、平天下的八条目,形成一个纲目严整的政治伦理学体系。自此,'新民'成了中国古代知识体系中的常用词,只要检索《四库全书》就可以查到2 625条。然而梁启超在形式上采用这个古老的词语创立学说的时候,却使之游弃'三纲八目'的语境,注入了大量的西方新思想,或如《新民丛报》章程所说:'取《大学》新民之义,以为欲维新吾国,当先维新吾民。中国所以不振,由于国民公德缺乏,智慧不开,故本报专对此病而药治之,务采合中西道德以为德育之方针,广罗政学理论,以为智育之原本。'"(杨义,2005:7-8)

离时代的局限。①

尽管严复所提出的"信达雅"在我国近现代翻译批评话语中占据着极为重要的位置,但严格来说,严复的这篇《天演论·译例言》算不上一篇翻译批评论文,更像是他自己的翻译体会,与大多数的经验感悟、率性而论的翻译评论文章无异。然而,如果就这篇文章对翻译批评话语的影响而言,我们则不能不对它予以充分的关注。因为,自从该论文发表以来,有关它的研究可谓汗牛充栋,难以计数。② 某类知识的生产,并非以提出一个概念而终结,而是围绕该概念所引发的知识发展。因此,与其说严复写这篇文章的意义在于对以往的翻译标准做出总结,不如说他为后来的翻译批评话语提供了一个新的起点:通过对相关时期的翻译特征进行解释,实际上为我们认识翻译规范提供了依据,发展了翻译批评话语标准的建构。

严复之后,我国的翻译批评在五四新文化运动中发生了巨大变化,③逐渐向现代翻译批评转型。④ 尽管在严复之后,清末民初时期我国的翻译批评迎来了一波极其喧嚣的批评浪潮,但如果冷静而理性地看待 1898 年至 1948 年这 50 年的翻译批评,都难以摆脱严复"信达雅"的影响。大部分所谓的"翻译批评",都是基于各自的立场或者前视野针对"信达雅"的阐发:或赞成,或反对,或在此基础上进一步引申。显然,批评的内容、视角以及功能方面是有所发展的,但就翻译批评标准而言,仍没有能超越"信达雅"的论述。廖七一将 1915 年至 1949 年这段时期的翻译批评划分为两段:1915 年

---

① "值得注意的是,在以自由附加物实行多声部学术对话中,严复持一种自强保种的中国立场和历史理性的分析态度,并不过度偏执赫胥黎或斯宾塞尔的某一端,而是追求长短互补、利弊相救、兼听则明的辩证思想。他认为:'赫胥黎氏此书(指《天演论》)之旨,本以救斯宾塞任天为治之末流,其中所说,与吾古人有甚合者。且于自强保种之事,反复三致意焉。'对于积弱积贫,屡受欺凌宰割的民族,假如一味地听从'任天为治'的说教,而不知耻而勇,发愤图强,那就会愈益深重地陷入'人为刀俎,我为鱼肉'的困境。因此,严复在这一点上离开了斯宾塞尔,返回赫胥黎'人治天行,同为天演'的论旨,并使之与'吾古人'柳宗元、刘禹锡的'天与人交相胜'的思想相对接。如此处理'吾民之德智力',自汲取外来思想而言,是'充电';自保养民族传统智慧而言,是'储能'。依凭着译述体例中的自由附加物,严复营造了多声部的学术对话,而且在对话中未能忘情中国声部,这就是他所谓'得志当为天下雨'的以天下为己任的情结所在了。"(杨义,2005:7)

② 详细内容可参阅黄克武,1998。

③ 五四新文化运动,也是新文学运动,翻译在其中的贡献不可磨灭。"我们几乎可以武断地说,没有翻译,五四的新文学不可能发生,至少不会像那样发展下来。西洋文学的翻译,对中国新文学的发展,大致上可以说功多于过,可是它对于我国创作的不良后果,也是不容低估的。"(《翻译通讯》编辑部,1984a:397)

④ 廖七一认为,"1915 年《新青年》的创刊,标志着新文化运动的兴起,这也是翻译批评话语一个新时期合理的起点"(廖七一,2020:91)。

至 1936 年为前一段,1937 年至 1949 年为后一段,并且认为,"这两个阶段面临的政治问题和文化问题迥然不同,翻译批评的关注对象、批评方法、对翻译的社会功能的认知也完全不同"(廖七一,2020:91)。但本书认为,虽然第二个阶段因抗日战争的爆发而呈现出与第一个阶段不同的政治问题,但其中的翻译批评问题以及对翻译的认知并没有很大的差异。而且,在这个转型时期,许多西方思想纷纷传入,对中国的学术文化转型产生了巨大的影响。但对于应用翻译批评,国外的推动力量甚小,因为在那个时期西方也未能形成相应的翻译批评理论。总体而言,这一时期中国的翻译批评,基本上依赖自身的话语方式形成、发展中国特色的翻译批评话语体系,"草创了现代翻译批评规范①"(廖七一,2020:91)。值得注意的是,虽然这一时期的文学翻译批评仍然占据主流,但应用翻译批评也得到了快速发展。

"翻译规范盛行于特定的时期、特定的社会。同时,翻译规范决定着翻译的选择、生产和接受。"(谢芙娜,2018:8)围绕着严复的翻译实践及其理论,晚清民国时期许多如今我们耳熟能详的学者都卷入了翻译问题探讨。检视这段时期的翻译批评话语,我们显然很容易就可以发现,翻译规范意识逐渐得到加强。图里认为,"如果某个群体的社会成员被要求解释其态度时,他们必须依赖于那套规范——否则他们无法合情合理地解释自己凭直觉做出的决定"(转引自谢芙娜,2018:33)。这个时期的许多译者都对自己的翻译进行了辩护,其中包括严复、林纾、鲁迅等人,可以说,翻译批评所依赖的翻译批评规范都已然发生改变。廖七一(2020:45)在总结清末民初的翻译批评话语时,指出了三种观念:民族救亡宏大叙述主导下的政治功利观;"达旨"和"取便发挥"的翻译策略观;语言雅驯、情节离奇的传统诗学观。从图里的翻译规范视角来看,无论是预备规范、初始规范还是操作规范,都在这个时期的翻译与翻译批评中有所体现。

1)翻译批评的范畴得到拓展。这个时期的翻译批评广泛地探讨了译名厘定、翻译选材、译语语体、译者能力、译才培养问题。如在翻译材料方面,突破了佛经翻译批评只关注佛经翻译问题、《圣经》翻译批评只关注《圣经》翻译问题、洋务运动时期聚焦于格致类书籍翻译问题的局限,转而广泛地关注经济、社会、文学、法律、军事乃至自然科学等文献的翻译问题,

---

① 廖七一此前曾指出:"清末民初是中国文学翻译最活跃的时期,同时也是中国文化转型、传统规范急剧变化、现代翻译规范逐渐确立的重要阶段。……不同的翻译思想、翻译理念、翻译目的和翻译策略都充分展示自己的存在,争取应有的话语权和生存空间,成为翻译规范研究难得而真实的实验室。"(廖七一,2010:5-6)——引者

扩大了翻译批评的视野。而且,翻译批评的范畴也不只是局限于文本,还扩大到社会文化领域中翻译的功能、作用等。

2）翻译批评话语的形式更加多样。

> 翻译批评话语不仅包括语言文本（书面和口头）,而且包括非语言文本。除了翻译批评的专论、专著和评介著述之外,还包括译序、译跋、翻译评述文字、翻译回忆录、翻译论争、译文批评、杂志期刊有关翻译的投稿要求和退稿理由、译作的发行广告、出版及再版说明、译本的印数、翻译研究论文集选文的宗旨、理念、要求、翻译教科书有关翻译的评价、经典化的翻译作品中体现出的翻译理念、批评意识,以及政府和文化团体、亚文化圈对翻译的理念与态度。（廖七一,2020：9）

显然,我国翻译批评专著一直到 20 世纪末才出现。但晚清民国时期的翻译批评,已然不再只是译序、译跋、译后记,也有条陈、建议甚至长篇论述。而且,在进行批评时也不再局限于对翻译本体问题的探讨,更多的是将翻译与社会进步、国家富强问题结合起来。来自不同领域的批评主体,依据在系统结构中所占据的不同地位,围绕翻译这一对象展开力量的较量,为保持或改造翻译批评系统的结构分别贡献各自的力量。另外有一种独特的翻译批评形式也为该时期的一大特征,即译、评合一。①

3）对翻译的初始规范有了更深刻的认识。在图里的翻译规范概念体系中,初始规范是作为附加规范提出来的,与译者面临各种选择时究竟如何选择翻译策略有关。对于应该依附原著还是遵从译入语文化系统,不同的译者或译者群体,出于自身的翻译目标,都有倾向性的选择。这个时期对翻译的认识,已经不只是局限于将翻译视为引进新知的方式,而是将其视为开启民智、富国强民的手段。在翻译理念、策略方面显得更为社会化,"译书为强国第一要义"（梁启超语）（朱志瑜、张旭、黄立波,2020：190）已然成为当时先进知识分子的一种共识,弥漫于当时的翻译批评话语之中。孔慧怡（2005：137）认为,"19 世纪前后精英知识分子推动的现代化和西化理念,成了一股全国认同的大潮"。

---

① 廖七一（2020：53）认为,"译、评合一是晚清独特的批评方式,通常是对原作内容、思想倾向、创作手法、译介方式、翻译难点、译文与当下的联系等发表批评意见,阐述译者的政治立场和翻译策略,规范或引导读者的解读"。

4）操作规范的价值取向显著。控制译者翻译过程的实际决定因素，必然受到时代共享价值观的制约。切斯特曼（2020：81）认为，"就规范理论而言，图里的操作规范从根本上讲就是产品规范，调节作为最终产品的译文生成"。对于这类翻译规范，切斯特曼称之为"期待性规范"。期待性规范的有效性，则在于目的语社会对于翻译产品有所期待。"一方面由目标文化中盛行的翻译传统所辖制，另一方面由目的语中的平行文本（相似的文本类型）所辖制，即由目标文化中盛行的语境和框架所辖制。"（切斯特曼，2020：82）翻译批评的责任规范愈加凸显。"著译之业，当以传播文明思想于国民也，非为藏山不朽之名誉也。"（梁启超语）（朱志瑜、张旭、黄立波，2020：284）

5）翻译批评队伍更为广泛。这方面的一个显著特征就是翻译队伍越来越中国化。虽然在唐代之际已然出现了玄奘这些本土的翻译大师，但中国佛经汉译和《圣经》汉译，以及早期科技翻译，都是以外国译者为主，中国译者为辅。外国译者负责对原文的阐释，中国译者主要负责笔授和文字润饰。但 20 世纪以来，"新的教育制度和激增的留学生人数既改变了国人对外语的看法，也令学习外语的人数大量增加"（孔慧怡，2005：137）。懂外语的中国人越来越多，中国人直接参与翻译的现象越来越普遍，因而对于翻译的认识较之过去更为深切，谈论翻译问题时也更加具有经验性。

这些转变无疑使这一时期的翻译批评标准发生了极大的变化。毋庸置疑，这一时期的翻译批评仍然不够成熟。因为，翻译批评所赖以生成的翻译理论尚不成熟。在佛经汉译、《圣经》汉译以及早期的科技翻译西学东渐时期，翻译批评话语的参照体系往往以外来文本或外来文化为主。但是，19 世纪末以降，翻译目标已然不再局限于输入、引进新的思想、新的知识，而是突出如何推动社会变革以达到开启民智、富国强民的目标。因此，虽然翻译依然以原文为中心，但这个中心已然淡化，更多的考量则在于如何为自己的目标服务，翻译功能较为突出，更多考虑的是如何使译文读者读懂和接受。换句话说，这个时期的翻译规范更多地向读者倾斜了，读者主导的翻译规范占据了主流。

第四节　新时期应用翻译批评标准的发展

回顾我国翻译批评历史，有关翻译批评标准的讨论大致可以划分为四个阶段：

第一阶段为后汉三国至宋朝，主要涉及对佛经汉译批评标准的讨论。对此，王澍有过一段颇为中肯的译论："它们虽然还没有正面提出翻译标准，但是在它们所运用和主张的直译、意译、新译各种方法背后，不能说没有悬着一个他们各自认为好的翻译的标准，他们都是想通过自己所主张和运用的方法来达到那种境地，不过受着历史条件的限制，当时这些译者和论者都没有提出明确的翻译标准而已。"（王澍，1984：117）

第二个阶段大致为 16 世纪利玛窦入华至 1919 年《和合本圣经》的出版，主要涉及对《圣经》汉译批评标准的讨论。这个阶段的标准，较之于佛经汉译，更为明确，其中既涉及翻译标准、原则，又涉及语体、术语、译者等多个方面。

第三个阶段为清末民初阶段，有马建忠的"善译"、严复的"信达雅"等如今耳熟能详的翻译标准，同时也构成这个时期的翻译批评标准。

第四个阶段为五四运动之后至 1949 年。这个时期发生过两次比较著名的翻译批评论争。

第一次论争发生于 1922 年至 1923 年。1922 年 5 月，郁达夫写了篇《夕阳楼日记》（登载于《创造季刊》），说他在坊间买了一本译书《人生之意义与价值》，认为既然原著是用德文写的，就不应该从英文版译出，"大凡我们译书，总要从著者的原书译出来极好"（朱志瑜、张旭、黄立波，2020：1023），然后指责译者多有误译，并且就其中的几句译文提出批评之后进行改译。本来，这样一篇基于个人体悟的翻译批评文章不足为道，但郁达夫在文中借题发挥，影射了胡适："我们中国的新闻杂志界的人物，都同清水粪坑里蛆虫一样，身体虽然肥胖得很，胸中却一点学问也没有。"（朱志瑜、张旭、黄立波，2020：1022）那个时候，胡适在学界的地位已经很高，对这种指责自然很不买账，于是在自己主笔的《努力周报》上以"编辑之余·骂人"为题，看似替译者叫屈，实则搂草打兔子，教训了郁达夫一顿：

> 译书是一件难事，骂人是一件大事。译书有错误，是很难免的。自己不曾完全了解原书，便大胆翻译出来，固然有罪。但有些人是为糊口计，也有些人确是为介绍思想计：这两种人都可以原谅的。批评家随时随地指出他们的错误，那也是一种正当的责任。但译书的错误其实算不得十分大罪恶，拿错误的译书来出版，和拿浅薄无聊的创作来出版，同是一种不自觉的误人子弟。又何必彼此拿"清水粪坑里的蛆虫"来比喻

呢？况且现在我们也都是初出学堂门的学生,彼此之间相去实在有限,有话好说,何必破口骂人。（朱志瑜、张旭、黄立波,2020：1068）

由此引发了一场延续时间较长、涉及人物较多的翻译批评运动。这场翻译批评,并没有基于相应的标准,但却蕴含着翻译批评中一些很有意思的问题,比如批评者的阶级、政治立场,批评的态度等。廖七一（2020：122）认为,"五四前后,传统的翻译规范因逐渐失去赖以生存的社会基础而失去约束力和影响力,新一代翻译家和翻译批评家通过对晚清翻译史上的质疑和批评、对'信'的重新解读和诠释,并以自己的翻译实践确立了新兴翻译规范,使其成为新文化运动特定文化群体遵循的准则,从而推动了翻译规范的现代化转型"。也就是说,翻译规范在争论之中逐步形成。

第二次翻译批评论争大致发生于 1931 年至 1932 年。这次论争涉及了两种不同的翻译原则。一方以赵景深为代表,提出翻译应该"宁错而务顺,毋拗而谨信"。另一方以鲁迅为代表,认为翻译应该"宁信而不顺"。鲁迅最后认为："凡是翻译,必须兼顾着两面,一当然力求其易解,一则保存着原作的丰姿。"（罗新璋、陈应年,2021：394）从而统一了"信"与"顺"的对立问题。这次翻译批评,对于推动我国的翻译标准建设发挥了积极的作用。而且,其中对于"信"的追求,恰恰与我国历来注重"顺"不合,在一定程度上体现了这一时期的翻译批评规范对于传统翻译规范的反叛。

中华人民共和国成立初期,"翻译工作处于无政府无组织状态,抢译乱译现象相当普遍,致使粗制滥造的译品充斥市场。为了克服粗制滥造,提高我国的翻译水平,在党中央和中央政府的关怀和领导下,有关部门和翻译界拿起了翻译批评的武器,无情地揭露和抨击低劣的译品和恶劣的译风"（孙致礼,1999：2）。也就是在这个时候,董秋斯发表了两篇重要文章:《翻译批评的标准和重点》（1950）和《论翻译理论的建设》（1951）,其他的文章,如焦菊隐的《论翻译批评》（1950）、赵少侯的《我对翻译批评的意见》（1951）、罗书肆的《鲁迅论翻译批评》（1951）,都相继问世。"正是在翻译批评的鞭策和引导下,翻译工作者增强了责任心,提高了翻译水平,基本上制止了粗制滥造现象。"（孙致礼,1999：3）这个时期也发生过一次较大规模的翻译批评论争。

这次翻译批评论争发生于 1954 年至 1956 年,[①]由《俄文教学》发起。

---

① 详细内容请参阅王澍的《翻译标准观评议》,见王澍,1984。

1954 年,中共中央马克思恩格斯列宁斯大林著作编译局校审室在《俄文教学》第三期上发文《集体译校斯大林全集第一、二卷的一些体验》,认为"信达雅"的辩证统一是译校的原则,并对"信达雅"做了时代性阐释。1955年,《俄文教学》第五期发表了陈殿兴的《信达雅与翻译准确性的标准》一文,针对校审室的那篇文章提出了批评,质疑了严复的"信达雅",认为严复及其追随者都犯了基本错误,混淆了文章创作与翻译之间的关系。① 随后何匡又发表了《论翻译标准》一文,反驳了刘殿兴的观点。其后又有一些人参与争论。总体而言,那时候的翻译批评理论主要借鉴苏联翻译理论。王澍(1984:128)总结说:"近年来关于翻译标准的重新争论,虽然反映了时代的要求,但对于问题的实质,还缺乏切实认真的研究和讨论,有待于进一步作更大的努力。"

由此可见,20 世纪 50 年代,我国开创了较好的翻译批评风气,②同时得益于来自苏联的一些翻译理论,翻译批评也逐渐增强了理论意识。但是,这一良好的翻译批评开端,并没有在翻译研究领域得到及时跟进、深化拓展、系统建构,致使翻译批评在后来的几十年里被西方翻译研究主导,在不少方面脱离了中国翻译实践,也未能有效地彰显我国翻译批评的特色。当然,这并不是说,我国在那个时期的翻译批评毫无建树。彻底地否定那个时期的翻译批评,显然是对历史的认识存在偏差。

一般来说,我国谈论翻译批评及其标准,自严复以后,最为突出的是傅雷的"神似"说和钱锺书的"化境"说。③ 其实,无论是"神似"说还是"化境"说,尽管罗新璋将其总结为我国翻译理论发展的重要环节,将我国翻译理论发展视为"案本—求信—神似—化境"一脉相承,但是,严格说起来,这两个概念都谈不上中国特色。

傅雷的"神似"说,见于他的《〈高老头〉重译本序》(1951):"以效果而论,翻译应当像临画一样,所求不在形似而在神似。以实际工作论,翻译比

---

① 余光中在谈论翻译与创作的关系时认为,"翻译原是一种'必要之恶',一种无可奈何的代用品。好的翻译已经不能充分表现原作,坏的翻译在曲解原作之余,往往还会腐蚀本国文学的文体"(1984:397)。

② "20 世纪 50 年代初期,随着我国翻译视野开始逐步走向繁荣,翻译批评进入了一个蓬勃发展的时期,当时最重要的翻译探讨和研究阵地《翻译通报》杂志在四五年间陆续刊登了七八十篇有关翻译批评的学术论文。"(许钧,2018:211)

③ 中华人民共和国成立以后,"探讨问题之深,涉及范围之广,开拓领域之多,远胜于前两个时期。这个时期提出的各种观点各种主张中,'神似'与'化境'是现在的翻译文论中称引较多的两种代表论点。"(罗新璋、陈应年,2020:15)然而考 20 世纪 80 年代前的翻译论述,提及"神似""化境"之说的并不多见。

临画更难。"(罗新璋、陈应年,2021:627)且不说将翻译比作临画并非傅雷首创,即便"神似"一说,也非傅雷本人一以贯之的翻译观。因为在他看来,翻译比临画更难。因此,就他本人而言,"以行文流畅,用字丰富,色彩变化而论,自问与预定目标相距尚远"(罗新璋、陈应年,2021:776)。在该文中,傅雷还提出了另外一种翻译标准,或者说译文标准:"倘若认为译文标准不应当如是平易,则不妨假定理想的译文仿佛是原作者的中文写作。"(罗新璋、陈应年,2021:628)显而易见,这仍然只是理想。如果原文作者用目的语写作,那就不能是翻译,除非他自译自己用母语创作的作品。其实,作为翻译家,傅雷心中的翻译标准为:"即使是最优秀的译文,其韵味较之原文仍不免过或不及。翻译时只能尽量缩短这个距离,过则求其勿太过,不及则求其勿过于不及。"(罗新璋、陈应年,2021:628)这一翻译标准,在其同样写于1951年的《致林以亮论翻译书》一文中被论及:"本来任何译文总是在'过与不过'两个极端中荡来荡去,而在中文尤甚。"(罗新璋、陈应年,2021:616)写于1957年的《翻译经验点滴》则认为"取法乎上,得乎其中,一切学问都是如此"(罗新璋、陈应年,2021:699)。这似乎是傅雷在翻译实践中所贯彻的标准,顺应中国传统文化中的"叩其两端,取法其中"思想,而其"神似"也只能作为理想,可望而不可即。

文学创作、艺术创作的最高境界是出神入化。"化境"说出自钱锺书的《林纾的翻译》一文,文中明确提出了"文学翻译的最高标准是'化'。把作品从一国文字转变为另一国文字,既能不因语文习惯的差异而露出生硬牵强的痕迹,又能完全保存原有的风味,那就算得入于'化境'"(罗新璋,1984:696)。正如钱锺书本人所言,译者翻译时具有"化境"造诣,17世纪的欧洲就有人以原作的"投胎转世"而加以赞美。至于将它作为标准,钱锺书也明确表示,"化境"作为文学翻译的最高标准,"彻底和全部的'化'是不可实现的理想"(罗新璋,1984:696)。既然不可实现,既然如"神似"一样都是理想,那就难以作为翻译批评的依凭。

20世纪80年代以降,我国的人文社会科学开始全面迅速发展,翻译研究大力引进欧美研究成果,开始反思自身的系统科学建设。自改革开放起,随着翻译的日益丰富,翻译批评先后经历了"恢复期"和多元发展期。如前所述,正式提出系统科学地开展翻译批评,始自20世纪50年代。但是,最早体现出翻译批评精神和翻译批评力量,并且以"翻译批评"为名的专著,则出版于1992年,即许钧的《文学翻译批评研究》。作者认为,一方面,"近十年来,我国翻译理论的探索与研究取得了可喜的成果,但在与文学翻译批评有着密切关系的文学翻译标准的探讨方面,却仍然难以达成比较统一的意见。既然翻译标准都未能统一,那该如何去正确而又富于说服力地评价译文的质量呢? 标准的不统一,势必造成评价的殊异"(许钧,2012:27)。另一方面,"要展开有效的批评,必须掌握客观、合理和科学的批评方法"(许钧,2012:31)许钧(2012)特别提到,科学合理、客观公允的翻译批评,离不开翻译批评标准的建构与翻译批评方法的明确。诚然,正如许钧(2012)本人在该书的增订版后记所言,该书算不上是一部严格意义上的学术专著,而是他本人就文学翻译的一些思考。但正是在该书的基础上,许钧几十年来一直以其敏锐的思考引领着我国翻译批评的发展,并且培养出像刘云虹这样的一批翻译批评研究型学者。

21 世纪初,我国的翻译批评迎来爆发期。廖七一基于以"翻译批评"为篇名关键词的论文发表情况指出:"世纪之交是翻译批评发展的一个转折点。1989 年仅有一篇;2000 年 5 篇,到了 2010 年则达到 79 篇。也就是说到 2000 年,翻译批评实际上仍然没有成为翻译研究的热点;其后翻译批评骤然升温,受到译界关注。"(廖七一,2020:294)正如廖七一本人所言,该数据并不能反映该时期翻译批评研究的全貌,因为还有不少文章虽然涉及翻译批评,但篇名并未包含"翻译批评",而是以"翻译评论""翻译质量评估"为篇名关键词。除了论文之外,翻译批评研究类的专著也蜂拥而出,仅 2005 年至 2006 年就出版了近十部专著,简单地梳理一下,到 2020 年,我国翻译批评方面的论著不少于 50 部。这一数据,傲居世界各国之首。而"考察上述论文与专著,翻译批评似乎大致集中于三个领域:传统翻译思想的现代诠释;借鉴国外翻译思想尝试新的批评模式与方法;构建翻译批评的宏观理论框架"(廖七一,2020:298)。由此而言,专著之间内容雷同的现象还是比较普遍的,而对于一些核心问题,比如翻译批评的标准问题,涉及并不深入。同时,对于应用翻译批评的关注仍然不足。

第七章

应用翻译批评标准体系建构：一种尝试

> 一个研究者的贡献在更多的情况下是提醒人们关注某个问题，关注某样因为太明显、太清晰反而没人注意的事情，正如我们常说的，提醒人们关注那些大家都"熟视无睹"的事情。（布尔迪厄，1997：120）

> 纵观翻译史及翻译作品史，我们发现在不同时代、在世界的不同角落，人们对于什么是好的翻译作品有着不同的见解。但是，由于文本类型不同，目的语文化与源语文化之间也有差异，因而译作的标准概念也常常不同。（Nord，2001：165）

对于翻译批评与相关标准之间的关系，国内外译学界基本认同其中存在着必然的关联性：科学有效的批评必然基于相关标准。国内外有关翻译批评的界定，几乎都反映出对相关标准的诉求。但是，对于翻译批评标准究竟是什么以及如何建构相应的标准，目前尚未能达成共识。对于翻译批评标准的内涵，译学界普遍存在三种倾向：1）以翻译标准作为翻译批评标准；2）以文学翻译批评标准指涉翻译批评标准；3）以某种理论作为翻译批评标准。笔者对此有不同的看法，认为应用翻译批评作为一个相对自治的系统，应该基于自身的批评范畴、批评环境、批评功能及目的等系统因素,充分考虑系统环境的复杂性以及应用翻译批评系统与其他系统的复杂关系,确定契合自身发展的批评标准体系。

对于翻译批评标准的建构路径,译学界在基本认同以相关理论为基础的前提下,对于应该以怎样的理论为基础各有说辞。理论的纷呈导致标准的多元。在翻译批评标准还未达成共识的语境下,不同的研究路径对于认识翻译批评标准的本质都有裨益,促使人们从不同的角度理解翻译批评标准的性质、功能及其价值,从而不断地使翻译批评标准更趋科学性、合理性和系统性。有鉴于此,笔者基于系统理论和翻译规范理论,试图围绕应用翻译批评系统建构相应的标准体系。诚然,这只是一种尝试,其中必然包含诸多不成熟之处,有待将来不断地完善。

第一节　理论概述与标准分类

无规矩不成方圆。批评本身蕴含价值判断,而判断则须有理有据,因而批评离不开做出判断的参考依据。梁启超认为,"译书当首立三义:一曰,择当译之本;二曰,定公译之例;三曰,养能译之才"(朱志瑜、张旭、黄立波,2020:192)。此前已经论及,所谓"公译之例"即为翻译标准。标准,在某种意义上具有象征结构的功能,而蕴含于这种象征结构之中的,可能是一种超常的制度性力量。无凭无据建构起来的标准毫无意义。

显然,目前所谓的"应用翻译批评标准",其实不能称之为标准。因为,截至目前,并没有什么公认的权威机构制定并核准过相关的文件。目前全球翻译及翻译研究领域,只有翻译标准(包括口笔译),其中又存在有关翻译标准和翻译行业制定的标准之间的区别(或论争),却没有制定并公布过翻译批评标准。然而,一方面,翻译批评作为一种特殊的知识生产系统,必须遵循系统自身以及系统环境的认知与共识。另一方面,翻译批评标准又是一个自 20 世纪中期以来一直萦绕于翻译批评乃至翻译研究领域的议题,而且,不少的专家学者也的确基于不同的理论、出于不同的目的、为了实现不同的功能提出过相应的标准。因此,翻译批评的标准问题,实际上存在于翻译研究的理论话语中,具有一定的象征性结构特征,也必然具有制度性力量,这是我们不能低估的。

我国系统展开翻译批评研究,始自许钧1992年出版《文学翻译批评研究》。不过,在该书中,作者并没有明确提出"翻译批评标准"这一概念,只是探讨了翻译批评的基本方法和基本原则。[①] 1997年出版的《中国翻译词典》列出"翻译批评"条目,并对此做了相应的界定,这为后来的翻译批评研究赋予了一个基本的框架:"从广义上讲,翻译批评即参照一定的标准,对翻译过程及其译作质量和价值进行全面的评价,评价的标准因社会历史背景而异,评价的目的旨在促使译作最大限度地忠实于原作,并具有良好的社会价值。"(林煌天,1997:184)其中影响较大的两个观点——翻译批评的对象是翻译过程及其译作质量和价值、翻译批评即评价——深刻地影响了后来的一系列相关研究。同时,我们可以关注以下两篇有关翻译批评的论文。这两篇论文都是21世纪发表的,基本可以代表新时期的翻译批评标准观。

一篇是文军2000年发表在《重庆大学学报》第一期上的《翻译批评:分类、作用、过程及标准》,该文将"翻译批评"界定为"依据一定理论,对译者、翻译过程、译作质量与价值及其影响进行分析与评价"(文军,2000:66)。该定义增加了"译者"这一翻译批评对象,同时参照董秋斯的"临时标准"和"最低纲领",认为"可为所有翻译拟定一个'最低纲领',或曰'一般标准',而针对纷繁复杂的各类体裁难以数计的作品,则可根据体裁特色,拟定一些'具体标准'"(文军,2000:68)。所谓的"一般标准"就是"忠实""通顺";具体标准则根据文本体裁不同而定。(文军,2000)其观点后

---

① 不过,该书2012年的增订版,增加了三篇文章,即《〈追忆似水年华〉汉译历程与批评反思》《翻译价值与翻译批评论》《翻译批评论》(作者与刘云虹合作撰写),这三篇文章丰富了该书的内容。他在书中明确提出:"开展翻译批评,对翻译过程和翻译作品的质量和价值进行评价,就必须依据一定的标准。"(许钧,2012:235)那么,"在译学发展的漫漫历程中,究竟有没有建立起科学、规范并得到翻译界公认的翻译批评标准呢?"(许钧,2012:235)许钧对此并未做出正面回应,而是从"翻译的标准也就是批评的典律"入手分析了我国传统译论最具代表性和影响力的翻译标准,认为"翻译标准不仅是翻译主体在翻译实践中遵循的原则和努力的方向,也是批评主体用以鉴赏、阐释和评论译作的尺度"(许钧,2012:235)。值得注意的是,许钧将翻译标准视为翻译批评的典律,绝非主张翻译标准等同于翻译批评标准。他只是强调在"鉴赏、阐释和评论译作"时,翻译的标准成为批评的典律。显而易见,翻译批评的对象并不局限于译作,"翻译不仅是一种静态的结果,更是一个动态的过程,一个包含了原作、原作者、译者以及读者在内的相互关联、相互影响的系统。翻译批评的对象不应限于文本,从原文文本到翻译文本的单一模式远远无法承载翻译批评的全部内涵,对翻译本质、过程、作用、影响的关注以及对翻译现象和事件的解读与评判是翻译批评不可或缺的重要维度"(许钧,2012:219)。当然,许钧的这些翻译思想,在其2003年出版的《翻译论》中都已体现。总体而言,许钧引领了我国的翻译批评,在不同的时期都能提出一些让人思考的东西。

整合在 2006 年出版的《科学翻译批评导论》一书中,对后来者影响不小。

　　另外一篇是郑海凌 2000 年发表在《中国翻译》第二期上的《谈翻译批评的基本理论问题》一文。论文将翻译批评界定为"按照文学翻译的审美原则,根据一定的批评标准,对具体的翻译现象(译本或者译论)进行的科学的评价活动"(郑海凌,2000a:19)。该定义增加了"译论"这一翻译批评对象。他指出翻译批评具有三种属性:其一,"一种审美评价活动,是批评者对翻译现象的审美理解,具有审美性";其二,"翻译批评是一种较为完整的、系统的学术研究活动,具有科学性";其三,"翻译批评是批评者的个体行为,不可避免地带有批评者的主观色彩,因而具有主体性"(郑海凌,2000a:20)。在此基础上,他提出了基于"和谐"说的翻译批评标准:"任何批评都离不开一定的原则和标准作为依据和支撑。翻译批评的标准与文学翻译的审美标准是一致的。我们认为,文学翻译的审美标准是'和谐'。"(郑海凌,2000a:20－21)他认为,"和谐"作为翻译批评标准,与传统的"信达雅""神似"等标准并不矛盾。(郑海凌,2000a)不过,该文将翻译批评局限于文学翻译和文本批评两个方面。

　　2003 年许钧出版的又一专著《翻译论》,虽然不是以"翻译批评"为书名关键词,但对于我国的翻译批评具有四个方面的重要意义。其一,扩大了翻译批评对象,认为既往对于翻译批评中的"翻译"缺乏宏观的视野,倾向于把翻译局限在翻译文本上,视翻译批评为文本批评,从而忽视了其他与翻译密切相关的活动、译论、译者、事件或现象,割裂了翻译与社会、文化、历史之间的纽带关系。其二,强调理论对于翻译批评及其标准建构的重要性,指出了翻译批评与翻译或翻译理论之间并非依附性关系。翻译批评作为相对独立的系统,理应发展出有利于自身同时又不悖翻译理论或者翻译研究的理论体系。其三,突出翻译批评自身作为系统的自洽性。其四,突出标准对于翻译批评的不可或缺性及其标准的规范性。[①]

　　毋庸置疑,在我国翻译批评史上,第一部系统研究翻译批评的专著,非杨晓荣 2005 年出版的《翻译批评导论》莫属。该书分两个部分共七章:第一部分为总论,包括四章,分别为《翻译批评基本概念》《翻译批评基本原则》《翻译批评的主体、客体和参照系》及《翻译批评的层次和方法》;第二

---

① "凡标准的建立,都有其规范性,无规范不成标准。关键在于标准不是一成不变的,但其变化的真正原因,并不仅仅是由于社会需要的变化或活动目的的不同,而在于人们对翻译活动本质的认识的变化与丰富。从标准的单一到标准的多元,直接反映了翻译观的不断变化。"(许钧,2009:413)

部分为翻译标准研究,三章内容包括《翻译批评的依据:翻译标准》《翻译标准探索》及《翻译批评标准的传统思路和现代视野》。作为我国翻译批评系统研究的先期成果,其中有两点在当时并未予以澄清。其一是翻译批评对象。一方面,作者将翻译批评界定为"依照一定的翻译标准,采用某种论证方法,对一部译作进行分析、评论、评价,或通过比较一部作品的不同译本对翻译中的某种现象做出评价"(杨晓荣,2005:3),该定义明显强调了翻译对象为译作。另一方面,作者又指出:"按一般理解,翻译批评主要是对翻译作品的评论、评估,那么批评的对象就应该是译作或围绕译作的各种问题。理论研究型的翻译批评还可能以译者为关注的中心,或者范围更广,批评的对象既不是具体译作,也不是具体译者,而是与翻译过程有关的一些比较宽泛的问题。"(杨晓荣,2005:60)翻译批评的对象在增加译者的同时,还增加了一些宽泛的问题。其二是翻译标准与翻译批评标准之间的关系。同样,该书一方面认为"译者心目中的翻译标准和批评者所持的标准不会完全一样",但另一方面又认为,"除了这些不同之外,翻译标准和翻译批评标准在很多情况下是可以重合的,模糊一些,也可以作为同一个问题来讨论"(杨晓荣,2005:102,103)。

而这两点含糊之处,鉴于该书的先驱性及影响力,显然都在一定程度上影响了我国的翻译批评。对此,本书都已经做了相关论述,明确指出:翻译批评的对象不能局限于文本,翻译标准与翻译批评标准之间既有交叉重叠又有明显差异。不过我们也必须明确,尽管《翻译批评导论》存在一些不足,但并不能因此抹杀它对于推动我国翻译批评发展的贡献。任何研究都具有时代的局限性(研究主体、研究客体、研究方法等)。在认识翻译批评的本质、建构翻译批评基本框架以及明确翻译批评与翻译批评标准关系等方面,该书都具有开创之功,是我国翻译批评领域的奠基之作、扛鼎之作。时代在发展,学术无止境。毕竟,任何知识都是在发展中积累起来的。

其他论及翻译批评及其标准的专著、文集,还有王宏印的《文学翻译批评论稿》(2006),文军的《科学翻译批评导论》(2006),吕俊、侯向群的《翻译批评学引论》(2009),肖维青的《翻译批评模式研究》(2010),周领顺的《译者行为批评:理论框架》(2014),杨晓荣主编的《二元·多元·综合——翻译本质与标准研究》(2012),刘云虹、许钧主编《翻译批评研究之路:理论、方法与途径》(2015),刘云虹的《翻译批评研究》(2015),廖七一的《20世纪中国翻译批评话语研究》(2020),等等。这些著、编文献,以及一些本文未曾提及的文献,都为我国的翻译批评研究贡献了智慧,也为本书的应用翻译批评及其标准研究奠定了基础。

论述应用翻译批评标准,其中必然涉及两个基本问题:1) 应用翻译批评标准与翻译标准的关系;2) 应用翻译批评标准与文学翻译批评标准的关系。其实,这两组关系本身又是相互关联的。因为,长期以来,翻译研究以文学翻译研究为主,文学翻译的问题构成翻译研究的核心,因而在很多时候,谈论翻译批评标准,实际上就是谈论文学翻译批评标准。毋庸置疑,应用翻译批评标准,尽管与翻译批评标准和文学翻译批评标准有别,但其建构也不可能脱离先前的文献,必然要基于既往相关论述。毕竟,文学翻译研究是翻译理论研究的摇篮。实际上,在人文社会科学领域,面面俱到、放之四海而皆准的标准,显然并不存在,也不应该存在。但是,作为批评,如果缺失了批评的理论基础,缺失相应的参照依据,显然不可能构成科学的批评,只能停留在人云亦云、率性漫谈的状态,甚至出现无病呻吟、乱扣帽子的不良批评,从而使得批评有害无益。[①] 有学者指出,翻译批评需要标准,但不是传统上译学界默认的、争论的、充满主观性的"一定的标准",而是要以科学性为前提,做到与词典定义的、科学的"标准"内涵相一致,且要在科学方法的支撑下具有操作性。(周领顺、周怡珂,2020:117)

那么,什么是传统中默认的、充满主观性的"一定的标准"? 什么是科学的标准? 什么样的科学方法能够支撑翻译批评标准应用于具体的翻译批评? 其实,要给这些问题一个完美的答案并不容易。在人文社会科学研究中,人们总是力图在客观与主观之间找到平衡,既能兼顾研究主体的主体性,又能确保研究价值的中立。实际上,"在多元论、意见纷争的环境中,如人文学科和社会学科里那样,就必须在学科发展成熟,一种发达的范式形成之后,知识才能系统地进步"(比切、特罗勒尔,2008:35)。这也算是为翻译批评确立标准之必要性做一注脚吧。

本书对于应用翻译批评及其标准体系建构的理论基础来自两个方面:社会学系统理论和现代翻译研究的规范理论。系统理论为本书研究提供研究框架;翻译规范理论为标准体系建构研究提供了理论基础。对此,前文已有较为系统的论述。而研究的实践基础则是我国传统的翻译批评话语,主要是佛经汉译批评话语。当然也涉及其他一些与翻译批评及标准关系密切的译论传统。

---

① 早在 1977 年,威尔斯就在其德语版的著述中论及翻译批评标准的重要性。威尔斯于 1982 年与人合作将该书翻译成英语。

基于系统理论视角,本书认为,我国应用翻译批评在经由萌芽、承启和发展之后已然具有作为一个相对自洽系统的基础,而且在发展过程中蕴含着传承关系的翻译规范。本书认为,翻译规范与翻译批评标准之间具有紧密关系,具体表现在以下三个方面:1)翻译规范为翻译批评标准的建构提供了相应的理论基础;2)翻译规范与翻译批评标准的功能具有诸多交叉重合之处;3)翻译规范特征符合翻译批评标准特征。

在第二章中,笔者基于应用翻译批评的范畴,认为应用翻译批评系统包含以下四个方面的内容:1)关于应用文体翻译实践的批评;2)针对与应用文体翻译有关的其他活动或者现象展开的批评;3)针对各种理论在应用(文体)翻译方面的应用性研究展开的批评;4)关于应用翻译批评的批评。

应用文体翻译批评涵盖了翻译文本、翻译过程、译者等与翻译文本生产密切相关的主题;理论应用翻译批评涉及相关理论应用于应用翻译批评中的有关话题,其中不仅包括翻译理论的应用,还包括其他学科理论的应用。需要特别指出的是,与霍尔姆斯所提出的应用翻译研究不同,笔者所谓的"理论应用批评",应用范围并不局限于翻译政策、翻译批评、翻译辅助和翻译教学这四个方面,而是涵盖了整个翻译系统所涉及的内外要素。也就是说,只要运用相关理论展开翻译研究,就可成为批评的对象。至于应用型翻译问题的批评,则主要涉及翻译的外部因素批评,也可以说是社会学视角的翻译批评、文化视角的翻译批评、生态视角的翻译批评或者历史视角的翻译批评,其中涉及的话题比较宽泛,比如译者的身份地位、翻译的报酬、翻译出版、翻译机构、翻译外部环境、翻译质量第三方评估机构等。应用翻译批评之批评,属于元批评,旨在对翻译批评自身进行反思性、建构性批评。翻译批评如果要真正实现其相应的功能,就不能不展开自身的系统性建构,就不能一直停留在碎片化、随感式的状态。而系统性建构,正如前文所述,鉴于翻译批评系统所处环境的复杂性以及与其他系统的复杂勾连,就不能不基于自律、调适、稳定等系统诉求进行简单化、规约化,即系统化标准的建构。

然而,笔者在建构应用翻译批评标准体系时,并不完全对应于上述四种应用翻译批评的分类,而是基于应用翻译批评的形式或者路径。因为,上述应用翻译批评的分类,主要是针对应用翻译批评范畴或者对象而言,批评范畴的多样性以及复杂性,不利于建构相应的标准。有鉴于此,笔者从翻译批评的方法以及标准功能视角出发,进一步将应用翻译批评划分为四类:文本导向的应用翻译批评、过程导向的应用翻译批评、功能导向的应用翻译批评和理论导向的应用翻译批评。依据这四种类型的应用翻译批评,笔者尝试建构相应的标准:**文本导向的应用翻译批评标准、过程导向的应用翻译批评标准、功能导向的应用翻译批评标准及理论导向的应用翻译批评标准**。显而易见,标准类型的划分主要基于批评的方法,而不完全基于翻译批评的范畴或者对象。因为,笔者认为,标准是为实现批评的功能和目的而服务的。需要注意的是,鉴于目前翻译批评还存在着学术与行业之间的隔膜,以上四种应用翻译批评标准,只有文本导向的翻译批评标准和过程导向的翻译批评标准是翻译行业所关心的,其他两种标准,对于翻译行业来说,往往被排除在他们的考虑范围之外。

第二节　文本导向的应用翻译批评标准

所谓"文本主导",即翻译批评主要围绕应用翻译产品展开,因此又可以称之为"应用翻译产品批评"。应用翻译产品批评与应用翻译批评的应用文体和翻译规范中的产品规范有关。切斯特曼在探讨翻译规范的分类时,将翻译规范划分为产品规范和过程规范。他认为,产品规范最终由目的语读者的期待构成,因而又称之为"期待性规范"。(切斯特曼,2020:82)其中涉及对翻译概念、翻译好坏等的认识。

"研究翻译,对'翻译是什么'这个问题,是不能回避的。"(许钧,2009:4)翻译批评尤其如此。实际上,对于翻译的概念,即什么是翻译? 我们在前文已经论述过它的歧义性。不过,从翻译产品批评及翻译规范的视角来看翻译的概念问题,其关注点又有所不同。就应用翻译而言,翻译产品并非只指涉那些基于某个存在于源语中的文本进行语言转换的产品。有的时候,翻译产品在原文中可能已经不复存在,或者根本无法在源语中找到完全一致的文本。这类翻译现象其实在国内外翻译传统中都存在,比如《圣经》翻译。天主教的《圣经》内容与新教的《圣经》内容,在文本上并不完全一致。对此,黄忠廉提出过"变译"概念,即"译者根据读者的特殊需求采取扩充、取舍、浓缩、阐释、补充、合并、改造等变通手段摄取原作中心内容或部分内容的翻译活动"(黄忠廉,1999:80)。随着时间的推移,原作或许消失,而翻译文本则得以流传,这种现象,无论在佛经汉译还是《圣经》翻译中都存在。

对于图里和切斯特曼来说,他们对于翻译概念的关注着重于翻译文本概念,相应的翻译规范也基本上是针对翻译产品而言的。图里认为,要合理地界定某个文本是否属于翻译,要依据三个条件或要求(postulate)而定。1)"存在或者已经存在一个原文本(the source-text postulate)。"(Toury,2012:33)这也就说明,谈论翻译意味着还有另外一个文本的存在。翻译不等于创作,翻译属于在原有文本的基础上进行二度创作,甚至三度创作。从文本导向的应用翻译批评来说,脱离了原文,谈不上翻译,也谈不上翻译批评。因而,莱斯(Reiss,2002)在谈到翻译批评的时候,就反复强调翻译批评中原文与译文对比或比较的重要性。这其实也对批评者的语言素养提出了要求,即批评者至少要能读懂原文,而不只是针对译文进行批评。[①]2)"两个文本之间存在转换关系,即转换要求(the transfer postulate)。"(Toury,2012:34)翻译与原文之间应该共享某些可转换特征。一般来说,源语与目的语之间的可译性,是翻译的基础。但也不可否认,不同的语言必然存在差异,也必定因不同的语言文化、社会背景而存在着一些难以直接从符号层面进行转化的特性。对于这类差异,不能以语言符号的一致性为要求,而应该从意义、效果等理论视角做出相应的批评。3)"关系要求(the relationship postulate)。"(Toury,2012:35)翻译文本与原文之间拥有可转换表述的关系。切斯特曼(2020)认为,图里界定翻译的三个条件,说明翻译这一概念的边际最终未必由概念本身所固有的东西所设定,而是由某个文化中的成员如何对待这些概念来设定的。这种说法其实还是将对翻译的认识简单化了。翻译是复杂的活动,翻译产品也未必只由目的语成员来界定。许钧(2009)曾将翻译的内涵概括为五个方面:社会性、文化性、符号转换性、创造性、历史性。就应用翻译批评而言,还有一些内涵超越这五个方面,比如翻译文本的类型特征。

作为应用翻译批评标准,文本类型是一个必然要纳入考虑范围的维度。因为,应用文本类型的存在以及翻译需求,是建构应用翻译研究系统以及批评系统的基础。尽管对于应用翻译文本类型的分类有所不同(Reiss,2000;Newmark,2001;张美芳,2005;方梦之,2019),但其作为与文学翻译相对应的概念,的确具有与文学翻译不同的目的与功能。"目的和功能是应用文体翻译的依据和依归。"(方梦之,2019:57)"信息性、劝导性、匿名性和时效性是绝大多数应用语篇具有的主要特点。"(方梦之,

---

① 显然,只读译作而不读原文的翻译批评,也是客观存在的现象。

2019：58）因此，威尔斯认为，"翻译研究必须构建出一个参照框架，将文本视为以交际为导向的形构，含有主题、功能和文本-语用三个维度。这些维度分别可以从文本的表层结构衍生出来"（Wilss，2001：116）。

毋庸置疑，文本类型的分类，可能只是人们按照理想类型对文本进行的范畴化，把文本的复杂关系在语义层面简化，通过体裁和主体对复杂的文本进行简单化处理。这种取向，无疑导致文本类型研究难以为继。不过，随着新时代多模态翻译研究的崛起，文本的概念不再局限于以语言符号为载体的文本，同时也拓展到其他符号的概念，将声音、图像等都纳入文本范畴内，当下的视听翻译、图像翻译、字幕翻译等多模态翻译显然是这类翻译的反映。由此，应用翻译文本类型研究又被赋予了新的意义。

至于对翻译好坏的认识，切斯特曼（2020）认为，这应该完全由翻译的读者期待所定，主要受到两方面的制约：1）目的语文化中盛行的翻译传统；2）目的语中的平行文本（相似的文本类型），即目的语中盛行的语境和框架。除此二者之外，他还认为受到目的语文化以及源语文化和目的语文化间的经济、意识形态或权力关系等因素的制约。

应用翻译产品批评标准，不同于应用翻译标准。① 翻译标准与翻译批评标准之间的关系，我们已经在书中多次论述过。但是，绝不能就此认为，应用翻译批评标准与应用翻译标准毫无瓜葛。译者有自己的翻译标准，读者有自己的期待，批评者有自己的批评标准。这自然是没错的。问题是，其中如果毫无瓜葛，毫无逻辑联系，那么，我们就不能将它们置于同一系统中予以探讨研究。实际上，批评者的批评标准可能与译者的翻译标准、读者的期待重合，也可能不同。（请参见本书第五章第一节）重合的情况自然很多，尤其是当批评者本人也是译者，也具有丰富的翻译实践经验的时候，这种重叠就更容易出现。因此，译者以"忠实""通顺"作为翻译的标准，读者也期待译文"忠实""通顺"，批评者也可能以"是否忠实""是否通顺"来衡量翻译产品。当然，批评者所基于的翻译标准未必与译者的翻译标准一致，比如，批评者可能依据"译文是否等值"或者"译文是否可接受""译文是否达到目的"来衡量翻译产品。而其他批评者所基于的翻译批评

---

① 在此我们可以进一步借鉴图里关于翻译与翻译评估的观点。图里认为，翻译是预期性的而翻译评估是回顾性的。"译文是直接应用翻译规范的结果，而评估则首先采用评价规范和评价陈述规范，包括制约评估文本生成的规范。就翻译规范而言，评估者只是对翻译规范以及由此而产生的结果做出反应。他们有时会尝试从翻译行为中提取翻译规范，甚至在一定程度将其文字化。但他们从来不会执行这些规范，除非他们想要提供一个不同的译文。"（谢芙娜，2018：30）

标准又可能与该批评者不同,比如,其他的批评者可能会认为,"等值"本身既不适合做翻译标准,也不适合做批评标准。由此而言,在翻译产品与翻译批评之间横亘着太多影响因素。翻译产品本身就是个矛盾体。一方面,翻译产品是作为原文在目的语中的替代品而存在的;另一方面,翻译产品在目的语文本系统中又以相对独立的文本形式而存在。如何看待这种矛盾混合体,本身就是见仁见智的事。批评者对于翻译规范的了解程度、自身的知识结构以及理论视野,同样影响着他所持有的批评取向,进而决定了他的批评标准。对此,辜正坤曾经有过一段精彩的论述:

> 当我们具体考察一个对象时,我们假定它是一个置于空间的静止原点,我们可以在它周围空间的任何一个点来考察它,而由于其背景不同,在任何一点上的考察结果都会不同于任何别的一点上的考察结果。所以在考察者心中,这个原点所代表的可以是无穷个别的什么东西,而不只是一个。同理,假如我们把认识主体(我)看成一个置于空间的静止原点,又假设这个原点是可以同时向任何方向进行观察的眼睛的话,那么其观察结果和我们平时只从一个方向看出去(我们的视幅只局限在双眼前方)所得结果将是多么令人惊骇的不同,这宛如一种全息式观照。(转引自杨晓荣,2012:261)

的确,如果我们将上文的考察对象和考察者置换为"翻译产品"和"翻译批评者",就会发现,鉴于翻译产品与批评者之间复杂的关系,翻译批评标准也不可能只有绝对的一个,而是呈现为多元化形态。因为,"我们认识能力、认识范围的有限性实际上已经自发地规定了我们在选择认识对象上的有限性。……认识主体自会根据其需要来容纳相应的标准"(杨晓荣,2012:262)。就此而言,"翻译标准并非是某个翻译家随心所欲地规定出来的,而是译者、读者长期以来的某种默契的结果"(杨晓荣,2012:262)。

这些某种默契所遵循的依据,实际上就是我们所说的翻译规范。这也使得辜正坤在主张翻译标准多元化的同时,认可绝对翻译标准和最高标准的存在。这种绝对的翻译标准,在他看来就是原作,最高标准则是最佳近似度。显而易见,翻译产品不可能等同于原作,因此所谓的绝对标准也就没有意义。因为原作与译作本来就是两个不同的概念,其中的关系具有可比性,但没有绝对的可替换性。原作有原作的价值,译作也有译作的价值。译作因其自身的价值而存在。传统的翻译观,往往将翻译产品,即译作,视为原作的替代品或者替换品,看似提升了翻译产品的价值与功能,实际抹杀了译作自身存在的价值与功能,只是将译作视为原作的重复。这是在建构翻译批评标准时必须考虑的一个维度。与此同时,"最佳近似度是一个抽象一元标准,它必须依靠与它对立而又密切联系的具体翻译标准群才能实现自己。如果没有具体的翻译标准群,最佳近似度这个抽象标准就会形同虚设"(杨晓荣,2012:265)。就此而言,"最佳近似度这个最高标准只是一群具体标准的抽象化,或者反过来说,最高标准这种抽象标准只有在外化为一系列具体标准后才有意义"(杨晓荣,2012:266)。在辜正坤看来,谈论抽象标准是没有意义的,重要的是根据具体情况就具体标准达成共识。

然而,笔者认为,讨论抽象标准也是有意义的。其实,抽象标准和具体标准得辩证地统一起来,才能形成相应的标准系统。抽象标准的研究,如同理论研究,使得我们对于标准有更深入的理解,同时透过这种深入的理解,才能准确地把握标准系统的意义以及制定具体标准的方向。因此,"绝对标准和具体标准都具有某种意义上的可把握性,无数具体标准(相对标准)的总和构成绝对标准,具体标准是绝对标准在另一层意义上的多样化表现形式"(杨晓荣,2012:273)。

毋庸置疑,既然是标准,就不可能允许"无数",所谓的"无数"只能从时空的角度来看待,对于具体的翻译及批评而言,"无数"会将标准虚化,失去谈论标准的意义。我们可以认同标准的多元化,但并不认为这种多元化就是"无数"。而认同标准的多元化,实际上也正是基于多元化标准之间的互补性:不同的标准发挥不同的功能,为了实现不同的功能就必然依据特定的标准。因此,翻译批评标准本身也构成相应的系统——发挥相应功能的批评标准系统。

翻译标准多元互补论对于翻译产品批评来说,同样具有理论和现实意义。[1] 翻译产品的批评标准系统,既包含了"准确""正确""忠实"等较为抽象的标准,同时也包含涉及文本类型、语篇、术语、风格等方面的具体标准,其中甚至包含语法、词语搭配、修辞转换等语言层面的具体标准。对此,辜正坤(转引自杨晓荣,2012:267)提出过三个方面的标准:

第一,从纯语言的角度厘定标准:1) 语音标准;2) 词法标准;

---

[1] 辜正坤认为,"翻译标准多元互补论标志着在翻译标准取向问题上的一个系统的划时代的转折,这就是把人们无形中总想找寻一个至高无上的最高实用标准的想法打碎了"(转引自杨晓荣,2012:278)。

3)句法标准;4)词形标准(指字、词句的书写及排列形式,如诗行排列形式等);5)语义标准,等等。

第二,从文体形式的角度厘定标准:1)艺术性文体翻译标准(如诗歌、抒情散文、小说、戏剧等等);2)普通叙述文体翻译标准(例如历史文献、普通叙事文之类);3)科学技术著作翻译标准;4)抽象理论著述翻译标准(如哲学、美学文献等);5)应用类文体翻译标准(如契约类法律文献、申请、报告等等);

第三,从文体风格角度厘定标准:1)朴实的文风;2)华丽的文风;3)雄辩的文风;4)晦涩的文风;5)明快的文风。

值得注意的是,对于翻译产品的批评,或者文本主导型的应用翻译批评,其标准并不能完全依据目的语读者或者目的语文化期待,也应该考虑到源语的文化期待。因此,赫曼斯所谓的"正确的翻译"必须符合特定系统中盛行的正确概念,尽管切斯特曼对此解释说,此处的"正确的"并不一定暗示只存在一个正确的翻译,也可能存在多个正确的翻译。但是,仅仅以采用特定交际情景中被认为正确的翻译作为标准,无论是翻译标准,还是翻译产品批评标准,都显得比较片面。

王佐良曾经针对翻译文体提出过四点:1)语言要适合社会场合;2)语言使用的个性化;3)语言变异;4)适合就是一切。他认为:

> 译者的任务在于再现原作的面貌和精神:原作是细致说理,译文也细致说理;原作是高举想象之翼的,译文也高举想象之翼。一篇文章的风格只是作者为表达特定内容而运用语言的个人方式,它与内容是血肉一体,而不是外加的、美化的成分。因此从译文来说,严复的"信达雅"里的"雅"是没有道理的——原作如不雅,又何雅之可言。(中国对外翻译出版公司,1983:59)

不过,王佐良并非真正反对"雅",而是针对原作与译作之间"雅"的关系提出了质疑。① 在制定具体的翻译批评时,不能不考虑译者的个性、语言使

① 王佐良在1982年的一篇《严复的用心》文章里指出:"雅,乃是严复的招徕术","严复之所以选择'汉以前字法、句法'也不只是从语言或风格着眼的。他从事翻译是有目的的,即要吸引士大夫的注意","通过艺术地再现和加强原作的风格特色来吸引他们。吸引心目中预定的读者——这是任何译者所不能忽视的大事"(王佐良,1984:483–484)。

用的语境(场合)等问题。

方梦之(2019)则基于应用翻译的文体特征,提出了"达旨、循规、共喻"的翻译原则。这三条原则是"根据严复的翻译思想和翻译实践,结合文化学派规范理论和功能目的论提出来的,是中西翻译理论元素相结合的尝试"(方梦之,2019:66)。方梦之(2019:69)认为,"坚持达旨的原则乃是译者的根本"。但"达旨"不仅仅关注译者表达,同时也包括是否达到翻译委托人和译本接受者的"旨"。"循规"则是"遵循译入语的文化规范"(方梦之,2019:69),其中包括三个方面的内涵:融入译语意识形态,符合译语思维方式,遵守译语规范制度。"共喻"就是《法句经序》中的"当令易晓""实宜径达",译文所传达的信息为译文读者所理解,至少是不为译文读者所误解的。故此,方梦之也提出了三条原则:译文通顺、文体匹配、适应不同读者。

相对而言,方梦之所提出的应用翻译三原则,其实也可视作应用文体文本翻译三标准。然而,翻译标准毕竟与翻译批评标准不同。基于以上的分析,我们尝试提出文本导向的应用翻译批评标准:

1)达旨

2)循规

3)易晓

以"达旨"作为应用翻译产品批评的标准,其中包含两层最基本的含义,即在批评时依据这一标准审视翻译产品是否传达了原作的意义。毕竟,对于应用翻译产品来说,准确、忠实地传达原作的意义,既是应然,又是实然,是应用翻译的根本目的。而作为应用翻译批评,无疑应该将实现该目的作为首要功能。这就要求应用翻译批评应该了解原文原作的意义,了解批评翻译的目的。有的时候,翻译的达旨与批评的达旨可能会产生冲突,即译者所理解的意义与批评者所理解的意义不一致,译者的翻译目的与批评者所认为的翻译目的并不一致,即译者的期待规范与批评者的期待发生了冲突。有的时候,批评家的责任或者目的就是要说出翻译家能说但未曾说出的话,思其未所思,言其未所言。译者只能说出原文需要他说出的话,或者只能依据原文说出译者或读者需要他说出的话。也就是说,译者在翻译之际对于原文的种种困惑与迷思,应该由翻译产品批评来澄清。至于是否能澄清,自然另当别论。虽然我们并不能否定翻译批评可以按照特定的语境对翻译产品做出不同的阐释，①但我们还是主张翻译批评应该尽量地挖掘翻译的"达旨"度。其中需要注意的是，批评者也要有所克制，不能完全依据批评者的理论立场、意识形态来批评，否则就有失公允。因为，译者在翻译之际，虽然也可能会考虑到来自批评的声音，但并不一定以翻译批评的标准作为翻译标准，翻译批评总是滞后于翻译产品的。如果翻译产品批评以自身的"达旨"标准来衡量译者的"达旨"标准，势必会强译者所难，进而失去翻译批评的有效性和合理性。因此，所谓的文本主导翻译批评标准之达旨，显然是个包容性、开放性概念。

"循规"即审视翻译产品是否符合相应的翻译规范。"一旦我们承认批评家拥有他自己的活动领域，他在那个领域享有自主权，我们便不得不认定批评是按照一种特殊的概念框架来论述文学的。"（弗莱，2021：5）这里所谓"相应的翻译规范"或"概念框架"包含三层意思：其一，翻译产品生产文化中一脉相承的传统规范；其二，翻译产品生产之际特定语境中的规范（语言规范、期待规范、社会规范、文化规范等）；其三，盛行于翻译批评之际的文化间规范。诚然，在特定的批评语境中，包含这三层意思的翻译规范处于相对统一的状况，即传统规范、特定规范和间性规范基本一致，这种时候的翻译批评，相对来说会对翻译产品做出肯定性的批评。这类批评往往具有更多的翻译研究性质，是出于维护系统功能的目的展开的批评。然而，更多的翻译产品批评则是因以上三者的冲突而起，或因某个翻译产品与传统规范冲突而起，或因某个翻译产品所遵循的规范与批评之际盛行的规范冲突而起，不一而足。不可否认，违背规范的翻译并不一定是不好的翻译，有的译者为了标新立异故意违反翻译规范。但是，无论因什么而起，翻译产品批评并不是为译者服务的，都应该遵循其中的某个标准。但具体应该遵循哪一种标准，并无定论，要视其中所涉及的批评目的、功能而定。释辩机基于翻译佛经的实践认为："传经深旨，务从易晓，苟不违本，斯则为善。"（朱志瑜、张旭、黄立波，2020：92）然而，马建忠（1966：214）则基于"深知外洋之情实而早为之变计"，认为翻译"能使阅者所得之益与观原文无异，是则为善译也已"。因此，"循规"之"规"并非要制定出一个唯

---

① 韦努蒂（2009：18）认为，"我们很难判定几种相互竞争的译文中究竟哪一种最契合原文，因为评价翻译是否准确的典律（cannon）以及'忠实'与'自由'的概念都是由特定的历史条件所决定的。甚至连'语言错误'这个概念也是可变的，因为误译，特别是文学文本中的误译，在目的语文化中有时候不仅是可以理解的，而且还具有重大的意义"。这种将对翻译的批评与评价完全视为由特定历史条件所决定，并不能真实地反映翻译以及翻译批评的功能。不过，韦努蒂本人也清楚，"翻译是汇聚了众多因素和影响的场点"（韦努蒂，2009：20）。

一之"规",它应该是一个历史性、语境化概念。

"易晓"是我国自佛经汉译以来就一直遵循的标准,包含了"信达雅"中的"辞达而已",对"达"的语言表述、语体提出了要求,还涉及"当令易晓"究竟该用雅言雅语,还是平民化通俗语言的问题。对于应用翻译而言,其产品的语言标准应该以"平实无华"为要,以读者的理解力为考量依据。因此,当严复翻译的读者对象是饱读诗书的士大夫,他采用"求其尔雅"就无可厚非,就像翻译儿童读者之际采用童言童趣也属正常一样。所谓的"易晓"也不是一味地迁就译文读者的理解力,还有一个如何保持原作风格的问题。如果原作就是深邃厚重的哲理思想,非得将其用平实无华的语言来"易晓"也未必是明智之举。对于一个没有哲学背景的读者,即便平实的语言也未必能懂。所以,将"易晓"作为批评标准,也意味着在展开批评时要做语境化回应。

毋庸置疑,上述三条翻译产品批评标准并非独立发挥作用,也未必要整体地在某次翻译批评中发挥作用。他们之间的关系是辩证统一的,既相互独立又密切关联,共同构成翻译产品批评的标准系统。与此同时,对翻译产品批评设定相应的标准,旨在为翻译产品批评提供相应的依据,从而使得应用翻译批评系统趋于理性,并非说这样的翻译批评只能囿于文本产品(文本产品本身包含着生成、传播、接受等关联要素),同时也并非意味着否定读者或者批评者的解读文本能力以及自我评价能力。我们也必须认识到,即便在理性、系统的应用翻译批评中,非理性、率性的、感悟体验式的翻译批评同样对于解决翻译的问题可以起到一定的作用。正如有学者认为,"相较于认知的、控制的以及理性的选择,不受控制的、无意识的以及直觉的判断或许更为重要"(根茨勒,2022:78)。说某类事物重要,并不是要否定其他事物的存在。应用翻译批评要发挥其更为客观、科学的作用,就必然要因时因地因旨地基于相应的标准。

第三节　过程导向的应用翻译批评标准

上面一节我们以产品为导向探讨应用翻译批评的标准问题。在探讨过程中我们已经可以发现,以产品为导向的翻译批评,实际上构成既往翻译批评的主战场。对此,贝尔(Bell,2005:24)认为:"翻译理论要想具备综合性和实用性,就必须尝试描写并解释翻译的过程与产品。然而,目前的状况是翻译理论大都集中探讨翻译产品而排斥翻译过程,其通常做法是通过描写和评价翻译产品来反推翻译过程。"

因此,贝尔进一步指出翻译过程研究对于翻译产品研究的重要意义:"译作是由过程实现的,只有理解过程才有希望帮助自己或别人改进翻译技巧。"(Bell,2005:35)后来,他索性直接认为:"翻译理论的部分任务就是说明从源语语篇到心理表征这一转化过程,并解释心理表征与源语语篇如何不同。"(Bell,2005:35)

贝尔关注翻译过程并提出翻译过程模式,大约是在 20 世纪末。① 现在我们可以看到,在翻译批评领域,产品批评依然占据主流。而且,通过梳理国外的翻译批评研究,我们也可以轻易发现,所谓的翻译批评研究,似乎已经沦为翻译质量评估或者翻译质量保障研究。因此,以过程为导向的应用翻译批评,首先要明确"什么是翻译过程"。在传统翻译研究中,翻译过程往往局限于原文与译文的语言转换过程,因而集中探讨的是译者的理解和表达过程。这一点在贝尔的翻译过程模式中得到充分体现。因为在他看来:"我们的目标是客观说明源语语篇向译语语篇转换时译者采取的步骤和经历的各个阶段;我们的焦点论题是译作产生的过程而非译作本身。"(Bell,2005:35)

毋庸置疑,对翻译过程的关注,是现代翻译研究的一大进步。这一进步首先得益于阐释学、心理学、认知科学对翻译的介入,或者说是翻译研究对此类学科的借鉴。显而易见,翻译研究中的阐释学视角,由来已久。在西方的《圣经》翻译基础上形成的解经学,实际上就是翻译的阐释学。

解经学认为,在翻译《圣经》的时候只能依据圣经的本来面目去理解,因此,作为译者,在翻译时的首要任务就是寻找原文要向读者传递的意思。问题是,早期的解经学往往禁止译者在理解时掺入自己的见解,而是苛刻地要求译者按照经文字面意思去挖掘作者的意思。显然,这种将译者的前视野彻底遮蔽的解经学,遭到后来者的反对。人总是带有自身的前设和主见去理解他者,或者说人总是带着历史与成见去理解他者。现象学的"视域融合"为此提供了新的启示。以往的经验和知识必然在我们的理解过程

---

① 具体说应该在 1991 年左右。贝尔所说的翻译过程,实际上也是译者翻译的心理过程。其中关心的问题包括:译者翻译时发生了什么? 译者翻译过程究竟是如何发生的?

中有意识或无意识地介入。但是,很显然,无论是翻译还是翻译批评,都要求我们克制自我意识的冲动,不能将自己依据既往经验和知识而形成的成见不加分析地运用于我们对翻译过程的理解。这是建构翻译批评标准的应有之义。

因此我们可以看到,庞德基于"翻译的自主性"来理解翻译的阐释性时,就把自己推到了阐释的一个极端,从而在其翻译过程中任意地、率性地理解原文,并且按照"自主性阐释"来尽显自己飞舞的想象,在翻译时妙笔生花,以"原文创作"(original writing)的名义颠覆原文的意义,从而满足自己的翻译情趣。在此,我们当然无意去评判庞德的翻译动机、理论旨趣及其翻译策略,但却是在建构过程导向的应用翻译批评标准之际必然要考虑的一方面。

阐释学批评路径,在文学批评中的历史比较久远。18 世纪,弗里德里希·施莱尔马赫(Friedrich Schleiermacher)就运用阐释学来解决文本意义的挖掘问题,认为可以运用阐释的方法恢复文本的正确意义。19 世纪的威廉·狄尔泰(Wilhelm Dilthey)继承了施莱尔马赫的阐释学思想,以"体验"为基本概念,认为可以通过对原作的二次"体验"重新获得原文的意义。尽管二者对于阐释的路径有所不同,但都认为对原文意义的阐释才是通向原文意义的唯一正确途径。不过这种阐释学观点到了 20 世纪则发生了方向性改变。以马丁·海德格尔(Martin Heidegger)、汉斯-格奥尔格·加达默尔(Hans-Georg Gadamar)为代表的现代阐释学一反以阐释来还原原作意义的思路,认为原作意义本身就是捉摸不定的,因此无法通过阐释来获得原作意义,甚至导致有的学者"反对阐释"。但是,这种对于文本阐释的研究,对于翻译过程而言则具有很重要的意义。

翻译研究对过程的关注,究竟起于何时,实际上已经不重要。人们一般认为,吉瑞·列维于 1966 年在一次会议上宣读的论文《翻译是一个选择过程》,对于将翻译视为一个选择过程,显然极其重要。该论文在 1967 年正式发表后收录于韦努蒂主编的《翻译研究读本》(*The Translation Studies Reader*, 2000)中。2008 年谢天振主编的《当代国外翻译理论导读》汉译了该文。文章开篇就提出:"就目的而论,翻译是一种交际过程:翻译的目的是把原作的知识传递给外国读者。而从译者翻译过程中某个时刻的工作场景考虑(即从语用的角度看翻译),翻译则是一个作选择的过程:一连串的多个连续场景。仿佛博弈中的每一步棋,迫使译者必须在一些备选项中进行选择(这些备选项的数量有时可以精确限定)。"(谢天振,2008:577)

翻译是交际过程,翻译是行为过程,翻译是心理思维过程,等等,这类说法现在已经在翻译研究领域随处可见。但是,作为一个概念,"翻译过程"现在大多已经被"翻译认知过程"所宰制。当下人们一谈到翻译过程,往往将其视为翻译认知过程。"翻译过程研究(Translation Process Research, TPR)主要关注译者在口、笔译过程中大脑的运作机制及影响大脑运作的各种因素。"(刘艳春、胡显耀,2022:75)"翻译过程的理论模型大致经历了三个发展阶段:1) 20 世纪 70—90 年代的信息加工模型;2) 90 年代以来的翻译能力模型和翻译认知模型;3) 近年来的具身认知(embodied cognition)模型。"(刘艳春、胡显耀,2022:75)

但是,如果从翻译研究的角度,从翻译批评的角度,而不是仅仅从认知的角度来审视翻译过程,我们就应该看到,翻译过程实际上并不局限于"译中"(translating),还包括"译前"与"译后"。

如果基于列维的说法,从目的来看翻译这一交际过程,我们就会发现,"译前"的许多活动都应该纳入翻译过程之中。在探讨翻译规范的"预备规范"时,图里提到了翻译材料选择等译前问题。这显然也是在对翻译过程予以批评的时候要关注的。挑选什么样的文本来进行翻译,不仅仅是译者的问题,也涉及国家翻译政策和翻译出版机构的出版意愿。在人工智能时代,采用什么样的翻译软件,采用什么样的翻译工具书,都构成翻译过程的重要环节,同时也成为翻译批评的对象。

现在,译后编辑也已经不是陌生的概念,甚至可以说已经成为眼下不得不考虑的问题。在人工智能时代,应用翻译对于人工智能翻译的依赖程度愈来愈强,由此引发的相关问题也构成翻译研究的热点,吸引着翻译批评的关注。

所以,从过程视角看待翻译,就不能只是局限于译者,也应该包括与翻译过程密切相关的其他领域,如国家翻译行为、出版机构的出版行为。从应用翻译来说,用户的"翻译纲要"制定也是翻译的重要一环。对于以实现翻译目的为主的应用翻译来说,有些时候语言的转换问题甚至可能变得不那么重要,至少可能不像以前那么重要。这可能是现代翻译批评所面临的新问题。

即便以认知作为翻译过程研究的焦点,也存在不少问题。如有学者指出:

> 翻译过程研究的深度有待提高。虽然翻译过程研究的内容有了

很大拓展,但很多研究仍然停留在描写研究阶段,缺乏必要的理论解释和深入的理论探索。大多数研究只探讨译者情感、性格、情绪、环境等因素与翻译表现的关系,但对这些因素影响译者认知的方式缺乏深刻的见解。总体而言,翻译过程研究对翻译行为的本质缺乏深入的思考,无法为其他学科提供借鉴与启发。(刘艳春、胡显耀,2022:78)

翻译过程中相关顽疾的持续存在,与翻译批评的不力也有着密切关系。(关于这一点,我们还会在本章第五节继续探讨。)现在,我们还是要回到对过程导向的应用翻译批评标准的讨论上来。

上述有关翻译过程的界定,在某种程度上进一步强化了本书对于应用翻译研究范畴以及应用翻译批评范畴的界定。我们可以看到,本书的"翻译过程"所涉及的主体,并非只局限于译者,也涉及翻译发起人、项目管理人员、翻译出版、机辅翻译、译后编辑校对人员等。机辅翻译进入翻译过程,无疑扩大了翻译过程的研究范围,其中涉及的技术问题、软件问题、项目管理等也随之成为应用翻译研究、应用翻译批评的对象。其中有些问题,可以直接归入应用翻译批评,但是有些问题可能间接地属于理论应用问题,如运用相关理论对翻译过程的研究等。由此也给应用翻译批评标准的建构带来一定的困难。

翻译过程也必然包含着行动、行为或者活动。对于这些概念,我们有时候并不加以区分,从而也导致了一些对西方概念的误读,进而也使得我们在翻译批评时以讹传讹。目前在翻译界流行着一句话:翻译是受规范制约的行为。而且大家都将这句话的来源归于图里,因为他在《描写翻译研究及其超越》这本书中一再强调 translation as a norm-governed activity。但是,人们或许没能注意到图里的真正用意,误解了这句话中的两个关键词:as 和 a。其实,图里这句话真正的意思是:翻译作为一种或某种规范制约的活动。也就是说,翻译也可能不受规范制约。"每一规范的价值却极有可能因其系统位置的不同而彼此相异。"(谢芙娜,2018:29)但是,一旦我们将翻译作为一种受规范制约的活动,规范就在其中发挥了作用。如果我们将其误读为"翻译是受规范制约的行为",就意味着所有的翻译活动都受制于翻译规范。这显然与实际不符。毕竟,在翻译现实中存在着不受规范制约的翻译活动,甚至也存在着有意识/无意识地违背翻译规范的活动。这是建构应用翻译批评标准时不得不考虑的情况。

毋庸置疑,图里把翻译作为某种受制于翻译规范的活动来探讨翻译规范。因此,他将翻译规范先区分为预备规范和操作规范,然后又在这二者之间插入初始规范。显然,图里力图通过翻译规范将翻译行为与翻译事件结合起来,从而更为有效、合理地解释社会语境下的翻译行为。换句话说,翻译规范不仅存在于翻译的生产过程,同时也存在于翻译的消费过程。因此,图里的翻译规范,对于过程导向的应用翻译批评标准建构更具指导意义。因为,翻译过程不仅包括生产过程,同时也应该涵盖消费过程。不过,目前我们对于翻译消费过程的研究还有很多进一步拓展的空间。

相对而言,切斯特曼(2020:81)强调的则"是那些一旦客户委托翻译后起作用的规范,是实实在在指导译者翻译的规范"。他将图里的预备规范排除在外,聚焦于图里所说的操作规范,与产品规范对应的是过程规范。即便是过程规范,也是聚焦于产品,包括责任规范、交际规范及关系规范,都指涉译者在实际翻译过程中的行为方式。其中,责任规范要求译者行为符合原作者、翻译委托者、译者本人、预期读者以及其他相关方面对忠实的要求。因此,它又可以演变为伦理规范,涉及职业标准,以负责任的态度完成翻译工作;交际规范则要求译者按照语境需要,调整行为方式进行最优化交际,因而又演化为社会规范,协调翻译过程中所涉因素,以求得翻译效果最优化;关系规范要求译者在源语文本和目的语文本之间确立并维持关联相似性的恰当关系,从而使原文和译文之间建立并保持一种适宜的最佳类似性,因此它又属于语言学规范范畴。

也有些学者将过程规范简单地归类为译者规范,认为翻译过程的主体是译者,只要对译者有所要求,并且译者能够依据规范行为,就能达到相应的翻译目标。这种将翻译过程简单化约的做法,虽然可以视为应对翻译过程的复杂环境的一种权宜之计,但这与本书的主旨显然不同。因为本书讨论的翻译过程并不仅仅局限于实际的翻译活动,而是涵盖了从翻译发起到编辑完成、出版发行的整个过程。由此涉及的主体显然不能单纯地局限于译者。对这宽泛的翻译过程展开批评,其标准显然也不能局限于实现"传神达意"之功能,也不只是针对译者而言。

审视我国传统译论有关翻译过程的批评话语,其实也不乏标准,或者说蕴含着标准。释赞宁有云:"遂观道安也论五失三不易,彦琮也籍其八备,明则也撰翻经仪式,玄奘也立五种不翻,此皆类《左氏》之诸凡,通史家之变例。"(朱志瑜、张旭、黄立波,2020:109)基于前人的翻译规范,他又提出"六例",为后来人立规矩。

虽然标准一般来说都有一定的稳定性,但我们并不能简单地照搬过去的标准。标准从本质上来说是开放的、发展的,也必然需要因时而变。时代不同,要求有变,功能殊异,这些都是客观事实。因此,我们既要继承与发扬传统的标准观,同时也要有标准的语用意识。本书按照新时期应用翻译批评特点,认为对于应用翻译过程的批评应该遵循以下标准:

1)从约
2)固本
3)会通

所谓"从约",就是要求对应用翻译过程的批评要遵从相关的规约。此处的规约,既包括翻译生成之规约,也包括翻译消费及翻译批评之规约。对于翻译过程的批评,不同于翻译产品的批评。产品可能是标准的产物,因此,对翻译产品的批评往往可以依据产品是否遵循翻译规范或翻译标准而生成,而这可以通过对翻译产品的解读或者观察推演出来,是一种可追溯的批评标准。然而,对于翻译过程,我们显然不能或无法直接地观察其过程,往往只能根据类推翻译的语境,通过爬梳有关翻译过程的相关文献来加以追溯,以批评语境来观照翻译语境。也就是说,翻译产品批评可以依据翻译标准来加以批评,但翻译过程批评则涉及翻译产品之外的标准,比如翻译政策、行业规范等。在翻译产品批评中,我们可以通过批评提取相关的规范或者标准,但对于翻译过程的批评,我们往往只是依据翻译过程中是否遵循相关规约来展开。因此,过程导向的应用翻译批评首先要遵从相关规约,其次才是定约。这里的主次关系是非常重要的,不能颠倒过来。如果批评以自身的规约来限制翻译过程,往往会产生极其有害的结果。因为,尽管批评有所依,但所谓的依据往往见仁见智,理论视角的差异、批评目的的不同,都会影响到批评的功能效果。因此,作为过程批评,最为有效且合理的路径是遵从相关的规约,具体遵从怎样的规约,则要视批评语境、批评功能而定。

"固本"即应用翻译批评应该固守翻译过程的本来面目。翻译过程,无论怎样变化,都不能偏离其"本"。这里的"本"当然是指"翻译过程之本"。什么是翻译过程之本?其实就是我们为什么要翻译。一般认为,过程是为结果服务的,即经历翻译过程最终是为了达到生成翻译产品并被有效消费之目的。这就是翻译过程之本。如果翻译过程最终偏离了其本,那么不管该过程如何辛苦,对于翻译来说,都是没有意义的。然而,翻译的功能并非单一化的。在某种程度上,翻译批评就是对翻译过程的理解与阐释。理解是阐释的基础,阐释是理解的延续。这种阐释学的批评路径不仅仅可以用于对翻译产品的理解与阐释,同时也可以应用于翻译过程批评。我们知道,乔治·斯坦纳(George Steiner)曾依据阐释学将翻译过程分为四个阶段:信任、侵入、吸收、补偿。但这四个阶段都是针对译者的翻译过程而言的,并不包括翻译发起、编辑校对、工具使用、出版发行等过程。因此并不适用于本书所说的过程导向应用翻译批评,因而也不适用于相关批评标准的建构,即这里所说的"固本"。因为如果只是"固"译者的翻译过程之"本",势必遮蔽了其他之"本",比如编辑校对之"本"。在某种程度上,这里所说的过程导向应用翻译批评"固本"标准,类似于图里所谓的翻译规范的内容,涉及翻译发起到翻译发行的整个过程的翻译规范。正是在此基础上,本书提出过程导向应用翻译批评标准的第三种面相,即"会通"。

所谓"会通",包含两个基本含义:会合疏通及融会贯通。过程导向的应用翻译批评标准兼有这两种含义。一方面,会合疏通翻译过程会涉及各类翻译规范,如交际规范、责任规范和关系规范,当然也包括图里的三类规范以及相关的行业规范。另一方面,一本书的翻译过程,内容比较复杂,相关的制约因素也较多,相关的功能也多元化,因此需要甄别其中的主次关系,融会贯通其中的异同,什么时候以交际规范为主,什么时候以关系规范为主,都要根据特定的语境、语用做出相应的选择,从而确定批评视角和方法,有效实现批评之功能。其中的要旨则在于会通翻译过程各阶段之间的关联,尽可能从整个翻译过程是否合理有序来加以批评。毕竟,翻译过程的关系是复杂的。"会通"作为标准,是应用翻译批评系统观的体现。如果不能有效地从"会通"的视角来处理复杂的系统关系,必然导致应用翻译批评的片面性。

第四节　功能导向的应用翻译批评标准

从事翻译批评,其实需要回应一个简单的问题:为什么要开展翻译批评? 有人认为,"翻译批评是以翻译实践为自己依凭的,因此,翻译实践最关心的事情自然也应该是翻译批评最关心的事情。只有当翻译批评积极地参与对翻译活动的评价和批评而使翻译最终成功地完成自己的使命时,才可以说翻译批评是有成效的"(范东升,2000:33)。

这种观点,只是局限于翻译批评的一个方面,未能有效地考虑到翻译的系统性。如果翻译批评只是为实践服务,那就根本无须建构一个翻译批评系统,也不需要专业的学术研究。公共的、业余的翻译批评、行业翻译批评完全可以胜任该任务。翻译批评服务于翻译实践,只是翻译批评功能之一,而且也不是翻译批评的本质功能。如前所述,翻译文本的批评只是翻译批评的一部分,因为

> 翻译不仅是一种静态的结果,更是一个动态的过程,一个包含了原作、原作者、译者以及读者在内的相互关联、相互影响的系统。翻译批评的对象不应限于文本。从原文文本到翻译文本的单一模式永远无法承载翻译批评的全部内涵,对翻译本质、过程、作用、影响的关注以及对翻译现象和事件的解读与评判是翻译批评不可或缺的重要维度。(许钧,2012:217)

因此,对于翻译功能的认识,不能局限于文本,也不能只是局限于翻译实践,而应该使批评的视野超越文本,将文本外的翻译功能也纳入批评的视域,同时,在建构相应标准之际,不能忽视了翻译批评自身的功能。

翻译批评作为行动,肯定也牵涉动机与价值观。而动机与价值观也必然定位于情境或者环境。帕森斯将行动动机分为三种:1)认知的(对信息的需要);2)情感的(对感情寄托的需要);3)评价的(对评价的需要)。对应于这三种行动动机,存在着三种价值观:1)认知的(按照客观标准进行的评价);2)鉴赏的(按照审美标准进行的评价);3)道德的(根据绝对的正误标准进行的评价)。基于这样的行动取向模式,即行动的动机和价值观决定了"单位行动"的基本取向,帕森斯进而将行动类型划分为:1)工具性的(行动定位于有效地实现既定的目标);2)表意性的(行动定位于实现情感上的满足);3)道德性的(行动定位于是非标准)。(转引自特纳,2001:33)

显然,要解释为什么要展开翻译批评,仅仅解释动机、价值观及其行动类型这些事实,并不足以说明问题,关键还得看这些事实对于系统的生成和维持发挥怎样的功能。而以上三种相应的动机、价值观在翻译批评系统中所发挥的功能并不一致,有的翻译批评可能发挥其中的一种功能,体现为某种行动类型,而有些翻译批评可能同时发挥其中的多种功能。因此,帕森斯为了进一步说明行动系统的系统性,提出了系统生存的四个必要条件:适应、目标达成、整合和维模。(参见本书第二章第三节)

20 世纪 80 年代以来,翻译批评经历了两个非常显著的转变：1) 从以原文为导向转向了以译文为导向的批评；2) 从基于语言学的批评拓展为以社会文化视角为主的多元化批评。对翻译功能以及翻译批评功能认识的不断发展,在这两个转变中无疑起到了极为重要的作用。

　　我们不妨先来看看翻译、翻译批评各自具有怎样的功能。尽管对于这二者的功能在前文都有所论述,但将它们二者的功能做对比性研究,对于我们接下来的讨论还是很有助益的。对于翻译的功能认识,不能只是局限于"功",也要关注其"能"。只有将"功"与"能"有机地统一起来,我们才能真正科学合理地认识翻译功能、翻译批评以及翻译批评标准的功能。

　　我国自古就对翻译功能有较为清醒的认识。"改梵为秦,失其藻蔚,虽得大意,殊隔文体。有似嚼饭与人,非徒失味,乃令呕哕也。"(罗新璋、陈应年,2021：34)"依实去华,务存其本。"(罗新璋、陈应年,2021：52)"文过则伤艳,质甚则患野,野艳为弊,同失经体。"(罗新璋、陈应年,2021：55)到了近代,对于翻译功能的认识已然超出文本功能,触及其文化功能、社会功能等。严复在拟定《京师大学堂译书章程》时,明确提出四项功能："一曰开启民智,不主故常；二曰敦崇朴学,以棣贫弱；三曰借鉴它山,力求进步；四曰正名定义,以杜杂庞。"(王栻,1986：100)郑意长(2010)认为我国近代的翻译功能观发展路径为：从初期的"广中土之见闻"(蠡虫居士)到新时期的"小说①为国民之魂"(梁启超),再到输入"异域文术新宗"(鲁迅),回应了梁启超所主张的观点,即"苟处今日之天下,则必以译书为强国第一要义"(朱志瑜、张旭、黄立波,2020：190)。

　　凡此从不同的角度论及翻译功能,都向世人表明,随着人们对翻译的认识不断加深,对于翻译功能的认识也发生了诸多变化：不仅不再局限于信息传播和认知发展,而且拓展到富国强民、国家形象建构、民族语言演变等方面。与此同时,不同理论视角对于翻译功能的认识也不尽相同。比如,韦努蒂从文化研究的角度区分了异化翻译和归化翻译的功能,认为归化翻译使原文屈从于目的语文化价值观,异化翻译则彰显原文的差异性,偏离目的语本土规范和主流文化准则,压制目的语文化价值观,标示原文的语言和文化差异。同时,"翻译还利用原文维护或修正目的语各学科和专业中的主流概念范式、研究方法论、实践操作等,不管这些学科是物理学

---

① 梁启超自认为他的"小说"一词,与"政治小说"同义。因此,他所谓的"小说"翻译其实就是通过小说翻译来实现救国救民、开启民智的功能。——引者

还是建筑学,哲学还是精神病学,社会学还是法学"(韦努蒂,2009:19)。

一般认为,翻译具有为目的语读者服务的功能。这种观点在德国功能主义目的论中体现得非常彻底。在目的论看来,无论是怎样的翻译,其最高原则都是"目的原则",即"每个文本均为既定目的而产生,亦应为此目的服务。由此,目的准则是指:译/释/读/写皆遵循某种方式,此方式可让文本/译本在其使用环境下运作,面向想要使用文本/译本的人,并且完全按照它们所希望的方式运作"(转引自 Nord,2005:37)。尽管诺德辩解说:"目的准则并不意味着好的翻译就因此要符合或适应目的语文化的行为方式或期望值。"(Nord,2005:37)但依照弗米尔对目的论的规定,"译者必须自觉地、前后一致地、按照有关译文的特定原则进行翻译。目的理论并未说明是什么原则,这应视具体情况而定。"(Nord,2005:38)

目的论所谓的"视具体情况而定",就是依据"翻译纲要"而定。目的论的"翻译纲要"就是在理想的情况下,翻译委托人将翻译目的、译文预期阅读对象、译文使用语境及预期功能等都具体化,以文本的形式要求译者执行(有时也与译者协商)。当然,"翻译纲要"只是交代译者任务,明确翻译目的,并不具体告诉译者如何去完成任务或者执行翻译纲要。毫无疑问,在目的论那里,翻译的功能被预先确定了,是作为目的而预先明确的。

然而,瓦尔特·本雅明(Walter Benjamin)却提了一个问题:"如果译作并不是因为读者而存在,我们又怎么来理解不为读者而存在的译作呢?"(转引自谢天振,2008:321)为此,本雅明指出:"译作因为原作而产生——然而却不是原作的现世,而是原作的来世。……译作总是标志着原作生命的延续。"(转引自谢天振,2008:322)"翻译的重大功能、也是唯一的功能,就是把纯语言从这种负担中解脱出来,使象征化的过程变成象征的结果。"(转引自谢天振,2008:329)

的确,要真正理解本雅明的思想是费力的。但是,他提出的通过翻译使得原作生命得以延续的观点,提醒我们在思考翻译功能之际不能轻轻地将翻译的功能一带而过。他使得我们认识到翻译的另外一种功能,一种我们以前可能并没有深刻思考的功能,一种让我们关注翻译之"能"的功能观。

许钧从翻译价值的角度概括了翻译的五个方面功能①:社会价值、文

---

① 许钧(2003)强调,对翻译进行定位时,作用、功能、影响、价值等词语虽然意义有所区别,但就其本质而言都是同义关系,都是指翻译活动应该起到或所起的作用。但是在本书中,这些概念还是各自具有不同含义的。

化价值、语言价值、创造价值、历史价值。（参见本书第六章第一节,即翻译对于社会、文化、语言、创造和历史方面的功能）

不过,我们在探讨翻译功能的时候,往往只关注到它的"功",即积极功能,却忽视了翻译的"能",即在带来积极功能的时候,也可能带来负面的功能。[①] 许钧(2009)曾指出:人们所期待的翻译功能由于受具体翻译行为或翻译过程的限制而难以完全实现,这使得相应的积极功能无法正常发挥。他认为:

> 从翻译历史的进程看,我们不难发现,在理想的目标与实际的作用之间存在着不可忽视的差距,甚至出现负面的偏差。人们期望翻译能起到双向的沟通作用,有助于不同民族文化的交流和丰富,但历史上却不乏对出发语文化加以曲解,甚至当作"文化战利品"。……人们期待翻译为目的语语言与文化引入新鲜的血液,带来新的思想,催育或丰富目的语文化,可历史上却往往出现过分"归化"的翻译潮流,其结果是不时造成目的语语言和文化的"溶血";人们期待翻译能为不同文化的对话创造条件,却不无痛苦地发现在弱势文化和强势文化的对话中,翻译有时竟充当着强势文化侵略弱势文化的帮凶角色,沦为某种殖民的工具。无可否认,翻译因为有时承担了过于现实的使命而丧失了原本理想中所应起到的作用。这也是理想与现实之间由来已久的矛盾。(许钧,2009:200)

王宁(2006:8)也同样指出:"优秀的翻译会大大地帮助建构新的经典,而拙劣的翻译则会把本来在源语中属于经典的作品破坏,进而成为目标语中的非经典。"美国学者特贾斯维尼·尼兰贾娜(Tejaswini Niranjana)揭示了翻译实践在殖民状态下所折射的不对等权力关系,以及翻译产生的各种遏制策略。她认为,翻译是一种政治行为,翻译一直以来被用来维护各种民族、各种人种和各种语言之间的不平等关系,"由翻译所肇始的种种遏制之策因而为一系列的话语所用,致使我们可以把翻译称为殖民压迫的一项重要技术手段"(转引自许宝强、袁伟,2001:133)。

当然,也有学者指出了翻译的理论化及批评功能。比如皮姆和切斯特曼都指出,翻译即理论化(translating is theorizing)。肖维青似乎也赞成翻

[①] 这方面的例子很多。可参见韦努蒂,2009;许宝强、袁伟,2001;等。

译即批评。[1] 但本书认为,翻译的理论功能在于翻译为理论研究提供了实践资源,翻译本身并没有建构理论的功能。之所以说翻译即理论化,是指译者在翻译过程中运用相关理论来解决翻译中的问题,是翻译理论的体现,而非建构理论。毕竟,翻译本身不是研究,只有对翻译的研究才是研究。译者为了翻译,当然会研究原文语言,甚至对原文的内容进行研究,也会研究目的语,甚至研究如何才能有效地从事翻译。但学术研究与翻译(translating)的研究还是有区别的。比如,翻译的研究不会涉及翻译本质问题的追问,也不会涉及究竟应该基于怎样的理论才能从事翻译。如果真的这么做了,那么这个人就不是在做翻译,而是在做研究了。当然也不是一定没有同时既做翻译又从事翻译研究的人,但不管怎样,他肯定是有所倾向的,或翻译导向,或理论导向。相对于译者的翻译与翻译研究关系,或许翻译与翻译批评的关系更为间接。我们几乎不会一边翻译一边批评翻译。否则难免"进欲停笔争是,校竞终日,卒无所成"(僧叡语)(朱志瑜、张旭、黄立波,2020:32)。但是,有些批评,为了提供一个更好的译文,会在批评之际从事翻译。但这种为批评的翻译,与实际的翻译有天壤之别。批评的翻译是在他人翻译的基础上进行的复译或重译,是在修正他人翻译的基础上再翻译,其目的未必是为读者获得原文意义或者信息,而是为了达到其批评之目的。

翻译的教育功能,也是必须考虑的。在某种程度上,我们所能学的或者所能教的,都非翻译本身,而是翻译批评或者翻译研究。所以,纽马克(Newmark,2001:4)说:

> 我不能使你成为一个好的译者,也不能使你文采斐然。我至多能为你的翻译(translating)在通用指南方面提供些建议。我会建议你如何分析原文语言文本;我也会讨论两种基本的翻译方法;我会为你处理语篇、句子或其他翻译单位制定不同的策略(procedures);有时我还会讨论翻译与意义、语言、文化之间的关系;通过提供大量翻译例子,我希望为你提高翻译能力提供足够的实践机会。

本书认为,目前所谓的翻译教育对于翻译与翻译研究、翻译批评之间的关

---

[1] 肖维青认为翻译是批评。翻译批评是批评的批评,论述了翻译批评对自身的肯定,即"大写的批评"。(参见肖维青,2010:54-60)

系,似乎还缺乏科学合理的认识。其实,我们也可以说,对于翻译的教育功能,无论是翻译研究还是翻译批评,都有大量的拓展空间。

功能导向的应用翻译批评标准,对于翻译批评自身的功能,也需要充分的认识。我国翻译批评研究领域对于翻译批评功能的认识,深受杨晓荣的影响。她认为:"翻译批评最基本的功能是监督功能,由此派生的是对读者的引导功能和对译者的指导功能。……翻译批评的第二个基本功能是理论研究。"(杨晓荣,2005:21)国内大凡探讨翻译批评功能的基本以此为基础。①

实用主义的观念弥漫于翻译批评领域,纽马克(Newmark,2001:185)基于语言学视角认为翻译批评具有五个方面的功能:1)改善提高译者的翻译能力;2)拓展外语和母语的语言知识和语言理解力;3)拓展话题的知识和理解力;4)形成对翻译的认识;5)有效的翻译教学手段。显然,纽马克并未给翻译批评的理论功能留下位置,也未像对待翻译及理论那样,给译者或研究者的自身快乐留下余地。而这都与未将翻译批评作为相对独立的系统有关。

本书同时认为,翻译批评并非文学批评的附庸,也并非局限于文本批评。如果我们视翻译批评与翻译理论研究、翻译史研究一道构成翻译研究学科体系,那么,我们对于翻译批评功能的认识,就不能只是局限于对翻译文本的价值判断,而应该将与翻译有关的各个方面都纳入翻译批评的范畴,从系统视角认识翻译批评,从而真正地发掘出翻译批评的功能。翻译批评应该超越文本,其批评的锋芒既应指向文本,同时也应兼顾文本之外的社会文化、意识形态与权力关系,并且抛弃传统中依附文学批评的观念,将翻译批评作为一个具有自身功能的系统来看待。② 长期以来,翻译批评标准问题都被悬置,尽管相关论述不少,但真正提出切实可行的翻译批评标准的却不多。其中的一个主要原因,就在于总是把眼光聚焦于翻译批评对于其他系统的功能上,如翻译批评的引导功能、翻译批评的纠错功能等,往往缺乏对翻译批评自身理论系统建构功能的认识。而本书的系统观,则关注应用翻译批评系统自身及其与其他系统、系统环境的关系。就此而

① 许钧在《翻译概论》(2009)中进一步阐述了这三种功能,使它更具系统性和理论性。王宏印(2006:77)认为:"文学翻译批评有三大功能:其一是导读功能,指向文本自身;其二是评价功能,指向翻译活动;其三是导引功能,指向翻译界。"

② 贝尔曼从"大写的翻译批评"出发,认为翻译批评要肯定自身,让翻译批评成为"一种自省的、能以其自身特点为批评主体的、产生自身方法论的评论方式;它不仅要产生出自身的方法论,而且还试图将该方法论建立在有关语言、文本及翻译的明确的理论基础上"(转引自许钧,2009:232)。

言,杨晓荣提出翻译批评的理论研究功能,具有非常重要的意义。

本书在充分考虑了应用翻译的功能以及应用翻译批评的范畴后,将应用翻译批评的功能划分为四个方面:拓展认识功能、反思阐释功能、引导监控功能、系统提升功能。由此可见,应用翻译批评的功能实际上与应用翻译功能有所区别。其实,如果将这四种功能拓展开来,可能包含更多的功能。

应用翻译批评的拓展认识功能,涉及如何认识应用翻译、翻译研究以及应用翻译批评,包括各自的本质属性、价值等。认识的范围不仅仅局限于文本内,同时也关涉文本外,如国家翻译政策、翻译技术、翻译教育,甚至包括翻译主体、翻译理论、翻译批评理论等关联要素;反思阐释功能则涉及翻译史,强调翻译批评应该基于传统翻译实践及传统译论文献,反思其中得失,阐释蕴含其中的规范与学理;引导监控功能主要涉及对译者、读者以及相关机构的引导与监控,贯穿译前、译中和译后,比如翻译文本的选择、翻译产品意义的挖掘、译者翻译策略的选择、翻译行业的运行等,进而保障整个翻译系统的健康运演;系统提升功能着重于翻译批评系统的稳定与创新,涉及如何处理翻译批评系统与环境及其他系统的关系,因此像译者行为批评这样的批评话语,实际上也是翻译批评功能的一种批评话语形态。在本书看来,系统提升功能对于翻译批评极为重要。这可能是本书与其他翻译批评研究分歧较大之处。因为,在本书看来,保障翻译质量、确保译者遵循翻译规范(产品规范、责任规范、期待规范、关系规范)、反思翻译历史、阐释翻译产品含义等,都可能在没有翻译批评系统的情况下进行,但是环境的需要以及自身系统的生存、维持与发展的需要都使得建构翻译批评系统十分必要。

标准的制定,本身就有其目的和功能。因此,为了保障应用翻译批评实现拓展认识、反思阐释、引导监控、系统提升的功能,相应的标准也应该围绕这四项功能来建构。然而,本书对于功能导向的应用翻译批评标准的考量,着重于标准对于翻译批评系统的重要性,也可以说是着重于翻译批评系统如何通过自身的区分化、自律性寻求在复杂环境中生存、维持与发展。

方梦之(2019:36)曾就标准的功能指出:

> 标准是对重复性事物的概念所作的统一规定,有利于规范化管理,实施统一质量要求、统一操作过程,达到统一的项目目标。标准化以实践经验的综合成果为基础,经过有关方面协商一致,由主管部门批准,以特定形式发布,作为共同遵守的准则和依据。通过制定、发布

和实施标准,达到统一是标准化的实质。获得最佳次序和社会效益是标准化的目的。制定标准一方面可以规范企业行为,另一方面便于社会对业内行为的识别和监督。

其中涉及了标准的规范、识别与监督等三项重要功能。卢曼的系统观,一方面强调行动必须参照系统,因而突出了系统对于行动的限制性,另一方面又强调系统具有自我调整和自我更新的能力,具有独立发挥功能的特性。依据这一系统理论来观照应用翻译批评系统,本书认为,功能导向的应用翻译批评标准,一方面要考虑翻译功能,同时也要考虑翻译批评的功能,既考虑到翻译批评对于翻译的制约功能,同时也要考虑翻译批评系统自身调整与更新的功能。换句话说,相应的标准要同时有助于应用翻译功能及应用翻译批评功能的实现。

因此,功能导向的应用翻译批评标准,旨在服务于相关功能的实现,至少应该包含以下三条:

1) 调和
2) 合规
3) 有效

对于翻译的功能与策略,我国历来有"圆满调和"之说。梁启超在称赞玄奘的翻译贡献时说:"若玄奘者,则意译直译,圆满调和,斯道之极轨也。"(罗新璋、陈应年,2021:105)后来刘宓庆(2019:43)将其视为我国翻译传统的一大特征:"圆满调和"顺应中国传统哲学的"和合之境"。

不过,梁启超从翻译策略上论及玄奘的意译、直译"圆满调和",刘宓庆则从翻译思想上将"圆满调和"确定为我国传统翻译思想的一大特征。本书认为,翻译功能多种多样,翻译批评的功能也不尽相同,作为功能导向的应用翻译批评标准,也需要对各种功能加以调和,至于是否"圆满",则要看调和什么功能及如何调和。我们既不可能要求某种翻译达到所有的功能,让与翻译有关的各个方面都满意,也不可能只是片面地强调某项功能而遮蔽其他功能。其中涉及的不仅仅是批评者的学识和价值判断,也有其他制约因素,如特定的目的、特定的语境等。翻译质量的好坏,固然与翻译批评有关,但也不能绝对地把责任都推到翻译批评的身上。尽管本书认为翻译批评具有九个方面的功能:认识功能、解释功能、预测功能、批判功能、指导功能、鉴赏功能、反思功能、检验功能、评价功能,但也不可能完全与翻译功能一致。毕竟,本书所探讨的翻译,其含义较为宽泛,并不只是局限于翻译文本。而且,翻译批评的功能与翻译批评标准的功能也并不是一回事。如果翻译批评功能完全地吻合翻译功能,恐怕翻译批评有其不能承受之重。但如果翻译批评以此为借口,推卸责任,恐怕也非翻译批评应有的态度。本书一直认为,翻译批评作为一个相对独立的系统,必然要以具有相应的功能为基础。缺失功能的系统,形同虚设,毫无意义。但如果把一些未必由翻译批评来实现的功能也强加给它,势必导致翻译批评承受不该承受的重任,甚至危害了翻译批评系统的存在与发展。

应用翻译批评要实现其功能导向的调和,又不得不使其自身"合规"。此处的"合规"旨在促使功能导向的应用翻译批评合乎规律、合乎规范、合乎功能。如前所述,翻译的功能与翻译批评的功能未必一致,不仅有差异,或许还会发生冲突,因此需要遵循其调和的标准。比如说,严复的"信达雅"对于今天的翻译来说,仍然具有指导功能。但是,如果依据该翻译标准审视当下的人工智能翻译,显然就不合规了,需要调和方能有效。问题是,"调和"要基于"合规",胡乱的调和不仅不能有效实现翻译批评功能,无法对翻译功能做出合情合理的阐释,而且还会导致翻译批评功能的失效,致使翻译功能的偏离。与此同时,"合规"还意味着翻译批评需要遵循相应的原则。诚然,不同的标准遵循不同的原则,产品导向的应用翻译批评自然要遵循翻译产品的原则,过程导向的应用批评标准遵循翻译过程的原则,而功能导向的应用翻译批评自然要遵循翻译功能的原则。

我们可以借鉴许钧关于翻译批评标准的观点,即翻译批评标准的合理性、互补性、历史性和发展性。也可以参照徐梦秋对规范原则的认识,即合目的性、合规律性、合期待性。总之,只有"合规"的翻译批评才能有效地实现其相应的功能。

与此同时,只有发挥"有效"的功能,才会对系统有益。翻译批评的功能,是多方面的,既有认识阐释的功能,也有引导监督的功能,还有理论发展的功能。但是,系统并非都会发挥积极的功能。因此,必须为功能的发挥或实施建立相应的标准来引导或者监督功能。"有效"的功能标准,就在于审视功能导向的应用翻译批评标准是否能有效地实施其功能。从某种意义上说,系统为了生存与发展,必须与环境及其他系统保持边界。这个确定边界的功能离不开标准的确定。所以,应用翻译批评标准的功能之一,就在于维持系统的边界。这其实表明,并非所有的翻译批评标准都是有效的。标准的有效性取决于多种因素。图里认为,"只有当规范活跃并且有效,我们才能据此在同类重复发生的情境中辨别出行为准则"(谢芙娜,2018:20)。以此而论,我们同样也可以说,只有当标准活跃并且有效,我们才能据此在同类重复的语境中辨别批评的功能。诚然,这并不是说,翻译批评只能针对有效的功能展开,而对于无效的功能则任其自流。在特定的语境中,针对无效的翻译功能予以批评,或许比批评有效功能更为有效。

当然,对于"有效"这个概念,我们也必须有所甄别,什么是有效?什么是无效?对于这样的问题,并没有完全统一的标准,因为有效或无效,往往视语境不同而发生改变。在特定语境无效的翻译功能,在不同的语境下可能演化为有效功能。比如《圣经》汉译史中的马礼逊译本,在19世纪中国还没有完整的汉语版《圣经》之际,显然会产生有效的功能,但是在今天,它显然已经失去其作为汉语版《圣经》在教义传播中的功能,只是作为历史文献为人所关注。因此,对这类翻译产品,只能从历史的效力、功能方面来加以批评,而不能片面地为了达到批评自身的某项功能来进行批评。就此而言,功能导向的应用翻译批评标准的有效性,需要综合地考虑批评的关联性。只有与应用翻译批评功能相关联的标准,才是有效的标准,才能有效地实现应用翻译批评的功能。

第五节　理论导向的应用翻译批评标准

前文多次提到,杨晓荣、许钧、王宏印等学者对于翻译批评的理论建设提供了极为中肯的认识,从不同角度指出了翻译批评所缺乏的理论自觉意识和理论指导的系统性。的确,迄今为止,科学合理而且行之有效的翻译批评理论依然还在发展之中,诸多学者都在此进程中付出了各自的努力,不断地弥合翻译批评理论的碎片化、无序化。理论具有时代性,这是不容置疑的。时代性不仅具有历史意义,也具有场域空间的意义。因此,现代文学批评有时也采用"生态"或"环境"这类概念来表示理论的语境化,强调翻译批评环境的复杂性,"生态批评"或"环境批评"这类概念应运而生。作为文学批评的一个新生领域,生态批评并非生态学与文学批评简单结合之产物,而是注重从生态的视角或者环境的视角超越传统文学批评中的人类中心主义,强调批评的环境因素。

王诺(2009:63)曾基于国内外有关生态文学批评的界说,认为"生态批评是在生态主义(特别是生态整体主义思想)的指导下探讨文学与自然之关系的文学批评。它要揭示文学作品所蕴含的生态思想,揭示文学作品所反映出来的生态危机之思想文化根源,同时也要探索文学的生态审美及其艺术表现"。

显然,以探讨文学与自然关系的生态文学批评,与我们目前翻译研究领域所说的"生态翻译学"并不是一回事。

胡庚申创建的生态翻译学,基于翻译即适应选择、翻译即文本移植、翻译即生态平衡这样的理路将翻译生态系统视为一个如同自然生态系统一样的动态平衡体。在该体系中,翻译的关联要素——文本-译者-生态——不停地进行着知识与信息的交互渗透,由此促使翻译学科系统不断地发展与进化。显而易见,他力图以系统的生态学观照整体的翻译研究系统,"以生态整体主义为理念,以东方生态智慧为依归,以文本生命、译者生存、翻译生态为研究对象,从生态学视角对翻译进行描述与解释"(胡庚申,2013:11-12),内容涵盖翻译管理、翻译市场、翻译教育、翻译本体等各类子系统,从而将翻译研究纳入生态学的研究体系。这种翻译研究路径,无论是作为翻译研究的话语体系还是生态话语体系,都有可能与翻译研究学科的价值与地位发生冲突,必须引起注意。(参见本书第八章的相关批评)

不过,本书对于翻译生态的认识又与生态翻译学有所不同。(参见本书第七章第一节)本书所探讨的生态,其实就是翻译、翻译研究、翻译批评、应用翻译批评标准作为系统所处的环境。(在卢曼看来,如果不是系统,就是环境。只有世界将系统和环境统一起来,因而只有世界是独立于系统和环境的。)因而也就从系统与环境的关系中彰显出环境的复杂性以及系统身处复杂环境的回应。正如卢曼的系统理论所强调的,系统的产生、维持与发展必须充分考虑系统与环境的关系。系统为了自身的生存与发展,面对复杂的环境必然要进行相应的选择,选择的取向以简约化为主。系统建构的意义,就是将外在环境的复杂性加以简化,从而达到系统生成和发展的预期。这种简化,有时候以模糊的状态(意义及符号)呈现,这是翻译批评长期以来采用的一种方法。我们可以发现,既往的翻译批评,往往声称翻译批评标准的重要性,认为翻译批评是基于相应的标准做出的判断,无论是价值判断、事实判断还是真理判断。然而,除了在翻译质量评估中运用语言学的定量方法之外,我们几乎很难发现在翻译批评中有什么具体的标准。人们往往以无法达到的理想如"神似""化境""等值",或者以一些模糊的语言如"适切""可接受"等,或者以"最低纲领""最高纲领""最低标准""最高标准""具体标准"这类口号式的提法作为标准,很难具有真正的可操作性。因此,"等值"理论、目的论、操控理论等都面临翻译批评的系统复杂性、环境复杂性以及关系复杂性,进而导致其理论的局促。

以上有关生态或环境的认识,对于我们认识应用翻译批评的理论概念具有很强的提示意义。我们已经多次提到,我国应用翻译批评不是没有理论,而是缺乏系统的理论。其中的问题当然非本书重点,我们所关注的,是翻译批评与翻译理论之间究竟存在怎样的关系?纽马克认为,翻译批评链接了翻译理论与翻译实践。但问题是,怎样的理论?相关的理论源自哪里?

许钧曾关注到,以不同的翻译理论为指导,针对同一种批评对象,比如翻译产品或者翻译过程中某个问题或者现象,可能会得到不同的批评结果,其中有些结果甚至针锋相对。那么,我们又如何来判断哪一种批评结果是有效的?我们基于什么来对批评的结果进行认识或者批评?这是我们又必须回应的另外一个话题,即翻译批评的批评。这是本节为什么要探讨理论导向的应用翻译批评之所在。

另外一个问题是,传统中有关翻译批评的理论问题,往往局限于运用怎样的翻译理论作为翻译批评的依据。但是,随着跨学科的研究范式越来越受到人们的青睐,不同学科的理论被借鉴并充当翻译批评的理论依据。由此产生的问题是,如何借鉴其他学科的理论?毋庸置疑,目前针对这方面的批评时有所闻,却并未产生有效的结果。其实这也与本书所主张的应用翻译研究范畴和应用翻译批评范畴中的两个维度密切相关:各种理论的应用性或批评、应用翻译研究或应用翻译批评自身力量体系的建构。以各种理论在应用(文体)翻译方面的应用性研究的批评为例,我们可以发现,翻译与人类社会之间的复杂关系,导致现代人文社会科学的任何学科都可能将其研究触须伸入翻译领域,同时,翻译研究作为新生学科,本身的理论基础相对薄弱,因而必然要向其他学科借鉴相应的理论与方法。因此,在当下的应用翻译批评领域,很难界定哪些跨学科理论可以借鉴,哪些可以摒弃。如前所述,由跨学科、学科交叉引发的应用翻译批评问题,已经非常紧迫了。因为,在跨学科、学科交叉的背景下,翻译研究本身的学科地位再一次受到冲击,学科边际的模糊导致翻译批评本身的学科性边际不清,亟待相应的标准来提供参照依据。而应用翻译批评自身的力量,其实可以演化为应用翻译批评的批评。相对而言,该领域的批评非常薄弱。就研究系统的环境而言,应用翻译批评系统处于翻译批评这一系统环境之中,而翻译批评又处于翻译研究的环境之中,翻译研究又处于人文社会科学研究的环境之中,人文社会科学研究的环境自然离不开相关的社会系统环境。任何系统都被其他社会系统的环境环绕,更不用说系统自身内在的环境。因此,应用翻译批评系统是在各种环境以及各种系统的复杂状态下生成、维持和发展的。问题是,系统与环境的关系,并非如一个物件置身于一个空间一样,而是在空间中相互渗透并伴随着时间维度带来的复杂性。本书力图基于佛经汉译的实践与译论,回溯其中蕴含的应用翻译批评踪迹。传统上,我们对于翻译批评的历史维度,往往以一种单向的、不可回逆的思维方式来看待,很少注意到时间的绝对性和相对性可能带来的复杂影响和效果,因此也就忽视了系统与环境及其他系统的关系往往是交错、重叠以及流动的。然而,"时间既可以使诸因素间有序、有向、有层和相互联结,又可以使之无序、无向、重叠、交错、无层和间隔起来",因此,"时间,不仅对于同一性质和同一系列的因素发生统一的和标准化的效果,而且可以对任何不相同的,甚至毫无关系的因素发生又统一又多元化的标准性效果"(高宣扬,2005:640)。

对于卢曼的系统来说,时间既是系统中实际存在的,同时又包含着多种可能性因素,是我们在考察系统环境或者生态时不能忽视的一个维度。只有通过过去、现在与未来,才能真正地展开反思。所以,对于应用翻译批评标准的建构,仅仅考虑到其复杂的空间是不充分的,还需要将其时间维度、历史维度也纳入考察范围。然而,在具体建构标准之际,我们又不得不切断应用翻译批评与其环境之间复杂的历史维度,基于特定的语境(空间和时间)建构相应的标准。毕竟,标准只有在对应的共同体中得到认可才有效。因此,反思是处理系统与时间维度的环境不可或缺的步骤。

由此而言,翻译批评的价值就在于在对翻译与其环境之间的复杂性进行选择性把握的基础上,经由反思后依据相关标准对翻译做出认识和评价。翻译批评是翻译活动在复杂环境中发生、发展的一种状态,是翻译产品获得生命力的一种方式,同时也是翻译与环境及其他系统沟通的一种路径和手段。此处的翻译应该从广义上理解,是超越文本的翻译,涵盖与翻译有关的各个方面。

由是观之,理论导向的应用翻译批评标准,显然也无法面面俱到涉及各个方面的理论喧哗。从系统的视角来看待理论导向的应用翻译批评标准,本身就需要借鉴卢曼系统中的自我参照概念,即通过简约化选择的处理方法来实现系统的维持、更新与区分,从而应对理论的复杂关系,引导、监控应用翻译批评系统理论喧哗,实现相应的功能。在某种程度上,系统的自我参照就是标准的确立。对于任何系统来说,标准都不是可有可无的。对于翻译批评这种既身处复杂环境,同时自身又极为复杂的系统,为了自身的生存,为了同环境和其他系统达到平衡,建构标准就更为紧迫且具有现实意义。

毋庸置疑,标准的建构并非仅依据对传统译论与现代理论的反思,同时也是理论与实践、理论与理论之间沟通、商谈、甚至斗争的结果。任何一个标准的产生、确立以及发展,都必然要经过时间和空间的协调,要将环境或者范畴纳入考量范围,同时兼顾沟通、商谈或斗争的主体,即系统的行动者。任何理论的提出,都有其主体因素的参与。理论不可能凭空而来。离开了行动者,环境只能作为空间或者自然存在,只有当行动者进入空间,并且将空间和行动者一并投入历史的语境,整个系统才具有意义,应用翻译批评、应用翻译批评标准的理论才会生动有序起来。

既然翻译批评系统是处理与环境及其他系统关系的一种空间与历史存在方式,而且其中包含了反思与沟通,那么反思与沟通的载体,即语言符号也是作为理论导向翻译批评标准建构中不可或缺之要素。任何反思都离不开概念,任何沟通都必然要依靠有效的语言符号来实现,作为翻译批评的理论标准,就不能不将语言符号也纳入其考察范围。[①] 或许,语言符号不仅仅是翻译批评标准的载体,同时也是批评的工具,是标准的外在表现或者象征结构。标准当然具有意义维度,因为具有了意义,无论这种意义是限制性的还是自由性的,都必然要依靠相应的语言符号来达到为人所知的目的。我们知道,规范既可能是明示的,也可能是默示的。但是,凡是已经确立为标准的,则必须是明示的。如果标准以默示的状态存在于系统之中,就不仅影响其效力,也影响其效果,甚至产生更大的模糊性。所以,要处置环境的复杂性,应对系统与系统之间关系的复杂性,清晰的语言符号是建构相应标准必不可少的要素。明示的、内涵与外延清晰明确的标准化概念,是系统选择简化环境复杂性及其关系发展性的关键。

基于以上的分析,我们认为,理论导向的应用翻译批评标准须包含以下三类:

1) 区分

---

① "语言的优点就在于,通过具有特定意义的符号的当场运用和交换,不仅使面对面的在场行动者之间有可能彼此对于对方或他人以及对于环境的感知经验,也使面对面的行动者有可能通过语言的中介,同不在场或缺席的他人以及他人的各种历史经验相关联,同时又跟不同时间维度的他人和事物发生关联。"(高宣扬,2005: 673)

2）维模

3）清晰

理论究竟有何用？我们当然可以说,理论为翻译批评提供了特定的视角,理论是翻译批评的核心要素。理论作为一个整体,我们当然可以对其做一个总体的认识。但是,如何看待具体的理论？作为一个概念,理论本身就是一个复杂、多元的综合体。无论什么理论,都只是针对特定事物的一种抽象。因此,理论系统本身就是由一个个不同的理论子系统构成的。而我们所运用于翻译批评的理论,其实也只能是某种理论,或者某些理论。甚至针对同一事物,也有不同的理论。因此,我们针对翻译的同一事物加以批评,也可能运用不同的理论。就此而言,建构翻译批评标准,或者说理论导向的应用翻译批评标准,本身就是依据不同的理论。其中所包含的逻辑不言而喻：批评基于理论,批评的标准也须基于理论。

诚然,应用翻译批评理论与应用翻译批评标准之间具有双边的关系。① 理论为标准提供基础,而标准也为理论应用和发展设定了功能范围。基于某种理论建构标准,其实也就意味着遮蔽或者舍弃了其他理论应用的可能性。基于怎样的理论,实际上就预设了怎样的批评标准。如前所述,标准与规范密切相关。任何系统都存在着不同的竞争性规范,由此也具有产生不同的竞争性标准的可能。与此同时,规范由价值所制约,因而系统中必然具有不同的价值。而标准的功能之一则在于助益相关价值的实现。就此而言,人们往往要求标准具有区分价值的功能。因此,理论导向的应用翻译批评标准,首先要对理论做出有效的区分,从而有益于应用翻译批评相关理论的区分化。因此,"区分"应该作为理论导向的应用翻译批评标准之一。

除了区分之外,理论标准对于批评而言还有帕森斯所谓的"维模"功能。此处的"维模",指的是维持应用翻译批评系统。根据帕森斯的系统理论,任何系统的生存与维持,都必须首先解决四个功能问题：目标达成、适应、整合、维模。（具体可参见本书第八章）也就是说,"每一个系统,为了自身的生存、维持和发展,就必须适应环境,为实现目标提供必要的条件,保持整合的状态,同时还要使得系统的行动者以适当的方式行动"（高

---

① "在鲁曼看来,两个因素之间不会存在一个特定的固定因果关系。任何一个因素,既不能看作是某个其他因素的一个'因',也不能看作是某个其他因素的一个'果'。一个'因',可以是许多'果'的'因'。也可以是许多'因'的'果',主要取决于系统面对环境时所进行的自我选择的可能性,也就是说,决定于系统究竟如何实现自我参照。"（高宣扬,2005：628）

宣扬,2005:559)。

诚然,帕森斯系统理论中的四项基本功能,即目标达成、适应、整合、维模,都是从整体上来说的。然而,任何系统都不可能是铁板一块,里面的相关因素或功能不可能完全步调一致,任何系统都存在着反系统的因素,这些反系统的因素,可能在开始的时候并非反系统的,而是逐渐发展成为反系统的。这也是系统本身的区分化特征。正因为如此,应用翻译批评作为相对自洽的系统,有必要发展出维持系统的标准,以实现应用翻译批评系统的维模功能。

按照"标准"的一般定义,它应该以文件的形式为人所知,否则就可能以惯例、习俗、规范的方式存在于特定的系统中。其实,所谓"以文件的方式"就已然蕴含着另外一个事实:标准必须以语言文字的方式为人理解,否则就难以按照期待实现相关的功能和效果。因此,对于理论导向的应用翻译批评标准,我们认为应该给"清晰"留有空间。

清晰原本是衡量语言使用的一个标准。[1] 后来被语用学纳入态度准则之下:表达清楚易懂准则。语义学家杰弗里·利奇(Geoffrey Leech)进一步运用语义分析,提出了"透明准则"和"避免歧义准则"。切斯特曼又将其作为翻译伦理准则,[2]认为"一个清晰可读但带有语法错误的翻译,比起那些不合逻辑、模糊不清却合乎语法的翻译来说,通常更受人欢迎"(切斯特曼,2020:235)。不过,对于本书而言,标准的清晰还须基于语言的清晰。当然,我们所谓标准的清晰并非仅指标准本身的清晰,而是同时也要求应用翻译批评的理论应该清晰,为人所理解。一方面,只有为系统成员理解的标准才是有效的标准,另一方面,应用翻译批评的理论本身也应该尽量地清晰明了。目前的翻译批评标准所存在的一个明显问题,就是理论话语的清晰度不够,往往以"最高纲领""最低纲领""最高限度""最低限度"来表述,很难实现标准应有的功能。而建构标准所依据的理论,也常常"语焉不详"。

---

[1] 波普尔认为,在所有衡量语言的标准中,清晰最为重要。其原因只是因为语言是"社会生活中最重要的制度之一,而语言清晰是它作为一种理性交际手段得以发挥作用的一个条件"(转引自切斯特曼,2020:233)。"牺牲清晰会削弱理性交际的可能性,进而损害整个人类社会交际的可能性。"(切斯特曼,2020:233)

[2] 切斯特曼的另外三个翻译伦理准则是真实性、信任和理解。(参见切斯特曼,2020:233–248)

第八章

我国应用翻译
批评话语之批评

用谁的术语，为了哪一种语言的使用者，而且是以什么样的知识权威或思想权威的名义，一个民族志学者才在形形色色的文化之间从事翻译活动呢？（刘禾,2008:3）

在每个社会,话语的制造是同时受一定数量程序的控制、选择、组织和重新分配的,这些程序的作用在于消除话语的力量和危险,控制其偶发事件,避开其沉重而可怕的物质性。（福柯,转引自许宝强、袁伟,2001:3）

在上一章,我们试图从翻译批评的文本、过程、功能和理论视角建构相应的批评标准体系。对这四个方面进行全面的案例分析,显然不是本书的重点。但是,从应用方面对该体系做一点实践验证,显然也极有必要。因此,本章拟从理论导向的应用翻译批评标准的角度,结合我国应用翻译批评话语,展开相应的批评,从"区分""维模""清晰"这三个维度切入当下我国应用翻译批评的若干话语。

第一节　生态翻译批评之批评

　　生态翻译学是"一个自成体系的翻译学说","一种自足的独立的理论体系"(方梦之,载胡庚申,2013:序一)。它的产生与发展,是21世纪以降中国译学界备受关注的话题,甚至有学者认为它"以其对各种翻译现象解释的普适性成为新时代中国译学中的一门显学"(田传茂,2020:61)。而"作为一种后现代语境下的翻译理论形态,生态翻译学既是跨学科、多学科交叉的产物,又是当代翻译学理论研究的延伸与转型,反映了翻译学由传统单一学科视阈转向当代跨学科整合一体的发展趋势"(胡庚申,2008:11)。如果说它能否称得上"新时代中国译学的显学"还有待商榷,那么,它作为新时代中国译学一个重要的话语学派,作为"一项自主创新、具有独立知识产权的学术研究"(许钧,载胡庚申,2013:序二),无疑无可非议。

　　诚然,关于翻译生态的理念或者对于翻译生态的关注,在西方译学文献中早有提及。纽马克(Newmark,2001)在《翻译教程》一书中,专门将生态学词语当作文化特征词语来探讨,并且指出他自己采用了奈达的观点。胡庚申也一再强调,他的生态翻译学理念得益于西方一些学者的观点。但不可否认,生态翻译学有今天的成就,与以胡庚申为代表的一大批中西学者的行动密不可分,而且主要得益于中国学者的行动,是具有"中国特色、中国风格、中国气派"的学术自主性译学话语。

　　译学的学术自主性具有两个基本向度:基于国内译学场域关涉的各种关系,即国内向度;基于国内译学与国际译学的关系,即国际向度。以"生态翻译"和"翻译生态"为主题词查阅中国知网,可以得到近3 000篇相关文献。除了之前国内多家知名刊物以专栏形式发表生态翻译学研究成果之外,仅2020年一年,《中国翻译》和《上海翻译》就分别为"生态翻译学"开设专栏,探讨其学理与应用。而且,生态翻译学的影响并非局限于我国译学领域,同时也得到国际译学界的呼应。近年来,国际上一些知名的翻译研究学者,如豪斯、卓娅·普罗史纳(Zoya Proshina)、迈克尔·克罗宁(Michael Cronin)、罗伯特·瓦尔迪昂(Roberto Valdeon)、凯·多勒拉普(Cay Dollerup)等,纷纷撰文介绍、评述生态翻译学。切斯特曼(2020:20)在其《翻译模因论》(修订版)中这样写道:

最近我关注到,"生态翻译学"理论中明显采用了达尔文主义的翻译研究视角。这似乎与我的模因论视角相关联。生态翻译学基于这样一种观念:翻译可以从选择和适应的角度进行分析,就像生物进化一样,翻译实践被看作一个生态系统,与其环境相互作用。……据称,该理论一定程度上受中国古代智慧的启发。此时此刻,在我写作之际,该理论还未在西方广受关注。不过,迄今为止已举办过五次这方面的国际研讨会。

作为国际知名的翻译研究学者,切斯特曼在其书中能够专门介绍生态翻译学,尽管其介绍显得片面,比如只说到"翻译实践被看作一个生态系统",忽视了生态翻译学的理论价值,但也至少表明,该话语学派已然走出我国国门。这对于我国话语学派建构无疑有所启示和鞭策。毕竟,在我国的近代译学发展进程中,并不缺乏各种学术话语学派,但大多数都基于国内向度,真正能在国际上展现其学术话语气派的,似乎并不多。其中的原因是复杂的,但至少与以下两个方面有关:一是译学在我国人文社会科学领域的边缘位置;二是译学界躁动浮华、趋功近利的学术风气。

文化或知识霸权的形成,往往有赖于文化或知识的行动者由被动转为主动。这是安东尼奥·葛兰西(Antonio Gramsci)关于文化霸权的核心内涵。这种行动角色由被动向主动的转换,为我们分析探讨学术话语自主性提供了一个框架。诚然,中西译学对于生态翻译学的认识是多元的,既有的研究基本体现为:1)描述、分析生态翻译学对中国译学的冲击及影响;2)讨论生态翻译学如何回应中国传统问题及现实问题,包括理论建构与实践应用的价值;3)挖掘生态翻译学的学理;4)探讨生态翻译学的合理性。这些研究,无论对于认识和推动生态翻译学还是对于反思和促进译学整体发展,都大有裨益。但是,如果我们不将生态翻译学的自主性问题化,显然难以解释为什么生态翻译学能够在近20年的时间里从众多的译学话语中区分而出,一跃成为我国当今译学界备受关注的话语学派。

一般而言,使理论话语的自主性清晰化并予以研究,可以从以下三个方面展开:研究对象、理论假设以及该理论关注的问题类型。然而,生态翻译学在其近20年的发展历程中,经历质疑与确认,已经在以上三个方面表明了其学术自主性立场:明确了研究对象、论证了理论假设、界定了问题类型。由是观之,继续拘泥于探讨这类问题,不仅无益于其发展,还限制了其发展生气。现实问题是,生态翻译学作为译学的一种话语形态,已经

"制度化"了,已然经由象征符号话语权力对中国译学乃至国际译学形成了支配性力量,产生了广泛的影响,已然构成我们无法忽视的话语现象。针对这一话语现象,本书试图从行动、话语系统及话语功能三个方面予以社会学视角的探讨,以期揭示其学理,展现生态翻译学对国内外译学所具有的理论与实践价值。

理论话语往往通过运载于其中的意义以及符号系统意义的连续建构来实现其行动目标,同时也达到区别于其他话语的目的。这种理论话语由各种象征和符号操控。因此,理论话语呈现为语言符号的动态建构。然而,任何理论话语的创建,都不可能脱离人的存在而"无中生有",都离不开最初提出该理论话语的倡导者及由此形成的学术共同体成员。无论理论话语以怎样的面目呈现,都是以其倡导者及共同体成员的行动为基础的。因此,对生态翻译学现象的研究,笔者就以该理论的行动作为探讨的起点。

社会学的一个重要论题,即行动是如何产生的。就理论话语的建构而言,相应的问题在于,理论行动受哪种动力驱动? 作为生态翻译学理论话语建构的倡导者,胡庚申认为,"翻译研究和翻译实务的源动力总是来自社会发展和现实问题导向"(胡庚申、罗迪江、李素文,2020:46)。这是从他思考理论的意识出发来谈论行动的驱动力。但行动显然并非只由"社会发展和现实问题导向"所驱动。将行动置于系统中进行考量时,我们就会认识到,"社会系统由彼此之间相互联系的众多个体行动者组成,它存在于至少一个自然环境或社会环境之中。社会系统中的行动者以实现'快乐最大化'为行动取向,他们与所处的环境(包括其他行动者)之间存在着紧密的联系"(转引自华莱士、沃尔夫,2008:23)。

这里包含两个基本预设:行动取向及行动与环境的关系。

因此,我们首先要探索生态翻译学的创建动机,或行动取向。诚然,个人行动以"实现'快乐最大化'为行动取向",并非指行动者自由意志的随心所欲,它只是表明,行动者具有能动性,说明行动者的行动中存在着个体意志。帕森斯(Parsons,1951:26)强调:"人通过表达意义的各种象征来表示出他们的主观感受、观念和动机;而且,所有这些主观因素才使我们在行动的时候决定我们的行动。"

作为生态翻译学的创建者,胡庚申(2013:1)明确表示:"从生态视角对翻译进行的探索性研究发轫于 2001 年。"迄今为止,他一直是促使生态翻译学发展的行动者。在建构生态翻译学之始,胡庚申的行动动机可以概括为四个方面。1）对翻译研究某些现实的不满,其中主要包括:生态视角翻译学的系统研究不足,或者说翻译研究的生态维度缺失及范式危机;"文化转向"研究中若干议题的忽视。实际上,随着生态翻译学的不断发展,其最初的创建动机也在不断发生变化。尽管这种变化的动机也许只是以潜在的形式施加影响。2）对生态学研究趋势的把握。胡庚申(2013:31-32)在构思创建生态翻译学之际,深切地认识到生态学相关理论对于当下社会的强大解释力和理论张力,进而认为,既然包括语言学、文化学、文艺学等在内的人文社会科学研究都引入了生态学的理念,而且也都开展了相应的交叉学科或跨学科的研究,那么,作为具有很强的跨学科性质的翻译学,也可以尝试借鉴生态学理念展开研究。3）对理论探索的强烈欲望。面对"在'文化转向'后的翻译研究触礁搁浅"(胡庚申,2013:5),胡庚申(2013:5)追问道:"翻译研究应'转向'何处? 翻译研究的新的'兴奋点''生长点''拓展点'又在哪里?"这样的追问,对于中国译学的健康发展来说,既是必要的,也是难能可贵的。4）发展中国特色译学话语体系的情怀。胡庚申(2013:403)多次在其文中强调:"长期以来,中国学者是丧失了话语权的。"而"肇始于中国的生态翻译学研究,正在为中国翻译学发展赢得翻译理论的话语权"(胡庚申,2013:387-388)。有鉴于此,凝聚中国智慧的"天人合一""中庸之道""以人为本""整体综合"等思想,从生态翻译理念提出之时,便成为其重要的指导理论和思想依归。

行动的主观性动机,并非持续稳定、一成不变,而且行动也不可能单纯地依赖行动者的主观意志,而是受制于时空语境,在与行动密切关联的社会价值符号系统互动过程中呈现出多元变化。这正是行动受制于环境的关键所在。但是,如果行动只是为了满足与受环境的控制,理论创新无疑沦为空谈。而且,如果理论行动满足于在既存系统内部传递秩序,显然也难以构建出具有创新意义的理论话语形态。因此,"在翻译学发展历程中,理论发展到一定程度必须会产生'范式转换';而每一次'范式危机'的解决、范式转换的实现又必将带来翻译研究的'范式革命'"(胡庚申,2019:32)。

实际上,在功能主义看来,社会是由一个相互联系的不同部分组成的系统,而且社会系统中的任何一部分都不能独立于整体而存在。系统的平衡性、稳定性是系统生存与发展的基础。然而,系统不可能是静态的,它总是在复杂的环境中不停地运动着。系统内部、系统与环境、系统与系统之间的任何变化,都会动摇系统的平衡与稳定,促成相应变化——调整、重组其至解构。重组的关键又在于重组行动者所具有的反思性以及对于重组合理性的认知。系统中的行动者,在其行动过程中会有反思和合理化倾向,不仅将现有的行动过程与过往历史时空中的经验相联系,而且也不断地考虑行动的未来可能性,将行动的展开及其实现过程置于传统、现实与未来的互动中。

安东尼·吉登斯(Anthony Giddens)在概括行动复杂性时,曾运用行动的分层来分析行动者内在精神在行动过程中的作用,分析行动的反思性控制意识、行动的合理化意识、行动的动机。行动的动机是指促发行动的那种愿望。对于建构生态翻译学的动机,我们前面已经有所论述。在理论行动的发展过程中,更为关键的是行动的反思控制意识和行动的合理化意识。"反思性控制意识不只是连续地在行动者主体的行动流程中起控制作用,而且表现出对相关的他人的行动的各种期待性的意识。……对于行动过程中所遭遇到的各种客观的社会和自然因素,反思性的控制意识也同样给予了注意……行动中的合理化意识,在吉登斯看来,是专指行动者对其行动的根据所持有的某种持续一贯的理论认识。"(参见高宣扬,2017:897)

因此我们可以看到,在生态翻译学的发展过程中,行动者拥有控制意识和合理化意识,不断地调适对生态翻译学的认识,拓展研究视角。从最初的"翻译适应选择论"到"新生态主义",再到以"尚生-摄生-转生-化生"统摄的"四生"生态翻译学理念,其研究内容、研究视野不断延展,对其理论体系定位的表述也不断调整和嬗变。

就最近的进展而言,"当'绿色发展'成为生态文明新时代主旋律的时候","面对全球性的绿色潮流、国家的绿色发展、时代的机遇、学科发展的要求",生态翻译学近来已经开始思考"如何适应'绿色发展'、选择'绿色翻译'研究和专业取向的现实问题"(胡庚申、罗迪江、李素文,2020)。这种反思性、合理性、前瞻性的行动,保障了生态翻译学能够不断地完善其构建体系,进而使得生态翻译学能够迅速地在近20年时间里成为我国乃至全球广受关注的译学话语学派。

理论的创建行动可以由个体行动者完成。但是,理论话语的形成与发展绝非单凭个人行动所能实现。带有个体主义色彩的理论,如果不诉诸集体主义,如果不考虑文化、社会组织制度以及价值规范等,显然不仅难以获得理论传播的成功,而且也无法解释其成败。生态翻译学之所以能够从全球译学多元话语中脱颖而出,一方面得益于它在内部体系构建中的集体主义立场,从而在生态翻译学的学术共同体中聚集了一批研究者。这些研究者"认同生态翻译学的基本描述,接受生态翻译学对翻译研究的指导原则,遵循生态翻译学科学交叉、类比移植和系统综观的研究方法,而他们在进行特定问题研究时也采用了生态翻译学共同的价值标准"(胡庚申,2013:77)。

事实上,在生态翻译学的研究和发展过程中,始终坚持在首届国际生态翻译学研讨会上提出的"聚人、聚心、聚力"指导思想,不仅注重吸纳国内国际生态翻译学研究和发展的新生理论,而且积极吸收国外相关学者加入研究行列。"从学派的发展趋势看,生态翻译学的研究队伍已逐步从中国扩展至西欧、北美、大洋洲、南亚、北非、中东等世界各地并逐渐呈现扩展之势"(胡庚申,2021:184)。

另外一方面,生态翻译学的发展壮大也有赖于话语体系外的合力——政策扶持(基金项目立项、研究会成立等)、刊物助力(专栏设置)、知名学者推动(各种评介论述)等。正是基于各种取向的行动者的良性互动,相互之间逐渐产生约定,并维持互动模式,从而使生态翻译学能够在"制度化"的模式中健康有序发展。

认可生态翻译学的制度化,实际上我们就已经将其作为一个自洽的系统来认识了。英语中的 system(系统)一词,本来就是一个外来词,它源自古希腊字 sunistanai,后经拉丁语 systema 进入英语,其意义得以基本保留,指某个实在的诸因素集合而成的体系化实体。赫曼斯(Hermans, 2020)认为,文献中的系统概念,可以在俄罗斯的形式主义思想中找到源头,在布拉格结构主义理论中得到表征,并且广泛地应用于文学研究。而系统观在翻译研究中的应用,则源自埃文-左哈的多元系统理论。但在社会学看来,系统观自古有之。"人类生活的世界以及人类经历过的整个历史过程,包括自然史、人类社会史和人类认识史,本来就是以系统的形式存在和发展着。……系统理论的基本观念和基本思想,在哲学和科学理论发展史上,经历了古代、近代和现代三大演化阶段。"(高宣扬,2017:603-604)

整个世界作为一个大系统,既是一个空间概念,也是一个时间概念,当然也是一个事物概念,包含了所有领域、不同类型的大小系统。翻译研究长期以来都不是作为一个有机系统而存在的,而是处于离散状态。但是,自从它成为一门独立的学科,就已然成为一个系统。这个系统,相对于世界这一大系统而言极为渺小,只是作为一个小系统而存在。但是,系统的大小其实是个相对概念,对于翻译研究领域其他系统来说,翻译批评、应用翻译批评、应用翻译批评标准都可能是个大系统。生态翻译系统,相对于翻译研究系统而言是小系统,但对于生态翻译学领域各子系统来说,它又是大系统。

赫曼斯(Hermans,2020)认为,系统只存在于系统理论之中,是个心理概念,存在于人们的观念之中。这种依赖话语建构的系统,在尤尔根·哈贝马斯(Jürgen Habermas)的理论中意味着"生活世界",而在布迪厄的理论视野里就成了"场域"。虽然所用术语不一,但都是争夺资源、区分边界的所在。显而易见,系统未必只是存在于话语之中,它也可能存在于客观存在的物理世界,比如某个机器的机械系统。方梦之(2020:22)撰文指出:

> "翻译生态环境"由"翻译生态"和"翻译环境"两大概念组成。"翻译生态"由其次级概念"翻译群落""自然选择""翻译生态伦理""和谐共生"等组成;同样,"翻译环境"又可分为"语言文化环境""社会政治环境"和"自然经济环境"。

就此而论,生态翻译学的"翻译生态环境"概念,无疑拓展了理论话语中关于系统环境的范畴,从而也拓展了系统本身的理论张力。

生态翻译学的系统观是一种复合系统综观。它明确提出:"以生态学的整体观为方法论而进行系统性、整体性的综观研究既是生态翻译学的主要研究内容,又是生态翻译学的主要研究方法。"(胡庚申,2013:100)它同时认为,"整体的翻译生态体系就是由翻译管理生态系统、翻译市场生态系统、翻译教育生态系统、翻译本体论研究生态系统,以及翻译生态环境依托等多子系统构成的大系统"(胡庚申,2013:136)。

将系统作为生态翻译学的主要研究内容,无疑是将其视为组织化了的结构,预设了生态翻译学以制度化的模式存在,实际上就是以整体的观点来看待和处理翻译生态中所遭遇的各种现象与问题,同时也将被观察和被认识的翻译现象与问题视为由许多相互联系和相互作用的因素所组成的整体。而将系统综观作为生态翻译学的主要研究方法,又使得生态翻译学有别于其他译学话语学派。正如卢曼所说,"一个系统最重要的标志就在于它同世界复杂性的一种关系"(转引自高宣扬,2017:621)。这里的"世界复杂性"就是系统所处环境的复杂性。环境的复杂性制约着系统,使得身处复杂环境的系统也呈现出复杂性特点,导致系统的不确定性。但是,环境的复杂性也未必只具有负面作用,它也可能具有积极的功能,不仅可能促使系统自律,认识到自身存在的困境,而且可以促使系统主动地将自我与他者进行区分,更加积极地探寻彰显自我存在价值的问题及解决问题的途径。

我们知道,任何一个系统,为了生存下来,一定同它所处环境中各种系统维持着某种边界。只要我们将某种事物(社会的、文化的、心理的、物质的)称作"系统",它就一定拥有区别于他者的边界。① (高宣扬,2005)对于卢曼来说,边界是一个非常重要的概念,是他发展自身系统理论的重要工具概念。② 这种边界,基于系统内外各系统之间的互动过程得以维持。对系统内部来说,边界保障系统中各次系统能够充分实现其独特功能,并维持这些次系统的互动关系;对系统与系统外的其他系统而言,它维持着系统对于其外在环境的相对独立性和统一性。毋庸置疑,维持边界的路径多种多样。就生态翻译学而言,它以四种方式维持系统边界:

1)显著的译学话语特征,包括独特的研究视角、特定的研究对象、系统的研究内容、配套的术语体系、独特的研究方法;2)构建学术共同体,不仅于 2010 年成立了国际生态翻译学研究会,而且在国内设立了下属的分研究会,积极构建学术梯队,后来又成立了生态翻译研究院;3)构建生态翻译学学术平台,先后多次举办主题明确的国际生态翻译学研讨会和博士沙龙,创办《生态翻译学学刊》和《生态翻译通讯》期刊,组织撰写突出生态

---

① 这句引文源自高宣扬(2005)对卢曼关于系统的核心观点的概括,现为了大家更为明确其含义,将英文转摘如下: "Systems are oriented by their environment not just occasionally and adaptively, but structurally, and they cannot exist without an environment. They constitute and maintain themselves by creating and maintaining a difference from their environment, and they use boundaries to regulate this difference. Without difference from an environment, there would not even be self-reference, because difference is the functional premise of self-referential operations. In this sense boundary maintenance is system maintenance." (Luhmann, 1995: 16 - 17)。

② 需要特别指出的是,卢曼所说的边界是概念上的,而不是真实存在着某种边界。因为这种边界不是中断联系(break in connection)。卢曼(Luhmann, 1995: 17)指出, "The concept of boundaries means, however, that processes which cross boundaries (e. g., the exchange of energy or information) have different conditions for their continuance (e.g., different conditions of utilization or of consensus) after they cross the boundaries. This also means that contingencies in the course of a process, openness to other possibilities, vary depending on whether, for the system, the process occur in the system or in its environment."。另外,卢曼还运用边界概念来区分"要素"(element)与"关系"(relation)。他认为, "In common understanding, boundaries have double function of separating and connecting system and environment. This double function can be clarified by means of the distinction between element and relation, a clarification that at the same time returns us to the thematic complexity. As soon as boundaries are defined sharply, elements must be attributed either to the system or to the environment. Yet relations between system and environment can exist. Thus a boundary separates element, but not necessarily relations. It separates events, but let causal effects pass through." (Luhmann, 1995: 29)。

翻译学前沿话题的专栏文章,构建以"生态翻译学"为主题的学术文库,持续不断地推出学术成果;4)积极构建生态翻译学的传播渠道,通过开通官方网站搭建网上交流平台,在国内外组织专题讲座、讲习班,推动生态翻译学进入翻译教学课程体系。

维持边界并非说系统必须保持封闭或者自我孤立。相反,任何系统,若想谋求持续发展,就必须保持开放的姿态。而且,系统的开放性也是系统的必然属性。不过,系统的开放性也是有限度的,它只能面向特定的环境开放,而环境始终比任何系统都更具有复杂性和可能性,可能性的因素总是比可实现的因素多,正如卢曼所指出的,"从系统同它的环境之间的协调的角度来看,重要的问题是,面对着由环境所产生的各种威胁,系统的内在秩序是否能够成功地维持,并因而使得系统自身维持下来"(转引自高宣扬,2017:627)。

就生态翻译学这一系统而言,它置身于复杂的国内外翻译研究环境之中,尽管它力图展现其最大的包容性,但无疑难以完美地对该环境中的所有因素加以控制,因而只能尽其所能对环境因素进行选择。毕竟,"每一个系统的建构总是只包含世界的一个部分,只能让各种可能性中的一个有限数量得到实现"(转引自高宣扬,2017:621)。这也表明,我们不可能要求任何一个译学话语系统能一统天下地完成翻译研究的所有课题。任何系统,为了自身能够在复杂的生态环境中生存,必然会有所选择地关注在它看来最为相关的问题,即进行极其复杂的选择性化约,集中有限的资源(精力、能力、政策、资金等)来进行最必要的选择,以求系统自身的平衡,从而能够持续健康地运行。因此,对于生态翻译学,我们就不能简单地以它过去未能涉及或者目前还未涉及有关问题来对其加以评判。

从另外一个角度来说,生态翻译学自身也必须保持清醒,要防止自身系统无限度地超越难以企及或者难以掌控的边界。实际上,保持生态平衡本来就是生态翻译学的应有之义,是其基本特征和核心理念之一。胡庚申(2013:166)一再强调:"翻译生态系统也是一个动态平衡的体系。如同自然生态系统一样,翻译这个学科体系中的各个要素之间,各要素与环境之间,不停地进行着知识与信息的流动与循环;翻译学科系统在不断地发展与进化。""可以说,生态翻译学其实就是一种'翻译即生态平衡'的翻译观;而翻译的策略与技巧,其实就是翻译的'平衡术'。"(胡庚申,2013:198)就翻译实践而言,"为了平衡原语生态与译语生态,针对译语生态中的某些欠缺、不足部分,译者就要做出'选择性的适应'和'适应性的选择'"(胡庚申,2013:244)。但就生态翻译学的发展趋势来看,有一种旨在"促使不同翻译理论的本体论信念、认识论视域、方法论路径、哲学立场、价值论取向等朝'生态转向'演进,从实质上赋予理论以浓厚的'生态范式'特征"(胡庚申,2019:2)。"实现翻译研究引入到全球性生态学术大趋势的轨道上……以生态化的世界观和方法论来统领和观照翻译行为和翻译研究。"(胡庚申,2019:32)

这种旨在以生态翻译学解释众多翻译现象和问题的旨趣,并不符合翻译研究所面对的复杂现实,也违背了系统发展的规律。这是生态翻译学必须自觉警醒的现实。"事实上,对任何领域进行系统的建构,都并非要维护该领域原来的样子,而是要对该领域加以改变和重塑。"(傅敬民、张红,2020:3)基于生态学及新生态主义建构的生态翻译学,是在翻译研究系统中针对翻译生态研究领域的学术建构,是对他者在该领域研究的缺失或者不足的改变和重塑,无论其解释力多么强大,只能作为一种观察、描述和解释翻译研究的独特研究范式(属于翻译研究的应用翻译研究子系统,功能之一即为了更为全面系统地认知翻译),否则它就会被边缘化,远离学术中心,进而偏离系统目标功能。

诚然,明确生态翻译学这一学术系统与其环境中各系统之间的界限,并非要人为地为生态翻译学设置藩篱,而是旨在表明,任何系统都不是包容一切的,而是具有相对/绝对的局限性和复杂性。因此我们在发展系统的过程中要遵循系统自身规律,认识到它的局限以及来自系统内外的期待,从而使生态翻译学与系统内外的各种生态关系保持动态平衡,更加有效地实现其"顺应与超越""开疆与提升"的学术研究功能。近来,我们可以欣喜地看到,生态翻译学正在努力践行着这些功能诉求。

自从翻译研究成为独立学科并成为自洽的系统以来,中西译学界的学者都在努力尝试构建学科的概念框架、话语框架和学术框架,相关的理论话语此起彼伏。诚然,各学者所依据的理论基础、建构目标与建构功能都有所不同,一方面是为了彰显特色,另一方面自然也是为了争夺话语权。各自的系统、话语权越大,它在系统环境中所占据的位置自然就更有利。有利的话语系统位置自然会带来更强有力的话语权。其中的辩证关系不言而喻。对于这些理论话语系统,我们既可以通过研究"范式"转向来加以描述和解释,也可以从话语分析的角度展开。但是,无论从哪种角度来审视,只要认可这些理论话语为相对独立的系统,就都无法绕开系统的功能问题。因为,任何系统的建构、生存、维护与发展,都是源自系统具有某种或多种功能,都是因为该系统具有满足环境或其他系统的功能的诉求。对某种功能的需求有可能导致一种系统的产生,系统功能的正常发挥使得系统能够有效运行,为了系统的发展就需要系统不断地创新。这是一种连锁反应。所以,只会存在暂时还未形成系统的功能,却不可能存在缺失了功能的系统。

有鉴于此,研究以理论行动建构的系统,功能是一项重要的维度。本书多次论及帕森斯基于功能主义提出的功能模型:任何系统为了生存和维持下去,都必须实现四项基本功能,即适应、目标达成、整合和维模。所谓"适应",指系统从外部环境获取足够的资源并在系统范围内进行分配从而满足社会需求或发挥一定功能;"目标达成"意味着系统必须有能力确定系统目标的次序并调动系统内部的资源和能量;"整合"强调系统需协调和控制系统内不同行动者或不同群体之间的关系,防止相互冲突,保证系统正常运行;"维模"则通过向系统成员传输系统所遵循的价值观,促进系统成员之间产生信赖关系,保持系统价值体系完整性,保证成员与系统之间的一致性。(参见华莱士、沃尔夫,2008:31-32)

基于帕森斯的功能分析模型来考察生态翻译学,我们可以发现,生态翻译学自创建以来,一直都在努力实现上述四项基本功能。限于篇幅,笔者就不一一列举说明,大家可以参阅生态翻译学的有关文献。

我们可以发现,生态翻译学的系统功能并非只具有单向性。也就是说,随着生态翻译学的发展,其功能也越来越多元化。即使在系统建构之初可能只是为了实现某种功能,但是,一旦系统形成之后,鉴于系统与复杂环境的关系,鉴于参与系统发展的行动者的范围扩大,同时也鉴于系统所涉问题的拓展,生态翻译学为了满足维持和发展自身的需要,自觉地对系统功能进行了多元化调整。胡庚申(2013:179)认为:"从翻译理论的功能角度来看,一个系统的翻译理论应该能够有助于人们认识翻译理路,启发翻译思维,指导翻译实践,评析翻译作品,解释翻译现象,以及发展翻译自身等。"这是对于自身话语清晰化的努力。

实际上,生态翻译学的功能并非仅限于认识、启发、指导、评析、解释以及发展,而是至少包含了以下12个维度:1)认识翻译的生态本质,拓展翻译研究视角与议题;2)反思、解释翻译理论与实践的生态现象与问题;3)探索翻译理论与实践的生态发展规律;4)引领中国本土译学话语;5)批评、监督与指导现行翻译理论与实践生态;6)整合中国生态智慧、西方生态理念等学术资源,建构译学生态话语概念体系;7)顺应翻译研究中的生态要求,催生译学研究的生态范式;8）平衡翻译生态环境中的各种关系;9）构建翻译生态研究学术共同体;10）确立中国本土译学话语权;11）展示中国特色翻译研究的理论自信;12）提升中国译学的国际地位。

这些功能只是相对于生态翻译学整体而言,其中的子系统具体功能的实现有赖于其他必要条件的确立,因而不能对生态翻译学的功能实现做统一的要求。而且,就功能的性质而言,生态翻译学的功能也不可能同时实现,不可能对其中子系统所发挥的功能等量齐观。必须承认,即使在生态翻译学的系统内,有些功能也总会更加突出,有些功能则只具有辅助性质。就生态翻译学的外部系统而言,来自译学系统的其他话语系统也会不断地对生态翻译学施加压力。这是系统或者场域的本性所在。然而,这些压力本身就具有正功能和反功能,既可能抑制生态翻译学的发展,也可能助推生态翻译学适时地按照需要做出功能的调整,甚至以功能替代物的形式取代生态翻译学。由此而论,生态翻译学必须通过拓展功能来维持自身系统的运演。胡庚申（2014：88）指出:"尽管生态翻译学的早期研究发端于翻译适应选择论,然而,经过十余年的拓展和演进,生态翻译学在译论定位、话语体系、理论基础、研究对象、研究方法、研究内容、立论视角、术语系统等方面,与翻译适应选择论有许多的不同,更有许多内容是翻译适应选择论中所没有涉及的。"

目前的生态翻译学,以"理论先行,实践为基"为指导思想,在继续巩固、拓展其理论功能的同时,也不断地调整其应用功能。近来提出的绿色翻译就更明确地体现出功能调整的诉求:"绿色翻译是近十年来从生态翻译学的思想中衍生而来的一个新的翻译实践切入点","绿色翻译的视域与特征并不仅限于翻译实践的语言转换,而是发掘、解释和通达翻译实践的绿色理念和绿色价值,从实践层面为服务于'生态文明'与'绿色发展'而'译有所为'"（胡庚申、罗迪江、李素文,2020：47－48）。这种调整,显然与其自身的维模有必然的关系。

鉴于理论系统这一概念是由行动者的话语互动过程建构起来的,考察生态翻译学的功能,就不能脱离对语言符号的认识。在特定的系统中,行动与语言符号之间关系的紧密程度或许超出了人们的想象。理论行动本身就是一种话语沟通,是符号互动过程。理论话语系统建构的行动者对语言符号的选择,关涉多方面因素,比如行动者所要达到的目的和利益、行动者为达到相关目的所采用的策略、行动者在行动过程中所设定的行动议题等。问题是,行动者之所以选择这种语言符号而舍弃另外的语言符号,必然蕴含着自己的思考。行动者对理论术语的选择就体现出这一点。比如胡庚申采用"翻译生态环境"这一表述，就很能说明问题。他说："开始引入'翻译生态环境'的概念，而没有沿用'语境'或'文化语境'，笔者当时的主要考虑：一是使用'生态环境'的提法能与达尔文生物进化论中'适应/选择'学说匹配。二是，'翻译生态环境'与语境、文化语境在基本概念、范围、所指等方面有很大不同。"（胡庚申，2011：7）

而且，系统功能的实现也有赖于系统内外各方对该系统的认同与确立。这也表明，基于系统中的行动者的功能意愿和功能目标，对于系统内外的人来说并非都同样有效。这里的关键在于，"译学确立得益于定名与建制"（黄忠廉、张潇，2020：1）。在建构系统的话语互动过程中，行动者需要了解话语互动的规则，洞悉话语互动的语用策略，掌握不同语言符号之间的张力，并在此基础上运用适合这种张力的论述取向与策略，尽可能地将自己的理论表述满足系统内外各方的要求，从而使系统发挥最大的效力。生态翻译学迅速崛起并备受关注，与其理论话语的弹性张力是分不开的。

我们可以看到，从最初的"翻译适应选择论"关涉适应选择、翻译生态环境、生态平衡、文本生命、翻译生态、适者生存、翻译群落等概念，到在其发展过程中嵌入的译者中心、译者责任、文本移植、关联序链（列）、事后追惩、三生观（生态－生命－生存）、四生理念（尚生－摄生－转生－化生）、绿色翻译等。这些具有张力的话语，对于发挥理论系统的"视域融合"功能是极为有效的。而正是"视域融合"功能的发挥，使得生态翻译学得到了系统外的普遍认可，并迅速形成了系统内部"自成体系的翻译学说"，独树一帜地成为融合"中国特色、国际视野"并且"自主创新、具有独立知识产权"（许钧，载胡庚申，2013：序二）的译学学派。

正如许钧所言，生态翻译学既然作为客观现象存在，就说明它有存在的必要性和客观需要，我们就要以一种宽容的心态去关注它，也要以一种科学的态度去正视它。（胡庚申，2018）本小节基于社会学相关理论，从行动、系统和功能视角审视生态翻译学，为生态翻译学的创建、发展以及"客观存在"提供社会学视角的理据。通过分析我们可以发现，生态翻译学基于视域融合的学术研究立场，以理论行动实现译学研究范式转换，将翻译与生态整合为一个有机的学术话语系统，为翻译研究审视翻译理论与实践提供了一个全新的视角，建构区别于其他话语的理论形态。在"行动－系统－功能"这一关联序链中，胡庚申预设了他对翻译理论与实践的反思、批判与建构。在对翻译生态的探索中,生态翻译学开放了"生态"这一领域,使得翻译研究不仅关注到翻译的历史性、文化性和社会性,同时也将与翻译有关的全部生态问题纳入其研究视野,表现出一种整体思维与过程思维相结合的理论形态,彰显了翻译研究在译者生态、转换生态、文本生态、教育生态、政策生态等方面的问题意识与理论视角,揭示出翻译研究所忽视的翻译与生态之间的关系,建构起翻译与其他领域更为广阔的对话关系,从而维模其理论话语。至于相关理论话语的清晰度,则有待进一步提升。

第二节　国家翻译实践研究话语批评

清晰的问题涉及多个领域。在不同的领域,人们对清晰性提出了不同的要求。比如在写作中,清晰意味着文章思路的条理性和语言表述的简洁性;在科学研究中,清晰则意味着概念的明确及逻辑的合理。在翻译研究传统中,清晰往往作为翻译伦理问题受到人们的关注,频繁地出现在讨论翻译的著述中。尤其是法国著名翻译研究学者贝尔曼在其《异域的考验》(*L'Épreuve de l'étranger*, 1995)一书中,不仅将"清晰化"列于其所概括的12种翻译趋势里的第二位,而且基于翻译伦理对"清晰化"进行了较为深入的探讨。贝尔曼认为,清晰化为翻译所固有(inherent),甚至任何翻译都包含着一定程度的明晰化。而且,清晰化似乎也是许多译者和作者力求遵循的原则。他指出,翻译存在着两种不同的清晰化倾向,其一是将原文中不明显或被掩藏、被压抑的东西表征出来,通过翻译活动来激活原文中的这些因素。贝尔曼称这种明晰化为翻译的文本变形(textual deformation),并且对其持认同的态度。他借用海德格尔的话说:"在翻译中,思想(the work of thinking)被置换成(transposed)另一种语言的精神(spirit),因此经受了不可避免的变形。但是,这种变形可能蕴含丰富,因为它会使得问题的根本状况显示出新的光芒。"(转引自 Venuti, 2012:245)其二是使原文不希望清晰的部分变得明晰化。这种明晰化模式,一方面将多义转化为单义,另一方面也体现为意译或阐释性翻译,并且导致第三种趋势即扩充(expansion)。而对于扩充,贝尔曼表现出质疑的态度,因为它"将原文折叠的部分展开"(转引自 Venuti, 2012:246),从而导致原文自身清晰的语调变得模糊、拖沓,打乱原文的节奏,甚至窒息了原文的表达。贝尔曼所说的两种清晰化,都涉及译者的伦理,即如果原文本身就模糊,译者是否有权将其清晰化? 显然,这一问题本身就难以在翻译界达成共识。因为,尽管翻译研究领域各执一词,在翻译实践领域,译者总是倾向于将翻译清晰化作为一种追求目标。

从翻译实践视角来看,翻译清晰性的根本问题还是在于语言的清晰。现实中,"一个清晰可读但带有语法错误的翻译,比起那些不合逻辑、含糊不清却合乎语法的翻译来说,前者通常更受人欢迎"(切斯特曼,2020:235)。因此,语言学的相关理论,理应为翻译清晰性提供更为坚实的理论基础。毕竟,翻译的前提是语言交际行为,其目的在于促使不同语言之间的有效沟通交往。而语言清晰无疑是理性交往行为得以充分发挥作用的前提之一。人们总是希望在沟通交往中能够清楚地相互理解。清晰是彼此理解的基础。不仅信息的发出者希望自己的表达能够清晰,而且信息接受者也对清晰充满期待。因此,在文体学、修辞学、篇章语言学、语义学及语用学中,"清晰"都是个老生常谈的概念。

迄今为止关于翻译清晰化的应用性探讨,尽管关注的视角有所不同——翻译策略或翻译标准,翻译伦理或翻译价值,但基本上一边倒地聚焦于目的语译文维度,着重关注译文如何契合目的语对清晰性的规范性诉求,而且形成的认识均服务于自己的研究领域,很少把翻译清晰性作为一个整体来认识,因而也缺乏从整体的视角来审视它的应用价值。但是,如果把清晰作为一个整体性的翻译概念,我们就会发现,由清晰可以延伸出清晰性、清晰化、清晰度等相关概念,以及简洁、易懂、通畅、透明等次生概念。翻译清晰性是翻译的基本诉求,体现为具体的翻译标准;清晰化是实现翻译清晰性的过程;而清晰度是衡量清晰性的量化指标。因此,清晰不仅可作为社会概念、文化概念、伦理概念、价值概念被应用于翻译评价和翻译批评,同时也可以运用于翻译过程、翻译认知、翻译心理的分析,并且可以通过对它的历时性和共时性考察,分别形成翻译清晰研究史和区域差异研究,从而应用于翻译史研究。

除了生态翻译话语,"国家翻译实践"话语近年来异军突起。这一概念的产生,与我国翻译研究所处的社会历史文化背景密不可分。在构建人类命运共同体、铸牢中华民族共同体意识、推动中华文化走出去、讲好中国故事等理念的引领下,国家行为翻译活动所发挥的理论与实践功能日益突出,也使得国家翻译行为日渐受到关注,从而催生"国家翻译实践"概念的体系化建构。国家翻译实践研究首先基于对翻译的分类展开,同时对相关概念进行推演与界定。

"只有明确地定义指称事物属性及其动因的术语,表述才会清楚;同样,只有表述现象的概念之间的关系是明确的,对理论进行检验的人才能理解。"(特纳,2001:2)这种研究路径具有社会学功能主义的研究模式,即"先提出范畴体系,然后再形成有关范畴化现象之间关系的命题"(特纳,2001:18)。蓝红军(2020:113)认为:"作为我国译学理论话语的新探索,国家翻译实践论对翻译形态进行了新的类别划分,提供了对翻译主体的新认识,创新了翻译研究的命题。"

对于某种事物或现象,人们会对其进行分类来加以把握。"分类是人类认识事物的主要途径之一,也是人们研究事物的主要方法之一。"(方梦之,2019:89)毋庸置疑,分类总是相对的,具有社会、文化、历史等语境化特征,并且往往是人为的。不同类型的对象有各自的主体性特征,它们之间又通常存在着交叉和重叠,很难拥有清晰的边界。由是质之,翻译研究中诸多分类都无"定论",比如文本类型、翻译策略、翻译标准。我国译学传统中的"五失本""三不易"都属于此类。即便是对"翻译"本身的分类,鉴于"翻译"这一概念的歧义性,也往往"各执一词"。但即便如此,随着翻译研究的不断演进,人们依然不停地追问:如何对翻译进行分类? 实际上,这一问题的提出,其本身既包含着翻译分类问题的客观存在及其复杂性,又表明不同翻译类型之间存在着可识别并加以概念表征的关系模式。"识别"是人类的思维方式,"表征"是人类思维的符号化呈现。横亘于识别和表征之间的就是"概念"。质而言之,人们通过相应的概念来恰当地理解外部世界的各个方面。因此,理论包含着从复杂关系中抽象出来的分析性概念;概念则以抽象和分析的方式把现象从复杂关系中分离出来。

翻译研究在作为一门独立学科诞生之前,鉴于翻译的中介性特征,基本上游离于人文社会科学领域的边缘地带。各领域对翻译的认识和剖析,都展示出相应领域的知识背景和必要逻辑联系。人们基于各自的知识结构、为了不同的研究目标,有对"翻译"的不同分类。就基本概念而言,翻译有狭义和广义之分。狭义的翻译特指不同语言之间语言符号、信息意义的转换。广义的翻译则包括所有与语言(书面或口头)解释有关的活动、行为或现象以及与其相关的结果和过程。雅各布森于 1959 年提出的翻译类型三分法,即语内翻译、语际翻译和符际翻译,就是属于广义的分类。当然,对于翻译的分类,还可以从不同的层面展开。基于翻译形式,翻译可划分为笔译与口译、人工翻译与机器翻译、个体翻译与合作翻译,近来又出现了众包翻译、网络翻译、人工智能翻译、多模态翻译等;依据翻译的文本类型,可划分出文学翻译、宗教翻译、科技翻译、新闻翻译、法律翻译、政论翻译、实用翻译、学术翻译、文论翻译、军事翻译、外交翻译等;从翻译功能角度划分出信息型翻译、表达型翻译、操作型翻译;从学术研究视角划分出文学翻译、应用翻译、文化翻译、语篇翻译、语用翻译、认知翻译、社会翻译、教学翻译等。

事实上,分类往往基于相应的理论基础、目标价值与功能取向,鉴于理论、目标及功能的多样性,要想得到一种能涵盖翻译全部属性的分类形式,无疑并不现实。即便基于"一分为三"的翻译观,"通过重组'概念群'或'三元聚合群'的方法重估一切理论、译论和实践现象"(庞秀成、冯智强,2020:13),也几乎只是一种理想的追求。对翻译基本成分概念化采取何种方式,在很大程度上构成当代翻译研究争论的主要内容。因此我们可以说,任何一种新视角下的翻译分类,任何一种有关翻译的新概念的提出,实际上都彰显了一定的理论视野、研究旨趣和功能期待。

有鉴于此,"国家翻译实践"这一概念的提出,与任东升基于"翻译乃国家事业一部分的认识"有关,是"国家""翻译""实践"三者的有机融合。所以,我们就从简述"国家翻译实践"这一概念的提出与演进展开讨论,审视它如何实现"区分""维模"和"清晰"功能。

2015年,任东升、高玉霞撰文《翻译制度化与制度化翻译》,在开篇就提出:"依照翻译活动所牵涉的相关要素的社会复杂程度,翻译可以分为'市场劳务型''机构任务型''国家使命型'三阶。"(任东升、高玉霞,2015a:18)该文虽未明确提出"国家翻译实践"这一概念,但"制度性翻译""机构任务型翻译"及"国家使命型翻译"一旦呈现为"国家翻译行为",就构成了"国家翻译实践"。同年,在《国家翻译实践初探》中他们明确将"国家翻译实践"定义为:"主权国家以国家名义为实现自利的战略目标而自发实施的自主性翻译实践。"(任东升、高玉霞,2015b:93)其内涵包括:

(1)本质是"制度化翻译",自发、自主、自利是其三种属性,"国家"同时担当三个角色:策动者、赞助人和翻译主体;(2)是"国家行为"之一种,通常配合其他国家行为,如对外交流、内部文化建设;(3)不单是翻译意义上的"跨语际书写"(translingual practice),也是一种超越传

第八章 我国应用翻译批评话语之批评

统翻译实践的"文化政治实践"（cultural-political practice），以"政治优先"为原则；（4）是一种"自控型翻译实践"，译文质量的"自评"高于接受系统的"他评"。（任东升、高玉霞，2015b：95）

　　此后，以任东升为核心的"国家翻译实践"研究团队产出了一系列的研究成果——论文、著述、科研项目等，逐渐引起翻译研究领域的关注。笔者曾于 2019 年撰文指出："国家翻译实践这个概念，近年来在任东升教授的努力下，逐渐形成了一股合力，'取得了比较丰硕的阶段性成果'，已然成为我国翻译研究中的一道绚丽风景，同时也在我国翻译研究中占据了一定的话语地位。"（傅敬民，2019：5）

　　现在国家翻译实践研究以其独特而且开放的研究视角契合了我国文化发展战略，继续保持着强劲的学术生命力，大有建构"国家翻译学"之势。根据任东升（2019：68）的考察，在"国家翻译实践"概念提出之前，国内外已经出现过一些类似的提法："国内有耿强的'国家机构翻译'（National Agent Translation，2012），郑晔的'国家赞助翻译'（State-Sponsored Translation，2014），倪秀华（2012）的'国家机构为主导'的对外文学翻译模式等；国外也提出了'机构翻译'（Institutional Translation；Mossop 1988）的概念。"实际上，彭萍（2008：13）曾提出过"中间人"概念："中间人是指不直接参与翻译，而是通过自己的特定活动使文本与译者、译本与读者发生联系的个人或组织（政府或出版机构等）。"

　　如果将"中间人"改为"居间者"，使其所指不局限于人，也包含制度性机构，那么，它也属于国家翻译实践研究范畴。这也说明，"国家翻译实践"概念的提出并非无中生有，而是基于"国家翻译实践"本身就已经在国内外翻译实践传统中客观存在的事实。但是，作为一个整体性研究对象，"国家翻译实践"在传统的翻译研究领域并没有得到重视，更谈不上将它作为一种特殊的翻译形式加以学理上的系统深入研究。这种双重缺失凸显了提出"国家翻译实践"概念并着力加以系统研究的创新意义以及学术研究的魅力：不断地挖掘隐藏在客观事实中的现象，通过归纳的方法对它予以类型化、概念化、术语化，进而为相关研究提供新的视角、新的启发。从这类新视角、新启发切入，建构相应的理论假设，无疑为相关研究增添了新的知识形式。

　　2019 年，任东升进一步完善了"国家翻译实践"这一概念体系：

当某种翻译实践是国家主体发起,在国家行为的适用权限之内,为维护国家的整体利益,具有高度政治性、主权性和国家自利性,便可判定为国家翻译实践。置于国家翻译实践操作层面的范围,我们认为,凡是以国家名义具体实施翻译行为或受国家机构委托的其他翻译机构、组织或个人的翻译行为,均可视为国家翻译实践。可见,"国家名义"和"国家机构"是国家翻译实践操作层面的两个基本判断标准。即便有民间翻译成果或因具体文本的政治价值和文化价值之重要性而又自然上升或被确立为国家翻译实践成果或产品之可能,也须以国家名义或经国家(翻译)机构来鉴定、确立。也就是说,国家翻译实践是国家机构按照制度化翻译模式,通过外包、征用等方式实施的一种国家行为。(任东升,2019:69)

相较于此前有关"国家翻译实践"的论述,这段引文丰富了"国家翻译实践"这一概念,使得翻译实施主体在原有的"国家名义"之外又增加了"国家机构"这一判断标准,极大地拓展了"国家翻译实践"范畴,使得"机构翻译""制度化翻译""地方政府机构翻译",甚至受国家机构委托或确认的个人翻译都囊括于"国家翻译实践"范畴之中。围绕着这些概念形成了一系列可作为研究内容的次生概念,如国家翻译行为、国家翻译能力、国家翻译战略、国家翻译规划、国家翻译利益、国家翻译形象、国家翻译话语权等,进而极大地增强了"国家翻译实践"这一核心概念的解释力与应用价值。

诚然,建构起具有解释力与应用价值的概念体系,与切实有效地运用该概念体系进行相关研究,并不存在完全一致的对等关系,其间存在着需要艰难逾越的沟壑。正如拥有从事某种活动的工具并不意味着该活动必然取得相应的成就一样,提出并拥有概念也不代表研究会结出学术的硕果。更为艰辛而且重要的工作还在于运用这些新概念来解释或解决问题。而这又离不开基于相关概念体系建构相应的理论话语体系。这是"国家翻译实践"研究必须面对的挑战。

理论建构以问题为起点,而问题又源自提出问题的知识背景。这似乎有点悖论性质,但却是卡尔·波普尔的科学理论发展的内在逻辑。波普尔(2001:75)认为:

所有知识的增长都在于修改以前的知识——或者是改造它,或者是大规模地抛弃它。知识绝不能始于虚无,它总是起源于某些知识背景——即在当时被认为是理所当然的知识——和某些困难以及某些问题。这些困难和问题通常由两个方面的冲突产生,一方面是我们的背景知识的内在期望;另一方面则是某些新的发展,诸如我们的观察、由观察所提示的某些假设。

任东升(2019)坦言:"国家翻译实践"这一核心概念,首先基于对"翻译"概念本质的认识,其次基于对世界范围内大规模、机构性、制度化翻译实践的详细考察。对于"翻译"的本质,任东升(2007:27)认为是"人类出于交际需要以不同语言符号系统为媒介的跨文化思维活动和生产实践"。在此知识和观察背景下,任东升(2019:68)从学理上对"国家翻译实践"做过概念界定,"分析其学科基础、必要构件、实践主体和内生性演化历程,并结合其主体概念搭建横向概念系统,以属种关系为骨架搭建纵向概念系统,最终建立国家翻译实践概念体系的构架"。

毋庸置疑,在建构概念体系的基础上,国家翻译实践研究必然要致力于国家翻译实践研究的理论话语体系建构,假以时日,将来或许会产生一门基于多学科的国家翻译实践研究交叉学科,如国家翻译学。毕竟,作为国内外翻译实践传统中客观存在的翻译形态,国家翻译实践概念及其相应理论体系的建构具有切实的理论研究价值和契合现实需求的应用价值。

然而,一个新概念的提出,一套新理论的发展,不能只是满足于事实描述以及概念与理论建构,也不能一味地追求其实际的应用性研究,虽然这两个方面都是必要的,但如果要真正建构完备的概念体系和理论话语体系,就不能缺失其批评维度。涂尔干(Émile Durkheim,又译迪尔凯姆)认为:"要解释某一社会事实,仅仅解释它得以产生的原因是不够的;在绝大多数情况下,我们还必须至少说明其在确立社会秩序中的功能。"(转引自特纳,2001:12)毕竟,任何概念或理论的建构,并非只为了描写事物、解释事物,还是为了评价事物,进而为未来提供预测和解决问题的方案。

诚然,"从学科结构来说,作为人文学科,它应由三个部分组成:理论研究、批评研究和历史研究。翻译学属于人文学科,也应由翻译理论、翻译批评和翻译史三部分组成"(吕俊、侯向群,2009:13)。由此类推,即便是概念体系的建构,也应该相应地包括支撑性史料、理论假设及批评,况且国家翻译实践显然并不满足于概念体系的建构,还有理论扩张的诉求和努力。也就是说,基于"国家翻译实践"这一特殊的翻译形态,国家翻译实践研究同样具有理论研究、史料研究和批评研究的应然和必然。否则它就只能停留在概念演绎的抽象研究之中，无以发挥它的理论、实践及批评功能。

目前有关"国家翻译实践"的理论和实践研究，其中已然包含了一定程度的批评活动。所谓"批评活动"，就是将非结构化的隐性信息转化为系统的、融合价值判断并具有可比性的结构化显性知识的过程。它是任何概念体系、理论话语体系、学科体系的系统性建构都必然要经历的过程。批评活动不仅具有反思的（reflective）、比喻的（figural）、历史的（historical）特征，而且也具有理论性、符号性、实践性、主体性、功能性特征。

探讨以上所有特征，显然非本书所能。我们接下来主要探讨国家翻译实践研究的批评功能。具体问题聚焦于两个方面：1）国家翻译实践研究具有怎样的批评功能？2）国家翻译实践研究如何实现其批评功能？而在此之前，我们有必要对翻译批评进行简要的论述，以期为后面进一步的探讨提供背景。

在翻译研究领域，"翻译批评"现在已经不是一个陌生的术语。得益于文学批评和批评语言学，20 世纪 70 年代兴起的翻译研究在其学科独立浪潮中就已经将翻译批评纳入其视野。霍尔姆斯（Holmes，2000）将翻译批评置于应用翻译研究范畴，与翻译政策研究、翻译培训研究和翻译辅助研究并列；而莱斯则撰写了《翻译批评：潜力与制约》。近 50 年来，翻译批评及其研究已经成功地跻身于翻译研究学科体系，成为翻译研究重要领域之一，与翻译理论研究、翻译史研究共同构成翻译研究的话语体系。

然而，翻译批评仍然未能摆脱文学批评以及语言学的羁绊。（这一点本书已经多次论及）其中一个显著的特征就是翻译批评的对象长期以来局限于翻译文本或材料，而且在很大程度上依附于文学翻译文本。需要澄清的是，文本或者文学翻译文本并非不能作为翻译批评的对象，也不是说翻译批评不能基于语言学相关理论与方法。问题在于，翻译批评的对象不能局限于文本，也不能将翻译批评的理论基础局限于语言学。显然，翻译批评以翻译为批评对象，翻译批评研究则以翻译批评为研究对象。如果翻译批评的对象拘泥于翻译文本，势必导致翻译批评研究也难以摆脱翻译文本的束缚。

因此，许钧（2009：226）提出，"翻译批评以翻译作品、翻译过程和翻译现象为评价对象"，廖七一（2020：6）认为"翻译批评是以翻译或翻译活动为中心的分析、评估和研究"。无论是"翻译现象"还是"翻译活动"，都表明翻译批评不能局限于文本。肖维青（2010：29）曾将翻译批评界定为：

"翻译研究的一个重要分支,是批评者运用翻译研究以及其他相关理论,或者参照一定标准和尺度,对具体的翻译现象(包括译作、译者、译事、译论和翻译过程等)进行的分析和评价,以提高译者的整体素质和翻译的整体质量,推动翻译学的发展。"

较之于其他一些有关翻译批评的概念,如"翻译批评就是对译品的评价"或者"翻译批评是文学翻译学研究的范畴之一",肖维青给予"翻译现象"这一批评客体更为突出的地位,将译论、译事纳入批评范围。然而,该定义显然并不全面。因为翻译批评的对象还应包括与翻译相关的政策、制度、机构乃至国家行为等;其次,对翻译批评功能的认识偏窄,只是强调了"提高译者的整体素质和翻译的整体质量,推动翻译学的发展",忽视了翻译批评的其他功能。

实际上,翻译现象本身就是个模糊的概念。其外延不应该仅仅局限于翻译实践以及实践的过程和结果,也应该包含与这些方面密切相关的理论话语、批评话语以及政策法规、行业机构、意识形态等。自从人类在发展的进程中逐渐形成社会,就没有什么与人有关的行为可以独立存在于社会之外。就此而言,国家翻译实践研究无疑为翻译批评及其研究注入了新鲜血液。我们可以引用蓝红军对国家翻译实践研究的评述来说明其意义:国家翻译实践研究

> 对翻译有了新的类别划分这一事实表明:我们对翻译活动的认识增添了新的维度,它不仅仅是概念和话语的增加,更意味着我们获得了新的研究范畴。国家翻译实践论对翻译类别的划分重在引发人们对翻译实践的民族性和国家性的关注,从政治学、社会学和传播学等多种角度审视翻译对国家发展的影响,以及以国家为主体、从国家利益出发重新认识、规划、组织和实施翻译的必要性,讨论不同历史和文化语境下国家翻译实践的具体操作要求。(蓝红军,2020:113)

从表面上看这段引文涉及的是国家翻译实践研究对于整个翻译研究所具有的意义,但是如果将其纳入翻译批评研究范畴,我们就会发现它同样适用于翻译批评。因为,国家翻译实践为翻译批评增添了新的研究对象,但并非无中生有地创造了一个新的批评领域,而是指通过国家翻译实践的研究,翻译批评发现了以前被忽视的研究对象。诚然,发现且明确新的研究对象是一回事,对新的研究对象进行怎样的研究又是一回事。对于

翻译批评而言,通过对这一新的研究对象的发现与确定,翻译批评也为其自身功能及其功能发挥找到了一个新的突破口。

但这显然并不表明,传统的翻译批评功能已经随着时代的发展丧失或者消退,而是不同的时代对于批评有不同的功能诉求。在不同的时代,批评也具有发挥不同功能的潜势。对于革命性的科学范式,韦勒克(2009:13)认为:"在批评史上,根本不存在库恩认定的科学史上的那类彻底革命。……批评是一门方兴未艾而大家关注的学科,前景可望。……古往今来,问题不断得到澄清,诸多关键论题上共识的内核,不断扩大,尽管有些表面冲突。"由此而言,国家翻译实践研究理应在继承传统翻译批评的基础上充分发挥其特有的批评功能。

探讨翻译批评功能,实际上预设了翻译批评为一个自洽的系统。"所谓系统,就是以整体的观点来看待和处理被观测的各种事物,也就是将被观察和被认识的现实事物和历史,视为许多相互联系和相互制约因素所组成的整体。"(傅敬民、张红,2020:1)一个大系统由其他子系统构成。系统的存在与发展,在很大程度上有赖于它所具有的功能以及发挥功能的程度。作为一个翻译研究的子系统,翻译批评的存在与发展自然有赖于它具有相应的功能,既与翻译研究的其他系统密切关联又具有自身存在与发展的功能,从而使自身与翻译研究系统中的其他系统如理论研究系统、翻译史研究系统区别开来。

"我们必须把批评视为一种相对独立的活动,只有相对割裂开来看待,只有把其他一切,借用现象学的术语,'置入括弧',否则迄今任何一门学问,都无法取得半点进展。"(韦勒克,2009:7)但这种做法,只是为研究或者批评打开方便之门,并不意味着真的存在独立的系统。就此而言,翻译批评功能既指有利于翻译批评提高自身在翻译研究系统中的调整、适应能力,同时也包括翻译批评对于翻译研究系统的作用。迄今为止,翻译研究领域对于翻译批评功能的研究,显然缺乏系统观。而要从根本上维护翻译批评存在的合理性或合法性,就必须将翻译批评视为一个自洽的系统,正视其独立存在的价值与功能。

显然,系统内还有子系统,子系统又发挥不同的功能。不同的翻译活动、事件或现象,各自具有的功能并不会完全一致,而且所发挥的功能也未必一致。因此,在翻译批评研究的传统中,不同学者对于翻译批评功能的认识也存在着分歧。然而可以发现,翻译批评的功能内核主要有理解翻译、评价翻译、服务翻译。有关翻译批评功能的诸多歧义性认识,都源自对翻译本质的歧义性认识：或将翻译视为不同语言之间的简单转换，或将翻译视为文本信息转换，或将翻译局限于文学范畴，或将翻译视为不同文化的汇通。凡此种种，虽然都在不同层面发挥了相应的翻译批评功能，但毫无疑问也都限制了人们对翻译功能的全面认识，遮蔽了对其他翻译功能的认识。

就此而言，国家翻译实践研究为我们认识翻译批评功能打开了另外一扇窗户，一扇通向国家行为、制度行为、机构行为的翻译实践的窗户。这是国家翻译实践研究对于翻译批评做出的贡献之一。然而，现有的国家翻译实践研究，似乎并未在翻译批评领域体现出其应有的价值。这无疑与翻译批评的特性有关。因为，翻译批评是基于相应的理论针对翻译批评对象的批评，如果相应的理论建构不完备，那么就很难展开相应的批评。但这并不是说翻译批评一定要在相应的理论完备后才能展开。如果坚持这样的观点，那么显然也是无视翻译批评对于理论建构所具有的功能。因此，国家翻译实践研究应在建构其概念体系、理论体系的同时，积极开展翻译批评及研究，有效发挥其独特的翻译批评功能。

所谓国家翻译实践研究具有独特的批评功能，并非说国家翻译实践批评需要提出一些标新立异的问题，而是说它展示了一些传统翻译批评中被人们忽视了的问题，包括国家翻译行为、制度翻译行为和机构翻译行为。换言之，借助国家翻译实践批评，我们得以从国家、制度、机构层面审视翻译中存在的问题，而这不同于传统中聚焦文本、译者的翻译批评。通过国家翻译实践批评，翻译批评的功能不再局限于导读、监督、引导、提升等具体化层面，而是关注国家、制度、机构层面的翻译结构、翻译过程和翻译结果。这使得翻译批评的内在逻辑关系更加丰富完善，翻译批评功能本身所具有的辩证关系也随之更为明晰。

所谓关注翻译批评功能的辩证关系，即承认翻译批评的功能不是单一方向的，而是发展的、辩证的。罗伯特·默顿（Robert Murton）认为，功能主义理论体系中存在三个问题：社会系统的功能一致性、社会事件的功能普遍性、功能事件对社会系统的不可或缺性。通过对这个问题的批评，他指出："首先，某事件对某系统或其他系统也许不仅具有正功能，而且具有反功能。其次，无论是正功能还是反功能，有些功能后果被系统主体认识到了并确认了，因而是显性的；另一些后果则没有被确认和认识，因而是潜在的。"（转引自特纳，2001：25）

然而，迄今为止有关翻译批评功能的论述，大部分都是单向度的，主要强调翻译批评的正功能,①这种单向度的翻译批评功能观,实际上基于这样的预设:所有的翻译批评都是必需的而且是有益的,即功能一致性、功能普遍性和功能不可或缺性。这种预设,自然有其存在的理论基础。对此,前文已述。但需要指出的是,翻译批评的功能并非只是单向度的,它也具有反向的功能,而且不仅具有我们所能认识并确认的功能,也有一些鉴于目前的知识背景和认识能力还无法确认的功能。

国家翻译实践研究曾就国家翻译实践的功能提出过诸多认识:交叉体现国家形象意识、文化主权意识、语言政策意识;有助于开拓实证研究;为国家翻译实践提供有益指导;观照翻译研究的外部关系网;有助于完善并深化译学理论体系;有助于纠正翻译认识上的某些偏差;深化已有理论认识;对目前及以后的重大翻译项目的实施提供理论和战略指导;为诸如"中国翻译研究院"的行动指南提供规划性指导;以及,坚持政治上维护国家利益;在文化上对内强化意识形态、维护本国文化传统、维系民族认同感和凝聚力,对外利于塑造国家形象、提高文化软实力、增强文化竞争力;实现建设文化强国的目标。(任东升、高玉霞,2015b)

针对这些方面展开批评,无疑彰显了翻译批评的正功能,也是极有必要的。但是,如果翻译批评只是论及国家翻译实践的正功能,而忽视它的反功能的话,就不仅削弱了翻译批评功能的发挥,同时也遮蔽了翻译批评自身的反功能。

对于翻译的反功能,许钧(2009:200)曾做过深刻的反思:

> "译何为"的期待由于往往受到具体翻译行为或翻译过程的限制,翻译的理想目标因而难以完全实现,翻译的理想作用也常常因得不到正常的发挥而大打折扣。从翻译历史的进程看,我们不难发现,在理想的目标与实际的作用之间存在着不可忽视的差距,甚至出现负面的偏差。人们期望翻译能起到双向的沟通作用,有助于不同民族文化的交流和丰富,但历史上却不乏对出发语文化加以曲解,甚至当作"文化战利品"随意宰割的翻译事实;人们期待翻译为目的语语言与文化引入新鲜的血液,带来新的思想,催育或丰富目的语文化,可历史

---

① 比如"翻译批评的最根本的目的是提高翻译质量、促进翻译事业在理论和实践两方面的健康发展。据此,翻译批评最基本的功能是监督功能,由此派生的是对读者的引导功能和对读者的指导功能。……翻译批评的第二个基本功能是理论研究"(杨晓荣,2005:20)。

上却往往出现过分"归化"的翻译潮流,其结果是不时造成目的语语言和文化的"溶血";人们期待翻译能为不同文化的对话创造条件,却不无痛苦地发现在弱势文化和强势文化的对话中,翻译有时竟充当着强势文化侵略弱势文化的帮凶角色,沦为某种殖民的工具。无可否认,翻译因为有时承担了过于现实的使命而丧失了原本理想中所应起到的作用。这也是理想与现实之间由来已久的矛盾。

以此类推,我们就能发现,翻译批评也会产生批评期待与批评结果不一致的现象;由于翻译批评者的知识局限导致的曲解、误解;由于对翻译某些方面的强调而遮蔽其他方面;因为不正当的翻译批评促使某些本该具有生命力的翻译尝试付诸东流,或者某个本该广泛流传的译本突然消失,或者某位有志译者伤心或愤然地放弃从事翻译之志。由此可见,国家翻译实践研究的批评,并非只具有正功能,也可能具有反功能。比如,如果国家翻译实践及研究的批评一味地强调它对于中国文化走出去的正功能,势必招致其他翻译实践形态及研究的不满,从而使得它具有了反功能。因此,在强调国家翻译实践研究正功能的同时,有必要警醒自身,开展国家赋予实践批评,除了对于自身具有正功能之外,是否潜在地对其他研究产生反功能。

显而易见,对于国家翻译实践研究的批评功能的认识,不能只是局限于彰显其正功能和反功能,也不能满足于确认那些通过观察或者依据研究的期待就可以认识到的显功能。如果只是从国家翻译实践研究自身利益出发,对正功能和显功能予以排他性确认,虽然会为国家翻译实践研究的合法性存在与发展提供辩护,但也可能为自己树立了对立面,削弱自身的正功能,遮蔽了国家翻译实践研究的潜功能。这不仅无助于国家翻译实践研究对自身的系统建构,而且也限制了自身对其他相关研究的正确认识。毕竟,翻译研究系统的各种复杂功能不可能由一个或少数几个理论话语系统来实现,而是有赖于不同理论话语的批评来完成。只有发挥不同功能的翻译批评话语并存和分别运作,才能维持并发展翻译批评系统。

习近平总书记于 2016 年在哲学社会科学工作座谈会上明确指示,我国哲学社会科学"要善于提炼标识性概念,打造易于为国际社会所理解和接受的新概念、新范畴、新表述,引导国际学术界展开研究和讨论"(习近平,2016:2)。国家翻译实践概念的提出及其持续研究和讨论,不仅践行了习近平总书记的重要指示精神,同时也推动了我国特色翻译研究学科的系统发展,为全面深入研究国家行为翻译、制度翻译、机构翻译及地方政府主导的翻译提供了概念体系和理论框架。它不仅刷新了翻译的传统分类,提出了融合国家、翻译、实践三者为一体的全新概念,拓宽了翻译批评视野,还启发人们更加系统深入地思考国家行为翻译、制度翻译、机构翻译及地方政府机关翻译行为,引发人们对翻译实践的制度性、民族性、国家性、地方性的关注。然而,我们也要清醒地认识到,国家翻译实践研究毕竟还处在发展期,相关概念体系及理论话语有待进一步完善。"学科的产生与发展是历史和社会的产物,其建设目标和价值观也必然服务于特定的社会现实。"(牛云平,2020:11)显然,"服务于特定的社会现实"只是学科产生与发展的功能之一。而且,如何发挥服务功能不仅有赖于学科理论的发展,也离不开相关批评功能的发挥。如果说翻译具有形塑性、建构性力量,那么建构学科的重要力量之一就在于翻译批评。甚至可以说,翻译批评功能的认知深度及发挥程度,对于学科建构起着至关重要的作用。通过对国家翻译实践研究的梳理以及对翻译批评功能的考察,我们应该看到,国家翻译实践研究还有诸多拓展空间,理应进一步加强翻译批评及研究,围绕国家翻译实践建构相应的批评标准,充分发挥国家翻译实践研究的批评功能。而在开展国家翻译实践研究的批评过程中,对其功能要有全面的考虑,既要确认并彰显正功能,也要反思剖析可能具有的反功能;既要系统描述探讨相关的显功能,也要积极挖掘潜功能。至为关键的是,不应该将国家翻译实践研究的批评功能视为对国家翻译实践研究内涵的损害,而应该认识到它不仅是对国家翻译实践的深化与丰富,更是对翻译研究的拓展与延伸。

第三节　译者行为批评的系统逻辑

本书一再呼应杨晓荣、许钧等人提出的翻译批评理论建设功能。然而,翻译的复杂性使翻译批评的理论功能不可能由单一的或少量的几个理论话语系统来实现,而是有赖于具有不同功能的相应理论系统的完善来分别或协调完成。在理论纷呈的年代,如何审视具体的翻译理论、翻译批评理论系统,是从事翻译批评及其标准研究难以回避的话题。基于系统与环境及其他系统的关系,这种审视,既包含对相关理论的反思,也包括对相关理论的外部环境或者其他理论的论述。在一个理论视角高度分化的时代,相对独立的理论系统既具有封闭性又必须保持开放性。缺失了相对的封闭性,系统难以划定边界来保持相应的稳定性,也无法有效地发挥系统的功能;与此同时,任何理论都难以单纯地以完全封闭的状态生成与发展。翻译的复杂性引发了翻译研究视角的蔓延及相关理论的生成,但任何视角的翻译研究理论话语,一方面必须具有区分化比较的可能性,具有独立发挥功能的性质,另一方面又必须与相关的环境以及其他视角具有关联逻辑。这种关联逻辑主要涉及三个方面:系统与环境、系统与系统、系统自身。

诚然,运用系统观来审视翻译,并非因为翻译具有某种可感知的系统性物质外形。如前所述,系统,在某种程度上说,其实就是一个抽象的概念,一种可以以整体的视角观照某类事物的工具。大千世界的各类事物,纷繁复杂,但是,如果将大千世界视为一个大的系统,并且将其中具有某种特征的事物作为相对独立的子系统,对于人们认识和把握其中的规律、特性无疑大有裨益。

翻译,无论是作为一种沟通实践还是理论建构,或者如赫曼斯所说的一种被认可的社会现象(recognized social phenomenon),包括知识类型和文化实践,都是错综复杂的,既具有自洽性,又充满了异质性。但是,如果我们将翻译视为一个系统,一个具有"适应性、调节性、反思性及再生性的系统"(Hermans,2020:142),并且将其中与翻译有关的不同方面视为相应的系统,比如翻译文本系统、翻译认知系统、译者系统、翻译教育系统、翻译批评系统等,那么,人们对于翻译复杂性的认识就会简单得多。

运用系统理论研究翻译,赫曼斯显然并非第一人。伊塔玛·埃文-左哈在 20 世纪 70 年代末就提出将"翻译文学视为一个系统",并且认为"翻译文学不仅是文学多元系统中不可分割的一部分,而且还是其中最为活跃的系统"(谢天振,2008:221)。但就具体运用系统理论研究翻译来说,赫曼斯的确卓有成效。1999 年他出版了《系统中的翻译——基于描写理论和系统理论的阐释》(*Translation in Systems — Descriptive and System-Oriented Approaches Explained*,于 2016 年和 2020 年再版),在书中,他将翻译世界视为一个系统,一个具有适应性的自我调节、自我反思及自我生产的系统。(Hermans,2020)虽然他认为构成翻译系统的因素包括实际的翻译(actual translation)以及有关翻译的陈述(statement),但在实际的论述中,他侧重于实际的翻译系统,即翻译实践系统,而对于翻译理论系统,则着墨不多。①

但是,本书所关注的是翻译研究的理论话语,即从系统的视角探讨译者行为批评及其关联研究的系统逻辑。译者行为研究、译者行为批评是我国翻译研究学者周领顺提出的两个概念。事实上,这两个概念或者以这两个概念发展的理论话语,在我国翻译研究领域颇为瞩目。继 2019 年召开了首届"译者行为研究"研讨会后,2021 年又举办了第二届"译者行为研究高层论坛",围绕译者行为研究如何发展展开了相关研讨,对于它的理论价值与现实意义给予了充分的肯定,进一步推动了译者行为研究和译者行为批评。笔者也应邀参加了会议,并在会上做了题为《作为系统的译者行为批评及其研究逻辑》的发言,基于系统理论探讨了"译者行为批评"及其研究的逻辑。本书思考的出发点在于:理论批评是理论得以健康发展的必经之路。对于译者行为批评这一批评模式或者理论,同样需要展开研究或者批评,即针对"译者行为批评"的研究或者批评。基于这一思路,笔者试图将"译者行为批评"和"译者行为批评的批评"作为两个相互关联的系统,运用相关的社会系统理论来审视这个系统的关联逻辑、自洽逻辑及发展逻辑。

以系统的视角审视一种理论,实际上就是以整体的观点来看待和处理研究对象,将研究对象看成由许多相互联系和相互制约的因素组成的整体。由此而言,翻译研究作为一个大的系统,有赖于各种具有不同功能的翻译话语系统的并存和分别运演来维持与发展。

作为系统,其本身就预设了以下基础性条件:1)该理论的各个要素(对象、目标、功能等)之间存在着关联与互动的关系,理论中各因素之间的相互联系与互动,使某种事物构成相对独立的系统;2)相对独立的系统自身具有组织性诉求。也就是说,系统内的各要素并非在系统内占据等量的位置,而是以等级关系存在和运动着,有的要素处于中心主要位置,有的要素处于次要位置;3)一种理论话语的产生,并非只表明在场,而是为了提出问题、解决问题,从而谋求理论话语的生存与发展。发展的逻辑既有其偶然性,也有其必然性,既有其内因,也有其外因。其中的关键在于,

---

① 在赫曼斯(2020)看来,系统理论能使我们重新思考翻译在社会中的存在方式,开启翻译作为社会系统的研究路径,为解决翻译研究学科中的根本问题提供方案。这显然与他的描写研究路径及强调翻译操控有关。

1）理论本身具有系统整合历史、当下与未来之间的关系；2）能够处理好系统内外的关系；3）能够处理好理论与实践之间的关系。

翻译研究作为一门独立的学科，历史并不长，自洽完备的系统理论体系也处在发展进程中。作为一门追求学术价值的独立学科，翻译研究虽然有其区隔于其他学科的边界，但作为人文社会科学的一部分，则完全是一个开放、动态的系统，由其他相互联系和相互制约的次系统或子系统构成。翻译批评作为翻译研究的次系统，其本身具有子系统，如文本批评、译者批评、功能批评、翻译行为批评、翻译现象批评、网络翻译批评、翻译教学批评、翻译技术批评、翻译政策批评、文化翻译批评等。次系统又有次次系统，在译者行为批评系统中又有个体行为批评系统、群体行为批评系统、自由译者行为系统或专业译者行为系统等，以此类推。就此而言，译者行为批评只是作为子系统而存在与发展，尽管隶属于哪个母系统目前尚不明确。按照周领顺对译者行为批评的阐述，他将译者行为置于翻译批评视域下展开，认为：

> 译者行为批评思想可以粗略地描写为：从翻译文本转向操纵文本的人→译者是人，是意志体→意志作用于行为→行为作用于文本（理解的原文和表达的译文）→从意志作用的行为和文本看译者身份和角色的变化→检测翻译内和翻译外表现；检测翻译内的"忠实"和翻译外的理性成分；检测译者身份和角色与译文文本之间的关系→将文本视域和行为视域结合起来→从译文中的意志性痕迹抽绎出译者类型，并从译者类型预测可能的译文文本类型→实现翻译批评的全面和客观。（周领顺，2015：125）

坦率地说，对于从译者类型预测可能的译文文本类型是否能够实现翻译批评的全面和客观，笔者持有不同的看法。但这并不是关键。从系统逻辑来说，笔者更为关注他的另外一种观点：译者行为批评"以译者行为的评价为入口，以译文质量的评价为出口，以社会视域为评价视域，在翻译社会学和描写译学的框架内，走翻译批评—译者批评—译者行为批评之路"（周领顺，2014：1）。

按照其中的逻辑，译者行为是研究对象，评价译文质量是目的，翻译社会学和描写译学是研究框架，而译文质量评价视域则是社会视域。问题是，什么是翻译社会学的研究框架？什么是描写译学的框架？就译者行为批评理论的建构而言,翻译社会学和描写译学是其基础性框架。然而,撇开描写译学研究框架不论,因为它在某种程度上提供了描写研究路径,就目前的翻译社会学来说,其研究框架并不清晰确定。对此,周领顺其实非常清楚:"不管是'翻译社会学'还是'社会翻译学',目前都没有自己完整的体系甚至具体的内容,对它们的建构是一个'水到渠成'的过程。"(马冬梅、周领顺,2020:65)

既然如此,又如何在其框架内展开译者行为批评呢? 另外,在社会视域下评价译文质量,本无可非议,但是如果要基于译者行为来评价译文质量,社会视域显然难以达到"客观、全面"的翻译批评目的。因为,对于译文质量的评价,还可以在其他的视域,如文化视域、语言符号视域等下进行。其实,周领顺自己也曾经说过:"译文的质量取决于对译者的语言性和社会性、译文的语言语境和社会语境、译内效果和译外效果等因素的综合考察。"(周领顺,2011:4)

但是,他显然并没有严格地区分评价与批评,甚至将批评与研究也进行互用,在同一篇文章中,他就认为:"译者行为研究是以译者行为为中心的翻译批评性研究,因其主要职责是用作评价的,所以也称为译者行为评价研究。"(周领顺,2011:8)这样一来,译者行为批评就有可能与翻译质量评价混为一谈,不仅无法达到简化译者行为批评系统及其环境复杂性之目的,甚至模糊了译者行为批评的理论功能。

我们知道,任何系统的建构都不可能包罗一切,任何单一的系统都有其局限性和相对性。任何意欲以子系统来囊括母系统的做法,都不符合系统逻辑,势必遭到相应的排斥,从而导致子系统话语能力的减弱甚至湮没。毋庸置疑,任何能够生存的系统都具有衍生出子系统的能力,也可以说是系统自身区分化能力,或者如卢曼所说的自我生产或自我参照能力。封闭的系统不具有生命力,事实上也不存在。在一个特定的时期,某个系统可能处于稳定的、保守的,或者如埃文-左哈所言处于不允许创新的状态,(参见谢天振,2008:225)但从历时角度来看,系统的位置必然是开放的、动态发展的。它甚至可能脱离原来所依附的母系统,发展成为拥有其他子系统的母系统。但也有可能被其他系统替代,甚至消亡。切斯特曼(2020:22)曾运用"模因"概念这样论述道:"这些翻译模因,其中有些很可能根本未被人们普遍接受,悄无声息地销匿于历史长河;有些可能活跃了相当长的一段时间,最终也被其他观点或模因所替代。当然还有一些观点或模因,似乎已然坚不可摧。"

就人文社会科学来说,完美无瑕、坚不可摧、面面俱到的理论似乎只存在于理想中。在某种不同的语境下,随着环境的变化,理论功能会发生变化,所占据的位置也会发生改变,甚至有可能导致新系统的产生。可能性的因素总是远多于可实现的因素,相应的理论只能根据有限的认识在其可能性范围内运演,而且其运演逻辑必然是与环境和其他系统相互联系和相互制约。系统建构与生存的一项重要功能就在于使得系统本身与环境相区分,与其他系统相区分。对此,译者行为批评显然认识到其中的含义,因而认为"译者行为批评理论的构建,是以突破传统上和国际范围内翻译批评求全、求大直至最终不了了之的瓶颈为旨归的,从这个意义上说,该理论的提出肯定是以观照现实问题为出发点的"(马冬梅、周领顺,2020:60)。也就是说,译者行为批评旨在突破过往翻译批评之瓶颈,并以现实为出发点。

现实无论是理论的还是批评的,本身都是复杂的概念,一般应该包括理论产生与发展的环境。"环境不仅是系统同环境区分开来的重要因素,也是不同系统之间相互区分的重要因素,又是系统自身进行自我分化和自我生产的重要因素。"(高宣扬,2005:639)其中的逻辑在于:任何系统都存在于特定的环境之中,发挥特定的功能,需要处理特定环境产生的现实问题,并且处在与环境及其他系统的关联之中。因此,系统必须具有自我区分以及区分于环境的机制和程序,否则就无法生存与发展。因为,系统与环境及其相关系统之间的关系,总是相互关联、相互区分、相互制约的。甚至,子系统与母系统的关系也是既有关联又受制约的,否则,所谓的子系统就不可能在母系统中生成,遑论得以发展。次系统与次系统之间的关系,并非一定等式并列,并非在母系统中占据同等的位置。任何身处复杂环境的系统,它在关联系统中所占据的位置,也并非固定不变,而是根据具体的情况发生变化。这种系统逻辑是译者行为批评不得不面对的现实。

毋庸置疑,任何系统并非完全被动地与环境及其他系统关联,并非完全被动地受制于环境和其他系统。如果系统缺乏维持自身生存与发展的动力,那么这样的系统根本就没有必要产生,甚至在初露萌芽之际就可能被扼杀了。实际上,就翻译研究而言,翻译的复杂性为相关系统建构、生存与发展提供丰富的可能性,激发不同理论系统有效开发。在此现实环境中,一方面,译者行为批评及其研究得以产生与发展,其前提自然在于它们具有不同程度的主动性、区分性和自律性,能够对于复杂的翻译问题以及关系进行选择性的简化处理,即主动地设置译者行为的概念和理论边际,依据译者行为概念简化地选择研究问题,发展其理论。另一方面,翻译系统的复杂性并不只是对译者行为批评及其研究系统起着负面限定的作用,而是在一定程度上反过来积极地促进了它们的自律性和自我区分性,寻求自身在复杂环境和系统中的生存和发展空间,促使译者行为批评及其研究尽可能地为维持自身的同一性而寻找自我指涉点。

寻找并确定系统的自我指涉点,源自系统自洽逻辑。其中的关键在于系统的自我界定、自我组织。"所谓界定,实际上就是任何一个具体系统同环绕着它的世界的区别的界限。只有把这个界限找出来并加以确定,一个系统才有可能存在。"(高宣扬,2005:638)这一概念对于以理论建构和实践指导为目的的译者行为批评而言,具有重要意义。因为,如果译者行为批评理论作为有效系统不能有效地自我界定、自我组织,译者行为批评就有可能迷失于各种翻译研究话语之中,无法彰显自身的独特性。因此,译者行为批评以译者以及译者行为作为理论建构切入点,有其合理性。因为翻译的主体是译者,译者呈现出来的行为受特定规范的制约并具有相应的规律。显然,鉴于环境的复杂性,系统要自我界定并不容易。

为了达到界定的目的,系统"必须在该系统诸因素尽可能迅速有效达到的范围之内进行,以便使该系统诸因素在能力所及的范围内,通过特定的联系和互动方式而相互制约地保障其同一性"(高宣扬,2005:639)。维持系统的同一性,实质上就是确定系统的区分性,其中的一个关键问题就是建构系统的概念必须清晰明确,而清晰明确的概念性质恰恰是其他概念否定的和不具有的性质。通过明确界定系统中的概念,使系统趋于稳定,进而达到系统组织化、秩序化和制度化的诉求。

按照卢曼的自我参照系统理论,"由人类的行动所产生的各种系统,为了确立系统本身的独立性和稳定性,首先必须在同其周围环境的比较参照中进行区分,接着又要在其系统自身中,一方面同系统自身以往历史经验相参照,另一方面又同系统自身未来可能产生的潜在的方向相参照"(高宣扬,2005:665)。

就此而言,译者行为批评的自我参照性,既要立足历史与现实,又须建基于对未来的期待,实际上要求译者行为批评系统与相关联的系统及环境诸因素间的相互参照,以便在相互参照中实现译者行为批评与其他翻译研究话语系统及所处环境的协调和调整,使得译者行为批评系统具有必要的连贯性,使得关联的诸因素合理渗透,既保持自身的创造力,又为相互沟通协调提供必要的可能性。因此,译者行为批评系统确定自我指涉或参照体系,不仅涉及自身的持续性与可能性,而且还关系到系统的拓展与更新,同时关系到系统自身的分化与发展。

理论话语系统的建构,离不开运用相关概念或术语,需要依据自身逻辑发展其概念或命题,从而以可能有意义的沟通范围作为其边界。"系统的自我参照性,在某种意义上说,就是系统内各种意义系统的自我建构和相互参照过程。"(高宣扬,2005: 669)需要指出的是,寻求系统的自我参照,不是系统的目的,主要是为了达到简化系统及其环境的目的。换句话说,自我参照性就是系统试图简化同各种关系的关系。因此,必须谨慎选择相应的符号体系来对系统自身进行合理的分化。华康德曾引用维特根斯坦的话:"问题是与我们的表达方式相伴随的,一旦我们用一种新的形式来表达自己的观点,旧的问题就会连同旧的语言外壳一起被抛弃。"(布迪厄、华康德,2004: 2)

周领顺基于译者行为这一概念提出了译者行为批评研究的理论与方法,由此开启了关于译者行为及译者行为批评的符号化,也就是建构起一个以象征符号为沟通形式的理论概念系统。如果概念系统没有得到发展,就不可能区分于环境及其他系统。通过运用符号,译者行为、译者行为批评将自身与其环境的关系概念化为观点或主题。理论的创建往往都是自我论题化或主体化的。这种自我主体化的理论创建,有效地降低了环境的复杂性,更为有效地调整翻译批评行为。在某种程度上,理论的发展是该理论系统在与其环境的联系中不断分化的过程。不过,分化的目的不是独辟蹊径、标新立异,而是为了使自身区别于他者,以自身的独特性增强在环境中的适应能力、生存能力。毋庸置疑,任何理论系统在分化的过程中可能都会因相关因素的变化而生发出各种系统性问题。因此,为了促使理论系统自身的平衡稳定和健康发展,系统就必须主动出击,自觉地建构相应的体系化概念。比如"求真-务实"的提出,极大地促进了译者行为批评研究对翻译研究的适应。同样,在周领顺倡导和主持下开展的一系列会议及开发的刊物专栏,也促进了译者行为批评研究适应翻译研究这一大环境。翻译研究系统对译者行为批评研究的适应及译者行为批评研究对翻译研究系统的适应,本身就是一种良性的互动关系。这种良性的互动在促进翻译研究繁荣的同时,也给译者行为批评研究带来了连续性和稳定性,增强译者行为批评的话语力和传播力。

概念的提炼体现了生成性思维方式,新概念的产生体现了新颖的思维方式。"一种真正新颖的思维方式,即生成性的思维方式,其标志之一就是它不仅能超越它最初被公之于世时受各种因素限定的学术情境和经验领域,从而产生颇有创见的命题,而且还在于它能反思自身,甚至能跳出自身来反思自身。"(布迪厄、华康德,2004:作者前言二)

译者行为批评之所以能够不断发展,正是源于其不断地进行理论反思:"译者行为批评理论也还存在这样或那样的不足,研究者们也还有这样或那样的困惑,而答疑解惑的过程也是一个理论不断得以修正和完善的过程。"(马冬梅、周领顺,2020:68)显然,反思性就是"这样一个事实,即根据新获得的有关社会实践本身的信息,不断考察和改造这些实践,并因此以构成的方式变更它们的性质"(布迪厄、华康德,2004:80)。因此,在有关译者行为批评这一概念的后期表述中,发生了些许变化:"'译者行为批评'是以译者意志及其行为为切入口,在翻译内将译者看作语言性凸显的语言人,在翻译外将译者看作社会性凸显的社会人,以社会视域为评价视域,旨在评价译者行为和译文质量双边关系的描写性、批评性和框架性的翻译理论体系,属于评价理论和人本理论。"(周领顺,2020:52)然而,这其中依然存在逻辑问题:为什么译者行为批评属于评价理论和人本理论?什么是框架性翻译理论体系?或许,其本意在于说明,译者行为批评是基于评价理论,同时采取了以人为本的研究视角,属于翻译理论体系中的一种框架性话语体系。

显然,这只是笔者一厢情愿的解读,与其本意可能相去甚远。因为,周领顺似乎有意将译者行为批评归属于社会学范畴。他认为:

> 把译者行为批评研究划归翻译社会学的范畴,与讨论译者行为批评在翻译理论体系中的位置并不矛盾。作为一个研究课题,译者行为是翻译学和社会学的一个交叉研究课题,相关的具体研究属于翻译学还是属于社会学,取决于研究者的研究立场、研究路径和研究目的。虽然我提出的译者行为批评属于社会学范畴,但它仍然是以译者行为为中心的,而且最终也是要落实到对译者行为和译文质量的评价上的,它肯定会在翻译理论体系中占有相应的位置。(马冬梅、周领顺,2020:65)

毋庸置疑,译者行为,作为一个研究课题或者领域,可以为诸多人文社会学科所享有,既可以是某一学科的研究对象,也可以是多学科合作攻关的领域,其中的活力取决于研究者的研究取向(对象、路径、功能与目的)。

然而,对于"译者行为批评属于社会学范畴,但鉴于它以译者行为为研究中心,而且最终要落实到对译者行为和译文质量的评价上,因而它肯定会在翻译理论体系中占有相应的位置"(马冬梅、周领顺:64)。我们如何理解蕴含其中的逻辑? 既然一种理论话语已然属于某一学科,为什么非得在其他学科中谋取相应的位置?

本书多次强调,任何系统的产生、生存、维持与发展,都需要与其环境及其相关系统之间维持相应的边界。值得注意的是,维持相应的边界,并非意味着系统自身的封闭与静止,而是依靠系统与他者的互动。显然,互动实际上对系统的生存和发展能力提出了有效性诉求。就理论立场的归属而言,如果译者行为批评作为一个系统归属于社会学系统,那么,它显然就必须与社会学系统及社会学相关子系统保持互动并明确边界。诚然,其中的逻辑并不在于一个系统只能在其母系统中运演,而是表明系统的生存与发展必须具有区分化的边界,必须要有归属感,必须在复杂的环境中寻求有利于自身生存与发展的空间。

实际上,系统互动与区分的逻辑不言而喻:契合系统的行为或行动,有助于系统功能的实现。同样,系统内的一切行为或行动,都应该为实现系统功能服务。就此而言,所谓的学科交叉、学科融合、学科对话,都应该以系统自身的生存发展为目的,都应在自利的前提下实现共赢。皮之不存,毛将焉附? 这一生态系统逻辑同样适用于人文社会科学的系统逻辑。[①]

一般来说,系统并不会与那些和它没有关联的系统保持密切的互动关系,相反,它会与这类系统保持疏离的关系。这种疏离的关系,与前述所谓的系统区分化(保持边界)的关系不同。疏离是尽量不与他者互动,而区分则是一种互动中的自身独立性。毫无疑问,系统内的次系统以及系统的主要因素,为了自身在系统内的生存与发展,会步调一致地遵循母系统的价值规范和制度约束。这是由系统的自身逻辑所决定的。但这并不排除在任何一个系统中必然存在着叛逆的因素,这种叛逆的因素,或因为有了新的目标,或因为在原来的系统中无法适应,从而挑战母系统的规范。其结果将会招致母系统的制裁,进而导致这类叛逆的因素脱离原有的母系统,或进入其他系统,或自立山头构成另外的系统。因此,不能保证系统内

[①] "在社会科学的场域中,对于科学的权威的内部争夺,即对生产、强加和灌输社会世界合法表象的争夺,本身就是政治场域中各阶级间争夺的几个焦点之一。……社会科学必然要在政治斗争中有所偏倚。"(布迪厄、华康德,2004:54)

所有因素都自觉地积极维持系统边界。也许,对于这些因素而言根本就不存在边界。在任何系统中都可能潜伏着这类与系统对抗的元素。然而,从另外一个层面来说,任何系统都具有自我生成能力,而且只要系统具有足够的吸引力,也会不断地吸引新的次系统加入。这其实也说明,系统内部所谓的各种次系统,既具有层次性,又具有一定的功能重叠。换句话说,系统内诸因素之间并不一定存在绝对独立、对等和相互匹配的关系,不可能要求系统内的所有因素都和系统保持一致。如果真的如此,系统就会缺乏活力,潜伏着瓦解的危险,保守并不是系统稳定与平衡的最佳状态。系统的最佳状态是系统与环境、系统与其他系统,以及系统内部一直处于良性互动。系统与各种关系的间隔和差异,必然会导致相应的干扰,进而导致该系统出现某种偏离现象。这其实进一步表明了系统的区分化性质所带来的后果。随着区分化程度的不断增强,功能领域也不断分化,有些功能对系统而言具有更高的优先级,降低系统复杂性的诉求也随之增强,系统中有可能分化出具有相应自主权的新系统。显然,这些新系统的整体效果有可能增强了母系统的调整与适应环境或其他系统的灵活性,但问题是,"一种曾经以革新面目出现的文学类型却会成为一种僵化的系统继续存在下去"(谢天振,2008:223),也有可能使得某个系统整体地从更高一级的母系统中退出,或独立发展出完全脱离母系统的新系统,或融入一个更适合其功能发挥的其他系统。这也是系统分化的一种状态。

因此,任何系统都需要对自身做出相应的功能定位。而且,如果一个系统真的达到分化临界点,那么,最佳的选择就是促使系统发展出能够明确界定边界的能力,而不是充满敌意地疏离。显然,这种界定边界的能力是一把双刃剑,在其明确边界的同时,也成为进一步分化的条件。由此观照译者行为批评及其研究,其意义不言而喻。作为一个相对自洽的理论系统,译者行为批评及其研究存在于复杂的翻译研究系统及其环境之中,因而必然要对自身做出相对明确的边际界定,表明自身与他者的区分,有意识地定位自身功能。需要注意的是,任何系统都不能满足于自身暂时的平衡与稳定。当一个系统处于发展高峰之际,要有相应的警醒意识,对于系统的内外逻辑以及相关属性要有清醒的认识,否则就会趋于保守,或疏离于其他系统,甚至与环境发生明显的冲突,从而置系统自身于不利的境遇。就此而言,相应的批评机制以及批评标准,对于系统而言具有重要的理论与现实意义。

事实上,翻译批评作为一个系统,在层级上高于翻译理论批评、翻译实践批评、翻译教育批评、译者行为批评或译文质量批评等次系统,它涉及面很广,可以涵盖一切与翻译有关的问题。也就是说,一切与翻译有关的问题都可以成为翻译批评的对象。但任何一种具体的批评视角或理论,无论何等恢宏博大、细致入微,其对象都只能涉及翻译的某个或某几个方面,不可能包容或者穷尽翻译的所有方面。这既源自翻译的复杂性,也缘于批评主体的局限性,更与翻译研究的时空性有关。不同的批评主体有其不同的旨趣,受其既有的知识背景和视野限制。不同的时代也有不同的问题,有赖于人们的发现与解决。时代呈现的问题与人们所关注的问题,并非完全对应,因为翻译批评系统内外的关系不可能是对等的,各因素之间的相互干扰必然导致翻译批评系统偏离稳定。人们关注的问题可能超前也可能滞后。时代性问题也可能因为知识发展、技术进步、意识形态所限而未能获得应有的关注。既然如此,译者行为批评追求"全面性、客观性和科学性"的目标,似乎也难以实现。

从某种意义上说,与其说译者行为批评建构了"全面性、客观性和科学性"的理论学说,毋宁说它为研究译者的翻译行为提供了一个聚焦翻译现实和译者行为的分析框架。这种研究旨趣,显然与周领顺长期坚持翻译实践有关。翻译(translating)即理论化(theorizing),译者自身也是理论建构者。这种观点在当今翻译研究领域已经得到认同。在某种程度上,译者旨在通过他人(或翻译)来诠释自己,同时又通过自己来领略与他人(作者、译者、读者)的关系。因而是双重结构的自我认识:社会因素形塑的自我与自我意识建构的自我。这种双重的自我认识,实际上也是一种批评:自我批评和对他人(翻译)的批评。之所以说是对他人的批评,是因为个人不可能是以空白的自我来认识复杂的他者,而是基于自我原有的认识背景来认识他者。在自我对他者的认识过程中,实际上包含着自我对他人的评价。基于这种自我批评和对他人的批评构建的理论,人们习惯性称之为批评理论。从某种程度上讲,理论就是对某种事物的结构化。结构化的工具是概念。基于结构化建构的理论则构成相应的系统。通过周领顺的一系列研究成果,我们可以发现,译者行为批评带有很明显的翻译经验总结与分析的痕迹。这显然也是分析框架的基本特征。因为,一个分析框架理应尽量洞察具体的经验过程,而该经验过程包含着社会互动和自我意识活动。

从某种程度上讲,人文社会科学中的系统,离不开相关理论意识。理论意识通常表现为两种互相关联的形态:一种是依据现有理论对相关问题的阐释;另一种则表现为对现有理论的不满,发现既有的理论无法解决现存的问题而需要新的理论。很多理论都是通过自我互动产生的,即基于自我意识的自我与社会自我的互动来建构相应的理论。因此,我们也可以很清楚地看到周领顺对于译者行为批评的理论建构努力以及已然取得的成绩。实际上,只要有人提出某种理论,并且还有人参与沟通,就会形成一个系统,一个以互动为特征的系统。一旦该互动系统形成相应的组织,就构成组织系统,并被纳入更大的系统。这是系统建构、生存与发展的必由之路。尽管建构之路还很漫长,但译者行为批评的话语系统毕竟已然作为翻译研究中的一个系统而存在,学界接下来应该不断地推动该理论的持续发展,充分彰显我国翻译研究的活力。

第九章

结语：应用翻译批评标准再反思

倘若我们认识到，今天所讨论的这些问题由来已久，在进行思考时，我们无须从头开始，那么我们便能增强批评传统延续性的意识。（韦勒克，2009：7）

学术反省是学术研究中不可缺少的步骤，因为研究到一定阶段需要把已知、已懂与已做的事情放在古今中西文理大网络和个人的前后左右上下小网络中进行反复的思辨，以求理清主要范畴的上下左右关系和构建理论系统。（杨自俭，2008：1）

第一节　反思的历史性

之所以说"应用翻译批评标准再反思"，是因为进入20世纪20年代后，国内外有关翻译批评的标准问题，实在是谈得很多了。对于前人已经谈得很多而且目前还在不断谈论的话题，若想继续探讨下去，那就只能说是"再谈"或者"再反思"。之所以要"再反思",说明之前的思考还不完备,有些方面还有必要继续谈论,或深入,或拓展。尽管再反思也未必能最终解决问题,但该领域的阴影处很大,任何谈论,倘若能给予某个阴影处一点点光亮,那么也是值得努力的。

我国针对翻译批评标准问题提出系统科学的研究,就目前所掌握的文献来说,可以追溯到 20 世纪 50 年代初期,董秋斯率先对翻译研究的反思。甚至可以说,我国对于翻译研究系统性理论研究的诉求,也肇始于董秋斯。① 我们今天总是以为,翻译科学或者科学翻译研究这一概念源自西方,比如说来自美国的奈达或德国的威尔斯,因为他们分别以"科学"之名出版了专著。② 但读读董秋斯的文章,或许我们要改变以前的这些片面认识。

董秋斯认为:"翻译工作并不是神妙莫测的,它是一种客观存在的现象,有它自身的发展法则可寻,因而可以构成一种科学。"(罗新璋、陈应年,2021:612)当然,董秋斯(1984:25)并未将"科学翻译研究"这一主张归功于自己,而是认为,"世界名翻译家,过去的如十八世纪英国的泰特勒,现在的如苏联的朱考夫斯基,都主张翻译是一种科学,是一种艺术"。

主张归主张,但在董秋斯提出倡议之前,中国译学领域的确缺乏系统的翻译理论研究。对此,罗新璋在编写完《翻译论集》后撰写了一篇题为《我国自成体系的翻译理论》的论文。(本段以下引文参见罗新璋、陈应年,2021:1-20)在文中罗新璋指出,"编者于浏览历代翻译文论之余,深感我国的翻译理论自有特色,在世界译坛独树一帜,似可不必妄自菲薄"。他认为,"我国之有翻译理论,可算得是源远流长的了"。然而他显然也意识到,中国传统翻译理论是碎片化的,"原作为古典文论和传统美学的一股支流,慢慢由合而分,逐渐游离独立",然后"正在形成一门新兴的学

---

① 董秋斯认为,"我国从事翻译工作的历史是很久的,虽然没有成系统的翻译理论,却有不少片段的经验和零星的意见。我们从古到今的翻译工作能多少有些进步,不能不归功于这些经验和意见。但是,因为这些经验和意见是片段的、散碎的,未经过整理和总结,不能构成一个完整的体系,因而留下若干漏洞和未解决的矛盾,这些漏洞和矛盾有时会把初学领上一条错路,简直变成了陷阱。……经过一定时期的努力,随着全国翻译计划的完成,我们要完成两件具体的工作,写成这样两部大书:一、中国翻译史;二、中国翻译学"(罗新璋、陈应年,2021:611-622)。

② 奈达 1964 年出版了《翻译科学探索》(*Toward a Science of Translation*),以及威尔斯出版了德语版的《翻译科学:问题与方法》(*The Science of Translation: Problems and Methods*),这两位被西方普遍认为是最早提出翻译科学的学者,因而也被视为开创系统研究翻译的翻译学先驱。

科——翻译学"。不过,他又说:"一千多年来,经过无数知名和不知名的翻译家、理论家的努力,已经形成我国独具特色的翻译理论体系。"①其中包含一脉相承的"案本而传""信达雅""神似""化境",他认为"案本-求信-神似-化境"构成我国自成体系的传统。

这四个概念,既各自独立,又相互联系,渐次发展,构成一个整体的发展脉络;而"化境"或可视为传统译论发展的逻辑终点。诚然,这自然只能代表一家之言,将"神似""化境"作为中国传统译论之一环,似乎并无实质性的理论依据。在罗新璋刊载《我国自成体系的翻译理论》一文之前,我国译学界对此并无相关探讨。其后的相关讨论,大多也是受傅雷、钱锺书的名头影响,所论者牵强附会居多。从现实来看,"古代译论需要我们的解释才能进入到我们的现代译论"(张柏然、刘华文、张思洁,2008:代序)。这是从事研究的必经之路。翻译如果与影响翻译批评的历史因素割裂,必然会导致翻译批评成为无根之木,从而也忽视了翻译批评的一个重要维度。至于我国是否能依据传统译论建构起独具特色的中国翻译理论体系,以及"化境"之说是否能构成我国传统译论的逻辑终点,这些问题尽管都有待商榷,但若要求科学合理的阐释,也不可能缺失了传统的继承。现代意义的翻译理论体系,还需要"我们善于将古人散金碎玉式的论述用现代理性眼光连缀起来,给古代译论建构一个理论语境,并加以适当的阐释"(张柏然、刘华文、张思洁,2008:代序)。由此而言,中国具有丰富的译论话语资源,却未曾建构出完整的翻译理论体系,这显然是一种遗憾。中国翻译研究任重道远。

朱志瑜、张旭、黄立波编的《中国传统译论文献汇编 卷一(三国至1949)》导论中,对于翻译批评的论述有些矛盾之处。一方面,他们依据数据统计分析了我国从佛经翻译肇始到1950年之前的译论主题演变,认为我国的翻译评论/批评在20世纪初期才兴起。(朱志瑜、张旭、黄立波,2020:13)另一方面,当具体谈到"翻译批评"时,又认为翻译批评"佛经时

---

① 这里的"已经"一词,显然属于该文的一个败笔。不要说罗新璋1984年初写此文之际,即便到了2021年再修订此文的时候,我国的翻译理论体系也未形成独具特色的中国翻译理论体系。而且,"化境"也未必就可成为我国传统译论的逻辑终点。潘文国认为,"中国译论的确立通常认为是从严复开始的。而我们更倾向于认为严复的译论是中国译论从传统走向现代的一个转折点,其中更多地反映了传统译论的影响。也就是说,尽管严复的理论对20世纪以后的中国译论产生了极大的影响,他因此无愧于开辟中国现代译论的大师,但其理论本身,却毋宁说仍属于中国传统译论,他实际上也是中国传统译论的殿军"(张柏然、刘华文、张思洁,2008:14)。本书比较认同潘文国的观点。

期就有"（朱志瑜、张旭、黄立波，2020：26）。之所以会出现这种现象，与我国传统译论和翻译批评的认识有关，可以从以下两个方面来看。

其一，以佛经汉译论述为代表的传统译论是否体系化？罗新璋（1984）自然是赞成体系说的，傅惠生（2010）也认为我国的佛经译论是成体系的，即由支谦的译文论、道安表述的原文论和彦琮阐释的译者论三个理论支柱构成的理论体系。[①] 但也有不少的学者认为，"中国当代翻译学的主流，与传统翻译学一样，仍旧是以'忠实'为目标的应用翻译学"（张南峰，2004：25）。"中国文化中的意识形态和政治系统的保守，决定了翻译研究系统的停滞。"（张南峰，2004：57）张南峰借用了巴斯内特关于西方翻译研究的一段话："70 年代初期，在翻译研究范畴的研究工作是无可救药的业余的、无系统的、脱离语境的。"（转引自张南峰，2004：62）然后张南峰（2004：63）评论说："相比之下，中国近年的翻译研究，与巴斯内特所描述的西方 20 世纪 70 年代初期的情况十分相似。"

在我国的翻译研究领域，这种观点流行于 20 世纪末至 2010 年之间。但从当下的视角来看，其中的许多说法有待商榷。本书认为，中国传统译论，无论是佛经汉译批评、《圣经》汉译批评还是晚清民国时期的西学东渐，都有其一脉相承的体系。这种体系，与中国传统思想文化密切相关。比如从支谦到严复再到钱锺书，显示出一条"以译文为中心"向"以译文读者为中心"转化的发展路径，而且他们都重视译语的"易晓达旨"。

诚然，单独地看其中个人的译论，大部分都只是具有宽泛意义上的翻译评论/批评性质。这类批评具有就事论事的特征，缺乏体系化的概念范畴，感悟体验性较强，科学理论薄弱，或从个人的翻译经验出发谈论自己所经历的心路历程，或从自己对翻译的认识出发，谈论个人对于翻译的认识，即便罗新璋所推崇的"化境"之说，也是钱锺书于 1979 年有感于林纾的翻译所发的译论。在洋洋洒洒的感慨之余针对文学翻译所得出的体会，是钱锺书所向往的文学翻译最高境界，或者如他所说，"化"是"文学翻译的最高标准"。但也正如他自己所称，"彻底和全部的化是不可实现的理想"（参见罗新璋，1984：696－725）。

[①]　傅惠生（2010：40）认为："我国佛经翻译理论在千年左右的翻译实践中形成了一个相对完整的体系。其基本框架结构主要由译文论、原文论和译者论，以及目的论构成，加之主要以文体翻译研究和文字翻译研究贯穿始终的论述构成。彦琮是构建这个体系架构的关键人物。且这个译论体系的建立相应地反映了佛经翻译进程与理论总结过程的协调和一致性。这个体系的发展过程与我国佛教发展的历史相协调一致。正是有了这样一个相对完整的译论体系，我国近现代的翻译理论发展才有了深厚的根基，也充分显示出文化传承和创新的活力。"

本书认为,理想可以是我们追求的目标,但不能作为我们衡量事物的有效标准。因此,所谓"化境"之说并没有脱离我国传统译论中随感而发的羁绊,很难说里面蕴含着系统科学的理论,更谈不上可以作为翻译的标准。实际上,任何人的认识与行动,都是语境化的,不仅受限于个人的知识背景和认识程度,也受限于时空。卢曼认为,"行动者所面对的世界,向行动者显示出经验和行动的一个广阔的可能性范围,但是,所有这一切,对于有意识的认知、信息处理和行动而言,只存在一个非常有限的潜力"(转引自高宣扬,2005:632)。行动者在行动之际,并不一定会清晰地意识到自己受时空所限,只有当结果出现时,才会发现自身的有限性以及行动结果的有限性。

其二,中国传统有关翻译的论述是否属于翻译批评?这要看我们如何理解翻译批评这个概念。如果就批评概念最为宽泛的意义而言,它是人类生存与发展的一种状态,是理解翻译、认识翻译和评价翻译的有效手段,涵盖了鉴赏、阐释和评论等多个层面。那么,中国传统译论显然大部分都可以被称为翻译批评,而且其中存在大量的应用翻译批评。从这个意义上说,翻译批评与翻译评论,其实并没有太大的区别,可以同义交换使用。但如果从学科意义上看待翻译批评,即从较为狭义的视角来界定翻译批评,那么很显然,传统译论缺乏现代意义的科学性和系统性。狭义的翻译批评,即"对翻译活动的理性反思与评价,既包括对翻译现象、翻译文本的具体评价,也包括对翻译本质、过程、技巧、手段、作用、影响的总体评析,而不论是'具体评价'还是'总体评价',都依赖并取决于相关的理论和一定的标准"(许钧,2009:226)。那么,我们可以看出,我国的传统译论并不以具体的系统话语或者科学形态存在,①有的只是零散的方法和原则,缺乏严格意义的翻译批评和翻译批评标准。这是事实,但其实也不足为怪。行动者对于环境的了解总是十分有限的。这种有限当然并非有确定的限度,不同的认识经验,无论是自身的直接经验还是他人的间接经验,都会使其限度不定。朱志瑜、张旭、黄立波(2020:5)认为,"中国翻译史上每个阶段的主题体现了当时人们对翻译的认识,这种认识集合构成了各个时代的翻译规范"。这是非常中肯的认识,也是我们首先要明确的。

---

① 余秋雨(1987:213)对于传统有一段很有诗意的话:"传统,不是已逝的梦影,不是风干的遗产。传统是一种有能力向前流淌,而且正在流淌、将要继续流淌的跨时间的文化流程。"这段话看似有道理,但又不知所云。倒是季羡林将佛教传入中国比喻为水之注入中国文化,比较形象客观。

我们现在说佛经汉译批评、《圣经》汉译批评，其实都是我们以现代的目光审视过去的文献资料。在当时，很可能只是作者针对某个问题有感而发，完全取决于当时评论者的经验内涵和所遭遇的环境复杂性程度，也取决于当时评论者所能掌握的信息、知识水平以及对当时各种规范的熟悉程度，并且各自有各自的主题。但是，今天的我们，除了基于我们自身的行动目标对传统的文献资料加以处理之外，又能如何呢？我们说理论源自实践。如果理论建构真的只能有赖于实践，那么，系统地建构翻译理论就只能依据传统，而无法对未来进行展望。基于实践的理论建构至少是不完整的理论建构。[①] 因为所谓的实践，只能是实践的传统，是过去已经存在的实践，而且很可能是碎片化的传统。因此，科学的理论从来都不是单纯地依赖实践，而是更多地依赖传统积累、继承下来的珍贵文献资源，即与历史的沟通。但是，我们显然已经无法再返回真实的历史，只能通过文献记载的历史重返历史，这是一种有历史感的历史。与此同时，理论的建构需要的不仅是历史感的历史，还需要前瞻性，即对未来的预测与展望。如果一味地沉湎于历史的理论，缺失了前瞻性，也必然使得相应的理论价值减弱。

所以，从事翻译研究，无论是翻译理论研究还是翻译批评研究，都不能不把翻译史研究作为其坚实的基础，但又不能盲目地依赖史料。如果以历史辩证法的视角来审视中国传统译论，我们可以发现，在某种程度上其间大部分译论都具有翻译批评性质，都具有翻译批评的形态，而且还蕴含着标准。不过，这种所谓的标准并不符合现代的标准观。

第二节　反思的局限性

研究基于历史，又超越历史。理论的建构离不开历史事实基础，离不开传统，但是，仅仅依据历史显然不能建构理论。任何研究与历史都存在双边关系。"社会学理论在时空方面并非仅仅沿着一些抽象的科学连续统发展。它由传统所传递并为实际的人所创造。"（亚历山大，2000：13）这也

---

① 对于理论与事实的认识，亚历山大的观点值得深思：理论的建构不能没有事实做基础，但是，仅仅依靠事实并不能建构理论。所以，理论既可以产生于对"真实世界"进行科学研究之前的非事实或非经验性思考过程，也可以产生于这个"真实世界"的结构。（亚历山大，2000）

是本书的基本立场。文献资料的整理与研究,或者说翻译史研究,并非翻译研究的真正目的。即便是历史研究,其目的也绝不只是历史地研究,而是立足当下,审视未来。对文献的解读不会发生于真空地带,环绕着解读行为,有诸多因素在起作用。赫曼斯曾提出过一种"翻译的翻译"的观点,认为"要想理解和谈论他人的翻译,我们就必须对该翻译进行翻译。要想理解他人的翻译话语,我们就必须对该话语及其所指涉的翻译观进行翻译。我们对翻译的解读,其本身也构成一种翻译"(转引自谢芙娜,2018:82-83)。这里所谓"翻译的翻译",其实就是作为翻译批评者对翻译及翻译观的反思。反思是为了面对现实,展望未来。这对于任何研究来说都是亘古不变的道理。面对浩瀚的传统译论,如何选取符合研究目的的材料,无疑是一个极为棘手的问题。稍不注意,所谓的文献研究就会偏离预定的研究目标,朝着历史学、考古学、文献学的方向发展。这是本书力图规避的。

赫曼斯认为,"翻译研究的基本任务,不是通过制定规则或规范来探求对翻译实践的直接介入,而是解释发生在翻译领域里的现象,包括人们看待翻译的诸多方式"(转引自谢芙娜,2018:81)。但切斯特曼则提醒我们,将翻译研究过于学术化是有危险的,"即翻译研究有可能演变成一种过于内省型(inward-looking)的活动,有可能使得翻译研究变成某种相互引用的领域,过于关注其本身作为一门学科的地位,而不关注现实中的问题"(转引自谢芙娜,2018:123)。翻译研究应该回到现实、回到历史,基于历史和现实来探讨问题,为未来提供今天的理解与展望。因此,本书以应用翻译批评及其标准为研究对象,但研究方法则是以历史研究为进路,以展望未来为目标。本书并不主张坚持运用怎样的翻译策略,尽管赫曼斯认为翻译研究可以通过制定策略来认识所谈论的问题,但很显然,本书更希望通过对传统翻译批评话语的追溯,探讨相关批评话语的历史偶然性以及延续的概念与话语。审视中国传统翻译批评或者译论,之所以说其中蕴含着标准,而不是呈现出标准,关键在于传统应用翻译批评与其说是依据具体标准展开,不如说是遵循相应的翻译规范。这听起来有点像弗莱(2021:5)所说的:"诗人作为批评家所说的话并不是批评,而只是可供批评家审阅的文献。"通过对我国佛经汉译的描述性研究,可以发现,传统的翻译批评话语并没有标准意识,批评所遵循的基本上就是盛行于特定时代的翻译规范或者倾向。朱志瑜、张旭、黄立波(2020:5)认为,"对各个时期各类翻译现象的认识,需要以当时的翻译规范为依据,对其做出客观描写和解释"。如何理解这句话中的"其"呢?它可能是指代"翻译规范",也可能表示"各类翻译现象"。从本书的立场来说,其逻辑关系应该是:通过客观描述各个时期的翻译现象,从中揭示出翻译规范,从而认识各个时期翻译批评话语所遵循的标准。正是从这个意义上讲,各类翻译论集或汇编中的"历时文献为我们重构中国翻译史上不同时期的翻译规范提供了较为可靠的侧面依据,即文本外依据"(朱志瑜、张旭、黄立波,2020:5)。

对中国传统译论做历时的文献分类,大致可以获得四个大类:①佛经汉译翻译批评、《圣经》汉译批评、科技和人文社会哲学翻译批评、文学翻译批评。这四个大类既非完全按照年代加以断代,又非完全依赖内容做出区分。比如佛经汉译批评,它实际上从有佛经汉译开始,就产生了相关的批评话语,尔后绵延不断,即使现在,有关佛经汉译的批评话语,仍然是译学界的一个重要论题。但本书显然并非佛经汉译史研究,如果面面俱到地展开佛经汉译批评话语的历史性研究,无疑是本末倒置,悬置了本书的研究问题。尽管如此,本书在探讨传统译论时,仍然聚焦于佛经汉译,基于这场历时长久、规模宏大而且对于中国翻译影响巨大的翻译活动的批评话语,力图揭示隐匿其中的翻译批评规范及其标准,对于其他的批评话语,只能浅涉。②

---

① 对于传统译论的阶段划分,存在不同的类型。根据王宏印、刘士聪(2002:9),"我们可以把中国传统译论的发展简要地划分为以下几个阶段……1. 肇始阶段(佛经序翻译理论):以佛经翻译实践为依托,以译经序言为主要形态,关于佛经翻译的初步的理论感觉。其中最重要的译论包括:道安的'五失本,三不易',彦琮的'八备',玄奘的'五不翻',以及赞宁的'六例'。基本上涉及到本体论、主体论、文本论、方法论诸问题,但语焉不详,好立条目,难成系统。2. 古典阶段(正名论翻译理论):以借鉴中国传统修辞写作理论和西方语言学理论为主体,试图找到和建立中国译论的基本思路。其中最重要的理论包括:严复的'信达雅'三字诀,章士钊和胡以鲁关于音译意译的争论。主要围绕翻译标准和译名问题进行深入讨论,理论化和操作化倾向均较前为甚,有制订翻译规则之企图。3. 玄思阶段(哲学化翻译理论):以借鉴哲学原理介入翻译理论的研究,或者把翻译问题哲学化,以求解决翻译是否可能的问题,企图建立翻译的哲学基础。其中最重要的理论包括:贺麟关于翻译可能性的论证,金岳霖关于'译意'和'译味'的分界。主要围绕翻译是否可能或可译性问题进行玄思,但哲学思辨味道太浓,未能完全转化为翻译学本身的理论问题。4. 直觉阶段(文艺学翻译理论):以回归中国传统文艺学的直觉思维方法为理论源泉和思维特征,尤其注重借鉴语源学资料和关注语言问题,名义上试图融合东西之学,实际上乃是回归国学的根本,例如意境问题、形神问题、风格问题等。最重要的理论包括:钱钟书的'化境'说、傅雷的'神似'说等。其核心部分围绕翻译转换问题,把标准和方法融为一体,侧重于文学翻译本质论的讨论。需要说明的是,以上只是关于中国传统译论的大体勾勒,并不是完整的中国传统译论的发展演变的历史总结"。王宏印和刘士聪表示其并无涵盖全部翻译理论的企图,只是选择其中最具有代表性和原创性的理论加以评说。(另参见本书第一章第2页的脚注①)

② "'佛经翻译'研究领域偏重汉译,其次关注西夏、藏、蒙、回鹘等民族语言之间的翻译,忽视佛经外译。佛经英译研究不足50篇,未见法语、德语等通用语种佛经译本研究,日语、韩语等非通用语种译本研究寥寥。对汉文佛经外译译本关注不足,相关史学和理论梳理关注度极低,仅限于对《六祖坛经》等个别佛经的英译本梳理,或对西文佛经译本信息整理编目,(转下页)

第三节　反思的理论性

人文社会科学研究,必然包含从复杂研究对象或者范畴中抽象出可以彼此沟通的概念,并将其作为研究的分析要素。借助概念,我们得以把本来抽象的或者客观的现实从复杂的关系中抽离出来并加以分析。诚然,概念充当了分析工具,但正如切斯特曼所指出的,"概念工具的目的是执行一些功能,例如帮助理解,或激发思维,或做出有用的区分,或提出描述性分类法或效果分析框架。如果一个工具不能为它设计的功能或其他功能服务,我们可以舍弃它"(转引自谢芙娜,2018:122)。

在概念和理论纷呈的今天,运用怎样的理论,或者说基于怎样的理论(这样表述或许更为清晰地表明"应用"或"基于"过程中对理论的借鉴、修正),其实并不那么容易。实际上,提出这一问题,已然预设了研究的动机、目的以及目标,甚至可能也奠定了研究的基础。理论对于我们研究的贡献,或者说对于翻译批评的作用,可能并没有得到我们的充分认识。

布尔迪厄(1997:22)认为,"理论性的影响是这样发挥作用的,作为区分的可能性原则之一,它事先就已经存在于'某种框架'之中,或者说现实之中,而理论作为一条清晰的'视觉'原则把这些区分带进了可以观察到的存在之中"。当我们对他人的翻译及翻译观进行批评时,不可能是透明的,必然以相应的翻译观为基础。这是一个悖论:翻译观源自翻译规范,蕴含在翻译规范中的是价值观。那么,我们究竟是基于翻译观还是价值观来展开批评?

赫曼斯认为,"翻译对其所及范围的一切进行挪用、变形、偏离和错位。即便我们的描述达成了对翻译行为和翻译观的翻译,这些描述也都受制于随翻译而存在的操纵。操纵的本质以及操纵的方向,其本身也受社会调

(接上页)都是非常有价值的基础性研究,但是目前研究难以涵盖东西方佛教传播路径中的翻译活动全景,缺少从时代和宗派等进行纵向分类梳理。这种情况可能与原教旨主义相关,有些研究者认为现代语言翻译的佛经在时间和空间上都与佛陀说法原意相去甚远,研究价值低于古代佛经语言。翻译活动本身就是一种不断演进的社会性活动,每个时代的佛经翻译都有其自身规律和研究价值,如果忽视对正在活跃中的佛经外译活动,不利于佛经翻译研究均衡发展。近年来,'佛经翻译'研究主题朝两个方向扩展,一是追溯佛典源语,特别是梵语,涌现了不少关于梵汉对勘研究成果,同时关注佛典汉译对中古汉语的影响;另一方面关注佛经外译研究,特别是英译研究,聚焦于佛经底本的独特性、外语译本特征及海外传播研究,从源和流两个方向扩展研究内容。多语种佛典对勘和核心术语翻译研究将引起更多重视,突破时空界限呈现佛经在跨语言传播过程中的思想史和概念史演变。"(王赟,2021:45-46)

节"（转引自谢芙娜，2018：83）。

因而，研究需要理论支撑，这似乎是合乎研究逻辑的唯一答案。究竟有没有不需要理论做支撑的研究？也许有，也许没有。无论怎样回答，其实都无法逃过对理论的考量。因为，在科学主宰的时代，即使说研究不需要理论，也要对为什么不需要理论做出理性而且科学的回应。所以，本书在研究之初，就已经提出，对我国应用翻译批评进行研究，其理论基础有两个方面：社会学的系统功能理论，翻译研究领域的翻译规范理论。[①]

运用社会学理论来研究翻译，已经比较普遍。虽然不至于说当下的翻译研究已经实现了社会学转向，但我们的确可以发现，翻译研究领域运用社会学理论已经成为一条常见的研究路径。但社会学理论的广博也为翻译研究带来困惑。诚然，许多社会学理论为翻译研究提供了很好的分析工具和理论基础，但并非所有的理论都可以不加会通就运用于翻译研究。如果所有的社会学理论都可以用于翻译研究，最好的办法不是借鉴社会学研究翻译，而是把翻译研究归入社会学，直接从社会学领域来审视翻译不是更为科学？故事听起来有点迷人，但事实未必这么简单。按现在的状况，翻译研究还是以借鉴、会通、融合社会学为宜，而且还是要坚持以实用且适用为主。

就本书来说，我们着重运用了社会学的系统功能理论。其基本的理论假设是：**一个正在展开的应用翻译批评系统中存在着某些相关的规范体系。基于这些相关的规范体系，可以明确界定应用翻译批评的性质、地位及其系统规范。应用翻译批评系统得以建构的前提，就在于该系统的参与者对于系统中发挥作用的规范与价值达成基本的共识，并在共识的基础上遵循相应的标准。**

但此处必然首先要回应为什么要建构应用翻译批评系统及其标准系统的问题。对于批评需不需要标准，我们已经无须再加讨论。只要将翻译批评作为翻译研究的一门专业方向，标准就是批评的依据，否则就必然导致批评的无序，从而使翻译批评沦为翻译研究的附庸，只能以碎片化、感悟式的译论、鉴赏或者评论而存在。

辜正坤曾认为，"古今中外的译者在翻译时从来都没有按照一个统一

[①] 对于社会学与翻译规范之间的关系，图里说得比较隐晦："在任何行为领域内人类对规范的追求都清楚地表明，人们所选取的视角是社会文化。如果这种视角的选择是正确的，那么毫无疑问，我们必须认真对待社会科学为我们提供的东西。……翻译是基于社会文化并因此受规范制约的活动。"（转引自谢芙娜，2018：17-18）

的标准,古今中外的读者在阅读译作时,也从来都没有按照一个统一的标准,而翻译事业照样在发展壮大,且越来越进步"(转引自杨晓荣,2012:262)。辜正坤言下之意似乎是翻译也可以不需要翻译批评。但与此同时,他也同样指出:"我们认识能力、认识范围的有限性实际上已经自发地规定了我们在选择认识对象上的有限性。"(转引自杨晓荣,2012:262)

岂止我们的认识对象有限,我们自身的认识也有限。生有涯而认识无限。这难道不是所有研究者的死结? 人终其一生,忙忙碌碌,自以为献身于学术,到头来终究是学术还在,人却已经离去。

因此,辜正坤最后也不得不认为,翻译批评必然有标准,而且"一个标准肯定是不够的,非得有若干相辅相成的标准不可。但又不可让标准泛滥成灾,弄得实际上没有了标准,这就是翻译标准多元互补论的本质所在"(转引自杨晓荣,2012:266)。

有鉴于此,本书之所以主张建构应用翻译批评系统及其标准系统,首先是基于这样的观点:应用翻译批评及其标准具有独特的思想和知识结构特征,具有某种程度的独立性,自有其作为系统存在的必要性和现实意义。

我们知道,应用翻译批评目前并不是一个完备的系统,还没有结构化。即便已经可以称之为系统,那么也属于多元系统的边缘。很显然,任何系统最终都要以具体的结构而存在。任何系统的结构都是在与特定环境的关系中被结构化的,也只有在特定的环境中才能存在。因而帕森斯认为,系统为了生存,就必须明确与其环境的边际。

根据帕森斯的观点,"系统与非系统的区别主要就是看是否存在着维持其本身生存所必须的特定边界。……这个边界,对于系统同系统外的环境关系来说,是为了维持系统对于外在环境的相对独立性和统一性"(转引自高宣扬,2005:555)。这是从系统本身来看待其生存状态的。然而,卢曼则从环境复杂性的视角审视建构系统的必要性,认为"环境只有通过一个个系统并同系统维持联系才得以构成整体(unity)"(Luhmann,1995:17)。在卢曼看来,当我们说要建构一个系统的时候,实际上也可能意味着解构一个系统,①其中有两种可能性:一是通过将某一系统化解为多个子系统,二是通过将某系统拆解为不同的要素或者关系。卢曼将第一种方法称之为"系统分化",第二种方法为"系统复杂化"。无论从系统本身出发

---

① 当然也可能是产生一个新的系统。但是,在现有的话语体制下,创新一个系统所承受的阻力无疑会比消解其他系统取而代之更大。

还是从环境出发,也无论新的系统以怎样的可能性出现,帕森斯和卢曼都认同,其前提条件都必须首先明确相应的功能。

不过,他们在如何明确系统功能方面产生了分歧。帕森斯认为,系统为了生存和维持,都必须实现四项基本功能:目标达成、适应、整合和维模。但卢曼基于"系统就是产生和协调其自身所隐含关系的一种事物"这一认识出发,认为系统必须具有自我区分和与外在环境相区分的机制和程序,其中涉及系统内部的沟通网络建构、系统内各因素自我参照性的建构以及系统内各因素达成基本功能同一化的程序。

既往大部分翻译批评,往往脱离翻译批评本身建构批评框架,使翻译批评依附于翻译之外的某些理论框架。然而,有关应用翻译批评的原则与标准,必然需要从它指涉的应用翻译中提炼出来。因此,在本书看来,翻译批评首先要展开它的历史画卷,对翻译批评自身做一个归纳性的回顾与概览,并从它自身领域的知识中提炼出相应的批评标准。而来自其他学科的理论,只有经由翻译批评自身的提炼才能运用于翻译批评标准的建构。应用翻译批评只能从应用翻译体系中发展,应用翻译批评标准只能基于应用翻译批评来建构。任何照搬语言学、文学或者其他学科的原理或者标准,都有可能弄巧成拙。因此,本书所谓的基于社会学系统理论和翻译研究中的翻译规范理论,都不是拿相关理论直接地套用到应用翻译批评及其标准研究,而是试图借鉴相关理论,建构相应的应用翻译批评及其标准系统。

"我们必须把批评视为一种相对独立的活动,只有相对割裂开来看待,只有把其他一切,借用现象学的术语,'置入括弧',否则迄今任何一门学问,都无法取得半点进展。"(韦勒克,2009:7)所以,本书所贯彻的理论假设是将应用翻译批评作为一个相对自洽的系统,该系统遵循相应的规范而存在、维持与发展,其中的保障则源自相应标准体系的建构。应用翻译批评标准,其主要功能就在于区分系统与环境、系统与其他系统,同时也发挥系统自身适应与整合的功能。

第四节　规范与标准

本书认为,应用翻译批评的标准体系,并没有高低之分。如果说有制约翻译批评的根本要素,那就是翻译批评的原则;如果有什么翻译批评的最低要求,那就是实现翻译批评的功能和目的。标准就是标准,翻译批评存在不同的功能和目的,也有不同的批评对象或范畴,因此有不同的标准。标准有主次之分,但没有高低之分。所谓标准有主次之分,指的是在不同的语境中某项标准或某些标准更适合发挥翻译批评的相应功能。正如翻译规范一样,一个翻译批评系统同时存在着多种竞争性标准,这些竞争性标准在翻译批评系统的位置并非固定不变的,而是动态的,会根据语境的需要发生变化。有的标准在特定语境或者时代会居于主要位置,满足翻译批评实现特定功能的需要,而有些原本处于主要地位的标准也会因时代的不同而沦为次要标准,有的甚至可能被新的标准所替代。所以,翻译批评的标准体系是开放的、动态的。

如前所述,本书对于应用翻译研究、应用翻译批评的范畴都已经做了不同于传统的界定,同时也对应用翻译功能、应用翻译批评功能以及应用翻译批评标准的功能做了探析。本书还对建构标准的理据做了专章讨论,就其正当性、有效性和理论视野做了重点研究。在此基础上将翻译批评划分为应用(文体)翻译批评、理论应用性批评、应用型翻译批评及应用翻译批评的批评。但是,标准的建构并非针对不同翻译批评对象,而是为了保障批评功能的实现以及系统本身的生存与发展。换句话说,依据本书的理论假设立场,先有翻译批评的功能,才有翻译批评系统。相关的批评标准,首先要考虑的是应用翻译批评系统功能的实现,其次才是保障系统的生存与发展,最后是系统的理论发展。诚然,就系统整体观而言,系统一旦产生,系统的存在与发展就与其功能的实现密切相关。

同时,本书认为,应用翻译批评的标准,是在翻译规范的演化中发展起来的。也就是说,标准是规范发展的结果。因此,应用翻译批评标准的建构也是在翻译规范的基础上建构的。为此,本书对于我国的翻译规范历史演变给予了较为系统的考虑,探讨了翻译规范的功能与类型,着重就翻译规范与翻译批评之间的关系进行了探讨。

本书以我国应用翻译批评及其标准体系为重点研究对象。因此,本书对我国的应用翻译批评史进行了选择性的研究,主要围绕佛经汉译展开,以相关译论为线索爬梳了蕴含其中的翻译规范,为应用翻译批评标准的建构提供了历史底色。

基于以上的梳理、分析与研究,本书提出了四种类型的应用翻译批评标准: 文本导向的应用翻译批评标准;过程导向的应用翻译批评标准;功能导向的应用翻译批评标准;理论导向的应用翻译批评标准。

文本导向的应用翻译批评标准,主要运用于应用翻译产品批评,与本书对于应用翻译研究/批评类型所界定的第一种类型——应用文本翻译研究/批评——有关,具体标准涉及三个方面:**达旨、循规、易晓**。

过程导向的应用翻译批评标准与第二、第三种类型的应用翻译研究/批评有关,涉及面比较广。具体标准分为:**从约、固本、会通**。

功能导向的应用翻译批评标准是为实现应用翻译批评的功能服务。其标准包括:**调和、合规、有效**。

理论导向的应用翻译批评标准针对应用翻译批评理论而设定,本书力图通过该标准来同时服务于应用翻译批评的理论以及应用翻译批评自身理论的发展。因此将相应的标准划分为:**区分、维模、清晰**。

由此可见,本书对于标准类型的划分与标准的功能密切相关。几乎所有标准的建构都是为了实现应用翻译批评的功能。但这里所谓的实现应用翻译批评的功能与功能导向的应用翻译批评标准不一样。应用翻译批评标准的功能导向,着重于应用翻译批评如何依据相应的标准为实现翻译功能服务。

第五节　结论与不足

毋庸置疑,本书所做的研究,只是一种探索,旨在为我国的翻译批评及其标准研究提供他人还未曾给予充分关注的研究视角。诚然,应用翻译研究本身就是一个未曾在译学界达成共识的概念。在翻译批评研究迅猛发展的今天,缺失了应用翻译批评,自然是一种缺憾。这种缺憾,不仅阻碍了翻译批评的发展,同时也不利于翻译研究的整体发展。

与此同时,有关翻译批评标准的讨论,虽然由来已久,却依然问题重重。其中的困境源自标准的不成体系。尽管不断有人提出各种各样的翻译批评标准,但总体上呈现出两种基本倾向:其一以翻译标准为翻译批评标准;其二以文学翻译批评标准涵盖翻译批评标准。对于这两种倾向,本书都做了相应的论述,力图阐明其中的关联与差异,同时认为,应用翻译批评应该构成自洽的系统,以应对应用翻译批评所处的复杂环境,谋求应用翻译批评自身发展的空间和话语权。本书认为,功能是建构系统的先决条件。系统的建构、生成、维持与发展,必须以相应功能的实现为条件。而实现功能又不能离开相应的标准保障。因而,本书尝试建构了应用翻译批评标准。具体而言,本书力图在以下几个方面有所突破:

1) 凸显应用翻译批评在翻译批评中的位置。传统翻译批评谈论着各种话语的翻译,但对于这些话语归属的认识不明确,其中存在着偏见与误识,认识不一,未能给予应用翻译、应用翻译理论、应用翻译史、应用翻译批评等相应的系统位置。本书认为,应用翻译批评是翻译批评不可分割的部分,在应用翻译日益重要的当下,应用翻译批评理应发挥更大的作用,传统翻译研究对于应用翻译研究和应用翻译批评的偏见和误识,阻碍了翻译研究的整体发展,需要我们重新认识,并做出符合时代的回应。

2) 应用翻译批评与文学翻译批评之异同。总体来看,文学翻译注重文学文本翻译批评,而应用翻译批评则不仅针对应用文本翻译展开批评,同时也关注与应用翻译密切相关的问题。文学翻译批评总体而言并未能脱离其文学性、审美性、创造性,而应用翻译批评力求全面地关注与应用翻译密切相关的活动、事件与现象,其中涉及社会对翻译的认知,涉及翻译批评自身的伦理规范,涉及如何发挥翻译批评的功能以及对话语权的争夺。

3) 应用翻译批评不能局限于翻译文本批评,应该深入且广泛地将自己的批评触角延伸至与应用翻译密切相关的社会文化空间,在关注应用翻译文本的同时,关注翻译的社会性、文化性、制度性、行业性等话题,将与应用翻译有关的各个层面都置于应用翻译批评系统内予以考察,真正地走进应用翻译批评世界,并在这个广阔的世界里建构相应的标准作为批评之依凭,从而构建较为全面的应用翻译批评系统,建构从异质性发展为系统性的应用翻译批评话语体系。

4) 我国应用翻译批评话语与我国社会、历史、文化密切关联。基于对我国佛经汉译批评话语以及近代应用翻译批评话语的考察,可以发现,我国应用翻译批评话语历史资源丰富,对翻译批评的价值、功能等方面的认识深受我国传统文论及儒家思想的影响,蕴含着深厚的中国传统文化基因,呈现出中国特色翻译批评话语形态。

5) 翻译规范对于应用翻译批评标准建构的重要意义。翻译规范为应用翻译批评及其标准提供了历时研究的概念或理论工具。翻译规范受相应价值观的制约,不同时代的翻译观影响了不同时代的翻译规范,这些翻译观体现于翻译规范并得以传承、发展,从而制约了不同时代的应用翻译批评话语。研究不同时代不同类型的翻译规范,有助于了解我国应用翻译批评及其标准的发展。中国传统文化崇尚"调和"、坚持"中庸"、恪守"循规"、重视批评功能等,这些也成为我国应用翻译批评的规范特性,这种特性深刻地影响着我国的应用翻译批评行为及其尺度,当然也在我国应用翻译批评及其标准特色上烙下了深刻的印记。

6)应用翻译批评标准与应用翻译标准之间的关系:翻译标准与翻译批评标准之间虽然有交叉重叠之处,但在应用对象、功能、范围等三方面是不同的。翻译批评标准所涉及的范围显然要比翻译标准更大,因而不能采用翻译标准来展开批评。不过,在翻译产品批评中,翻译标准也可能成为翻译批评的标准。

7)拓展应用翻译批评功能认识。功能是建构系统的前提,先有功能才有结构,才有系统的存在与维持。批评本身就是功能性范畴。应用翻译批评功能的预设及其合理性,是建构应用翻译批评标准的正当和有效前提。开展翻译批评,目的在于实现翻译批评的功能。建构应用翻译批评标准,目的在于实现应用翻译批评的相关功能。传统翻译批评功能通常有六个方面:监督、引导、指导、监控、参考和提升。不同学者各有侧重。本书基于国内外学者的观点,将翻译批评功能划分为四个方面:认识拓展功能、反思阐释功能、引导监控功能、系统提升功能。翻译批评对于翻译功能的认识,不能局限于文本,而应该拓宽视野,将文本外的翻译功能也纳入批评的视域,同时,在建构相应标准之际,不能忽视翻译批评自身的功能。翻译批评的发挥也要考虑其他制约因素。

8)本书尝试建构了应用翻译批评标准体系:文本导向的应用翻译批评标准,涉及三个方面:达旨、循规、易晓。过程导向的应用翻译批评标准:从约、固本、会通。功能导向的应用翻译批评标准:调和、合规、有效。理论导向的应用翻译批评标准:区分、维模、清晰。

然而,由于知识结构、研究能力和研究时间等因素的制约,同时由于研究对象时间跨度较大,牵涉我国两千多年来的应用翻译批评话语演进,资料收集、整理难度较大,其中所涉问题较多,所以本研究显然还存在一些不足,主要表现为:

1)我国的翻译批评实践历史悠久,资料丰富,即便是佛经汉译批评,也不只局限于宋朝以前。但本书并非历史研究,因而只是从漫长的翻译批评历史中着重选取了佛经汉译批评,而对于《圣经》汉译批评、科技翻译批评、社会科学批评以及当代的多元翻译批评(如口译批评)未能给予全面关注。

2）本书注重历时地考察我国应用翻译批评话语及其标准的发展，留下共时对比研究方面的缺憾，未能在研究中及时地展现不同时期应用翻译批评及其标准的国际视野，局限于纵向地比较我国不同时期的翻译批评特征。这固然能揭示我国应用翻译批评及其标准的发展过程及延续性，但明显缺少了对其关联性的全面综合考量。

3）本书未能将我国少数民族的翻译批评纳入研究范围。一部分原因在于缺少懂少数民族语言的研究人员；还有一部分原因在于不想使研究范围过于宽泛。因此，本书对于应用翻译批评及其标准体系的研究，只是着重于我国汉译批评话语，并不能覆盖我国全部的翻译批评内容。

针对上述局限与不足，未来相关研究可望在以下几个方面进一步拓展：

首先，应用翻译批评理论系统建构。虽然本书提出了系统建构应用翻译批评的设想，同时也基于社会学的系统功能理论阐述了建构应用翻译批评系统的正当性和有效性，也提出了基本的框架，但没有给出相应的理论并做出科学的描述与建构，这为后续研究留下了空白。

其次，应用翻译批评标准的具体应用。本书基于翻译规范和系统理论尝试建构了应用翻译批评标准体系，也基于相应的标准对我国当下的三种翻译批评话语进行了论述。但严格来说，相关标准的科学性和有效性尚未得到有效检验，有待在翻译教学、翻译质量评估以及其他应用翻译批评领域加强应用性研究。

Bartsch，R. 1987. Norms of Language[M]. London：Longman.

Bassnett，S. 2002. Translation Studies[M]. London & New York：Routledge.

Bassnett，S. 2004. Translation Studies [M]. 上海：上海外语教育出版社.

Bassnett，S. 2014. Translation[M]. New York：Routledge.

Bell，R. 1991. Translation and Translating：Theory and Practice[M]. New York：Longman.

Bell，R. 2005.翻译与翻译过程：理论与实践[M]. 秦洪武,译.北京：外语教学与研究出版社.

Berman A. 1995. Toward a Translation Criticism：John Donne（Pour une Critique des Traductions：John Donne[M]. Ed. & Trans. Françoise Massardier-Kenney. Ohio：Kent State University Press.

Boase-Beier，J. 2011. Stylistic Approaches to Translation[M].上海：上海外语教育出版社.

Chesterman，A. 2016. Memes of Translation：The Spread of Ideas in Translation Theory（Revised Edition）[M]. Amsterdam & Philadelphia：John Benjamins.

Chesterman，A. 2017. Reflections on Translation Theory[M]. Amsterdam & Philadelphia：John Benjamins.

Hermans，T. 1996. Norms and the Determination of Translation. A Theoretical Framework[A]. Trans. Alvarez R. & Vidal M. Translation，Power，Subversion[C]. Clevedon：Multilingual Matters：25 − 29.

Hermans，T. 2020. Translation in Systems：Descriptive and Systemic Approaches Explained[M]. London & New York：Routledge.

Holmes，J. 2000. The Name and Nature of Translation Studies [A]. Venuti L. (ed.) The Translation Studies Reader[C]. London & New York：Routledge：172 − 185.

Itkonen, E. 1983. Causality in Linguistic Theory[M]. London: Croom Helm.

Kussmaul, P. 1995. Training the Translator. Amsterdam & Philadelphia: John Benjamins.

Lefevere, A. 1992. Translation, Rewriting and the Manipulation of Literary Fame[M]. London: Routledge.

Luhmann, L. 1982. The differentiation of Society[M]. New York: Columbia University Press.

Luhmann, L. 1995. Social Systems [M]. Trans. John Bednarz, Jr. & Dirk Baecker. California: Stanford University Press.

Luhmann, L. 2012. Theory of Society[M]. Trans. Rhodes Barrett. California: Stanford University Press.

Merriam-Webster Inc. 1994. Merriam-Webster's Collegiate Dictionary [Z]. Springfield, MA.: Merriam-Webster Inc.

Munday J. 2012. Introducing Translation Studies[M]. New York: Routledge.

Newmark, P. 2001. A Textbook of Translation[M].上海: 上海外语教育出版社.

Nord, C. 1991. Scopos, Loyalty and Translational Conventions[J]. Target, (1): 91－109.

Nord, C. 2001. Translating as a Purposeful Activity[M]. 上海: 上海外语教育出版社.

Nord, C. 2005.译有所为——功能翻译理论阐释[M].张美芳、王克非,译.北京: 外语教学与研究出版社.

Parsons, T. 1951. The Social System[M]. New York: Free Press.

Pym, A. 2014. Exploring Translation Theories[M]. London & New York: Routledge.

Reiss, C. & Vermeer H. 2014. Towards a General Theory of Translational Action: Scopos Theory Explained[M]. Trans. Christiane Nord. London & New York: Routledge.

Reiss, K. 2000. Translation Criticism — the Potentials & Limitations[M]. Trans. Erroll F. Manchester: St. Jerome Publishing.

Robinson, D. 1997. Translation and Empire[M]. Manchester: St. Jerome Publishing.

Robinson, D. 2020. Becoming A Translator (4th Edition)[M]. London: Routledge.

Shuttleworth, M. & Cowie, M. 2005.翻译研究词典[Z].谭载喜,主译.北京: 外语教学与研究出版社.

Snell-Hornby, M. 2006.翻译研究: 综合法[M]. 李德超,译.北京: 外语教学与研究出版社.

Toury, G. 1980. In Search of a Theory of Translation[M].Tel Aviv: The Porter Institute for Poetics and Semiotics.

Toury, G. 2012. Descriptive Translation Studies and Beyond [M]. Amsterdam & Philadelphia: John Benjamins.

Trosborg, A. (ed.) 2012. Text Typology and Translation[C].上海: 上海外语教育出版社.

Tyler, A. 2007. Essay on the Principles of Translation[M].北京: 外语教学与研究出版社.

Tymoczko, M. 2004. Translation in a Postcolonial Context[M].上海: 上海外语教育出版社.

Vehmas-Lehto, I. 1989. Quasi-Correctness: A Critical Study of Finnish Translations of Russian Journalistic Texts[D]. Helsinki: University of Helsinki.

Venuti, L. 2012. Translation Changes Everything: Theory and Practice (1st Edition)[M]. London: Routledge.

Wilss, W. 2001. The Science of Translation[M].上海: 上海外语教育出版社.

阿尔都塞.1984.保卫马克思[M].顾良,译.北京: 商务印书馆.

贝尔.2005.翻译与翻译过程：理论与实践[M].秦洪武,译.北京：外语教学与研究出版社.

比切,托尼、特罗勒尔,保罗.2008.学术部落及其领地[M].唐跃勤,等译.北京：北京大学出版社.

波普尔,卡尔.2001.客观知识——一个进化论的研究[M].舒炜光,等译.上海：上海译文出版社.

《不列颠简明百科全书》编辑组.2008.不列颠简明百科全书（英文版）(Britannica Concise Encyclopedia)[Z].上海：上海外语教育出版社.

布迪厄,皮埃尔、华康德.1998.实践与反思——反思社会学导引[M].李康、李猛,译.北京：中央编译出版社.

布迪厄,皮埃尔、华康德.2004.实践与反思——反思社会学导引[M].李猛、李康,译.北京：中央编译出版社.

布尔迪厄.1997.文化资本与社会炼金术——布尔迪厄访谈录[M].包亚明,译.上海：上海人民出版社.

蔡毅、段京华.2000.苏联翻译理论[M].武汉：湖北教育出版社.

曹明伦.2006.约而意显,文而不越——重读支谦《法句经序》[J].四川外语学院学报,（5）：122-125.

曹明伦.2011.中国当代译论对佛教典籍的失察和误读[J].四川大学学报（哲学社会科学版）,（6）：53-60.

曹明伦.2020.翻译研究论集[M].北京：科学出版社.

陈德鸿、张南峰,编.2000.西方翻译理论精选[C].香港：香港城市大学出版社.

陈福康.1992.中国译学理论史稿[M].上海：上海外语教育出版社.

陈福康.2011.中国译学史[M].上海：上海外语教育出版社.

陈平原.2005.中国现代小说的起点——清末民初小说研究[M].北京：北京大学出版社.

陈义海.2004.唐代景教的传教模式和译经模式研究——唐代景教研究之三[J].盐城师范学院学报（人文社会科学版）,（2）：85-90.

陈勇.2019.从批评话语分析视角看翻译规范的特征及其后现代性[J].天津外国语大学学报,（5）：25-34,158.

陈垣.1980.基督教入华史[A].陈垣.陈垣学术论文集（第一集）[C].北京：中华书局.

陈子展,撰.2000.中国近代文学之变迁·最近三十年中国文学史[M].上海：上海古籍出版社.

《辞海》编委会,编.1999.辞海（普及版）[Z].上海：上海辞书出版社.

单宇、范武邱、谢菲.2017.国内科技翻译研究（1985—2015）可视化分析[J].上海翻译,（2）：34-42.

邓志辉、汪东萍.2016.中古佛经翻译"文质之争"的哲学源起[J].亚太跨学科翻译研究（第三辑）,（2）：37-49.

丁光训,等编.1991.基督教文化百科全书[M].济南：济南出版社.

董秋斯.1984.翻译批评的标准和重点[A].《翻译通讯》编辑部,编.《翻译研究论文集》（1949—1983）[C].北京：外语教学与研究出版社：25-29.

董秋斯.2021.论翻译理论的建设[A].罗新璋、陈应年,编.翻译论集[C].北京：商务印书馆：605-614.

《翻译通讯》编辑部,编.1984a.翻译研究论文集（1894—1948）[C].北京：外语教学与研究出版社.

《翻译通讯》编辑部,编.1984b.翻译研究论文集(1949—1983)[C].北京:外语教学与研究出版社.

范东升.2000.翻译的本质与翻译批评的根本性任务[J].中国翻译,(4):32-36.

范晶晶.2020.何为源文本? 谁是译者? 如何界定译作? ——从译场制度管窥佛经汉译的过程[J].国学学刊,(2):97-103,144.

方豪.2008.中西交通史[M].上海:上海人民出版社.

方梦之.1994.英语汉译实践与技巧[M].天津:天津科技翻译出版公司.

方梦之.2006.译学的"一体三环"——从编纂《译学辞典》谈译学体系[J].上海翻译,(1):1-6.

方梦之.2013.应用翻译研究:原理、策略与技巧[M].上海:上海外语教育出版社.

方梦之.2017.翻译大国需有自创的译学话语体系[J].中国外语,(5):93-100.

方梦之.2017.文类细化之于翻译培训、翻译策略——拓展应用翻译研究的领域(之二)[J].上海翻译,(3):3-8.

方梦之.2019.应用翻译研究:原理、策略与技巧(修订版)[M].上海:上海外语教育出版社.

方梦之.2020.再论翻译生态环境[J].中国翻译,(5):20-27.

方梦之,主编.2011.中国译学大辞典[Z].上海:上海外语教育出版社.

费尔克拉夫,诺曼.2003.话语与社会变迁[M].殷晓蓉,译.北京:华夏出版社.

费赖之.1995.在华耶稣会士列传及书目[M].冯承钧,译.北京:中华书局.

冯全功.2019.翻译研究学派的特征与作用分析——以生态翻译学为例[J].上海翻译,(3):38-43.

冯唐. 2014.三十六大[M].天津:天津人民出版社.

冯天瑜.2006.明清文化史札记[M].上海:上海人民出版社.

冯友兰.1991.中国哲学史新编[M].台北:蓝灯文化事业股份有限公司.

凤凰书品,编.2017.春风十里不如你[M].长沙:湖南文艺出版社.

弗莱,诺思罗普.2021.批评的剖析[M].陈慧,译.北京:北京大学出版社.

福柯,米歇尔.2001.词与物——人文科学考古学[M].莫伟民,译.上海:三联书店.

傅惠生.2010.我国的佛经译论体系[J].上海翻译,(1):1-5,40.

傅惠生.2011.彦琮《辩正论》对我国译论的历史贡献[J].中国翻译,(1):19-23.

傅敬民.2009.《圣经》汉译的文化资本解读[M].上海:复旦大学出版社.

傅敬民.2013.全球结构视野下的翻译规范研究[J].上海翻译,(4):11-15.

傅敬民.2018.我国明末清初时期《圣经》汉译中的变译现象研究[J].解放军外国语学院学报,(4):1-6.

傅敬民.2019.国家翻译实践的规范化问题——以景教汉译《圣经》实践为例[J].翻译界,(1):4-17.

傅敬民、王一鸣.2017.我国应用翻译批评话语:继承与发扬[J].上海翻译,(6):1-7.

傅敬民、张红.2020.建构翻译批评研究话语系统何以可能?[J].上海翻译,(2):1-6.

高长江.1993.符号与神圣世界的建构——宗教语言学导论[M].沈阳:吉林大学出版社.

高宣扬.2004.布迪厄的社会理论[M].上海:同济大学出版社.

高宣扬.2005.当代社会理论[M].北京:中国人民大学出版社.

高宣扬.2017.当代社会理论[M].北京:中国人民大学出版社.

高玉霞、任东升.2021.梁启超《论译书》中的国家翻译实践思想[J].外国语,(5):84-91.

根茨勒,埃德温.2022.当代翻译理论[M].傅敬民,译.上海:上海外语教育出版社.

辜正坤.2003.中西诗比较鉴赏与翻译理论[M].北京:清华大学出版社.

辜正坤.2012.翻译标准多元互补论[A].杨晓荣,主编.二元·多元·综合——翻译本质与标准研究[C].上海:上海外语教育出版社.

顾长声.1985.从马礼逊到司徒雷登[M].上海:上海人民出版社.

顾长声.1991.传教士与近代中国[M].上海:上海人民出版社.

郭延礼.2005.中国近代翻译文学概论(修订本)[M].武汉:湖北教育出版社.

过婧、刘云虹.2020."异"与翻译的建构性[J].上海翻译,(4):7-11.

韩少功.2009.马桥词典[M].北京:作家出版社.

何亮.1987.从为"牛奶路"翻案想到的[J].中国翻译,(3):11-12.

何绍斌.2008.越界与想象——晚清传教士译介史论[M].上海:上海三联书店.

亨廷顿,塞缪尔.2013.文明的冲突与世界秩序的重建[M].周琪,等译.北京:新华出版社.

胡德香.2006.翻译批评新思路——中西比较语境下的文化翻译批评[M].武汉:武汉出版社.

胡庚申.2008.生态翻译学解读[J].中国翻译,(6):11-15.

胡庚申.2011.生态翻译学的研究焦点与理论视角[J].中国翻译,(2):5-9.

胡庚申.2013.生态翻译学:建构与诠释[M].北京:商务印书馆.

胡庚申.2014.对生态翻译学几个问题"商榷"的回应与建议[J].中国翻译,(6):86-89.

胡庚申.2019.翻译研究"生态范式"的理论建构[J].中国翻译,(4):24-33.

胡庚申.2020.文本移植的生命存续——"生生之谓译"的生态翻译学新解[J].中国翻译,(5):5-12.

胡庚申.2021.生态翻译学的理论创新与国际发展[J].浙江大学学报（人文社会科学版),(1):174-186.

胡庚申、罗迪江、李素文.2020.适应"绿色发展"、选择"绿色翻译"——兼谈服务生态文明建设的相应翻译专业设置[J].上海翻译,(4):46-51.

胡适.1996.白话文学史[M].北京:东方出版社.

华莱士,鲁思、沃尔夫,艾莉森.2008.当代社会学理论——对古典理论的扩展[M].刘少杰,等译.北京:中国人民大学出版社.

黄克武.1998.严复的翻译:近百年来中西学者的评论[J].东南学术,(4):88-95.

黄立波.2020.《法句经·序》——中国翻译学术史的滥觞[J].翻译史论丛,(1):35-47,143-144.

黄龙.1994.翻译的神韵观[A].杨自俭、刘学云,编.翻译新论[C].武汉:湖北教育出版社.

黄小芃.2012.关于隋释彦琮生平的几个问题[J].四川师范大学学报(社会科学版),(4):24-29.

黄小芃.2013.隋释彦琮《辩正论》的佛教思想及与翻译思想的关系[J].天府新论,(4):141-146.

黄小芃.2014.全注全译隋释彦琮《辩正论》[M].成都:四川大学出版社.

黄忠廉.1999.变译(翻译变体)论[J].外语学刊,(3):80-83.

黄忠廉、张潇.2020.翻译学科百年:演进、反思与趋势[J].上海翻译,(6):1-6.

黄忠廉、朱灵慧.2017."应用翻译学"重构及其文库构想[J].上海翻译,(3):9-14.

基辛.1986.当代文化人类学概要[M].北晨,编译.杭州:浙江人民出版社.

纪建勋.2021.明末儒耶天论发微——"译名之争难题"揭橥"两种哲学"与中西经典诠释传统[J].史林,(5):69-81.

贾保罗,编.1965.《圣经》汉译论文集[C].香港:基督教辅侨出版社.

姜义华,主编.2004.中华文化读本[M].上海:上海人民出版社.

焦菊隐.1984.论翻译批评[A].《翻译通讯》编辑部,编.翻译研究论文集(1949—1983)[C].北京:外语教学与研究出版社:35-44.

金隄.1989.等效翻译探索[M].北京:中国对外翻译出版公司.

卡特福德.1991.翻译的语言学理论[M].穆雷,译.北京:旅游教育出版社.

孔慧怡.2005.重写翻译史[M].香港:香港中文大学翻译研究中心.

蓝红军.2018.面向问题的翻译理论研究[J].上海翻译,(3):1-6.

蓝红军.2020.国家翻译实践——从现实需求到理论建构[J].外国语文,(5):112-118.

雷雨田,主编.2004.近代来粤传教士评传[M].上海:百家出版社.

黎翠珍,主编.1996.翻译评赏[C].香港:商务印书馆.

李炽昌,主编.2008.圣号论衡——晚清《万国公报》基督教"圣号论争"文献汇编[C].上海:上海古籍出版社.

李向平.2006.信仰、革命与权力秩序——中国宗教社会学研究[M].上海:上海人民出版社.

李小秀.2014.梁启超的佛经翻译史研究初探及思考[J].中国翻译,(3):36-40.

李养龙.2007.西方翻译理论文献阅读[C].西安:世界图书出版西安公司.

利玛窦.1983.利玛窦中国札记[M].何高济、王遵仲、李申,译.北京:中华书局.

梁启超.2009.梁启超文集[M].北京:燕山出版社.

廖美珍.2002.问答—法庭话语互动研究[D].北京:中国社会科学院大学.

廖美珍.2005a."目的原则"与目的分析上——语用研究新途径探索[J].修辞学习,(3),1-10.

廖美珍.2005b."目的原则"与目的分析下——语用研究新途径探索[J].修辞学习,(4),5-11.

廖美珍.2005c.目的原则与语篇连贯分析[J].外语教学与研究,(5):351-357.

廖美珍.2010.目的原则和语境动态性研究[J].解放军外国语学院学报,(4):1-5.

廖七一.2001.当代英国翻译理论[M].武汉:湖北教育出版社.

廖七一.2009.翻译规范及其研究途径[J].外语教学,(1):95-98,103.

廖七一.2010.中国近代翻译思想的嬗变——五四前后文学翻译规范研究[M].天津:南开大学出版社.

廖七一.2011.晚清集体叙述与翻译规范[J].上海翻译,(1):70-75.

廖七一.2012.由"器"入"道":翻译研究的学科疆界与方向[N].中国社会科学报,1月30日(B06).

廖七一.2020.20世纪中国翻译批评话语研究[M].北京:北京大学出版社.

林煌天,主编.1997.中国翻译词典[Z].武汉:湖北教育出版社.

林悟殊.2003.唐代景教再研究[M].北京:中国社会科学出版社.

林治平,编.1998.基督教在中国本色化论文集[C].北京:今日中国出版社.

刘嫦.2011.论文学翻译批评学科构建的框架体系[J].天府新论,(2):152-155.

刘禾.2008.跨语际实践——文学、民族文化与被译介的现代性(中国:1900-1937)(修订译本）［M］.宋伟杰，等译.北京：三联书店.

刘宏.2020.西奥·赫曼斯翻译理论研究［D］.长沙：湖南师范大学.

刘金凤.2014.功能翻译理论视角下的翻译质量保证研究——对翻译质量评估和项目管理的启示［D］.上海：上海外国语大学.

刘军平.2019.西方翻译理论通史［M］.武汉：武汉大学出版社.

刘宓庆.2019.中西翻译思想比较研究［M］.北京：中译出版社.

刘树森.1992.纽马克的翻译批评理论简析［J］.中国翻译，(2)：49－53.

刘小枫.2018.现代性社会理论绪论［M］.上海：华东师范大学出版社.

刘勰.2008.文心雕龙［M］.郑州：中州古籍出版社.

刘艳春、胡显耀.2022.国外翻译过程研究30年——翻译过程研究的理论模型回顾与展望［J］.外语电化教学，(1)：75－80,112.

刘永富.2002.价值哲学的新视野［M］.北京：中国社会科学出版社.

刘云虹.2008.论翻译批评空间的构建［J］.中国翻译，(3)：11－15.

刘云虹.2015.翻译批评研究［M］.南京：南京大学出版社.

刘云虹.2020.批评之批评：翻译批评理论建构与反思［C］.南京：南京大学出版社.

刘云虹、许钧，主编.2015.翻译批评研究之路：理论、方法与途径［C］.南京：南京大学出版社.

刘重德.1979.试论翻译的原则［J］.湖南师院学报（哲学社会科学版），(1)：114－119.

柳诒徵.1948.中国文化史（下）［M］.南京：正中书局.

吕俊.2006.价值哲学与翻译批评学［J］.外国语，(1)：52－59.

吕俊.2007.对翻译批评标准的价值学思考［J］.上海翻译，(1)：1－6.

吕俊.2007.翻译标准的多元性与评价的客观性——价值学视域下翻译批评标准问题探讨［J］.外国语，(2)：67－73.

吕俊、侯向群.2006.翻译学——一个建构主义的视角［M］.上海：上海外语教育出版社.

吕俊、侯向群.2009.翻译批评学引论［M］.上海：上海外语教育出版社.

罗迪江.2020.译者研究的问题转换与生态定位：生态翻译学视角［J］.中国翻译，(5)：13－19.

罗新璋.2006.古文大略［Z］.武汉：长江文艺出版社.

罗新璋，编.1984.翻译论集［C］.北京：商务印书馆.

罗新璋、陈应年，编.2021.翻译论集（修订本）［C］.北京：商务印书馆.

罗选民.2006.意识形态与文学翻译——论梁启超的翻译实践［J］.清华大学学报（哲学社会科学版），(1)：46－52.

罗竹风.1991.宗教社会学［M］.上海：华东师范学院出版社.

马冬梅、周领顺.2020.翻译批评理论的本土构建——周领顺教授访谈录［J］北京第二外国语学院学报，(1)：57－70.

马会娟、苗菊，编.2009.当代西方翻译理论选读［C］.北京：外语教学与研究出版社.

马建忠.1966.适可斋记言记行［M］.台北：文海出版社.

马克思.2001.路易·波拿巴的雾月十八日［M］.中央编译局，译.北京：人民出版社.

马祖毅.1978.中国翻译史话：明末清初的"科学"翻译［J］.安徽大学学报，(3)：35－44.

马祖毅.1978.中国翻译史话——我国的佛经翻译［J］.安徽大学学报，(1)：83－99.

马祖毅.1999.中国翻译史（上卷）［M］.武汉：湖北教育出版社.

马祖毅.2004.中国翻译简史——"五四"以前部分［M］.北京：中国对外翻译出版公司.

马祖毅，等.2006.中国翻译通史［M］.武汉：湖北教育出版社.

马祖毅、任荣珍.2003.汉籍外译史[M].武汉：湖北教育出版社.

迈蒙尼德,摩西.1998.迷途指津[M].傅有德,等译.济南：山东大学出版社.

芒迪,杰里米.2007.翻译学导论——理论与实践[M].李德凤,等译.北京：商务印书馆.

毛崇杰.2002.颠覆与重建——后批评中的价值体系[M].北京：社会科学文献出版社.

明清史研究辑刊.名著误译的问题,到底有多严重？[OL]（2022-5-15）.https://www.163.com/dy/article/H7DFNH7H05438Q4K.html.访问日期：2024-1-24.

莫兰,埃德加.2002.方法：思想观念——生境、生命、习性与组织[M].秦海鹰,译.北京：北京大学出版社.

穆雷.1989.关于翻译学的问题[J].外语教学,(3)：75-79.

穆雷、蓝红军.2012.从方法论角度看我国翻译批评的发展[J].解放军外国语学院学报,(6)：70-75,114,126.

南怀瑾.2019.中国佛教发展史略[M].上海：复旦大学出版社.

牛云平.2020.翻译学科建设须有本位观照[J].上海翻译,(6)：7-11.

潘文国.2016.大变局下的语言与翻译研究[J].外语界,(1)：6-11.

潘文国.2019.文章翻译学的名与实[J].上海翻译,(1)：1-6.

庞秀成、冯智强.2020.一分为三翻译观何以可能？[J].上海翻译,(1)：7-13.

彭萍.2008.伦理视角下的中国传统翻译活动研究[M].北京：外语教学与研究出版社.

齐冲天、齐小乎,注译.2005.论语[M].郑州：中州古籍出版社.

钱锺书.1984.林纾的翻译[A].罗新璋,编.翻译论集[C].北京：商务印书馆：696-725.

钱锺书.1994.七缀集[M].上海：上海古籍出版社.

钱锺书.2021.林纾的翻译[A].罗新璋、陈应年,编.翻译论集[C].北京：商务印书馆：778-810.

切斯特曼,安德鲁.2020.翻译模因论——翻译理论中的观点传播[M].傅敬民,译.上海：上海外语教育出版社.

任东升.2007.《圣经》汉译文化研究[M].武汉：湖北教育出版社.

任东升.2019.国家翻译实践概念体系构建[J].外语研究,(4)：68-73.

任东升、高玉霞.2015a.翻译制度化与制度化翻译[J].中国翻译,(1)：18-23.

任东升、高玉霞.2015b.国家翻译实践初探[J].中国外语,(3)：92-97.

任继愈.1973.汉唐佛教思想论集[C].北京：人民出版社.

邵成军.2003.翻译批评管窥[J].外语与外语教学,(3)：59-62.

释慧皎.1992.高僧传[M].北京：中华书局.

司显柱.2004.论功能语言学视角的翻译质量评估模式研究[J].外语教学,(4)：45-50.

司显柱.2007.功能语言学与翻译研究：翻译质量评估模式建构[M].北京：北京大学出版社.

苏萍.2001.谣言与近代教案[M].上海：上海远东出版社.

孙昌武.2007.佛教与中国文学[M].上海：上海人民出版社.

孙尚扬、钟鸣旦.2004.一八四零年前的中国基督教[M].北京：学苑出版社.

孙致礼.1999.论新时期的翻译批评[J].中国翻译,(3)：1-6.

谭晓丽.2006.哈贝马斯的语用规范对翻译规范研究的启示[J].衡阳师范学院学报,(5)：136-140.

谭载喜.2004.西方翻译简史（增订版）[M].北京：商务印书馆.

汤一介.1999.佛教与中国文化[M].北京：宗教文化出版社.

汤用彤.2011.汉魏两晋南北朝佛教史[M].北京：北京大学出版社.

唐晓峰.2021.以"佛道释耶"——唐代景教"中国化"的初步尝试[J].世界宗教文化,（3）：16‐20.

特纳,乔纳森.2001.社会学理论的结构（上、下册）[M].周艳娟,译.北京：华夏出版社.

田传茂.2020.基于生态翻译学的重译动因研究[J].上海翻译,（4）：57‐61.

仝亚辉.2009.当代西方翻译规范研究的发展与特点[J].北京第二外国语学院学报,（2）：61‐66,84.

汪东萍.2012.佛典汉译传统研究——从支谦到玄奘[D].上海：华东师范大学.

王秉钦.2004.20世纪中国翻译思想史[M].天津：南开大学出版社.

王秉钦.2018.近现代中国翻译思想史[M].上海：华东师范大学出版社.

王传英.2013.翻译规范理论的社会学重释[J].上海翻译,（3）：14‐19.

王东风,编著.2021.国外翻译理论发展研究[M].北京：外语教学与研究出版社.

王恩冕.1999.论我国的翻译批评——回顾与展望[J].中国翻译,（4）：8‐11.

王宏印.2003.中国传统译论经典诠释——从道安到傅雷[M].武汉：湖北教育出版社.

王宏印.2006.文学翻译批评论稿[M].上海：上海外语教育出版社.

王宏印、刘士聪.2002.中国传统译论经典的现代诠释——作为建立翻译学的一种努力[J].中国翻译,（2）：8‐10.

王宏志.1999.重释"信达雅"——二十世纪中国翻译研究[M].上海：东方出版中心.

王克非.1994.关于翻译批评的思考——兼谈《文学翻译批评研究》[J].外语教学与研究,（3）：33‐36.

王克非,编著.1997.翻译文化史论[M].上海：上海外语教育出版社.

王宁.2006.翻译学的理论化：跨学科的视角[J].中国翻译,（6）：6‐10.

王诺.2009.生态批评：界定与任务[J].文学评论,（1）：63‐68.

王若昭.1988.《繙清说》简介[J].中国翻译,（2）：31‐33.

王栻,主编.1986.严复集：第一册[M].北京：中华书局.

王澍.1984.翻译标准观评议[C].《翻译通讯》编辑部,编.翻译研究论文集（1949—1983）.北京：外语教学与研究出版社：116‐128.

王硕丰.2016.贺清泰《古新圣经》初探[J].国际汉学,（4）：66‐70.

王铁钧.2007.中国佛典翻译史稿[M].北京：中央编译出版社.

王晓朝.1996.基督教与帝国文化[M].北京：东方出版社.

王赟.2021.国内佛经翻译研究四十年回顾与展望——文献计量学视角[J].河北民族师范学院学报,（1）：39‐47.

王志远.1998.基督教在中国本色化[C].北京：今日中国出版社.

王治心.1998.中国基督教史纲[M].香港：基督教文艺出版社.

王佐良.1980.英语文体学论文集[C].北京：外语教学与研究出版社.

王佐良.1984.严复的用心[A].《翻译通讯》编辑部,编.翻译研究论文集（1949—1983）[C].北京：外语教学与研究出版社：479‐485.

王佐良.1989.翻译：思考与试笔[C].北京：外语教学与研究出版社.

韦勒克,勒内、沃伦,奥斯汀.2005.文学理论[M].刘象愚,等译.南京：江苏教育出版社.

韦勒克,雷内.1991.现代文学批评史：1750—1950（第5卷）[M].章安祺、杨恒达,译.北京：中国人民大学出版社.

韦勒克,雷内.1999.批评的概念[M].张今言,译.北京：中国美术学院出版社.

韦勒克,雷内.2009.近代文学批评史（中文修订版）第五卷[M].杨自伍,译.上海：上海译文出版社.

韦努蒂,劳伦斯.2009.译者的隐形:翻译史论[M].张景华、白立平、蒋骁华,主译.北京:外语教学与研究出版社.

魏清光.2018.时代主题变迁对翻译研究范式的影响[J].上海翻译,(2):1-5.

温秀颖.2007.翻译批评——从理论到实践[M].天津:南开大学出版社.

文军.2000.翻译批评分类、作用、过程及标准[J].重庆大学学报(社会科学版),(1):65-68.

文军,编著.2006.科学翻译批评导论[M].北京:中国对外翻译出版公司.

翁凤翔.2005.翻译批评标准意义的新视角[J].上海翻译,(S1):37-41.

翁绍军.1995.汉语景教文典诠释[M].香港:汉语基督教文化研究所.

吴德铎.1983.试论徐光启的宗教信仰与西学输入者的理想——纪念徐光启逝世三百五十周年[J].社会科学战线,(4):46-55.

吴克礼,主编.2006.俄苏翻译理论流派述评[M].上海:上海外语教育出版社.

吴莎、屠国元.2007.论中国近代翻译选材与意识形态的关系(1840—1919)[J].外语与外语教学,(11):38-40.

习近平.2016.在哲学社会科学工作座谈会上的讲话[N].人民日报,5月19日(02).

《现代汉语大词典》编委会,编.现代汉语大词典[Z].上海:汉语大词典出版社,2000.

肖维青.2010.翻译批评模式研究[M].上海:上海外语教育出版社.

肖维青.2013.论翻译批评的标准体系[J].井冈山大学学报(社会科学版),(4):94-99.

谢芙娜,克里斯蒂娜,主编.2018.翻译与规范[C].傅敬民,译.北京:外语教学与研究出版社.

谢柯、邱进.2018.翻译的超学科研究:认知与步骤[J].上海翻译,(2):12-17.

谢莉.2006.全球翻译行业的历史与现状[J].中国翻译,(4).

谢天振,等.2009.中西翻译简史[M].北京:外语教学与研究出版社.

谢天振、何绍斌.2013.简明中西翻译史[M].北京:外语教学与研究出版社.

谢天振,主编.2000.翻译的理论建构与文化透视[C].上海:上海外语教育出版社.

谢天振,主编.2008.当代国外翻译理论导读[C].天津:南开大学出版社.

熊兵.2000.翻译标准研究综述[J].高等函授学报(哲学社会科学版),(4):5-7,36.

熊月之.2011.西学东渐与晚清社会[M].北京:中国人民大学出版社.

徐光启.1963.徐光启集[M].王重民,辑校.上海:中华书局.

徐梦秋.2011.规范通论[M].北京:商务印书馆.

徐修鸿.2011.当代西方翻译规范研究:争议与反思[J].北京化工大学学报(社会科学版),(1):49-54.

徐宗泽.2006.明清间耶稣会会士译著提要[M].上海:上海书店出版社.

许宝强、袁伟.2001.语言与翻译的政治[C].北京:中央编译出版社.

许钧.1992.关于文学翻译批评的思考[J].中国翻译,(4):30-34.

许钧.2003.翻译论[M].武汉:湖北教育出版社.

许钧.2005.翻译的危机与批评的缺席[J].中国图书评论,(9):12-15.

许钧.2007.生命之"轻"与翻译之"重"[M].北京:文艺出版社.

许钧.2009.翻译概论[M].北京:外语教学与研究出版社.

许钧.2012.文学翻译批评研究(增订本)[M].南京:译林出版社.

许钧.2016.论翻译批评的介入性与导向性——兼评《翻译批评研究》[J].外语教学与研究,(3):432-441.

许钧.2018.改革开放以来中国翻译研究概论(1978—2018)[M].武汉:湖北教育出版社.

许钧、穆雷.2009.翻译学概论[M].南京:译林出版社.

许钧,主编.1998.翻译思考录[C].武汉:湖北教育出版社.

许牧世.1983.经与译经[M].香港:香港文艺出版社.

许渊冲.1979."毛泽东诗词"译文研究[J].外国语,(1):9-17,39.

许渊冲.1987.三谈"意美、形美、音美"[J].深圳大学学报(人文社会科学版),(2):
70-77.

薛晓荣、曹荣湘,主编.2005.全球化与文化资本[C].北京:社会科学文献出版社.

亚历山大,杰弗里.2000.社会学二十讲:二战以来的理论发展[M].贾春增、董天民,等
译.北京:华夏出版社.

颜炳罡.2005.心归何处——儒家与基督教在近代中国[M].济南:山东人民出版社.

杨成虎.2011.从佛经汉译看中国典籍英译的概念体系建构[J].宁波大学学报(人文科
学版),(3):13-19.

杨全红.2009.《法句经序》学习补课[J].英语研究,(4):61-69.

杨荣广.2018.定名与求实:翻译学的学科演进再反思[J].上海翻译,(2):6-11.

杨晓荣.2003.关于翻译批评的主体[J].四川外语学院学报,(2):126-129.

杨晓荣.2005.翻译批评导论[M].北京:中国对外翻译出版公司.

杨晓荣,主编.2012.二元·多元·综合——翻译本质与标准研究[C].上海:上海外语
教育出版社.

杨义.2005.现代中国学术话语建构通论(上)[J].海南师范学院学报(社会科学版),
(3):1-17.

杨自俭.2008.对几个译学理论问题的认识[A].张柏然,等主编.中国译学:传承与创新
[C].上海:上海外语教育出版社:1-12.

尤思德.2002.和合本与中文圣经翻译[M].香港:汉语圣经协会.

余光中.1984.翻译和创作[A].《翻译通讯》编辑部,编.翻译研究论文集(1949—1983)
[C].北京:外语教学与研究出版社:392-405.

余秋雨.1987.艺术创造工程[M].上海:上海文艺出版社.

袁锦翔.1985.梁启超对我国译事的贡献[J].翻译通讯,(4):5-10.

张柏然、刘华文、张思洁,主编.2008.中国译学:传承与创新[C].上海:上海外语教育出
版社.

张健.2020.生态翻译学视阈下的对外宣传交际效果刍议[J].上海翻译,(4):52-56.

张景华.2016.清末民初西学术语译名的翻译暴力探析[J].翻译界,(2):69-80,
137-138.

张美芳.2005.翻译研究的功能途径[M].上海:上海外语教育出版社.

张南峰.2004.中西译学批评[M].北京:清华大学出版社.

张佩瑶,编著.2010.中国翻译话语英译选集(上册):从最早期到佛典翻译[C].上海:
上海外语教育出版社.

张锐.政协委员黄友义:不能彻底否定冯唐翻译《飞鸟集》的努力[OL](2016-3-10).
https://www.sohu.com/a/63010139_119038.访问日期:2024-1-10.

张意.2005.文化与符号权力——布尔迪厄的文化社会学导论[M].北京:中国社会科学
出版社.

赵少侯.1984.我对翻译批评的意见[A].《翻译通讯》编辑部,编.翻译研究论文集
(1949—1983)[C].北京:外语教学与研究出版社:68-72.

赵巍、薄振杰.2008.论翻译批评的对象和性质[J].西安外国语大学学报,(1):75-77.

赵维本.1993.译经溯源——现代五大中文圣经翻译史[M].香港：中国神学研究院.

赵稀方.2012.翻译现代性——晚清到五四的翻译研究[M].天津：南开大学出版社.

赵易林、许仲钦.2004."牛奶路公案"对话[J].新文学史料,(1)：110－111.

郑海凌.1999.翻译标准新说：和谐说[J].中国翻译,(4)：3－7.

郑海凌.2000a.谈翻译批评的基本理论问题[J].中国翻译,(2)：19－22.

郑海凌.2000b.文学翻译学[M].郑州：文心出版社.

郑意长.2010.近代翻译思想的演进[M].天津：天津古籍出版社.

中国对外翻译出版公司,选编.1983.翻译理论与翻译技巧论文集[M].北京：中国对外翻译出版公司.

周发祥,等主编.2006.国际翻译学新探[C].天津：百花文艺出版社.

周领顺.2011.译者批评：翻译批评新的聚焦点[J].江苏外语教学研究,(2)：1－9.

周领顺.2014.译者行为批评：理论框架[M].北京：商务印书馆.

周领顺.2015.翻译批评第三季——兼及我的译者行为批评思想[J].解放军外国语学院学报,(1)：122－128

周领顺.2020.译者行为批评关键词集释——代专栏导言[J].语言教育,(1)：51－53,59.

周领顺、周怡珂.2020.翻译批评需要怎样的标准？——译者行为批评模型构建尝试[J].外语与外语教学,(5)：107－117,138.

周燮藩.1997.中国的基督教[M].北京：商务印书馆.

周仪、罗平.1999.翻译与批评[M].武汉：湖北教育出版社.

周兆祥.1996.译评：理论与实践[A].黎翠珍,主编.翻译评赏[C].香港：商务印书馆.

朱谦之.1993.中国景教[M].北京：人民出版社.

朱维铮.2001.利玛窦中文著译集[C].上海：复旦大学出版社.

朱志瑜、张旭、黄立波,编.2020.中国传统译论文献汇编[C].北京：商务印书馆.

朱志瑜、朱晓农,编著.2006.中国佛籍译论选辑评注[M].北京：清华大学出版社.

邹振环.1996.影响中国近代社会的一百种译作[M].北京：中国对外翻译出版公司.

后记

　　一本书的出版，对于作者来说，就像一个孩子的落生。其实这种比喻也不是很恰当。孩子落生后，其成长过程，父母总是能够给予力所能及的帮助，一定程度上也还是可以引领其发展。但是，书出版之后，它便进入公共知识领域，作者很难左右它的传播与接受。一切的一切，都只能交给社会，任由社会及其读者决定了。

　　本书正式开始写作大概是在 2022 年 2 月，初稿完成于 2022 年 5 月，此后又经过了两个月左右时间的修改，最终作为国家社科基金一般项目"基于翻译规范的中国应用翻译批评及标准体系研究"（项目号：17BYY046）的结项成果提交有关部门。承蒙学界评审专家的抬爱，该成果获得"优秀"等级。本人深知，这嘉许中更多地包含着鼓励。

　　2022 年上半年，长时间的居家办公对于我来说既幸运又不幸。一方面，因祸得福，闲居家中，没有纷扰，使我有了一长段可以安静写作的时间，可以一气呵成地完成此书。另一方面，因为不能外出，除了网上资源以及家中有限的书刊外，有些冷门资料无法到图书馆查询，这也给本书的写作带来一些困扰，导致书中的有些数据、引文都不甚准确。好在大部分问题都已于出版之前由审稿专家和责任编辑予以指出并修正了。

　　现在学界有一种不好的认识：译著不如专著，专著不如文章。事实上,文章受篇幅所限,往往只是针对具体的问题进行较为深入的探讨,因而在系统性、体系化方面并不能与专著相提并论。不过,饭总得一口一口地吃,著作也由一章一章、一节一节所组成。本书从最初立项时的研究计划,到书稿的完成,前后历时将近五年,其间本人的认识也发生了诸多的变化,原本较为宏大的设想渐渐地趋向于现实。当然,更多的是变化:本人对翻译规范和应用翻译批评有了更为系统和深入的认识。

翻译规范这个概念,现在已经在翻译研究领域很普通了。然而,自从上个世纪末从西方引入中国以来,翻译规范并没有真正引起我国翻译研究领域的重视。人们对它的认识,也只是停留在浅表层面,冷眼看它也不过就是一个舶来品,闹哄哄地做了译介,它也在一些研究中得到过些许的应用,渐渐地也就混迹于形形色色的翻译概念中了。虽然此前已经在廖七一等人的一些著述中感觉到它的存在,但并未对它有特别的认知,直到 2016 年,本人有幸读到了谢芙娜编辑的《翻译与规范》(*Translation and Norms*,1999),才真正发现,翻译规范可以在翻译群体中发挥标准或模型的作用。因此本人开始尝试用翻译规范来研究翻译标准,尤其是应用翻译的标准,并于 2017 年获得了国家社科基金一般项目的立项。立项后的第一件事情,就是着手翻译 *Translation and Norms* 这本书。一年后,该书的汉译本出版了。此后本人又于 2020 年翻译出版了翻译规范研究的另外一本重要著作,即切斯特曼的《翻译模因论:翻译理论中的观点传播》(修订版)(*Memes of Translation: The Spread of Ideas in Translation Theory* [*Revised Edition*], 2016)。坦率地说,这两本书的翻译为本人完成该项目并撰写本书奠定了坚实的基础。

应用翻译批评这几年也得到了长足的发展。2003 年,方梦之提出"应用翻译"和"应用翻译研究"这两个概念时,人们很难想象得到它会发展得如此迅速。如今,虽然在翻译研究领域中文学翻译研究和文学翻译批评仍然占据着较为显著的地位,但应用翻译研究和应用翻译批评也已经彻底地融入翻译研究领域。2023 年,应用翻译研究专业委员会作为中国英汉语比较研究会的二级学会成立,更是为这方面的发展提供了良好的契机。而本书的出版,无疑是为该二级学会的成立献上了一份迟到的礼物。

本书的一个重要目标就是在当下翻译批评中凸显应用翻译批评的位置。传统的翻译批评及其研究,未能给予应用翻译批评应有的地位,这是不争的事实。在全球化、信息化、技术化时代,应用翻译日显重要,应用翻译批评理应清除来自其他领域的固有偏见与误识,有效发挥它的介入性出场作用,学界也应重新认识应用翻译的功能与效用,全面地关注与应用翻译密切相关的活动、事件与现象。

本书认为,翻译批评不能局限于翻译文本批评,应该将批评的触角延伸至文本以外,进而拓展到与应用翻译密切相关的社会文化空间,在关注应用翻译文本的同时,关注翻译的社会性、文化性、制度性、行业性等话题,将与应用翻译有关的各个层面都置于应用翻译批评系统内予以考察,真正地走进应用翻译批评的世界,并在此广阔的世界里建构相应的标准作为批评之依凭,从而构建较为全面的应用翻译批评系统,使异质性的应用翻译批评话语体系更具系统性。显而易见,我国应用翻译批评话语与我国文化社会历史密切相关。基于对我国佛经汉译批评话语以及近代应用翻译批评话语的考察,我们可以发现,我国应用翻译批评话语历史资源丰富,对翻译批评的价值、功能等方面的认识深受我国传统文论及儒家思想的影响,蕴含着深厚的中国传统文化基因,呈现出中国特色应用翻译批评话语形态。为了有效地探索这些方面的内容,本书运用了翻译规范这一理论工具。毋庸置疑,翻译规范为应用翻译批评及其标准提供了历时研究的概念或理论工具。因为,翻译规范受相应的价值观制约,不同时代的翻译观影响了不同时代的翻译规范,体现于翻译规范并得以传承、发展,从而制约了不同时代的应用翻译批评话语。研究不同时代不同类型的翻译规范,使得本书在研究我国应用翻译批评及其标准发展的过程中具备一个有效的理论依据和概念体系。本书旨在表明,中国传统文化崇尚"调和",坚持"中庸",恪守"循规",重视批评的功能,而这些无疑构成了我国应用翻译批评鲜明的规范特性,并深刻地影响了我国的应用翻译批评行为及其尺度,当然也在我国应用翻译批评及其标准特色上烙下了深刻的印记。

本书指出,应用翻译批评标准与应用翻译标准之间的关系并不一致:翻译标准与翻译批评标准之间虽然有交叉重叠之处,却并不完全相同。其一,应用对象不同;其二,功能不同;其三,范围不同。翻译批评标准所涉及的范围显然要比翻译标准更大,因而不可能采用同样的标准来展开批评。不过,在翻译产品批评中,翻译标准也可能成为翻译批评的标准。有鉴于此,本书拓展了对应用翻译批评功能的认识。功能是建构系统的前提,先有功能才有结构,才有系统的存在与维持。批评本身就是功能性范畴。应用翻译批评功能的预设及其合理性,是建构应用翻译批评标准的正当性和有效性前提。开展翻译批评,目的在于实现翻译批评的功能,建构应用翻译批评标准,目的在于实现应用翻译批评的相关功能。传统翻译批评功能通常围绕六个方面：监督、引导、指导、监控、参考和提升。不同学者有所侧重。本书综合国内外观点，将翻译批评功能划分为四个方面：认识拓展功能、反思解释功能、引导监控功能、系统提升功能。本书一再强调，对于翻译功能的认识，不能局限于文本，而应该将批评的视野超越文本，将文本外的翻译功能也纳入批评的视域，同时，在建构相应标准之际，不能忽视翻译批评自身的功能。翻译批评的发挥也要考虑其他制约因素。在此基础上，本书尝试建构了应用翻译批评标准体系。产品导向的应用翻译批评标准，涉及三个方面："达旨、循规、易晓"。过程导向的应用翻译批评标准："从约、固本、会通"。功能导向的应用翻译批评标准："调和、合规、有效"。理论导向的应用翻译批评标准："区分、维模、清晰"。

受知识结构、研究能力和研究时间等因素的制约，同时由于该研究的时间跨度较大，牵涉我国两千多年来的应用翻译批评话语演进，本人在资料收集和系统整理过程中有些力不从心。而且，本书注重历时地考察我国应用翻译批评话语及其标准的发展，未能在研究中及时地展现不同时期应用翻译批评及其标准的国际视野，明显缺少了对不同区域应用翻译批评及其标准研究关联性研究的全面考察，留下共时对比研究方面的缺憾。另外，本书未能将我国少数民族的翻译批评纳入研究范围，因此研究内容未能覆盖我国全部的应用翻译批评内容。最后，本书虽然基于翻译规范构建了应用翻译批评标准体系，也基于相应的标准对我国当下的三种翻译批评话语进行了论述，但严格来说，并未能有效地检验相关标准的科学性和有效性，有待进一步在翻译教学、翻译质量评估以及其他应用翻译批评领域加强应用性研究。这些遗憾，只能留待将来由本人或者由他人弥补。而回首本书，至少有一点是值得欣慰的，本人已经尽了自己最大的努力完成了在五年前还很朦胧的一个设想。

诚然，单靠个人的力量，即使再如何尽力，显然也是不能完成本书的写作和出版。在本书的写作过程中，来自家庭的理解与支持，来自学界同人的帮助与鼓励，来自各方朋友的关心与援手，来自学生的通读与校勘，都是促成本书完成的重要因素。其中的名单很长，恕本人不在此一一列举名字。对于你们，本人衷心感谢！人在任何时候，都有不顺心的事情发生，本人也无以幸免。而在困境甚至绝境中，家人与朋友的不离不弃，都是成功突围并有所作为的有力保障。

至于本书的出版，本人首先要感谢上海外语教育出版社的不弃，将本书列入该社的"国家哲学社会科学规划项目"丛书。学术部孙静主任为本书的出版不辞辛劳地忙前忙后，从出版策划到责任编辑安排，从初稿审校到校样排印，无不倾心倾力周到安排。责任编辑王晓宇细致严谨，自从接到该工作以来，就为之付出了艰辛的劳苦，从一审、二审、三审到编辑排版，每个步骤都安排得井然有序。本书得以顺利出版，与她们所付出的努力是分不开的。对于她们，本人深感歉疚，同时也深表感谢！另外本人也要感谢本书的审稿专家。尽管本人并不知道他们是谁，但是从其审稿质量以及专业素养来说，本人由衷感佩，在此一并致谢！

傅敬民
2024 年 10 月于上海